Edition HMD

Reihe herausgegeben von

Sara D'Onofrio, IT Business Integration, Genossenschaft Migros Zürich, Zürich, Zürich, Schweiz

Hans-Peter Fröschle, i.t-consult GmbH, Stuttgart, Deutschland

Josephine Hofmann, Fraunhofer IAO, Stuttgart, Baden-Württemberg, Deutschland

Matthias Knoll, FB Wirtschaft, Hochschule Darmstadt, Darmstadt, Hessen, Deutschland

Die Fachbuchreihe „Edition HMD" wird herausgegeben von Dr. Sara D'Onofrio, Hans-Peter Fröschle, Dr. Josephine Hofmann, Prof. Dr. Matthias Knoll, Stefan Meinhardt, Dr. Stefan Reinheimer, Prof. Dr. Susanne Robra-Bissantz und Prof. Dr. Susanne Strahringer.
Seit über 50 Jahren erscheint die Fachzeitschrift „HMD – Praxis der Wirtschaftsinformatik" mit Schwerpunktausgaben zu aktuellen Themen. Erhältlich sind diese Publikationen im elektronischen Einzelbezug über SpringerLink und Springer Professional sowie in gedruckter Form im Abonnement. Die Reihe „Edition HMD" greift ausgewählte Themen auf, bündelt passende Fachbeiträge aus den HMD-Schwerpunktausgaben und macht sie allen interessierten Lesern über online- und offline-Vertriebskanäle zugänglich. Jede Ausgabe eröffnet mit einem Geleitwort der Herausgeber, die eine Orientierung im Themenfeld geben und den Bogen über alle Beiträge spannen. Die ausgewählten Beiträge aus den HMD-Schwerpunktausgaben werden nach thematischen Gesichtspunkten neu zusammengestellt. Sie werden von den Autoren im Vorfeld überarbeitet, aktualisiert und bei Bedarf inhaltlich ergänzt, um den Anforderungen der rasanten fachlichen und technischen Entwicklung der Branche Rechnung zu tragen.

Christoph Lattemann ·
Susanne Robra-Bissantz
(Hrsg.)

Personennahe Dienstleistungen der Zukunft

Beiträge aus Theorie und Praxis

Hrsg.
Christoph Lattemann
Economics and Management
Jacobs University gGmbH
Bremen, Bremen, Deutschland

Susanne Robra-Bissantz
Institut für Wirtschaftsinformatik
Technische Universität Braunschweig
Braunschweig, Deutschland

Das Herausgeberwerk basiert auf vollständig neuen Kapiteln.

ISSN 2366-1127 ISSN 2366-1135 (electronic)
Edition HMD
ISBN 978-3-658-38812-6 ISBN 978-3-658-38813-3 (eBook)
https://doi.org/10.1007/978-3-658-38813-3

Die Deutsche Nationalbibliothek verzeichnet diese Publikation in der Deutschen Nationalbibliografie; detaillierte bibliografische Daten sind im Internet über http://dnb.d-nb.de abrufbar.

© Der/die Herausgeber bzw. der/die Autor(en), exklusiv lizenziert an Springer Fachmedien Wiesbaden GmbH, ein Teil von Springer Nature 2023
Das Werk einschließlich aller seiner Teile ist urheberrechtlich geschützt. Jede Verwertung, die nicht ausdrücklich vom Urheberrechtsgesetz zugelassen ist, bedarf der vorherigen Zustimmung des Verlags. Das gilt insbesondere für Vervielfältigungen, Bearbeitungen, Übersetzungen, Mikroverfilmungen und die Einspeicherung und Verarbeitung in elektronischen Systemen.
Die Wiedergabe von allgemein beschreibenden Bezeichnungen, Marken, Unternehmensnamen etc. in diesem Werk bedeutet nicht, dass diese frei durch jedermann benutzt werden dürfen. Die Berechtigung zur Benutzung unterliegt, auch ohne gesonderten Hinweis hierzu, den Regeln des Markenrechts. Die Rechte des jeweiligen Zeicheninhabers sind zu beachten.
Der Verlag, die Autoren und die Herausgeber gehen davon aus, dass die Angaben und Informationen in diesem Werk zum Zeitpunkt der Veröffentlichung vollständig und korrekt sind. Weder der Verlag, noch die Autoren oder die Herausgeber übernehmen, ausdrücklich oder implizit, Gewähr für den Inhalt des Werkes, etwaige Fehler oder Äußerungen. Der Verlag bleibt im Hinblick auf geografische Zuordnungen und Gebietsbezeichnungen in veröffentlichten Karten und Institutionsadressen neutral.

Planung/Lektorat: Petra Steinmueller
Springer Vieweg ist ein Imprint der eingetragenen Gesellschaft Springer Fachmedien Wiesbaden GmbH und ist ein Teil von Springer Nature.
Die Anschrift der Gesellschaft ist: Abraham-Lincoln-Str. 46, 65189 Wiesbaden, Germany

Vorwort

In Deutschland trägt der Dienstleistungssektor heute knapp 70 % zur Bruttowertschöpfung bei. Damit gelten Dienstleistungen als Beschäftigungsmotor und stehen im Mittelpunkt eines gesellschaftlichen, strukturellen und unternehmerischen Wandels in der digitalen Transformation. Aber anders als bei Innovationen in der Industrie (Industrie 4.0) und bei industrienahen Dienstleistungen stehen wir bei der (digitalen) Gestaltung nutzer- und bedarfsgerechter personennaher Dienstleistungen noch am Anfang der Entwicklung. Erhebliche Innovationspotenziale für Dienstleistungsangebote und deren Qualität sind mit dem Einsatz neuer Technologien zu realisieren. Aus diesem Grund hat das BMBF im Herbst 2016 eine Ausschreibung zur Förderung von Maßnahmen für personennahe Dienstleistungen veröffentlicht.

In Folge der Ausschreibung und in einem Zeitraum von über drei Jahren wurden neun Projekt gefördert, die innovative personennahe Dienstleistungen aus verschiedensten Bereichen erforschten und prototypisch erprobt haben. Über 50 Partner aus universitären und sozialen Einrichtungen, Forschungsinstitutionen und Unternehmen waren an diesem Vorhaben beteiligt.

Die Projekte zeigen, dass Innovationen im Dienstleistungsbereich anderen Logiken und Mechanismen folgen, als Innovationen in der Produktion. Dienstleistungen zeigen gegenüber Produkten vor allem folgende vier Besonderheiten auf.

Zu allererst ergibt sich der Wert einer Dienstleistung aus der Erfüllung eines subjektiven, situativen Bedürfnisses einer *spezifischen Person*. Dienstleistungen sollten sich immer an individuellen Lebensmustern, Konsumstilen und Präferenzen von Personen, ausrichten – sei es bei Beschäftigten im Arbeitsprozess, Nutzern, Kunden, Patienten oder Klienten. Da sich Dienstleistungen immer an diesen Merkmalen (nutzerzentriert, bedarfsorientiert, individuell, situativ) ausrichten, sind sie qua Definition auch immer personennah.

Eine zweite Besonderheit von Dienstleistungen ist, dass Anbieter nur Wertversprechen für Dienstleistungsangebote abgeben können. Der eigentliche Wert wird erst in der Inanspruchnahme der Dienstleistung vom Nutzer selbst geschaffen. Dementsprechend sind die Nutzer die Wertschaffenden und nicht – wie in der klassischen produktzentrierten Sichtweise – die Wertvernichter.

Drittens besteht der Wert einer personennahen Dienstleistung zumeist aus zwei Komponenten, dem Wert aus der eigentlichen Dienstleistung und dem Wert aus der Interaktion, die während der Dienstleistung stattfindet.

Viertens sind an einer Erstellung einer Dienstleistung immer mehrere Akteure beteiligt. Diese Co-Kreation erfolgt in Wertschöpfungsökosystemen, bzw. in Serviceökosystemen, die wiederum spezifische Geschäftsmodelle benötigen.

Diese vier Charakteristika machen Dienstleistungsinnovation so besonders und verlangen nach einem eigenen Forschungszweig.

In diesem Sammelband greifen wir diese Aspekte auf, indem Forschungs- und Projektergebnisse zu State-of-the-Art Innovationen personennaher Dienstleistungen präsentiert werden. Die hier vorgestellten neun Projekte zeigen Ergebnisse aus den Bereichen „Quartier und Nachbarschaft", „Individuelles Leben und Arbeiten" und „Forschung und Bildung" auf.

Die Berichte beschreiben anschaulich anhand von Beispielen, wie Technologien in verschiedenen Dienstleistungssektoren eingesetzt werden können, um wertvolle, nutzerzentrierte und personennahe Dienstleistungsangebote zu gestalten. Hierbei liegt der Fokus nicht nur auf der eigentlichen Dienstleistung, sondern auch auf den Werten, die durch die Interaktion zwischen den Akteuren entstehen. Auch werden Geschäftsmodelle präsentiert, die den Anforderungen nach einer digitalisierten, verteilten Sharing Economy und Bewegungen aus der Maker-Bewegung und Co-Kreationsansätzen entsprechen.

Wir sind sicher, dass Sie aus der Lektüre viele Erkenntnisse für eigene Praxisprojekte und für ihre Forschung gewinnen können. Auch bieten die dargestellten „Case-Studies" vielfältiges Material für den Einsatz in der Lehre zu Dienstleistungsinnovationen und zur digitalen Transformation.

Damit soll es aber noch nicht getan sein. In der mehr als dreijährigen Zusammenarbeit sind ein nachhaltiges Netzwerk und auch Freundschaften entstanden, die eine solide Basis für die zukünftige Forschung im Bereich personennaher Dienstleistungen darstellen. Dieses Netzwerk hat sich in der „Service-for-Good Community" (siehe Internet) institutionalisiert. Sie sind herzlich eingeladen, mit uns in diesem Netzwerk die Entwicklung personennaher Dienstleistungen mit ihren Ideen voranzutreiben. Erste Ergebnisse aus dieser „Service-for-Good" Community, vor allem Erkenntnisse und Methoden zur Entwicklung von Dienstleistungsangeboten, zur Interaktionsarbeit und zu Dienstleistungsökosystemen, sind in „Service-for-Good" Playbook praxisnah dargestellt. Dieses Playbook steht Ihnen im Internet in einer digitalen Version zum Download oder auch als Printversion zur Verfügung.

Wir möchten an dieser Stelle ganz besonders dem BMBF danken, dass sie den Projektpartnern und uns die Möglichkeit gegeben haben, mit zukunftsweisenden Projektideen einen Beitrag zur Dienstleistungsinnovation zu leisten. Auch wollen wir uns bei allen Projektpartnern, insbesondere auch beim Projektträger Karlsruhe (PTKA), für die intensive und erkenntnisgewinnende Zusammenarbeit bedanken.

Wir wünschen Ihnen viel Spaß bei der Lektüre und viele inspirierende Ideen!

Christoph Lattemann
Susanne Robra-Bissantz

Grußwort Abschlussband der Förderlinie Personennahe Dienstleistungen

Menschen und deren Innovationen haben Deutschland erfolgreich gemacht. Bei den Patentanmeldungen im Europäischen Patentamt liegt Deutschland 2021 auf Rang zwei[1]. Das flächenmäßig kleine Deutschland war 2020 nach China, den Vereinigten Staaten und Japan weltweit die Nr. vier in der Industrieproduktion[2]. Die Bedeutung der Dienstleistung und damit auch der Dienstleistungsforschung ist dabei ein wesentlicher Standortfaktor für Deutschland. Der Anteil von Dienstleistungen an der Bruttowertschöpfung in Deutschland betrug 2021 rund 70 %.

Das Bundesministerium für Bildung und Forschung (BMBF) stärkt dieses Engagement und den Erfindergeist im Rahmen des Programms „Zukunft der Wertschöpfung" durch die Förderung neuer Ideen in der Dienstleistung. Großes Innovationspotential zeigen dabei nah am Menschen ausgerichtete, personennahe Dienstleistungen. Eine eigene Förderrichtlinie „Personennahe Dienstleistungen" widmete sich deshalb von 2018 bis 2022 der Frage, wie solche Dienstleistungen bestmöglich erbracht werden können.

Es zeigt sich, dass bei personennahen Dienstleistungen viel mehr als nur die betrieblichen Prozesse betrachtet werden müssen: die Interessen von Klienten oder Patienten gehören hier genauso dazu wie die Perspektiven der Nutzer, der Arbeitenden und das Netzwerk aus beteiligten Partnern in einem Dienstleistungs-Ökosystem. Bei der Diskussion über die Technik darf eines nicht vergessen werden: Es geht immer wieder um die Menschen, sie stehen im Zentrum unserer Überlegungen. Deshalb muss mit allen Partnern diskutiert werden, wie neue Angebote entwickelt, wie die Qualität der Dienstleistungen und wie das soziale Miteinander der Anbietenden und der Nutzenden optimiert werden können.

Weitere Fragen zur Gestaltung von innovativen Dienstleistungen sind aber an die Wissenschaft und an die Unternehmen zu stellen. Welche Rolle spielen Schlüsseltechnologien und digitale Angebote? Wie kann durch den Einsatz von

---

[1] https://de.statista.com/statistik/daten/studie/684123/umfrage/anzahl-der-patentanmeldungen-beim-europaeischen-patentamt-nach-laendern/

[2] https://de.statista.com/statistik/daten/studie/560494/umfrage/bruttowertschoepfung-des-industriesektors-nach-laendern-weltweit/

neuen Technologien eine höhere Dienstleistungsqualität für alle Beteiligte entstehen? Wie können Erkenntnisse aus der Maker-Bewegung und Sharing Economy übertragen werden? Wie sehen bedarfsgerechte Co-Kreation und Partizipationsformen aus? Wie können nachhaltige Geschäfts- und Betreibermodelle etabliert werden? Welche Rolle spielt die Interaktionsarbeit bei personennahen Dienstleistungen?

Diese Fragen wurden in neun vom BMBF im Rahmen der Förderrichtlinie „Personennahe Dienstleistungen" geförderten Projekten aus den verschiedensten Berufs- und Lebensbereichen bearbeitet und beantwortet. In diesem Buch werden Projekte zum Quartiersmanagement (Living Smart und KUSTOMA), zu Nachbarschaftsdienstleistungen (InselPro), zum individuellen Leben und Arbeiten (ARBAY, MYOW, proDruck, Athene 4.0) und zur Forschung (BeDien) und Bildung (LidA) vorgestellt. Das Portfolio an Projekten beleuchtet die oben aufgeworfenen Fragen aus verschiedensten Kontexten und bietet Lösungsansätze für Forschung und Praxis.

Wir freuen uns, dass das wichtige Thema der Digitalisierung von personennahen Dienstleistungen auch über die geförderten Projekte hinaus nachhaltig aufgegriffen wird: Partner aus den beteiligten Projekten haben sich in der Service-for-Good Community zusammengetan, um weiterhin gemeinsam praxis- und forschungsnah zur Digitalisierung von Dienstleistungen zu arbeiten.

Den Lesern wünschen die Autoren und ich spannende und informative Einblicke in die Projekte und deren Ergebnisse. Lassen Sie uns alle gemeinsam an weiteren Innovationen im Dienstleistungssektor arbeiten.

Ralf Münchow
BMBF, Referat 521 – Zukunft von Arbeit und Wertschöpfung; Industrie 4.0
31.05.2022

Förderhinweis

Die den einzelnen Beiträgen zu diesem Buch zugrunde liegenden Projekte wurde mit Mitteln des Bundesministeriums für Bildung und Forschung unter den folgenden Förderkennzeichen (FKZ) gefördert. Die Verantwortung für den Inhalt dieser Veröffentlichung liegt bei den jeweiligen Autorinnen/Autoren.

„ARBAY" FKZ 02K17A000 – 02K17A006
„Athene 4.0" FKZ 02K17A010 – 02K17A015
„INSELpro" FKZ 02K17A020 – 02K17A023
„KUSTOMA" FKZ 02K17A030 – 02K17A032
„LidA" FKZ 02K17A040 – 02K17A048
„LivingSmart" FKZ 02K17A050 – 02K17A055
„MYOW" FKZ 02K17A060 – 02K17A065
„proDruck" FKZ 02K17A070 – 02K17A073
„BeDien" FKZ 02K17A080 – 02K17A081

Förderhinweise – BMBF Projekte

Teil I

Kapitel 1
Das diesem Beitrag zugrunde liegende Projekt „INSELpro" wurde mit Mitteln des Bundesministeriums für Bildung und Forschung unter den Förderkennzeichen 02K17A020 – 02K17A023 gefördert. Die Verantwortung für den Inhalt dieser Veröffentlichung liegt bei den Autoren.

Kapitel 2
Das diesem Beitrag zugrunde liegende Projekt „LivingSmart" wurde mit Mitteln des Bundesministeriums für Bildung und Forschung unter den Förderkennzeichen 02K17A050 – 02K17A055 gefördert. Die Verantwortung für den Inhalt dieser Veröffentlichung liegt bei den Autoren.

Kapitel 3
Das diesem Beitrag zugrunde liegende Projekt „LivingSmart" wurde mit Mitteln des Bundesministeriums für Bildung und Forschung unter den Förderkennzeichen 02K17A050 – 02K17A055 gefördert. Die Verantwortung für den Inhalt dieser Veröffentlichung liegt bei den Autoren.

Kapitel 4
Das diesem Beitrag zugrunde liegende Projekt „KUSTOMA" wurde mit Mitteln des Bundesministeriums für Bildung und Forschung unter den Förderkennzeichen 02K17A030 – 02K17A032 gefördert. Die Verantwortung für den Inhalt dieser Veröffentlichung liegt bei den Autoren.

Kapitel 5
Das diesem Beitrag zugrunde liegende Projekt „ARBAY" wurde mit Mitteln des Bundesministeriums für Bildung und Forschung unter den Förderkennzeichen 02K17A000 – 02K17A006 gefördert. Die Verantwortung für den Inhalt dieser Veröffentlichung liegt bei den Autoren.

Kapitel 6
Das diesem Beitrag zugrunde liegende Projekt „MYOW" wurde mit Mitteln des Bundesministeriums für Bildung und Forschung unter den Förderkennzeichen 02K17A060 – 02K17A065 gefördert. Die Verantwortung für den Inhalt dieser Veröffentlichung liegt bei den Autoren.

Kapitel 7
Das diesem Beitrag zugrunde liegende Projekt „proDruck" wurde mit Mitteln des Bundesministeriums für Bildung und Forschung unter den Förderkennzeichen 02K17A070 – 02K17A073 gefördert. Die Verantwortung für den Inhalt dieser Veröffentlichung liegt bei den Autoren.

Kapitel 8
Das diesem Beitrag zugrunde liegende Projekt „Athene 4.0" wurde mit Mitteln des Bundesministeriums für Bildung und Forschung unter den Förderkennzeichen 02K17A010 – 02K17A015 gefördert. Die Verantwortung für den Inhalt dieser Veröffentlichung liegt bei den Autoren.

Kapitel 9
Das diesem Beitrag zugrunde liegende Projekt „BeDien" wurde mit Mitteln des Bundesministeriums für Bildung und Forschung unter den Förderkennzeichen 02K17A080 – 02K17A081 gefördert. Die Verantwortung für den Inhalt dieser Veröffentlichung liegt bei den Autoren.

Kapitel 10
Das diesem Beitrag zugrunde liegende Projekt „LidA" wurde mit Mitteln des Bundesministeriums für Bildung und Forschung unter den Förderkennzeichen 02K17A040 – 02K17A048 gefördert. Die Verantwortung für den Inhalt dieser Veröffentlichung liegt bei den Autoren.

Teil II

Kapitel 11
Das diesem Beitrag zugrunde liegende Projekt „INSELpro" wurde mit Mitteln des Bundesministeriums für Bildung und Forschung unter den Förderkennzeichen 02K17A020 – 02K17A023 gefördert. Die Verantwortung für den Inhalt dieser Veröffentlichung liegt bei den Autoren.

Kapitel 12
Das diesem Beitrag zugrunde liegende Projekt „LivingSmart" wurde mit Mitteln des Bundesministeriums für Bildung und Forschung unter den Förderkennzeichen 02K17A051 – 02K17A052 gefördert. Die Verantwortung für den Inhalt dieser Veröffentlichung liegt bei den Autoren.

Kapitel 13
Das diesem Beitrag zugrunde liegende Projekt „KUSTOMA" wurde mit Mitteln des Bundesministeriums für Bildung und Forschung unter den Förderkennzeichen 02K17A030 gefördert. Die Verantwortung für den Inhalt dieser Veröffentlichung liegt bei den Autoren.

Kapitel 14
Das diesem Beitrag zugrunde liegende Projekt „ARBAY" wurde mit Mitteln des Bundesministeriums für Bildung und Forschung unter den Förderkennzeichen 02K17A000 ff. gefördert. Die Verantwortung für den Inhalt dieser Veröffentlichung liegt bei den Autoren.

Kapitel 15
Das diesem Beitrag zugrunde liegende Projekt „MYOW" wurde mit Mitteln des Bundesministeriums für Bildung und Forschung unter den Förderkennzeichen 02K17A060 – 02K17A065 gefördert. Die Verantwortung für den Inhalt dieser Veröffentlichung liegt bei den Autoren.

Kapitel 16
Das diesem Beitrag zugrunde liegende Projekt „proDruck" wurde mit Mitteln des Bundesministeriums für Bildung und Forschung unter den Förderkennzeichen 02K17A070 ff. gefördert. Die Verantwortung für den Inhalt dieser Veröffentlichung liegt bei den Autoren.

Kapitel 17
Das diesem Beitrag zugrunde liegende Projekt „Athene 4.0" wurde mit Mitteln des Bundesministeriums für Bildung und Forschung unter den Förderkennzeichen 02K17A010 – 02K17A015 gefördert. Die Verantwortung für den Inhalt dieser Veröffentlichung liegt bei den Autoren.

Kapitel 18
Das diesem Beitrag zugrunde liegende Projekt „BeDien" wurde mit Mitteln des Bundesministeriums für Bildung und Forschung unter den Förderkennzeichen 02K17A080 – 02K17A081 gefördert. Die Verantwortung für den Inhalt dieser Veröffentlichung liegt bei den Autoren.

Kapitel 19
Das diesem Beitrag zugrunde liegende Projekt „LidA wurde mit Mitteln des Bundesministeriums für Bildung und Forschung unter den Förderkennzeichen 02K17A043 gefördert. Die Verantwortung für den Inhalt dieser Veröffentlichung liegt bei den Autoren.

Inhaltsverzeichnis

Teil I   Theoretische Grundlagen zu personennahen Dienstleistungen

1   INSELpro: Ein elektronischer Marktplatz für personennahe Dienstleistungen 3
Lisa Hensel, Daniel Henselmann und Jan Hofmann
  1.1   Einführung 4
  1.2   Motivationskonzept 6
  1.3   Zuordnungsalgorithmus 10
  1.4   Test und Evaluation 13
  1.5   Zusammenfassung und Ausblick 18
  1.6   Förderhinweis 18
  Literatur 19

2   LivingSmart: Intelligente Auswerte- und Informationsmodule zur Notfallprädiktion und -prävention für hochaltrige Personen 21
Patrick Elfert, Marco Eichelberg und Andreas Hein
  2.1   Einleitung 22
  2.2   Theoretischer Hintergrund 22
  2.3   Intelligente LivingSmart-Auswertungsmodule (ILA) 25
  2.4   Intelligente LivingSmart-Informationsmodule (ILI) 31
  2.5   Fazit und Schlussfolgerung 33
  Literatur 34

3   LivingSmart: Vertrauen als Kernelement zur erfolgreichen Positionierung digitaler Plattformen für personennahe Dienstleistungen 37
Manuela Ferdinand und Carsten Schultz
  3.1   Einleitung 38
  3.2   Theoretischer Hintergrund: „Vertrauen als Kernelement zur erfolgreichen Positionierung digitaler Plattformen für personennahe Dienstleistungen" 39
  3.3   Methodologie 42
  3.4   Ergebnisse 44
  Literatur 51

4 Personennahe Dienstleistungsplattformen in Deutschland: Status quo und Empfehlungen zur Verbesserung der Nutzungsabsicht 53
Pascal Mehrwald und Juliane Feen Strohmeyer
- 4.1 Einleitung 54
- 4.2 Theoretischer und praktischer Hintergrund zur Nutzung von Dienstleistungsplattformen 55
- 4.3 Methode.. 59
- 4.4 Ergebnisse 61
- 4.5 Diskussion und Gestaltungsempfehlungen 63
- 4.6 Förderhinweis 65
- Literatur 65

5 ARBAY – Wissenschaftliche Erkenntnisse über eine Augmented-Reality-basierte Beratungs- und Verkaufsplattform für hochvariante und individualisierbare Güter 69
Gordon George Brown und Michael Prilla
- 5.1 Einleitung 70
- 5.2 Potenziale der Digitalisierung von Beratung................. 70
- 5.3 Best Practices für die Interaktion zwischen Kunde und Berater 73
- 5.4 Vertrauensförderung im Beratungsgespräch 78
- 5.5 Feldstudie 80
- Literatur 81

6 Design und Entwicklung der MYOW-Plattform 83
Friederike Fröbel, Rolf Fricke, Patrick Stadler, Esther Zahn, Clara Gleiß, Tobias Albert, Luisa von Radziewsky, Beate Prelle, Tim Bibow, Florian Krebs, Fabian Jaenicke, Finn Vincent Harms und Gesche Joost
- 6.1 Einleitung 84
- 6.2 Konzeption und Design der MYOW-Plattform 86
- 6.3 Konzeption und Realisierung der MYOW-Systembereiche 91
- 6.4 Entwicklung des Pop-up-Labs als mobile Wearablewerkstatt..... 106
- 6.5 Technische Architektur der Plattform 107
- 6.6 Zusammenfassung...................................... 108
- 6.7 Förderhinweise 111
- Literatur 111

7 3D-Druck – Eine Technologie als Schlüssel zur Steigerung der Teilhabe 115
Anne Kruse, Laura Müller, Manuel Ott, Philipp Jung, Rainer Koch, Joachim Hügel, Florian Finke, Stephan Winter und Thomas Gust
- 7.1 Einleitung und Motivation............................... 116
- 7.2 Theoretischer Hintergrund............................... 116
- 7.3 Methodologischer Ansatz 117
- 7.4 Ergebnisse 119
- 7.5 Diskussion der Ergebnisse............................... 130

	7.6 Fazit und Schlussfolgerungen	132
	Literatur	133
8	**Handwerk 4.0: Bedarf und Existenz digitaler Kompetenzen und Qualifizierungsvorlieben im Handwerksbetrieb vor dem Hintergrund der Implementierung und Etablierung der neuen Servicesoftware Athene 4.0**	**135**
	Kerstin Guhlemann, Christine Best und Amina Ali	
	8.1 Einleitung	136
	8.2 Digitalisierung im Handwerk stellt Anforderungen an Kompetenzentwicklung	137
	8.3 Methodischer Ansatz	139
	8.4 Ergebnisse	140
	8.5 Konzept Digitaler Coach	143
	8.6 Fazit und Schlussfolgerung	146
	Literatur	147
9	**Digitalisierung personennaher Dienstleistungen: Die Service Canvas als Gestaltungswerkzeug**	**149**
	Christoph Lattemann, Rangina Ahmad, Pia Gebbing, Manuel Geiger, Ricardo Guerrero, Theresa Kroschewski, Lisa Lohrenz und Simon Michalke	
	9.1 Einleitung und Motivation	150
	9.2 Digitalisierung und Servicification	152
	9.3 Anwendung der Service Canvas in Praxis und Forschung	155
	9.4 Abschließende Betrachtung	161
	Literatur	162
10	**Durch Selbstlernkompetenz beim informellen Arbeitsplatzlernen mit der digitalen Transformation Schritt halten: Wissenschaftliche Ergebnisse aus dem Projekt Lernen in der digitalisierten Arbeitswelt – LidA**	**167**
	Anne F. D. Kittel, Anita Radi-Pentz und Tina Seufert	
	10.1 Selbstgesteuert in der digitalen Arbeitswelt lernen	168
	10.2 Selbstreguliertes Lernen beim informellen Arbeitslernen	169
	10.3 Förderung des selbstregulierten Lernens in der digitalen Arbeitswelt	171
	10.4 Lernförderliche Darstellung von Lerninhalten per Lernpfad	175
	10.5 Fazit und Schlussfolgerungen	178
	Literatur	179

Teil II Praktische Erkenntnisse zu personennahen Dienstleistungen

11	**INSELpro – Intelligentes Servicesystem für lokal vernetzte Prosumenten**	**183**
	Reinhold Straubmeier	
	11.1 Einleitung	184

	11.2	Motivation	184
	11.3	Projektziele	187
	11.4	Partner	188
	11.5	Projektablauf	191
	11.6	Ergebnisse	193
	11.7	Nachhaltiger Transfer in die produktive Nutzung	196
	11.8	Fazit	197
	Literatur		199

12 LivingSmart: Wohnquartiere neu gedacht – Service-gesteuert: lebensnah, integrativ, intelligent, innovativ 201
Cletus Brauer, Petra Dinkelacker, Marco Eichelberg, Patrick Elfert, Manuela Ferdinand, Andreas Hein, Alexandra Kolozis, Philipp Kullmann, Linda Reinicke, Carsten Schultz und Sophia Zwiener

	12.1	Einleitung	202
	12.2	LivingSmart-Plattform	205
	12.3	Handlungsempfehlungen für die Anwendung des Projekts in der Wirtschaft	214
	12.4	Fazit	216
	Literatur		217

13 Projekt KUSTOMA – Kinderbetreuung und andere personennahe Dienstleistungen unterstützt durch Onlineplattformen 219
Pascal Mehrwald, Michaela Ranner, Ludwig Eisgruber und Angela Schmidt

	13.1	Einleitung	220
	13.2	Partner und Aufgaben	222
	13.3	Projektverlauf	224
	13.4	Ergebnisse	229
	13.5	Handlungsempfehlungen für die Anwendung in der Wirtschaft	231
	13.6	Fazit	233
	Literatur		233

14 ARBAY – Augmented Reality-basierte Beratungs- und Verkaufsplattform für hochvariante und individualisierbare Güter 235
Gordon George Brown und Michael Prilla

	14.1	Einleitung	235
	14.2	Motivation	236
	14.3	Projektziele	237
	14.4	Partner	238
	14.5	Projektablauf	240
	14.6	Ergebnisse	241
	14.7	Empfehlungen für die Anwendung in der Wirtschaft	246
	14.8	Fazit	247
	Literatur		248

15 Entwicklung personalisierter Wearables mit der MYOW-Plattform 249
Rolf Fricke, Friederike Fröbel, Tim Bibow, Patrick Stadler, Beate Prelle, Tobias Albert, Esther Zahn, Fabian Jaenicke, Clara Gleiß, Florian Krebs, Norbert Reithinger, Ido Klimovsky, Andreas Mischke und Dirk Werth

- 15.1 Einführung 250
- 15.2 Web-Anwendung zur kollaborativen Entwicklung von Wearables 253
- 15.3 Pop-up-Lab 268
- 15.4 Wirtschaftliche Relevanz des Projekts 269
- 15.5 Geschäftsmodelle 270
- 15.6 Ethische, rechtliche und soziale Aspekte (ELSI) 270
- 15.7 Förderhinweis 272
- Literatur 272

16 proDruck 3D-Druck – Technologie der Industrie 4.0 – als Mittel der Inklusion für Menschen mit Behinderungen in die Arbeitswelt 275
Anne Kruse, Laura Müller, Manuel Ott, Rainer Koch, Joachim Hügel, Florian Finke, Stephan Winter und Thomas Gust

- 16.1 Einleitung und Motivation 276
- 16.2 Projektinhalte und Projektziele 276
- 16.3 Partner und Aufgabenverteilung 277
- 16.4 Ablauf des Projekts 281
- 16.5 Ergebnisse des Projekts 282
- 16.6 Handlungsempfehlungen für die Anwender 290
- 16.7 Fazit: Steigerung der Teilhabe durch den 3D-Druck 291
- Literatur 292

17 Athene 4.0: Konzeption, Entwicklung und Erprobung einer Softwarelösung zur Digitalisierung kleiner Handwerksbetriebe 295
Michael Lücke und Maik Hausmann

- 17.1 Ausgangslage und Zielsetzung 296
- 17.2 Projektorganisation 297
- 17.3 Der Arbeitsplan 302
- 17.4 Die wesentlichen Forschungsfragen 305
- 17.5 Rahmenbedingungen für eine nachhaltige Umsetzung – Erfahrungen und Konsequenzen 306
- 17.6 Fazit und Empfehlung 308
- Literatur 309

18 Blaupause BeDien. Die Service Canvas als Vorlage zur Unterstützung von Forschungsverbünden 311
Anna M. Lux und Susanne Robra-Bissantz

- 18.1 Herausforderungen kooperativer Forschung begegnen 312

18.2	Dienstleistung zwischen Forschung und Forschungspraxis	313
18.3	Unterstützungsbedarfe im Wandel der Förderzeit	316
18.4	Gemeinsame Verstetigung am Beispiel „Service for Good"	321
18.5	Blaupause für forschungsnahe Dienstleistungen	322
18.6	Förderhinweis	324
	Literatur	324

19 Lernen in der digitalisierten Arbeitswelt (LidA) 327
Mischa Seiter, Sebastian Kasselmann, Volker Stich, Roman Senderek,
Tina Seufert, Anne Kittel, Anita Radi-Pentz, Alexandra Tödt,
Oliver Samoila, Enrico Zenzen, Korhan Zeyrek, Joachim Hutfless,
Christian Schupik und Lena Piel

19.1	Einführung	328
19.2	Projektorganisation	336
19.3	Der Arbeitsplan	341
19.4	Rahmenbedingungen für eine nachhaltige Umsetzung	349
19.5	Fazit und Empfehlung	350
19.6	Förderhinweise	350
	Literatur	350

Stichwortverzeichnis 353

Herausgeber- und Autorenverzeichnis

Über die Herausgeber

Prof. Dr. Christoph Lattemann ist Professor für Betriebswirtschaftslehre und Informationsmanagement an der Constructor University Bremen (ehemals Jacobs University). Seit über 20 Jahren forscht und lehrt er zum Thema Innovationsmanagement und Digitalisierung. Als Direktor leitet er das Design Thinking Lab „D-Forge", das er 2011 mitbegründete. In seiner Forschung beschäftigt er sich mit der digitalen Transformation von und in Dienstleistungsunternehmen. Seine vielfältigen Erfahrungen aus internationalen Praxis- und Forschungsprojekten haben ihm gezeigt, dass vor allem kleine und mittlere Unternehmen Schwierigkeiten haben, Potentiale neuer Technologien für ihre Geschäftsmodelle zu erkennen, sie zu integrieren und sie effektiv in der Praxis ein- und umzusetzen. Um hierfür Lösungen zu entwickeln, forscht er mit seinem Team an Design- und Innovationsmethoden und Vorgehen, um diesen Unternehmen in der digitalen Transformation und im Innovationsmanagement zu helfen. Seine Erkenntnisse hat er in namhaften wissenschaftlichen und praxisorientierten Artikeln, in Fallstudien und in Büchern veröffentlicht. Herr Lattemann ist Mitglied verschiedenen wissenschaftlichen Kommissionen und Senior Editor des International Journals of Emerging Markets.

Prof. Dr. Susanne Robra-Bissantz leitet seit 2007 das Institut für Wirtschaftsinformatik an der Technischen Universität Braunschweig und dort den Lehrstuhl für Informationsmanagement. In ihrer Forschung beschäftigt sie sich mit dem Design nachhaltiger (digitaler) Services und Service-Ökosysteme sowie mit IT-gestützten Konzepten der Kooperation und Kollaboration, z. B. in der kooperativen Kreativität oder der Partizipation. Entsprechend gestaltungsorientierter Forschungsmethoden, wie dem Design Science Research und dem Action Design Research, trägt das Institut damit, in Praxiskooperationen oder in öffentlich geförderten Projekten, zur Problemlösung in vielen wirtschaftlichen oder gesellschaftlichen Bereichen bei, wie beispielsweise im Design von digitalen Services in Handel, E-Commerce und der personennahen Dienstleistung, in Ansätzen moderner digitaler Arbeit und Führung, in der partizipativen Gestaltung von Lebensräumen, sowie im Lernen und Lehren. Frau Robra-Bissantz ist Mitglied verschiedenen wissenschaftlichen Kommissionen und Mitherausgeberin der Zeitschrift HMD Praxis der Wirtschaftsinformatik.

Autorenverzeichnis

Rangina Ahmad Institut für Wirtschaftsinformatik, Abteilung Informationsmanagement, Technische Universität Braunschweig, Braunschweig, Deutschland

Tobias Albert AWSi, Saarbrücken, Deutschland

Amina Ali Fakultät Sozialwissenschaften, Technische Universität Dortmund, Dortmund, Deutschland

Christine Best Fakultät Sozialwissenschaften, Technische Universität Dortmund, Dortmund, Deutschland

Tim Bibow Spontaneous Order GmbH, Berlin, Deutschland

Cletus Brauer Johanniter-Unfall-Hilfe e. V., Forschung und Entwicklung, Oldenburg, Deutschland

Gordon George Brown Human-Centered Information Systems, Clausthal University of Technology, Clausthal-Zellerfeld, Deutschland

Petra Dinkelacker pme Familienservice, Projektmanagement, Berlin, Deutschland

Marco Eichelberg OFFIS – Institut für Informatik, Oldenburg, Deutschland

Ludwig Eisgruber yathos GmbH, München, Deutschland

Patrick Elfert OFFIS – Institut für Informatik, Oldenburg, Deutschland

Manuela Ferdinand Christian-Albrechts-Universität zu Kiel, Wissenschaftliche Mitarbeiterin, Kiel, Deutschland

Florian Finke LEONEX Internet GmbH, Paderborn, Deutschland

Rolf Fricke Condat AG, Berlin, Deutschland

Friederike Fröbel DFKI GmbH, Berlin, Deutschland

Pia Gebbing Lehrstuhl für Betriebswirtschaft und Informationsmanagement, Jacobs University, Bremen, Deutschland

Manuel Geiger Institut für Wirtschaftsinformatik, Abteilung Informationsmanagement, Technische Universität Braunschweig, Braunschweig, Deutschland

Clara Gleiß DFKI GmbH, Berlin, Deutschland

Ricardo Guerrero Lehrstuhl für Betriebswirtschaft und Informationsmanagement, Jacobs University, Bremen, Deutschland

Kerstin Guhlemann Fakultät Sozialwissenschaften, Technische Universität Dortmund, Dortmund, Deutschland

Thomas Gust trinckle 3D GmbH, Berlin, Deutschland

Finn Vincent Harms Freyer&Siegel, Mühlenbeck, Deutschland

Maik Hausmann Fraunhofer-Institut für Materialfluss und Logistik IML, Dortmund, Deutschland

Andreas Hein Department für Versorgungsforschung, Carl von Ossietzky Universität Oldenburg, Oldenburg, Deutschland

Lisa Hensel Institut für Psychologie, Friedrich-Alexander-Universität Erlangen-Nürnberg, Nürnberg, Deutschland

Daniel Henselmann Fraunhofer-Arbeitsgruppe für Supply Chain Services, Nürnberg, Deutschland

Jan Hofmann Institute of Information Systems, Friedrich-Alexander-Universität Erlangen-Nürnberg, Nürnberg, Deutschland

Joachim Hutfless Trumpf GmbH + Co. KG, Ditzingen, Deutschland

Joachim Hügel Projektkoordination 3D-Druck, proWerk, v. Bodelschwinghsche Stiftungen Bethel, Bielefeld, Deutschland

Fabian Jaenicke Freyer & Siegel, Mühlenbeck, Deutschland

Gesche Joost DFKI GmbH, Berlin, Deutschland

Philipp Jung Fachgruppe für Computeranwendung und Integration in Konstruktion und Planung, Universität Paderborn, Paderborn, Deutschland

Sebastian Kasselmann IPRI International Performance Research Institute gGmbH, Stuttgart, Deutschland

Anne Kittel Institut für Psychologie und Pädagogik, Universität Ulm, Ulm, Deutschland; Fakultät Ingenieurwissenschaften, Informatik und Psychologie, Institut für Psychologie und Pädagogik, Abt. Lehr- Lernforschung, Universität Ulm, Ulm, Deutschland

Ido Klimovsky Condat AG, Berlin, Deutschland

Rainer Koch Fakultät Maschinenbau, Fachgruppe für Computeranwendung und Integration in Konstruktion und Planung, Universität Paderborn, Paderborn, Nordrhein-Westfalen, Deutschland

Alexandra Kolozis Johanniter-Unfall-Hilfe e. V., Quartiersmanagement, Ahlhorn, Deutschland

Florian Krebs Spontaneous Order GmbH, Berlin, Deutschland

Theresa Kroschewski Lehrstuhl für Betriebswirtschaft und Informationsmanagement, Jacobs University, Bremen, Deutschland

Anne Kruse Fakultät Maschinenbau, Fachgruppe für Computeranwendung und Integration in Konstruktion und Planung, Universität Paderborn, Paderborn, Nordrhein-Westfalen, Deutschland

Philipp Kullmann ANIMUS GmbH, Ratingen, Deutschland

Christoph Lattemann Inhaber des Lehrstuhls für Betriebswirtschaft und Informationsmanagement, Jacobs University, Bremen, Deutschland

Lisa Lohrenz Institut für Wirtschaftsinformatik, Abteilung Informationsmanagement, Technische Universität Braunschweig, Braunschweig, Deutschland

Michael Lücke Fraunhofer-Institut für Materialfluss und Logistik IML, Dortmund, Deutschland

Anna M. Lux Institut für Wirtschaftsinformatik, Abteilung Informationsmanagement, Technische Universität Braunschweig, Braunschweig, Deutschland

Pascal Mehrwald Technische Universität München, München, Deutschland

Simon Michalke Encoway GmbH, Bremen, Deutschland

Andreas Mischke Condat AG, Berlin, Deutschland

Laura Müller Fakultät Maschinenbau, Fachgruppe für Computeranwendung und Integration in Konstruktion und Planung, Universität Paderborn, Paderborn, Nordrhein-Westfalen, Deutschland

Manuel Ott Fakultät Maschinenbau, Fachgruppe für Computeranwendung und Integration in Konstruktion und Planung, Universität Paderborn, Paderborn, Nordrhein-Westfalen, Deutschland

Lena Piel VW AG, Wolfsburg, Deutschland

Beate Prelle Condat AG, Berlin, Deutschland

Michael Prilla Interaktive Systeme, Universität Duisburg-Essen, Duisburg, Deutschland

Anita Radi-Pentz Fakultät Ingenieurwissenschaften, Informatik und Psychologie, Institut für Psychologie und Pädagogik, Abt. Lehr- Lernforschung, Universität Ulm, Ulm, Deutschland

Luisa von Radziewsky DFKI GmbH, Berlin, Deutschland

Michaela Ranner yathos GmbH, München, Deutschland

Linda Reinicke pme Familienservice, Projektmanagement, Berlin, Deutschland

Norbert Reithinger DFKI GmbH, Berlin, Deutschland

Prof. Dr. Susanne Robra-Bissantz Institut für Wirtschaftsinformatik, Abteilung Informationsmanagement, Technische Universität Braunschweig, Braunschweig, Deutschland

Oliver Samoila Databay AG, Würselen, Deutschland

Angela Schmidt Notfallmamas GmbH, Hamburg, Deutschland

Carsten Schultz Christian-Albrechts-Universität zu Kiel, Wissenschaftliche Mitarbeiterin, Kiel, Deutschland

Christian Schupik VW AG, Wolfsburg, Deutschland

Mischa Seiter IPRI International Performance Research Institute gGmbH, Stuttgart, Deutschland

Roman Senderek FIR e. V, RWTH Aachen, Aachen, Deutschland

Tina Seufert Fakultät Ingenieurwissenschaften, Informatik und Psychologie, Institut für Psychologie und Pädagogik, Abt. Lehr- Lernforschung, Universität Ulm, Ulm, Deutschland

Patrick Stadler DFKI GmbH, Berlin, Deutschland

Volker Stich FIR e. V, RWTH Aachen, Aachen, Deutschland

Reinhold Straubmeier SIGMA Gesellschaft für Systementwicklung und Datenverarbeitung GmbH, Erlangen, Deutschland

Juliane Feen Strohmeyer Technische Universität München, München, Deutschland

Alexandra Tödt leifos GmbH, Köln, Deutschland

Dirk Werth AWSi, Saarbrücken, Deutschland

Stephan Winter LEONEX Internet GmbH, Paderborn, Deutschland

Esther Zahn DFKI GmbH, Berlin, Deutschland

Enrico Zenzen leifos GmbH, Köln, Deutschland

Korhan Zeyrek Ditzingen, Deutschland

Sophia Zwiener pme Familienservice, Projektmanagement, Berlin, Deutschland

Teil I
Theoretische Grundlagen zu personennahen Dienstleistungen

INSELpro: Ein elektronischer Marktplatz für personennahe Dienstleistungen

Lisa Hensel, Daniel Henselmann und Jan Hofmann

Zusammenfassung

Im BMBF-geförderten Verbundprojekt INSELpro bieten Prosumer ihre Dienste auf einem Markt der örtlichen Nachbarschaftsdienstleistungen an. Hilfebedürftigen Mitbürgern in einem geografischen Quartierbereich werden über eine Dienstleistungsplattform zu ihrer jeweiligen Unterstützungsanforderung passende Helfer vermittelt, die sich grundsätzlich dazu bereiterklärt haben, Hilfe zu leisten. Angebot und Nachfrage werden über die Plattform zusammengeführt, die Dienstleistungen aber extern zwischen den Beteiligten konkretisiert und ausgeführt. Die Besonderheit ist dabei, dass die Vermittlung mithilfe einer flexiblen Matrix aus benötigten und vorhandenen Fähigkeiten erfolgt, was die Vermittlungsqualität verbessert. Das Forschungsprojekt setzt auf den wissenschaftlichen Ansatz des Prototyping, bei dem ein Artefakt (hier: die Vermittlungsplattform mit einer App als Frontend) in mehreren iterativen Zyklen entwickelt wird. Dabei sind jeweils nutzerzentrierte Evaluationen direkt an die einzelnen Entwicklungsschritte angekoppelt, um ggf. Fehlentwicklungen

L. Hensel (✉)
Institut für Psychologie, Friedrich-Alexander-Universität Erlangen-Nürnberg, Nürnberg, Deutschland
E-Mail: lisa.hensel@fau.de

D. Henselmann
Fraunhofer-Arbeitsgruppe für Supply Chain Services, Nürnberg, Deutschland
E-Mail: daniel.henselmann@iis.fraunhofer.de

J. Hofmann
Institute of Information Systems, Friedrich-Alexander-Universität Erlangen-Nürnberg, Nürnberg, Deutschland
E-Mail: jan.hofmann@fau.de

© Der/die Autor(en), exklusiv lizenziert an Springer Fachmedien Wiesbaden GmbH, ein Teil von Springer Nature 2023
C. Lattemann und S. Robra-Bissantz (Hrsg.), *Personennahe Dienstleistungen der Zukunft*, Edition HMD, https://doi.org/10.1007/978-3-658-38813-3_1

frühzeitig gegensteuern zu können. Um die Beteiligung an dieser elektronisch unterstützten und koordinierten Art der Nachbarschaftshilfe auszubauen bzw. auf einem hohen Niveau zu halten, sind unterschiedliche Maßnahmen denkbar. Der vorliegende Beitrag zeigt Ansätze zur Incentivierung der beteiligten Prosumenten auf, die sowohl online als auch offline durchführbar sind.

Schlüsselwörter

Dienstleistung • Prosument • Motivation • Anreizsetzung • Zuordnung • Algorithmus • Evaluation

1.1 Einführung

Immer mehr Menschen müssen aufgrund ihrer Lebenssituation bei kurz- oder langfristig auftretenden Be- und Überlastungen Hilfe von Dritten in Anspruch nehmen. Personennahe Dienstleistungen sind immer dann gefragt, wenn Hilfe in persönlichen Bereichen benötigt wird, zum Beispiel bei der Betreuung der Kinder oder im Krankheitsfall. Aber auch alltägliche Verrichtungen wie das Einkaufen, Behördengänge oder hauswirtschaftliche Tätigkeiten können in Verbindung mit den übrigen Beanspruchungen der Menschen zu Überlastungen führen. Häufig bleibt dabei wenig Spielraum für Freizeitaktivitäten, Entspannung und Erholung. Wenn dann noch kurzfristig auftretende Ereignisse die bestehende Tagesplanung zunichtemachen, entstehen Stress, Hektik und Unsicherheit. Die Leistungsfähigkeit der Betroffenen sowie ihres sozialen Umfeldes kann dann leicht an ihre Grenzen stoßen. In ländlichen Regionen klingeln Menschen, wenn sie kurzfristig und zeitnah Hilfe benötigen, beim Nachbarn. In urbanen Gebieten kennen Menschen ihre Nachbarn häufig nicht mehr. Unter diesen Voraussetzungen im Bedarfsfall, die Hemmschwelle zu überwinden und mehr oder weniger unbekannte Personen um Hilfe in persönlichen Lebensbereichen zu bitten, ist – speziell für ältere, behinderte oder neu zugezogene Mitbürger – oft sehr schwierig. Bei anderen Bevölkerungsgruppen wie Alleinerziehenden, jungen Familien oder beruflich stark eingebundenen Arbeitnehmern ist festzustellen, dass sie bestehende Dienstleistungsangebote nur dann in Anspruch nehmen, wenn die finanziellen Forderungen dies zulassen. Das Potenzial einer gegenseitigen unentgeltlichen Nachbarschaftshilfe bleibt in diesem Kontext jedoch weitgehend ungenutzt.

Langfristig planbare Unterstützungsbedarfe wie regelmäßige Kinderbetreuung (z. B. Kindergarten) bei Alleinerziehenden oder Unterstützungsleistungen durch Pflegedienste (z. B. Körperpflege, Fahrdienste etc.) können zuverlässig durch Leistungen sozialer Einrichtungen (z. B. Diakonie) abgedeckt werden (bspw. Zentraler Diakonieverein o. J.; Sozialzentrum der Diakonie o. J.). Kurzfristig oder sehr spontan auftretende Hilfebedarfe sind jedoch auf diesem Wege kaum abzudecken. Oftmals stellt der Rückgriff auf ein Netzwerk von Verwandten und Freunden – soweit ein solches vorhanden ist – aktuell die einzige mögliche Unterstützungsquelle dar. Eine besondere Herausforderung besteht insbesondere dann, wenn diese Helfer beim kurzfristigen Hilfebedarf nicht spontan verfügbar sind. Dies wird im besonderen Maße infolge der massiven Einschränkungen des öffentlichen Lebens im Zuge der weltweiten Verbreitung des Coronavirus seit dem Frühjahr 2020 besonders sichtbar.

Die Motivation für das BMBF-geförderte Projekt INSELpro[1] ist die Sicherstellung der beruflichen und gesellschaftlichen Teilhabe der Betroffenen unter Berücksichtigung kurzfristiger Ereignisse. Das Vorhaben adressiert insbesondere den Einsatz von Informations- und Kommunikationstechnologien zur effizienten Gestaltung und Umsetzung personennaher Dienstleistungen und die Frage, wie sie eine moderierende Rolle zwischen allen Beteiligten einnehmen können.

Im Projektkontext bieten Prosumer ihre Dienste auf einem Markt der örtlichen Nachbarschaftsdienstleistungen als freies Gut an, das durch die Nutznießer normalerweise nicht entlohnt wird (Güttel 2007). Sowohl Hilfsanfrage als auch Unterstützungsangebot auf dem Dienstleistungsmarkt der INSELpro-Plattform sind kostenlos. Die Motivation zur Nachbarschaftshilfe muss daher intrinsisch vorhanden sein oder von außen angereizt werden (Rimser 2014). Wichtiger Bestandteil dafür sind organisatorische bzw. umfeldliche Voraussetzungen, wie beispielsweise die Eingrenzung des Aktivitätsbereiches in einem neu entstehenden Stadtquartier[2] oder die Existenz eines *Quartiersmanagements,* dessen originäre Aufgaben (Betreuung des Servicewohnens im Quartier) dahingehend erweitert werden, dass auch die inhaltliche Administration und Nutzerverwaltung der Plattform, Hilfestellung zur App oder Werbemaßnahmen vor Ort koordiniert und verantwortet werden. Aber auch wenn die genannten Voraussetzungen gegeben sind, erscheinen Incentivierungsmaßnahmen sinnvoll (Bendt 1999). Ihr Hauptzweck ist dabei, die Freude an der Unterstützung hilfebedürftiger Mitmenschen zu stimulieren und so den Austausch auf dem Dienstleistungsmarkt und damit die Nachbarschaftshilfe aktiv zu halten. Dabei fungiert eine IT-gestützte Sharingplattform als Marktplatz der örtlich begrenzten Nachbarschaftshilfe: Nachfrager formulieren mittels einer Smartphone-App eine Anfrage, die genauer spezifiziert wird durch den Zeitraum der benötigten Unterstützung sowie die Zuordnung zu vordefinierten Hilfekategorien. Ein Algorithmus ordnet im Hintergrund die benötigten Charakteristika der Suche den eingestellten und jederzeit anpassbaren Fähigkeiten und freien Zeitslots potentieller Unterstützer zu und gibt eine vorgefilterte Liste an Personen aus, welche die zur Hilfestellung geforderten Eigenschaften aufweisen. Hieraus wählt der Suchende aus und kontaktiert die Personen initial über die App. Bei Hilfezusage durch die Angefragten findet die

---

[1] Akronym steht für „Intelligentes Servicesystem für lokal vernetzte Prosumenten"; s. auch www.inselpro.de.
[2] Quartier Langseestraße mit Service-Wohnen, s. auch www.t1p.de/langseestrasse und www.diakonie-moegeldorf.de/leistungen/alter/.

weitere Abstimmung außerhalb der App statt, z. B. über Telefonate oder persönliche Treffen.

Diese Filterung des Ergebnisraumes von Zuordnungen hinsichtlich der Anfragen ist einer der wichtigsten Unterschiede zu bestehenden Netzwerken der Nachbarschaftshilfe, die entweder an sich nur einen spezialisierten Themenkreis adressieren oder eher als digitalisiertes schwarzes Brett zu verstehen sind, dessen Einträge ohne besondere Zusatzleistung allen Mitgliedern angezeigt werden. Somit besteht die Gefahr, relevante Hilfsgesuche zu übersehen. Der zum Einsatz kommende Zuordnungsalgorithmus wird im folgenden Abschn. 1.2 erläutert.

Die wissenschaftlichen Überlegungen zur Sicherstellung der Prosumentenmotivation im Projekt INSELpro basieren auf Arbeiten aus verschiedenen (Teil-)Disziplinen, insbesondere Wirtschafts- und Sozialpsychologie sowie Wissensmanagement und -transfer. Diese werden in den Kontext personennaher Dienstleistungen transferiert, adaptiert und in Abschn. 1.3 kurz vorgestellt.

Aus den theoretischen Vorarbeiten heraus wurde im Projektverlauf eine Vermittlungsplattform für die Nachbarschaftshilfe erstellt, die zum Ende der Förderperiode noch in der Praxis eingesetzt und evaluiert werden konnte. Diese Ergebnisse werden in Abschn. 1.4 dargelegt.

1.2 Motivationskonzept

1.2.1 Grundüberlegungen

Barbuto (2005) identifiziert fünf Motivationsquellen. Als intrinsisch, also aus eigenem Antrieb heraus, werden sowohl die Prozessmotivation als auch das interne Selbstverständnis bezeichnet. Erstere wird als das Durchführen einer Arbeit um ihrer selbst willen charakterisiert: Die Aufgabe „macht einfach Spaß". Als Selbstverständnis ist eine innere Leitlinie zu verstehen, die verfolgt werden soll: Sich selbst „nicht mehr im Spiegel ansehen können", wenn nicht entsprechend gehandelt wird. Als extrinsische Faktoren gelten die instrumentelle Motivation (die Aussicht auf Belohnung), die Internalisierung von Zielen des Unternehmens (man möchte einen Beitrag zum Unternehmenserfolg leisten) sowie das externe Selbstverständnis, welches der eigenen Rolle und den Erwartungen des Umfeldes über die eigenen Arbeitsergebnisse entstammt.

Das im Rahmen des INSELpro-Ansatzes über die Plattform entwickelte Incentivierungsmodul wird mit Daten der Angebots-, Vermittlungs- und Konsumfunktionen versorgt: Dienstleistungsanbieter erarbeiten sich „Fleißsterne" für eine bestimmte Anzahl unternommener Hilfeleistungen. „Experten" eines bestimmten Fachgebietes werden über ihre in den Angebotspool eingespeisten Hilfsleistungen, ihre angegebenen Fähigkeiten und ihre Bewertungen identifiziert. Bei erfolgreichem Abschluss der Hilfeleistung steigen sie in der Hierarchie der Prosumer weiter auf. Entsprechende Auszeichnungen werden im Profil des Nutzers aufgeführt und sorgen so auf der Plattform für (virtuelle) Reputation.

1 INSELpro: Ein elektronischer Marktplatz …

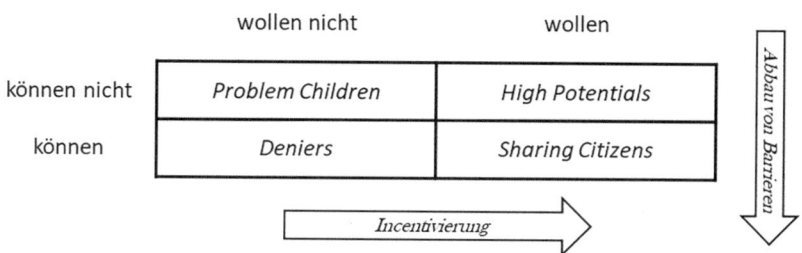

Abb. 1.1 Bereitschaft und Befähigung zur Beteiligung als Prosument. (Quelle: erweitert nach Boeglin 1992, S. 87 sowie Lehner 2014, S. 92 f.)

Analog dazu kann die Mitarbeit bei INSELpro auch außerhalb der Plattform belohnt werden, wie beispielsweise durch Gratifikationen, sowohl monetärer als auch nichtmonetärer Art. Sobald sich ausreichend Prosumenten am Dienstleistungsaustausch beteiligen, sind externe Motivatoren oftmals eher hinderlich (Aronson et al. 2012), sodass sie lediglich bis zum Erreichen einer gewissen, sich selbst tragenden „Community" einzusetzen sind. Andernfalls droht ein Verdrängungs- oder Korrumpierungseffekt, der intrinsische durch extrinsische Motivation ersetzt (u. a. Lepper et al. 1973; Frey und Bohnet 1994 sowie Deci et al. 1999). Dieser ist durch die dem konkreten Projekt innewohnenden Free-to-use-Policy vernachlässigbar: Das INSELpro-Motivationskonzept setzt primär auf Plattform-interne Incentivierungsmaßnahmen.

Das menschliche Verhalten kann durch Anreizsysteme beeinflusst werden. Diese umfassen im Projektkontext die vom Plattformbetreiber gezielt dafür eingesetzten Umgebungsbedingungen, die Verhaltensweisen von Prosumern mithilfe positiver Anreize fördern oder durch negative Anreize reduzieren (Bea und Haas 2016). Personen lassen sich dabei in Anlehnung an Boeglin (1992) sowie Lehner (2014) in einer Matrix nach „Können" und „Wollen" einteilen, die in Abb. 1.1 dargestellt ist:

1. *Problem Children* können und wollen nicht als Dienstleister in Aktion treten.
2. *Deniers* sind in der Lage, die Plattform zu benutzen (können), sind aber aus unterschiedlichsten Gründen nicht bereit, dies zu tun (wollen nicht).
3. Als *High Potentials* werden diejenigen Plattformbenutzer bezeichnet, die zum Dienstleistungsaustausch motiviert sind (wollen), aber trotzdem nicht aktiv partizipieren (können nicht).
4. Im Gegensatz dazu sind *Sharing Citizens* in der Lage und willens, auf dem Angebotsmarkt der Plattform mitzuwirken. Sie verfügen zumeist über größeres Wissen und besondere Expertise und haben sowohl die Zeit als auch die Kompetenz, mit Dienstleistungen zu unterstützen. Sie sind selbstbewusst, kennen ihren Stellenwert in der Gesellschaft und können den Einfluss ihres Beitrages auf die Community abschätzen.

Es kommt also darauf an, die Gruppen 1 bis 3 zur aktiven Teilnahme auf dem Markt für personennahe Dienstleistungen zu bewegen (Spelsiek 2005).

1.2.2 Barrieren der aktiven Beteiligung

Um die Bereitschaft der Nutzer zur aktiven Beteiligung zu fördern, sind in Anlehnung an Rimser (2014) allgemeine Voraussetzungen zu schaffen:

- Ermöglichen und Unterstützen: (Zeitliche) Ressourcen zur Nachbarschaftshilfe müssen geschaffen werden.
- Befähigen: Die potenziellen Helfer müssen in die Lage versetzt werden, unterstützende Dienstleistungen durchführen zu können.
- Motivieren: Intrinsische und extrinsische Anreize zur aktiven Beteiligung sind zu setzen.

Die Befähigung wird durch das Grundkonzept der INSELpro-App gewährleistet. Ein Matchingalgorithmus bewertet aufgrund der vorab eingegebenen persönlichen Kompetenzen und Fähigkeiten der potenziellen Helfer die eingegangene Suchanfrage und weist die geeignetsten Hilfswilligen aus, unter denen der Suchende sich „seinen" Helfenden auswählt. Seidel (2002) beschreibt dazu jeweils mehrere negativ wirkende Einflussfaktoren. Sie können sowohl durch entsprechendes Design des IT-Artefakts als auch durch begleitende Unterstützungsmaßnahmen sowie durch Incentivierungsmaßnahmen in ihrer Wirkung eingegrenzt oder überwunden werden. Dieser Zuordnungsalgorithmus wird in Abschn. 1.3 vorgestellt.

1.2.3 Incentivierung zur Beteiligung

Aufbau und Funktionalität der INSELpro-App tragen an vielen Stellen zur Stärkung des Dienstleistungsmarktes bei bzw. helfen bei der Überwindung von Hürden. Zusätzlich relevante Faktoren sind die extrinsischen, immateriellen und materiellen Belohnungen, die mit der aktiven Beteiligung einhergehen.

1.2.3.1 Auszeichnungen

Auszeichnungen werden nach Frey und Neckermann (2006) bei der ökonomischen Betrachtung von Anreizsystemen oft vernachlässigt, finden aber zunehmend Aufmerksamkeit. Sie verfügen über eine Signalwirkung und motivieren damit andere Individuen intrinsisch, nach ihnen zu streben; gleichzeitig sind die Kosten äußerst gering.

Immaterielle Belohnungen der INSELpro-Plattform werden durch ein Statussymbol- und Auszeichnungssystem zuerkannt und tangieren damit die soziale Ebene der Anreizsetzung. Die Vergabe von Bonuspunkten kann automatisiert und abhängig von vordefinierten Bedingungen erfolgen, wie etwa der Zahl geleisteter Einsätze, der Reaktionszeit auf Anfragen oder auf Basis der Bewertungen durch Dienstleistungsanfragende.

Implementiert ist zunächst ein Statussymbolkonzept (Badge), das aus der Summe geleisteter Hilfestellungen für jeden Nutzer abgeleitet wird (z. B. Symbole wie Kinderwagen, Fußabdruck, Fahrrad, Motorrad, Bus, Auto, Helikopter,

Flugzeug, Rakete). Dieser Status wird im Allgemeinen über die Mitgliedsdauer eines Nutzers auf der Plattform fortgeschrieben und repräsentiert die Beteiligung am Dienstleistungsaustausch und damit das Erfahrungslevel.

In einem zweiten Schritt wird die mit ihrer jeweiligen Bewertung gewichtete Anzahl der geleisteten Hilfseinsätze aufsummiert. Derjenige Nutzer mit der höchsten Quote wird am Monatsende als „Nachbarschaftsheld des Monats" ausgezeichnet und bekommt ein entsprechendes Badge verliehen. Es wird wie die Statussymbole im persönlichen Profil und bei jedem Anfrage- oder Angebotseintrag des ausgezeichneten Nutzers angezeigt und dient damit als virtuelles Aushängeschild für besondere Verdienste um die Nachbarschaftshilfe.

1.2.3.2 Qualitätsmanagement

Die Qualität der Angebote ist neben der zur Verfügung stehenden technischen Plattform ein wichtiger Aspekt für die Nutzung der Angebote im Rahmen der Vermittlung personennaher Dienstleistungen. Da eine INSELpro-vermittelte „nachbarschaftliche" Leistungserbringung gewerbliche Dienstleister nicht ersetzen soll und durch den privaten Charakter einer Nachbarschaftshilfe keinen professionellen Anforderungen entsprechen muss sowie offline stattfindet, sind herkömmliche Ansätze des Qualitätsmanagements nicht zielführend.

Es gilt daher, die bei der Nutzung der Vermittlungsplattform anfallenden Daten zu verwenden, um die Vorschlagsqualität des Zuordnungsalgorithmus zu verbessern und einen lokalen Quartiersverantwortlichen als Qualitätsmanager zu unterstützen. Ihm/ihr werden diejenigen Nutzer bzw. abgeschlossenen Dienstleistungen zur manuellen Sichtung vorgeschlagen, die vom System als überprüfenswert klassifiziert werden.

1.2.3.3 Bewertungen

Bewertungen von Produkten in Onlineshops sind meist J-verteilt, es gibt also auffallend viele sehr gute und sehr schlechte Ausprägungen. Die reine Betrachtung des Mittelwertes zur Einschätzung der Qualität ist folglich nicht ausreichend. Dieses Phänomen ist auch für die Bewertung von Dienstleistungen zu erwarten. Für die INSELpro-Plattform werden daher nach Abschluss jeder Dienstleistung Bewertungen der Beteiligten über die Qualität der Dienstleistung und Zuverlässigkeit des Helfers bzw. Hilfesuchenden eingeholt, die aus Gründen der Bedienbarkeit lediglich über die Auswahl eines von jeweils drei Smileys (traurig, normal und lachend) charakterisiert werden.

Weichen die Bewertungen der Beteiligten stark voneinander ab (d. h. zufrieden vs. unzufrieden), wird dieser Fall an das Quartiersmanagement zur persönlichen Untersuchung gemeldet. Auch auffällig häufige unterschiedliche gegenseitige Bewertungen oder kurzfristige Absagen werden angezeigt. Persönliche Rückfragen an die Beteiligten helfen dabei, Qualitäts-, Kommunikations-, Bedien- oder Zuordnungsprobleme zeitnah zu erkennen und an ihrer Lösung mitzuwirken.

Zusätzlich gehen die Bewertungen der Servicequalität in die Berechnung einer Suchanfrage von geeigneten Helfern ein. Besser bewertete Helfer werden bei gleicher Eignung aufgrund ihrer Kompetenzen prominenter angezeigt, was ebenfalls die Qualität der zu erbringenden Dienstleistung beeinflusst. Gleichzeitig steigt allerdings die Gefahr der Überlastung von sehr gut bewerteten Prosumern. Daher ist es wichtig, in der Hilfskultur zu verankern, dass die Absage einer Anfrage keinen negativen Akt darstellt. Die Bewertungen einzelner Nutzer werden wie auch die Auszeichnungen daher auf der Plattform lediglich im Rahmen einer Hilfsanfrage in der Liste potenzieller Unterstützer angezeigt. Eine Art generelle Nutzerübersicht oder Mitgliederliste ist weder öffentlich noch für registrierte Prosumer einsehbar.

Der Einfluss älterer Bewertungen kann mit fortschreitender Zeit verringert werden, um sich den eventuell geänderten Lebens- und Hilfsumständen anzupassen. So ist es wenig sinnvoll, einen ehemals sehr guten Anbieter auch dann noch auf vorderen Plätzen der Vorschlagsliste anzuzeigen, wenn dieser aufgrund einer veränderten Lebenssituation (z. B. nun selber ein Pflegefall) zu Hilfsangeboten gar nicht mehr fähig ist. Zunächst ist vorgesehen, weiter als ein Jahr zurückliegende Bewertungen nur noch zu 50 % im Matchingalgorithmus zu berücksichtigen. Die Werte können durch das Quartiersmanagement den realen Nutzungsbedingungen angepasst werden.

1.2.3.4 Weitere Motivatoren

Neben allgemeinen intrinsischen Motivationsaspekten wie der Freude am Helfen und dem Erleben der Nützlichkeit einer Hilfsdienstleistung, werden auch weitere Motivatoren eingeführt:

Regelmäßige, öffentlich angekündigte Vernetzungstreffen für die lokalen Anwohner dienen der Steigerung der Projektbekanntheit und der App vor Ort. Hier kommen potenzielle Neu-Prosumenten mit bereits aktiven Hilfegebern und -empfängern zusammen, welche die „Neuen" mit in das soziale Netzwerk der Nachbarschaft integrieren und als Projektbeteiligte binden. Das Vorstellen von „Erfolgsgeschichten" der nachbarschaftlichen Dienstleistungen beispielsweise im Rahmen der persönlichen Auszeichnung besonders verdienter Prosumenten kann ebenfalls dabei helfen, die Beteiligung am Netzwerk zu steigern bzw. hochzuhalten. Darauf zielt z. B. auch die Verlosung von durch örtliche Unternehmen gesponserten Kleinstpreisen wie Wertgutscheinen für das örtliche Café an aktive Nutzer auf Geber- und Nehmerseite über die App ab.

1.3 Zuordnungsalgorithmus

INSELpro stellt den Quartiergedanken in den Vordergrund. Durch den persönlichen sozialen Kontakt im engeren Umfeld und eine hohe Vertrauenswürdigkeit durch die Verifikation aller Prosumenten beim Quartiermanager entsteht dabei eine Atmosphäre der gegenseitigen Hilfe, von der alle profitieren.

Das Angebot von INSELpro steht dabei in mehreren getrennten Quartieren zur Verfügung. Die Quartiere unterscheiden sich durch die Wohnstruktur oder die Art der Gemeinschaft. In einem Quartier bestehend aus Studentenwohnheimen haben die Prosumenten andere Fähigkeiten und Bedürfnisse als in einem Quartier, welches unter dem Dach eines Gemeindevereins hauptsächlich von Senioren bewohnt wird. Kirchengemeinden wiederum weisen eine diverse Altersstruktur auf und verteilen sich räumlich weiter.

Im INSELpro-System dient ein Datenmodell zur detaillierten Modellierung von Fähigkeiten und Bedürfnisse in den Quartieren. Der Katalog möglicher Hilfen und die Zuordnung geeigneter Hilfswilligen zu Hilfeanfragen baut darauf auf. Dieses Datenmodell muss verschiedenen Anforderungen der unterschiedlichen Quartiere gerecht werden und erfordert daher eine hohe Flexibilität.

Die Covid-19-Pandemie hat auch gezeigt, dass sich Eigenschaften von Hilfen im Katalog ändern können. Im Zuge von Ausgangs- und Kontaktbeschränkungen war eine kurzfristige Anpassung der möglichen Hilfeleistungen notwendig, um den gesetzlichen Regelungen gerecht zu werden und den INSELpro-Service weiterführen zu können. Während beispielsweise die Kinderbetreuung ohne Kontakt nicht möglich ist, kann zum Beispiel Hilfe beim Einkaufen auch kontaktlos erfolgen.

Zum Einsatz kommt im INSELpro-System daher ein semantisches Datenmodell auf Basis des Resource Description Framework (RDF) in Form eines Graphen. Dieses ermöglicht eine stetige Anpassung für neue Quartiere oder an externe Ereignisse, ohne dass Änderungen an der Infrastruktur des INSELpro-Systems notwendig sind.

1.3.1 Theoretischer Hintergrund

Das Resource Description Framework (RDF) ist eine standardisierte Datenstruktur, die eine elementare Aussage in Form von einem Tripel enthält. Der Aufbau besteht aus Subjekt, Prädikat und Objekt, beispielsweise *Kinderbetreuung-istTyp-Hilfe,* was Kinderbetreuung als mögliche Hilfe deklariert (Cyganiak et al. 2014). Die Tripel können genauso als Graph aufgefasst werden, dann ist ein Tripel eine gerichtete Kante *(istTyp)* zwischen zwei Knoten (von *Kinderbetreuung* zu *Hilfe*). Viele Tripel zusammen bilden einen Wissensgraphen, der Beziehungen zwischen Ressourcen und auch deren Eigenschaften abbildet.

Der Wissensgraph ist eine Datenbank, die einige Vorteile gegenüber klassischen relationalen Datenbanken bietet. Während tabellarische Datenbanken eine starre Struktur aufweisen, können Wissensgraphen frei auch mit vorher unbekannten Daten erweitert werden. Dadurch ist es in Wissensgraphen leicht möglich, Metadaten, Daten zur Selbstbeschreibung oder Erweiterungen hinzuzufügen (Hogan et al. 2020; Kejriwal et al. 2021). Damit die Daten im Wissensgraphen trotzdem einer gewissen Struktur gehorchen, gibt es Ontologien.

Eine Ontologie ist ein Datenmodell, nach dem die Daten im Wissensgraph modelliert werden. Dazu deklariert eine Ontologie Klassen und Eigenschaften. In den Daten werden die Klassen dann instanziiert und über die Eigenschaften verknüpft oder mit diesen versehen (Hitzler et al. 2012). Das Tripel *Kinderbetreuung-istTyp-Hilfe* deklariert beispielsweise die Instanz *Kinderbetreuung* der Klasse *Hilfe* über die Eigenschaft *istTyp*. *Hilfe* und *istTyp* sind dabei Bestandteile der Ontologie.

Der Inhalt der Ontologie besteht ebenfalls aus RDF-Tripeln und kann auch Inhalt des Wissensgraphen sein. Dadurch erhalten die Daten eine hohe Beschreibungsfähigkeit, denn die Bedeutung (Semantik) der Daten kann als explizite Information beschrieben sein. Die Ontologie ist damit ein semantisches Datenmodell.

1.3.2 Methodologischer Ansatz

Das Zusammenspiel von der Ontologie als Datenmodell und dem Wissensgraphen mit Tripeln aus darauf basierenden Daten ermöglicht die Anpassungsfähigkeit, die für INSELpro benötigt wird.

Der erste Schritt dafür ist der Aufbau einer Taxonomie, also eines hierarchischen Vokabulars relevanter Begriffe. Die Elemente der Taxonomie bilden die Klassen der Ontologie. Anschließend werden relevante Zusammenhänge zwischen den Klassen erfasst und der Ontologie als Eigenschaften hinzugefügt.

Mit der Ontologie erfolgt eine erste „händische" Instanziierung von Klassen, die nur bestimmte bekannte Instanzen haben können. Auch bekannte Eigenschaften dieser Instanzen können angelegt werden. Bei diesen Daten handelt es sich um Axiome, also immer geltende Fakten.

Die Ontologie und die Axiome bilden das Fundament im Wissensgraphen. Nach diesen Schritten ist das Datenmodell bereit, um im INSELpro-System eingesetzt zu werden. Während des Betriebs werden dann laufend weitere RDF-Daten erzeugt und dem Wissensgraphen hinzugefügt.

1.3.3 Ergebnisse und Diskussion

Abb. 1.2 zeigt einen Auszug der INSElpro-Ontologie. Zu sehen sind Klassen in Form von Knoten und Eigenschaften zwischen den Klassen als Kanten. Die Klassen, beispielsweise *Person* und *Timeslot* („Zeitraum"), stammen aus der Taxonomie, die für INSELpro aufgestellt wurde. Ein Zusammenhang zwischen diesen beiden ist die Eigenschaft *isAvailableAt* („istVerfügbarZu"). Axiome zu den dargestellten Klassen sind für *Timeslot, Service* („Hilfe") und *Property* („Eigenschaft") definiert, da es hier eine feste Anzahl bestimmter Instanzen, zum Beispiel „nachmittags", „Kinderbetreuung" oder „Auto", gibt. Instanzen der Klassen *ServiceRequest* („Hilfeanfrage") und *Person* werden erst zur Laufzeit erzeugt, wenn Prosumenten INSELpro nutzen.

Der Vorteil des semantischen Datenmodells liegt darin, dass Axiome jederzeit ohne Anpassungen am INSELpro-System geändert werden können. Entsteht zum Beispiel in einem studentischen Quartier ein Bedarf für Lerngruppen, kann eine passende Service-Instanz erstellt werden und ist daraufhin automatisch in der INSELpro-App für Hilfeanfragen verfügbar. Auch Property-Instanzen lassen sich flexibel erweitern. Im Beispiel des studentischen Quartiers könnten das

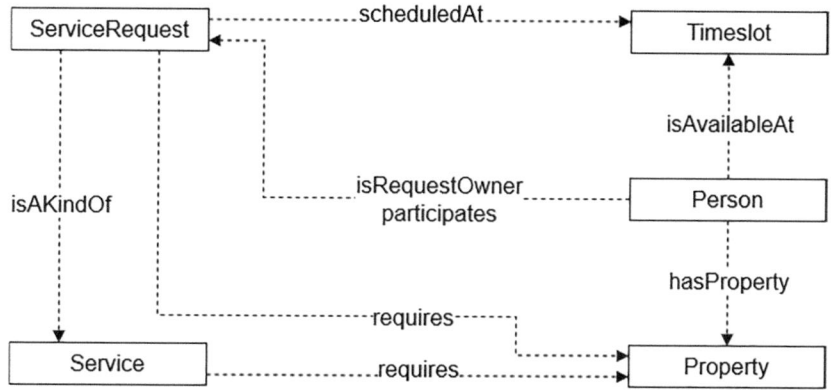

Abb. 1.2 Auszug der INSELpro-Ontologie

Kompetenzen in bestimmten Fächern sein, die bei einer Hilfeanfrage angegeben und von Helfern erfüllt werden müssen.

Der INSElpro-Zuordnungsalgorithmus, der Hilfeanfragen zu geeigneten Helfern in Echtzeit vermittelt, kann dank des gleichbleibenden Datenmodells mit beliebigen Hilfen und Eigenschaften unverändert arbeiten. Sollte das INSELpro-System zu einem späteren Zeitpunkt mit neuen Funktionen erweitert werden, genügt das beständige, semantische Datenmodell (die Ontologie) als Bezug für die Implementierung.

1.4 Test und Evaluation

Zur Evaluation der INSELpro-App wurde ein mehrstufiger und iterativer Ansatz verfolgt. Zunächst wurden das User Interface und die Grundfunktionen mithilfe eines kognitiven Systemdurchgangs hinsichtlich Handhabbarkeit beurteilt. Zur weiteren Bewertung der Systemkomponenten wurde ein Experience Sampling konzipiert. Auf Grundlage dieser Auswertungen ist es möglich, das System zu verbessern und für eine langfristige und standortübergreifende Nutzung aufzubereiten.

Aufgrund der Pandemie wurde die Evaluation der INSELpro-App geringfügig an die Gegebenheiten angepasst: So wurden sämtliche Testungen internetbasiert durchgeführt und der Fokus des Katalogs zur Auswahl der benötigten Hilfsleistung auf kontaktfrei zu erbringende Unterstützung eingeschränkt.

1.4.1 Kognitiver Durchgang durch das System

Ein kognitiver Systemdurchgang *(working through technique)* ist der Durchgang durch eine bestimmte Software oder ein System (Moser 2012). Spezifizierte

Handlungsabläufe werden als Aufgabe an die Teilnehmenden weitergegeben, die die Handlung ausführen und dabei laut bewerten (Lewis und Whartoon 1997; Moser 2012; Nielsen und Mack 1994). Dabei wurde INSELpro hinsichtlich der Interaktion im System, der Oberfläche und der Grundfunktionen geprüft.

Diese Bewertung erfolgte in mehreren Schritten. Es war ein repräsentativer Aufgabenkatalog zu entwickeln, der die verschiedenen Funktionen des gesamten INSELpro Systems und möglicher Handlungssequenzen abdeckte. Die Aufgaben wurden zunächst durch das INSELpro Team bewertet und selektiert.

Die Teilnehmenden installierten die INSELpro-App auf ihren Smartphones. Mithilfe der Aufgabenstellung navigierte der Prosument durch das System und sprach dabei seine Gedanken laut aus. Das Gesprochene wurde transkribiert, zu einem Protokoll integriert und die Handlungssequenzen wurden bewertet. Auf Basis dessen wurde ein Matrixsystem entwickelt, aus dem potenzielle Veränderungen kategorisiert und zusammengefasst wurden. Aus den Ergebnissen konnten Vorschläge zur Verbesserung von INSELpro abgeleitet werden.

Vor und nach der Aufgabenbearbeitung füllten die Teilnehmenden einen Fragebogen, u. a. zu personenbezogenen Variablen und zum Gesamteindruck, aus. Die zehn Teilnehmenden waren durchschnittlich 42,4 Jahre alt ($SD = 21,8$). Die Auswahl der Personen erfolgte hinsichtlich ihrer Repräsentativität für die finale Zielgruppe, daher waren die folgenden Personengruppierungen involviert (à zwei Personen, jeweils eine Frau und ein Mann): junge Erwachsene (bis 25 Jahre), Personen im mittleren Alter (Ø 40 Jahre), Seniorinnen und Senioren (ab 65 Jahre), Personen mit Migrationshintergrund, Personen mit Beeinträchtigung.

Insgesamt schätzten die Teilnehmenden den allgemeinen Nutzen der App durchschnittlich hoch mit 5,70 Punkten ein (Range 1–7; $SD = 1,63$). Weitere Punkte des Gesamteindrucks befinden sich in Abb. 1.3.

1.4.2 Feldtest in verschiedenen Quartieren

1.4.2.1 Ansatz
Zur Evaluation der Komponenten des Dienstleistungssystems diente ein weiterer *Experience-Sampling*-Ansatz, der in unmittelbarer Verbindung mit der Nutzung der INSELpro-App stand. Die Teilnehmenden installierten zunächst INSELpro auf ihren Smartphones. Danach wurden in einem allgemeinen Fragebogen Personencharakteristika und situative Bedingungen abgefragt. Direkt nach der Einstellung von Hilferufen in INSELpro erhielten die Teilnehmenden einen kurzen Fragebogen zur Beantwortung zugespielt. Nach Abschluss der Hilfesituation wurde diesen Probanden ein weiterer, kurzer Fragebogen übermittelt. Der Hilfegebende erhielt ebenfalls zwei kurze Fragebögen (kurz nach der Annahme der Hilfesituation und nachdem die Hilfesituation stattfand). Die Teilnehmenden wurden u. a. zu ihrem aktuellen Befinden, Zufriedenheit mit der geleisteten Hilfe und zur Nützlichkeit von INSELpro befragt. Zudem konnten sie in einem offenen Kommentarfeld Verbesserungsvorschläge anbringen. Die Fragebögen wurden direkt in die INSELpro-App integriert.

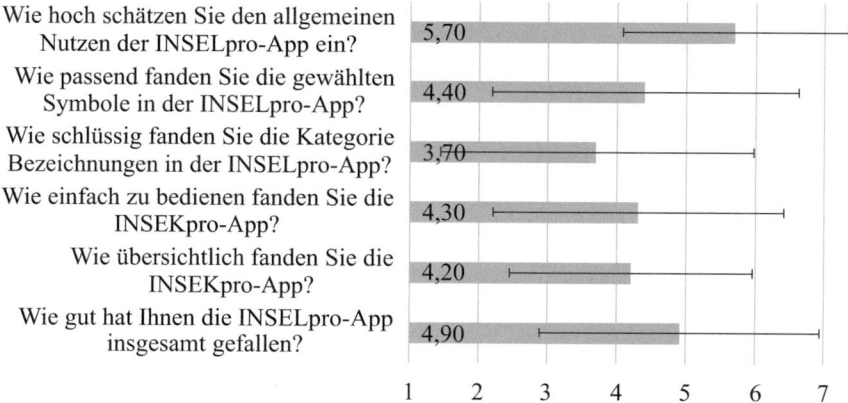

Abb. 1.3 Gesamteindruck nach Systemdurchgang

Insgesamt haben 27 Personen teilgenommen und die App im Feldtest getestet. Davon waren 74,1 % weiblich, 22,2 % männlich und 3,7 % divers. Teilnehmende waren durchschnittlich 34,3 Jahre alt ($SD = 14{,}7$, davon sieben Personen zwischen 18 und 25, 13 Personen zwischen 26 und 35, zwei Personen zwischen 46 und 55, drei Personen zwischen 56 und 65 und eine Person älter als 65). Insgesamt waren 37,0 % der Teilnehmenden alleinstehend, 59,3 % der Personen verheiratet oder in einer festen Partnerschaft und 3,7 % verwitwet. Die Stichprobe war hochgebildet, 55,5 % der Stichprobe besaßen wenigstens einen Universitätsabschluss (mind. Bachelor). Es arbeiteten insgesamt neun Personen in Teilzeit, 13 Personen in Vollzeit und drei Personen waren Studierende oder bereits in Rente. 44,5 % der Teilnehmenden wohnten zur Miete und 55,5 % besaßen ein Eigenheim.

1.4.2.2 Deskriptive Befunde

Teilnehmende schätzten ihr eigenes Stresslevel moderat ein ($M = 3{,}10$, $SD = 0{,}27$; Beispielitem: „Wie oft haben Sie sich im letzten Monat nervös und gestresst gefühlt?", Range: $1 = nie$ bis $5 = sehr\ oft$). Zusätzlich schätzten die Teilnehmenden die eigene Integration in der Nachbarschaft ($M = 2{,}85$, $SD = 1{,}03$) und die Kontaktfrequenz in der Nachbarschaft ($M = 2{,}78$, $SD = 1{,}01$) ebenfalls moderat ein.

Insgesamt wurden $k = 65$ Hilfeleistungen von Hilfegebenden und Hilfenehmenden bewertet. Die prozentuale Verteilung der Art der Hilfe ist in Abb. 1.4 dargestellt.

Um den Gesamteindruck der INSELpro-App umfassend festzuhalten, wurde nach jeder Hilfesituation ein abschließender Fragebogen bearbeitet. Neben Fragen zum allgemeinen Nutzen wurden Fragen zur Zugänglichkeit, Einfachheit

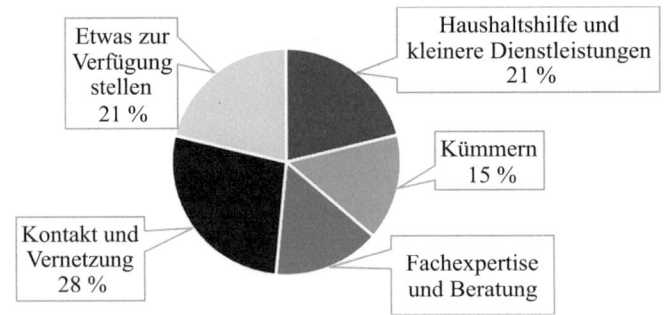

Abb. 1.4 Art der Hilfe

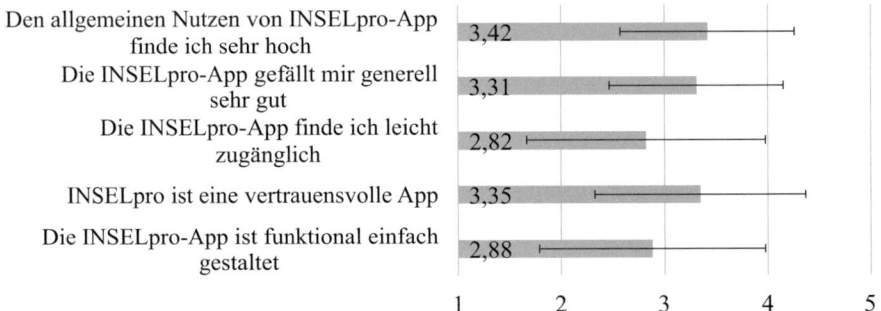

Abb. 1.5 Gesamteindruck im Feldtest

der Bedienung, Übersichtlichkeit und zum allgemeinen Gesamteindruck gestellt, welche in Abb. 1.5 dargestellt sind.

Auf Basis von $k=65$ Bewertungen kann ausgesagt werden, dass der allgemeine Nutzen (Abb. 1.4) der INSELpro-App durchschnittlich moderat bis hoch eingeschätzt wird ($M=3{,}42$, $SD=0{,}85$) und die INSELpro-App auch gefällt ($M=3{,}31$, $SD=0{,}85$). Im Bereich Zugänglichkeit ($M=2{,}82$, $SD=1{,}16$) und Funktionalität ($M=2{,}88$, $SD=1{,}10$) wären mitunter Verbesserungen notwendig.

Eine moderate Antwort gaben die Teilnehmenden zudem auf die Frage, ob sie die App weiterhin nutzen würden ($M=3{,}09$, $SD=1{,}04$) und ob sie INSELpro an Personen aus ihrem Umfeld weiterempfehlen würden ($M=3{,}15$, $SD=1{,}00$).

Zudem wurden die Teilnehmenden gefragt, wie wahrscheinlich es ist, dass sie Änderungen an der INSELpro-App vornehmen würden, und in welchem Bereich. Dabei haben die Teilnehmenden die Bereiche Design ($M=2{,}29$, $SD=1{,}01$), Handhabung ($M=2{,}94$, $SD=1{,}25$) und Inhalte ($M=2{,}81$, $SD=1{,}03$) von INSELpro bewertet (vgl. Abb. 1.6).

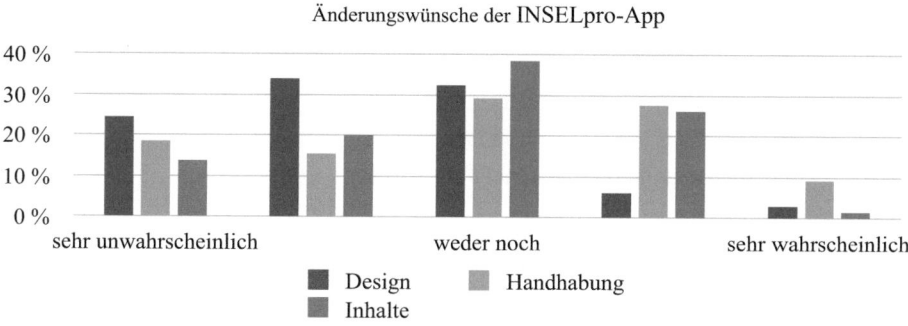

Abb. 1.6 Änderungswünsche

1.4.3 Zentrale Ergebnisse der Evaluation

Die Ergebnisse der Evaluation der App zeigten, dass für die Motivation zur Nutzung der App, für den Verbleib im System und die Gesamtzufriedenheit ein positiver Gesamteindruck zentral ist. Menschen, die die App positiv wahrnehmen, würden demzufolge die App wahrscheinlich auch weiterhin nutzen, sind weiterhin zur Verwendung motiviert und sind auch zufriedener mit der Hilfevermittlung. Wenn die Interaktion von Hilfegebenden mit Hilfesuchenden eher unangenehm ist, kann auch das Wohlbefinden der Hilfegebenden dadurch sinken.

Gleichzeitig spielen für den Verbleib im System und der Motivation der App-Nutzung demografische Variablen keine Rolle. Es scheint also, dass die INSELpro-App durch ihren Aufbau und ihrer Funktionalität nicht von Alters- oder Kohorteneffekten abhängt. Diese Ergebnisse aus der Tagebuchbefragungen stehen im Einklang mit Ergebnissen aus dem kognitiven Systemdurchgang.

1.4.4 Nutzen und Verwertbarkeit der Ergebnisse

Mit dem beschriebenen Forschungsvorhaben wurde eine Plattform geschaffen und in mehreren Stufen bewertet, die das Dorf in die Stadt holen soll und so die weitere Vernetzung von Nachbarinnen und Nachbarn, ehrenamtlichen Helfenden und professionellen Dienstleistenden ermöglicht. Dabei konnten insbesondere Erkenntnisse hinsichtlich der erwarteten positiven Effekte des Dienstleistungssystems auf die prosoziale Motivation und das Wohlbefinden der Prosumer sowie zusätzlich Erkenntnisse gesammelt werden, die sich auf potenzielle Prädiktoren von Hilfeverhalten und prosozialer Motivation im Alltag beziehen. Dies wiederum führte zu einem besseren Verständnis, wann Menschen prosozial motiviert sind und anderen Menschen helfen. Dies ist besonders relevant, da Menschen zunehmend über tägliche Belastungen und Stress bei der Arbeit und im Privatleben klagen. Dabei kann die Beteiligung in einem Dienstleistungssystem wie INSELpro als Form des präventiven Copings mit potenziell positiven Effekten für das Wohlbefinden und die Lebenszufriedenheit der Beteiligten angesehen werden, wobei eine Übertragbarkeit auch auf andere Anwendungskontexte (z. B. den Unternehmenskontext) zu erwarten ist.

1.5 Zusammenfassung und Ausblick

Anders als beispielsweise Facebook mit seinen Ortsgruppen bietet das Projekt INSELpro den neuartigen Ansatz, zur Vermittlung von Hilfesuchenden und Hilfswilligen mithilfe digitaler Medien die Auswahl potenzieller Unterstützer durch eine Zuordnungsmatrix aus den für die jeweilige Anfrage benötigten und bei Nutzern vorhandenen Fähigkeiten einzuschränken. Hierdurch wird gezielt ermöglicht, potenzielle Helfer persönlich anzusprechen. Die vorgestellten Maßnahmen zur Incentivierung tragen dazu bei, die Motivation zur Beteiligung an der Nachbarschaftshilfe inner- wie außerhalb der Plattform zu stimulieren, um die für diese Art der Vermittlung von Dienstleistungen notwendige Anzahl tatsächlich aktiver User zu erreichen bzw. beizubehalten. Sie nutzen die vorhandenen Möglichkeiten und Daten innerhalb der Plattform, um insbesondere die Hilfswilligen zu incentivieren, sie gleichzeitig aber auch nicht durch zu umfangreiche Abfragen zu demotivieren (Abfrage lediglich von Zuverlässigkeit des Helfenden und Qualität der Hilfsleistung). Gleichzeitig bieten sie die Möglichkeit, Offlinemaßnahmen wie die Auszeichnung besonders hilfsbereiter Nachbarn vorzunehmen.

Mit dem Einsatz einer Ontologie als semantisches Datenmodell auf Basis des RDF hat INSELpro ein flexibles Grundgerüst, um die Herausforderungen des Quartierszenarios zu lösen. Im Rahmen des Projekts konnte gezeigt werden, dass ein Echtzeitsystem mit mehreren Komponenten (App, Zuordnungsalgorithmus, Datenbank) und semantischem Datenmodell im Realbetrieb überzeugt.

Gestützt werden die in die Plattform eingeflossenen Überlegungen und Arbeiten durch die durchgeführte mehrstufige Evaluation. Zwar musste das geplante Einsatzszenario von INSELpro in der Förderperiode pandemiebedingt stark eingeschränkt werden, was auch großen Einfluss auf die Teilnehmeranzahl der Evaluation hatte. Die grundsätzliche Nutz- und Wirksamkeit von Plattformaufbau, Incentivierungsansatz und Zuordnungsalgorithmus konnten dennoch nachgewiesen werden.

1.6 Förderhinweis

Das diesem Beitrag zugrunde liegende Projekt „INSELpro" wurde mit Mitteln des Bundesministeriums für Bildung und Forschung unter den Förderkennzeichen 02K17A020 – 02K17A023 gefördert. Die Verantwortung für den Inhalt dieser Veröffentlichung liegt bei den Autoren.

Literatur

Aronson E, Akert R, Wilson T (2012) Sozialpsychologie, 6., aktualisierte Aufl., 4. Nachdr. Pearson, München

Barbuto J Jr (2005) Motiavtion and transactional, charismatic, and transformational leadership: a test of antecedents. J Leadersh Organ Stud 11(4):26–40

Bea F, Haas J (2016) Strategisches Management, 8., überarbeitete Aufl. UVK, München

Bendt A (1999) Wissenstransfer in multinationalen Unternehmen, Dissertation, Katholische Universität Eichstätt

Boeglin P (1992) Innerbetrieblicher Know-how-Transfer. io Manag Z 61:86–91

Cyganiak R, Carroll J, Lanthaler M (2014) RDF 1.1 Concepts and abstract syntax. https://www.w3.org/TR/rdf11-concepts/. Zugegriffen: 10. Juni 2021

Deci E, Koestner R, Ryan R (1999) A meta-analytic review of experiments examining the effects of extrinsic rewards on intrinsic motivation. Psycholog Bull 125(6):627–668

Frey B, Bohnet I (1994) Die Ökonomie zwischen extrinsischer und intrinsischer Motication. Homo Oecon XI(1):1–19

Frey B, Neckermann S (2006) Auszeichnungen: Ein vernachlässigter Anreiz. Perspekt Wirtsch Pol 7(2):271–284

Güttel W (2007) Wissenstransfer in Organisationen: Koordinationsmechanismen und Anreizsysteme als Gestaltungsparameter. Schmalenbachs Z Betr Wirtsch Forsch 59(4):465–486

Hitzler P, Krötzsch M, Parsia B, Petel-Schneider P, Rudolph S (2012) OWL 2 Web ontology language primer, 2. Aufl. https://www.w3.org/TR/2012/REC-owl2-primer-20121211/. Zugegriffen: 10. Juni 2021

Hogan A, Blomqvist E, Cochez M, d'Amato C, de Melo G, Gutierrez C, Gayo JEL, Kirrane S, Neumaier S, Polleres A, Navigli R, Ngomo A-CN, Rashid SM, Rula A, Schmelzeisen L, Sequeda J, Staab S, Zimmermann A (2020) Knowledge graphs. ACM Comput Surv CSUR 54:1–37. https://doi.org/10.1145/3447772

Kejriwal M, Knoblock C, Szekely P (2021) Knowledge graphs: fundamentals, techniques, and applications, Adaptive computation and machine learning series. MIT Press, Cambridge

Lehner F (2014) Wissensmanagement: Grundlagen, Methoden und technische Unterstützung, 5., aktualisierte. Hanser, München

Lepper M, Greene D, Nisbett R (1973) Undermining children's intrinsic interest with extrinsic reward: A test of the „overjustification" hypothesis. J Personal Soc Psychol 28(1):129–137

Lewis C, Wharton C (1997) Cognitive walkthroughs. In: Helander M, Landauer TK, Prabhu P (Hrsg) Handbook of human-computer interaction. North-Holland, Amsterdam, S 717–732

Moser C (2012) User Experience Design: mit erlebniszentrierter Softwareentwicklung zu Produkten, die begeistern. Springer, Berlin, Heidelberg

Nielsen J, Mack RL (1994) Usability inspection methods. Wiley

Rimser M (2014) Generation Resource Management: Nachhaltige HR-Konzepte im demografischen Wandel. Springer Gabler, Wiesbaden

Seidel M (2002) Die Bereitschaft zur Wissensteilung: Rahmenbedingungen für ein wissensorientiertes Management, Dissertation, Universität der Bundeswehr München

Sozialzentrum der Diakonie (o. J.) Ambulante Pflegedienste. https://www.sozialzentrum-diakonie.de/home/ambulante-pflegedienste/. Zugegriffen: 13. März 2020

Spelsiek J (2005) Motivationsorientierte Steuerung des Wissenstransferverhaltens: Modellierung, empirische Analyse und Anreizsystemgestaltung, Dissertation, Universität Münster

Zentraler Diakonieverein (o. J.) Beratung/Schulung. https://www.diakonie-zdv.de/leistungen/beratungschulung.html. Zugegriffen: 13. März 2020

Lisa Hensel ist wissenschaftliche Mitarbeiterin am Lehrstuhl für Psychologie im Arbeitsleben an der Friedrich-Alexander-Universität Erlangen-Nürnberg.

Daniel Henselmann ist wissenschaftlicher Mitarbeiter am Fraunhofer-Institut für Integrierte Schaltungen IIS in Nürnberg.

Jan Hofmann ist Postdoc am Lehrstuhl für Wirtschaftsinformatik, insbes. im Dienstleistungsbereich bzw. der Arbeitsgruppe Management Intelligence Services an der Friedrich-Alexander-Universität Erlangen-Nürnberg.

LivingSmart: Intelligente Auswerte- und Informationsmodule zur Notfallprädiktion und -prävention für hochaltrige Personen

2

Patrick Elfert, Marco Eichelberg und Andreas Hein

Zusammenfassung

Das Projekt „LivingSmart" verfolgt das Ziel, personennahe Dienstleistungen rund um das Thema Ökosystem der Wohnung bis hin zum Wohnquartier in Zeiten der Digitalisierung zu erforschen. Im Rahmen des Teilprojekts „Intelligente LivingSmart-Auswertemodule" wurden Daten aus dem Hausnotrufsystemservice der Johanniter-Unfall-Hilfe hinsichtlich der Frage untersucht, inwieweit sich Muster zeigen, aus denen sich für die Kunden des Systems relevante Informationen ableiten lassen. Konkret wurden der Zusammenhang zwischen Perioden großer Hitze und dem Auftreten ischämischer Herzerkrankungen sowie die Muster untersucht, die Meldungen zu Stürzen im häuslichen Bereich aufzeigen. In beiden Fällen lassen sich Korrelationen aufzeigen, die aber für eine individuelle Prognose im Rahmen einer Dienstleistung zu schwach sind. Der zweite Schwerpunkt, die Informationsmodule, ist im Zuge einer thematischen Neuausrichtung des Projekts LivingSmart aufgrund der Covid-19-Pandemie entstanden. Die Informationsmodule sollen vor allem die Risikogruppe der älteren Personen, welche im besonderen Maße von der Pandemie betroffen wurde, unterstützen. Innerhalb der LivingSmart-Plattform

P. Elfert (✉) · M. Eichelberg
OFFIS – Institut für Informatik, Oldenburg, Deutschland
E-Mail: patrick.elfert@offis.de

M. Eichelberg
E-Mail: eichelberg@offis.de

A. Hein
Department für Versorgungsforschung, Carl von Ossietzky Universität Oldenburg, Oldenburg, Deutschland
E-Mail: andreas.hein@uol.de

© Der/die Autor(en), exklusiv lizenziert an Springer Fachmedien Wiesbaden GmbH, ein Teil von Springer Nature 2023
C. Lattemann und S. Robra-Bissantz (Hrsg.), *Personennahe Dienstleistungen der Zukunft*, Edition HMD, https://doi.org/10.1007/978-3-658-38813-3_2

stellen sie Informationen bereit, die im Rahmen der Covid-19-Pandemie von besonderer Bedeutung sind – zur Pandemie und den aktuell geltenden Maßnahmen einerseits und zu Bewegung und Ernährung andererseits, da Bewegungsmangel und Mangelernährung und das daraus ggf. resultierende Frailty-Syndrom unter Pandemiebedingungen eine besondere Gefährdung für ältere Nutzer darstellen.

Schlüsselwörter

LivingSmart • Personennahe Dienstleistungen • Digitalisierung • Auswertemodule

2.1 Einleitung

Das Projekt „LivingSmart" verfolgt das Ziel, personennahe Dienstleistungen rund um das Thema Ökosystem der Wohnung bis hin zum Wohnquartier in Zeiten der Digitalisierung zu erforschen. Das von den Autoren dieses Beitrags verantwortete Teilprojekt „Intelligente LivingSmart-Auswertemodule (ILA)" bezog sich dabei zunächst, vor der Covid-19-Pandemie, auf drei Kernfragestellungen:

- *„Wie können Algorithmen für Recommendersysteme für personalisierte Dienstleistungen adaptiert werden und welche Kontextinformationen müssen dafür zusätzlich berücksichtigt werden?"*
- *„Welchen vorhersehbaren Wert hat die Nutzung von Dienstleistungen für den zukünftigen individuellen Unterstützungsbedarf?"*
- *„Welche zusätzlichen Parameter werden für personalisierte Empfehlungen im Bereich der Sekundärprävention benötigt?"*

Diese Fragestellungen aus dem Bereich Big Data sollten dabei unterstützen, automatisiert zu ermitteln, welchen Bedarf potenzielle Nutzer*innen der LivingSmart-Plattform (LSP) haben könnten. Fokussiert hat sich das OFFIS dabei auf die Daten aus dem Hausnotrufsystemservice (HNS) der Johanniter-Unfall-Hilfe (JUH). Weiterhin musste vor allem die letzte Frage, aufgrund der zur Laufzeit des Projekts vorherrschenden Covid-19-Pandemie, neu interpretiert werden. Im Zuge dessen sind neben den ILAs drei intelligente LivingSmart-Informationsmodule (ILIs) zu den Themen Covid-19, Ernährung und Bewegung entstanden. Diese wurden dabei speziell auf die Bedarfe der Risikogruppe der Senioren angepasst.

2.2 Theoretischer Hintergrund

Aufgrund der allgegenwertigen Digitalisierung nehmen auch Angebot und Vielfalt digitaler Dienstleistung, wie auch respektive digital angebotene Dienstleistungen, stetig zu. Die hierbei entstehenden Daten, durch die Nutzung dieser

Dienstleistungen oder über den Nutzer selber, werden in vielen Bereichen mithilfe von Big Data, Business Intelligence (BI) und Machine Learning (ML) ausgewertet. Das Ziel ist dabei in der Regel, die Bedarfe von (potenziellen) Nutzer*innen frühzeitig zu erkennen, und mit einem entsprechenden Angebot darauf zu reagieren, sowie Technologien zu entwickeln, um die stetig wachsenden Datenmengen verarbeiten zu können. Solche Datenquellen sind z. B. das HNS der JUH oder die LSP.

2.2.1 Hausnotrufsystem der JUH

Das HNS ermöglicht den Nutzer*innen, sich bei Notfällen per Knopfdruck automatisch zu den Disponent*innen einer JUH-eigenen Hausnotrufzentrale (HNZ) durchstellen zu lassen. Durch die große Anzahl von Nutzer*innen des HNS (aktuell etwa 220.000) sowie die hohe Anzahl von Notrufen (etwa 1500 Anrufe am Tag am Standort Berne) ist eine über viele Jahre gewachsene Datenbank mit Millionen von Datensätzen entstanden. Diese Datenbank enthält neben den notwendigen Stammdaten der Nutzer*innen, wie z. B. Name, Alter, Geschlecht und Anschrift, auch viele weitere Daten, wie z. B. zum Pflegegrad, zur Wohnsituation, zu vorliegenden Erkrankungen oder auch zur Medikation der Nutzer. Wenn es die Situation erfordert, kann über die HNZ auch direkt ein Rettungsdienst informiert werden. Ist dies der Fall, können die Informationen zur Wohnsituation (z. B. 4. Stock, kein Aufzug) oder zur Medikation (z. B. Vermeidung möglicher Wechselwirkungen zwischen Medikamenten) eine wichtige Rolle spielen. Weiterhin werden die eingehenden Notrufe sowie Daten über den Notruf selber in der Datenbank hinterlegt. Neben dem Zeitpunkt des Notrufs werden von den Disponent*innen auch der Grund des Anrufs sowie der Verlauf des Gesprächs stichpunktartig notiert.

Eine Besonderheit in den Daten ist der Pflegegrad, da dieser regelmäßig und automatisch (zwei Mal monatlich) aktualisiert wird. Für die Informationen zu evtl. vorliegenden Erkrankungen oder zur Medikation ist dies jedoch nicht der Fall. Aktualisierungen finden hier nur sporadisch, z. B. aufgrund einer Vertragsaktualisierung, statt. Weiterhin gibt es auch keinen Informationsfluss über die Art und Weise der Versorgung oder den Verbleib von Kund*innen nach einem Notfall, falls diese zur Behandlung z. B. in ein Krankenhaus eingeliefert werden mussten. Aufgrund der Sensibilität ist die Datenbank der JUH-HNZ auch sonst mit keinen externen Datenbanken verbunden.

2.2.2 Medizinischer Hintergrund

Der demografische Wandel, welcher mitunter durch sinkende Geburtenraten und die gleichzeitig fortschreitenden Entwicklungen in der Medizin und Pflege charakterisiert wird, führt zu einer Bevölkerungsstruktur, in der ältere Menschen einen immer größeren Anteil haben. Wurde für das Jahr 2004 noch von etwa

461 Mio. Menschen mit einem Alter von über 65 Jahren ausgegangen, sind es für das Jahr 2050 schon etwa 1,5 Mrd. Durch die jetzt schon in vielen Ländern, wie z. B. Deutschland, vorhandenen Engpässe an Fach- und Pflegekräften wird dies in den nächsten Jahren zu großen Herausforderungen führen.

Durch die fortschreitenden Entwicklungen in den verschiedenen Technologien rund um die Digitalisierung ergibt sich jedoch gleichzeitig eine Chance für einen Paradigmenwechsel, von der in der Regel praktizierten kurativen, zu einer vermehrt prädiktiven Versorgung. Zwei mit dem Alter korrelierende und stark von Prävention profitierende Problematiken sind z. B. die ischämischen Herzerkrankungen (IHK) und das Sturzrisiko (Daly et al. 2018; Triant und Grinspoon 2017).

2.2.3 Ischämische Herzerkrankungen

Die IHK beschreiben einen pathologischen Zustand, welcher durch eine verminderte Durchblutung des Herzmuskels mit arteriellem Blut charakterisiert wird und somit zu einer Unterversorgung des Herzmuskels mit Sauerstoff führt (Jensen et al. 2020; Mehta et al. 2015). Jährlich kommt es durch IHKs in Europa zu etwa 1,7 Mio. Toten, was rund ein Fünftel aller Todesfälle in Europa ausmacht (Townsend et al. 2016).

Die Verbindung von IHK und dem Wetter wird durch die Thermoregulation des Körpers erklärt, da diese stetig versucht, eine konstante Körpertemperatur von 37 Grad zu halten. Bei Hitze wird dies durch die Schweißproduktion reguliert. Hierdurch kann ein Flüssigkeitsverlust von bis zu zwei Litern pro Stunde entstehen, was wiederum den Salzhaushalt beeinflusst (Leon und Bouchama 2015; Bouchama und Knochel 2002). Ein solcher Flüssigkeitsverlust verringert die Blutplasmaviskosität und steigert die Serumcholesterinwerte. Solche Veränderungen können zu koronaren Blutgerinnseln (Thrombosen) führen (Cheng und Su 2010; Flynn et al. 2005). Diese Thrombosen können ebenfalls durch eine Erhöhung des Blutdrucks, ausgelöst werden, z. B. durch niedrige Temperaturen, die zu einer Verengung der äußeren Blutgefäße (Vasokonstriktion) führt. Solche Thrombosen können dazu führen, dass die Blutströmung beeinflusst oder Gewebe beschädigt wird (Flynn et al. 2005; Matthias 1985).

2.2.4 Sturzrisiko

Im geriatrischen Kontext gelten Stürze als ein Hinfallen aus der aufrechten bzw. stehenden Körperposition oder auch als ein Herausgleiten aus dem Bett von einem Stuhl oder Rollstuhl. In der Gruppe der über 80-Jährigen stürzt statistisch jede zweite Person einmal pro Jahr. Für die Gruppe der über 65-Jährigen trifft dies noch für jede dritte Person zu. Bei etwa 5 bis 10 % der Stürze erleiden die Betroffenen schwere Verletzungen (Hüftfakturen, subdurale Hämatome oder größere Verletzungen der Weichteile) (Zeeh et al. 2017; Deandrea et al. 2010).

Dadurch entsteht häufig ein erhöhtes Maß an Pflegebedürftigkeit bis hin zum Verlust der Eigenständigkeit, sodass sich die Betroffenen in ein Pflegeheim begeben (Jansen et al. 2021). Aber auch wenn ein Sturz ohne Folgen zu sein scheint, steigt das Risiko, erneut zu stürzen, und es kann zur sogenannten Sturzangst kommen. Diese kann wiederum dazu führen, dass sich die Betroffenen weiter zurückziehen und ihre eigene Mobilität einschränken, wodurch das Sturzrisiko wiederum erhöht wird (Zeeh et al. 2017).

Das persönliche Sturzrisiko kann durch verschiedenste Faktoren beeinflusst werden. Eine Gangstörung, die Verwendung einer Gehhilfe, Schwindel, Vorerkrankungen (z. B. Parkinson) oder auch die Medikation (z. B. Antiepileptika) können das Sturzrisiko erhöhen (Deandrea et al. 2010). Weiterhin haben verschiedene äußere Umstände einen Einfluss auf die Sturzwahrscheinlichkeit, wie z. B. Unebenheiten in der eigenen Wohnung (Teppiche).

Die wirksamste Methode zur Prävention von Stürzen bzw. zur Reduktion des persönlichen Sturzrisikos ist ein kombiniertes Training von Gleichgewichtsfähigkeit und Kraft (Sherrington et al. 2019). Neben dem Training der physischen Fähigkeiten sollten jedoch auch die psychologischen Aspekte (z. B. Sturzangst) berücksichtigt werden (Jansen et al. 2021).

2.2.5 Big Data und maschinelles Lernen

Der Begriff *Big Data* wurde ursprünglich eingeführt, um Daten zu beschreiben, welche aufgrund ihrer Menge und Ausprägung nicht mit vorhandenen Mitteln verarbeitet werden konnten. Eine weit verbreitete Definition ist das *3-V-Modell,* bei dem die drei Vs für das wachsende Datenvolumen (engl. *volume*), die wachsende Geschwindigkeit, mit der Daten erzeugt und übertragen werden können (engl. *velocity*), und die wachsende Vielfalt (engl. *variety*) stehen (Furht und Villanustre 2016). Der Begriff hat sich aber dahingehend gewandelt, dass er nun vielmehr die Analyse und Prognose umfasst, um z. B. das Nutzerverhalten oder Krankheiten vorherzusagen (Boyd und Crawford 2011; Sravanthi und Reddy 2015). Big Data oder auch Data-Mining wird ebenfalls in der aktuell vorherrschenden Covid-19-Pandemie eingesetzt. Es wurden z. B. anhand von vom Körper generierten Audiosignalen (Herztöne und Atemgeräusche) Covid-19 Erkrankungen von Patenten festgestellt (Brown et al. 2020).

2.3 Intelligente LivingSmart-Auswertungsmodule (ILA)

Die ILAs fokussieren sich auf die Auswertung der Datenbank der JUH-HNZ. Aufgrund der sensiblen Natur der Daten wurde diese zunächst anonymisiert, um die weiterführenden Schritte zu ermöglichen. Neben der Überführung der Datenbank in eine neue Struktur wurde diese auch durch externe Daten erweitert. Hierzu wurde eine Vielzahl von Datenquellen verwendet, wie unter anderem die Wetter- und Biowetterdaten des Deutschen Wetterdienstes (DWD), Daten zur Luftqualität vom Bundesministerium für Umwelt (BMU) sowie zur Strahlung/Radioaktivität[1] vom Bundesamt für Strahlenschutz (BfS) (s. Abb. 2.1). Diese Erweiterungen wurden durchgeführt, um auf der einen Seite bekannte medizinische Zusammenhänge in den Daten wiederfinden und entsprechende Vorhersagen machen zu können, und auf der anderen Seite, um die Vielfalt der Daten zu vergrößern, damit die Wahrscheinlichkeit, bisher unbekannte Zusammenhänge identifizieren zu können, sich steigert.

2.3.1 Ischämische Herzerkrankungen

Aufgrund der Ausprägung der vorhandenen Daten wurde zunächst analysiert, in welchem Zusammenhang die Häufigkeit der Anrufe von Teilnehmern des Hausnotrufsystems mit dem Wetter steht. Dabei wurden die Daten zunächst nach Teilnehmern gefiltert, für die eine Krankheit eingetragen wurde, welche der Gruppe der IHKs zugeordnet ist (z. B. Angina Pectoris oder Herzrhythmusstörungen). Dabei wurde der Zeitraum von 2013 bis 2019 betrachtet, da nur für diesen Zeitraum vollständige Datensätze zur Verfügung standen. Eine weiterführende Aufbereitung der Daten war notwendig, um z. B. Anrufe aus Wartungsgründen oder Warnungen über einen niedrigen Batteriestatus (Funkauslöser für das Hausnotrufsystem) von den akuten Notrufen zu unterscheiden.

Neben anderen Analysen wurde eine mehrdimensionale Regressionsanalyse durchgeführt. Diese berücksichtigt auch, dass die Wetterlage pro Tag nicht unbedingt einen unmittelbaren Einfluss auf die Häufigkeit der Anrufe am selben Tag hat und damit auch das relative Risiko (RR) für diesen Tag nicht unmittelbar beeinflusst wird. Oft gibt es eine gewisse Verzögerung, oder eine Wetterlage muss für eine gewisse Zeit anhalten, um eine Auswirkung auf die betroffenen Personen haben zu können (s. Abb. 2.2).

Die Daten zeigen, dass es insbesondere bei hohen Temperaturen (17 bis 27 °C) zu einem stark ansteigenden relativen Risiko (bis 1,1744) für Notrufe kommt, und dies ohne eine wesentliche zeitliche Verzögerung. Danach fällt das relative Risiko jedoch wieder ab, steigt dann aber für den selben Temperaturbereich wieder auf 1,056 an (s. Abb. 2.2). Bei niedrigen Temperaturen (-8 bis 1 °C) fällt das relative Risiko, ebenfalls ohne eine wesentliche zeitliche Verzögerung, auf einen Wert von 0,867 ab. Für das Temperaturintervall von -8 bis -6 °C nimmt das relative Risiko für das Zeitintervall von 7 bis 20 Tagen ebenfalls ab. In diesem Bereich liegen das maximale relative Risiko bei 0,976 und das minimale bei 0,94 (s. Abb. 2.2).

Auch wenn die betrachteten Daten für die untersuchte Zielgruppe stark schwanken (s. 95 %-Konfidenzintervall im Liniendiagramm in Abb. 2.2), wird sowohl im 3D-Graphen als auch im zugehörigen kumulativen Liniendiagramm erkenntlich, dass das durchschnittliche relative Risiko eines Notrufes für die

---

[1] https://odlinfo.bfs.de/DE/service/downloadbereich.html (letzter Zugriff: 25.10.2021).

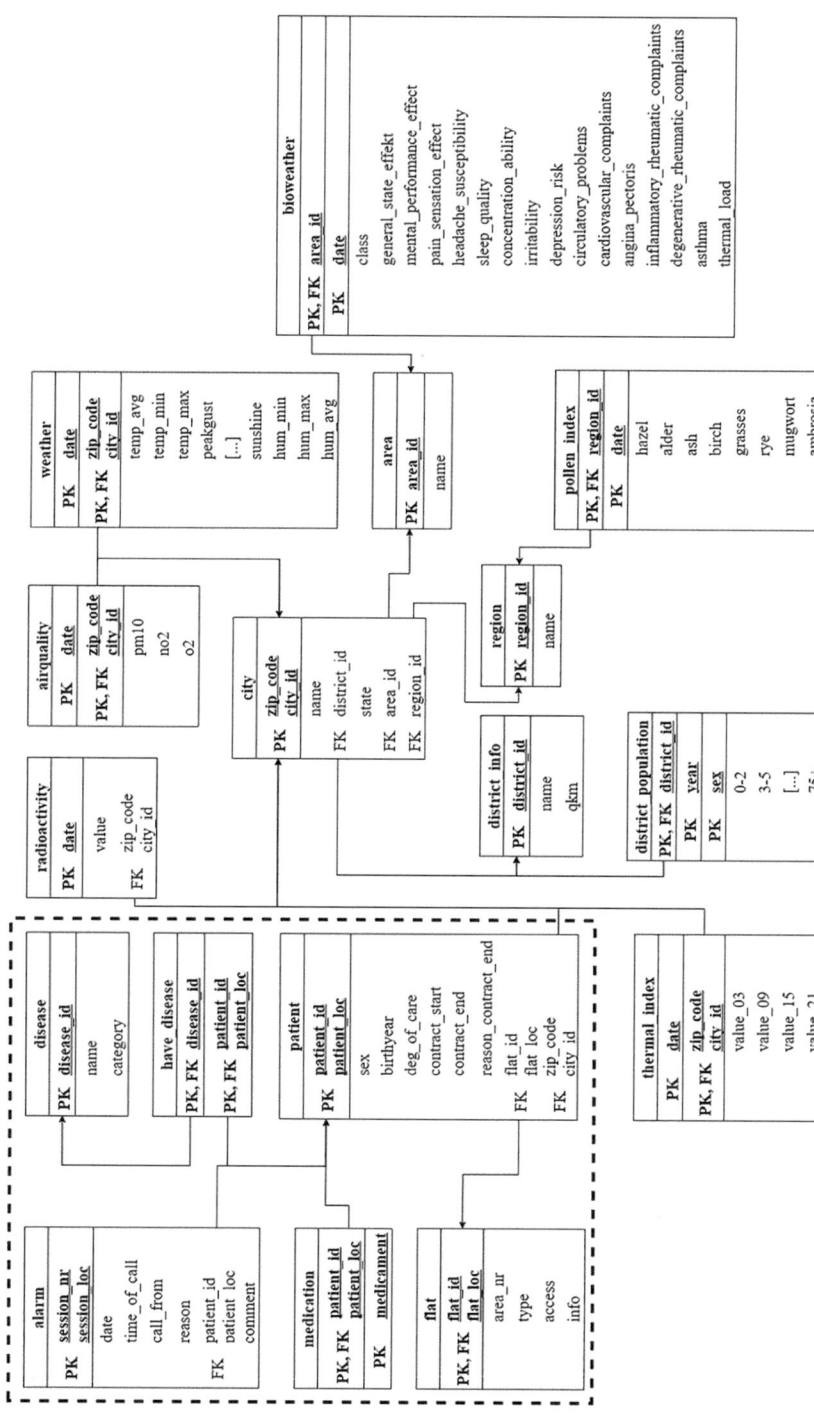

Abb. 2.1 Relationales Datenbankschema der erweiterten und anonymisierten JUH-HNZ-Datenbank. Die Tabellen innerhalb der gestrichelten Box entsprechen der anonymisierten Datenbank der JUH-HNZ. Der äußere Bereich enthält Daten zu weiteren externen Umwelteinflüssen

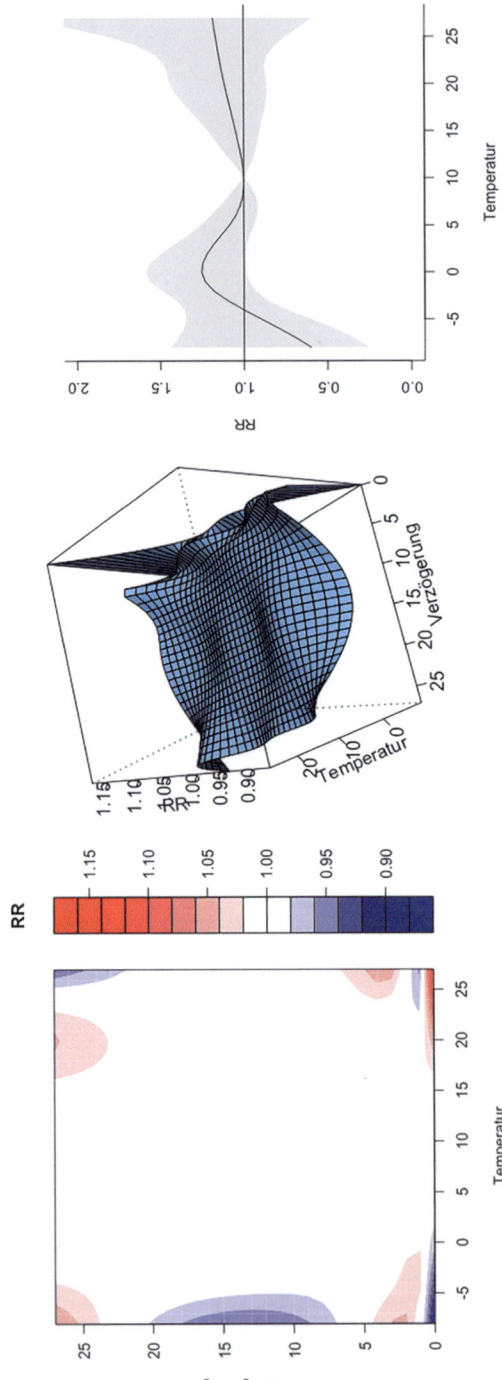

Abb. 2.2 Ergebnisse der Regressionsanalyse bzgl. des relativen Risikos als **a** Konturdiagramm, **b** 3D-Graph und als **c** kumulatives-RR-Diagramm

betrachtete Zielgruppe insgesamt bei höheren Temperaturen (>10 °C) ansteigt. Bei niedrigeren Temperaturen (<10 °C) gilt dies ebenfalls, aber nur bis etwa 0 °C, danach fällt es stark ab (s. Abb. 2.2).

Besonders die grobe Verteilung der Bereiche mit erhöhtem und verringertem relativen Risiko weist, mit den Ergebnissen der Arbeit von Longjiang et al. „Impact of ambient temperature on hospital admissions for cardiovascular disease in Hefei City, China", viele Parallelen auf (Cui et al. 2019). Die verbleibenden Unterschiede lassen sich sowohl durch die sich grundsätzlich unterscheidenden klimatischen Bedingungen als auch durch die sich stark unterscheidende Datenquelle erklären, da die Daten der Arbeit von Longjiang auf realen Krankenhauseinweisen beruhen, inklusive entsprechender Befunde und weiterer fundierter Daten (Cui et al. 2019).

2.3.2 Sturzrisiko

Ziel der Analyse ist natürlich die Prädiktion von Stürzen bzw. die Prädiktion eines erhöhten Risikos für Stürze, um entsprechend präventive Maßnahmen zu ergreifen. Hierzu wurde zunächst untersucht, ob sich die Notrufdaten der JUH-HNZ mit denen aus der Literatur decken. Da sich in der JUH-HNZ-Datenbank nicht nur Daten zu Notrufen, die aufgrund eines Sturzes getätigt wurden, befinden, mussten diese zunächst gefiltert werden. Die Auswertung der resultierenden Daten hat dabei eine Auftrittswahrscheinlichkeit für die Gruppe der über 65-Jährigen von 16,00 % und für die der über 80-Jährigen von 18,16 %. Dies liegt deutlich unter den in der Literatur angegebenen Auftrittswahrscheinlichkeiten, da die Daten des Hausnotrufsystems in der Regel nur Stürze erfassen, welche auch in dem eigenen Haushalt oder dem nahen Umfeld, z. B. auf der Treppe oder im Flur, geschehen sind. Eine Studie mit über 1400 Patienten, welche speziell auf ältere Personen (Alter zwischen 75 und 100, Durchschnitt 82,5 Jahre) ausgerichtet wurde, hat gezeigt, dass etwa 51,1 % aller Stürze in der Häuslichkeit geschehen (Pfortmueller et al. 2014). Durch dieses Verhältnis zwischen Stürzen im eignen Haushalt und Stürzen, die nicht in der Häuslichkeit geschehen sind, ergibt sich für das Gesamtsturzwahrscheinlichkeitsintervall von 28 bis 35 % (WHO 2007) für die über 65-Jährigen im Haushalt ein Wahrscheinlichkeitsintervall von 12,96 bis 15,42 %. Die für die Gruppe der über 65-Jährigen anhand der HNZ-Datenbank berechneten Auftrittswahrscheinlichkeit von 16 % liegt nur marginal über der oberen Grenze des Intervalls. Somit können die Daten aus dem HNZ für Stürze in der Häuslichkeit als belastbarer angesehen werden. Dass dieser Wert leicht über der oberen Grenze des Intervalls liegt, begründet sich vermutlich dadurch, dass die Nutzer des Hausnotrufsystems einen weniger guten durchschnittlichen Gesamtzustand aufweisen als die Durchschnittspopulation derselben Altersklasse zeigt. Dies wird z. B. durch den Vergleich der Pflegegrade deutlich (s. Tab. 2.1).

Nach der Aufbereitung und Validierung der Hausnotrufdaten bezüglich dem Auftreten von Stürzen wurden die Daten dazu verwendet, einen Klassifikator aus dem Bereich des maschinellen Lernens, einer OC-SVM (engl. One-Class Support

Tab. 2.1 Relative Verteilung der Pflegegrade für die gesamte deutsche Bevölkerung in Niedersachsen sowie für die Bevölkerungsschicht der über 65-Jährigen Nutzer des Hausnotrufsystems der JUH-HNZ (Standort Berne) in Niedersachsen und Bremen (bezogen auf das Jahr 2019) und für die über 65-Jährigen Pflegebedürftigen (stationärer Pflege) in Niedersachsen (bezogen auf das Jahr 2019)

	Bevölkerung[2]	Hausnotrufsystem	Stationäre Pflege[3]
Anzahl	7.993.608 (100 %)	51.604 (100 %)	89.294 (100 %)
Keinen Pflegegrad	7.545.299 (94,32 %)	17.732 (34,36 %)	291 (0,33 %)
Pflegegrad 1	21.165 (0,26 %) (gesamt)	6821 (13,22 %)	456 (0,51 %)
Pflegegrad 2	207.662 (2,60 %) (gesamt)	19.974 (38,71 %)	18.564 (20,79 %)
Pflegegrad 3	132.890 (1,66 %) (gesamt)	5608 (10,87 %)	30.857 (34,56 %)
Pflegegrad 4	61.120 (0,76 %) (gesamt)	1097 (2,13 %)	26.467 (29,64 %)
Pflegegrad 5	25.472 (0,32 %) (gesamt)	372 (0,72 %)	12.659 (14,18 %)

Vector Machine) anzulernen, um eine Vorhersage darüber zu treffen zu können, welche Teilnehmer des HNS ein erhöhtes Sturzrisiko aufweisen. Da eine solche Sturzwahrscheinlichkeit nicht zwischen Stürzen im eignen Haushalt und Stürzen an anderen Orten unterscheiden kann, handelt es sich hierbei um ein Problem im Bereich des teilüberwachten Lernens, da Stürze, die außerhalb der Häuslichkeit geschehen, in der Regel nicht vom HNS erfasst werden können und somit die entsprechenden Daten (Label) für diese fehlen.

Die für das Anlernen der OC-SVM relevanten Daten wurden mithilfe eines Chi-Quadrat-Tests ermittelt. Hier ergaben sich jedoch nur schwache Zusammenhänge zwischen den im HNS dokumentierten Stürzen und einzelnen Parametern. Dabei wurden sowohl die Stammdaten (z. B. Alter, Geschlecht und Pflegegrad) als auch weiterführende Informationen verwenden, inklusive der persönlichen Sturzhistorie, sowie mehrere Parameter aus den Bereichen der Vorerkrankungen und Medikation (insgesamt 72), um die OC-SVM zu trainieren. Hierzu wurden alle Parameter, die einen Zusammenhang zu Stürze aufweisen, verwendet.

Evaluiert wurde der Klassifikationsalgorithmus mithilfe eines entsprechenden Datensatzes aus der Datenbank. Die Ergebnisse haben gezeigt, dass der Klassifikator mit 53,53 % Sicherheit vorhersagen kann, welche Patienten innerhalb der nächsten 12 Monate aufgrund eines Sturzes den Notruf betätigen.

---

[2] https://www.ms.niedersachsen.de/startseite/gesundheit_pflege/pflege/zahlen-und-fakten-zur-pflege-14070.html (letzter Zugriff: 05.02.2021).
https://www.statistik.niedersachsen.de/startseite/themen/bevolkerung/bevolkerungsstand_einwohnerzahl_niedersachsens/bevolkerungsstand-einwohnerzahl-niedersachsens-tabellen-201964.html (letzter Zugriff: 04.02.2022).

[3] Es wurden nur Personen betrachtet, die sich in vollstationärer Pflege (Dauerpflege oder Kurzzeitpflege) befinden.

2.4 Intelligente LivingSmart-Informationsmodule (ILI)

Die zur Bekämpfung der Covid-19-Pandemie eingesetzten Maßnahmen, z. B. Schließungen von Geschäften, Fitnessstudios, Schulen und Massenquarantänen, hatten und haben weltweit immense Auswirkungen auf den Alltag der Menschen. Studien haben gezeigt, dass viele dieser Menschen, neben zahlreichen anderen Auswirkungen, ihre körperliche Aktivität sowie ihr Verzehr- und Trinkverhalten verändert haben. Bei einigen Bevölkerungsteilen haben diese Verhaltensänderungen eine Zunahme des Körpergewichts verursacht (Bakaloudi et al. 2021). Eine weitere Studie hat jedoch ebenfalls gezeigt, dass Personen ab einem Alter von 60 Jahren im besonderen Maße von Gewichtsverlust betroffen sind (Di Santo et al. 2020). Ein solcher Gewichtsverlust kann ein Hinweis auf das Vorliegen einer Mangelernährung sein und damit bis zum Frailty-Syndrom führen, welches als multifaktorielles geriatrisches Syndrom mit einer erhöhten Multimorbiditäts- sowie Mortalitätsrate einhergeht (Benzinger et al. 2021; Fried et al. 2021). Eine gesunde und ausgewogene Ernährung sowie eine entsprechende körperliche Aktivität sind nicht nur für ältere Personen, die vom Frailty-Syndrom betroffen sind, von besonderer Bedeutung (O'Connell et al. 2020), sondern für hochaltrige Personen im Allgemeinen (Drewnowski und Evans 2001). Aus diesem Grund enthält das Informationsmodul *Ernährung* Informationen, die die Nutzer*innen der LSP bei einer gesunden und ausgewogenen *Ernährung* unterstützt und über typische Probleme, wie z. B. Appetitlosigkeit oder Wechselwirkungen von Medikamenten, informiert (s. Abb. 2.3). Das Informationsmodul *Bewegung* adressiert die sieben Oberkategorien: Bewegungsumfang,

Abb. 2.3 Acht Oberkategorien des ILIs zum Thema Ernährung in Form von Piktogrammen verbunden mit einfacher Sprache, unter denen sich insgesamt 19 Videos inklusive entsprechender Transkriptionen befinden

Abb. 2.4 Sieben Oberkategorien des ILIs zum Thema Covid-19

Aktivitätssteigerung, Gleichgewicht, Kraftverlust im Alter, langes Sitzen, Sturzrisiko und Umsetzung. In den enthaltenden 12 Informationsvideos werden verschiedene Fragestellungen zu diesen Themen zielgruppengerecht aufbereitet. Beispiele für solche Fragestellungen sind: „*Wie steigert man seine Motivation für Bewegung?*", „*Warum sollte man sein Gleichgewicht verbessern?*" oder „*Wie wird Aktivität zum Teil des Tagesablaufs?*". Wie auch beim Ernährungsmodul sind die Informationen in den Videos auch in Form von Texten enthalten, sodass die Inhalte auch gelesen werden können.

Das ILI *Covid-19* beinhaltet sowohl Daten zur aktuellen Infektionslage als auch zahlreiche Informationen über das Virus selbst, die Impfungen, wie man sich selber schützt, aktuelle Vorgaben von Bund und Land und Informationen zur Warn-App (s. Abb. 2.4). Ebenfalls sind die am häufigsten gestellten Fragen im Kontext der Covid-19-Pandemie in einer Kategorie zusammengefasst. Hier finden sich z. B. Informationen über Quarantäne und Isolierung, z. B. bei den Fragen: „*Wer muss in Quarantäne?*", „*Was gilt für Geimpfte, die Kontakt zu einer erkrankten Person hatten?*" oder „*Wann kann ich eine häusliche Quarantäne wieder verlassen?*".

Die aktuellen Kennzahlen bzgl. der Neuinfektionen, der aktuellen Inzidenz und der Verstorbenen werden direkt beim Aufruf der ILIs angezeigt. Um diese Information möglichst personalisiert anzuzeigen, werden beim Aufruf der ILIs anonymisierten Nutzerdaten (Postleitzahl, Altersklasse in 5-Jahres-Schritten sowie das Geschlecht) von der LSP an die ILIs übertragen und verarbeitet (s. Abb. 2.5).

Neben der manuellen Personalisierung durch das Mapping der Pandemiekennzahlen auf die Postleitzahl werden diese Informationen ebenfalls gespeichert, um das Verhalten der Nutzer zu analysieren. Hierzu wird z. B. die Zeit gemessen, wenn die Nutzer*innen die Videos ansehen, um zu ermitteln, ob

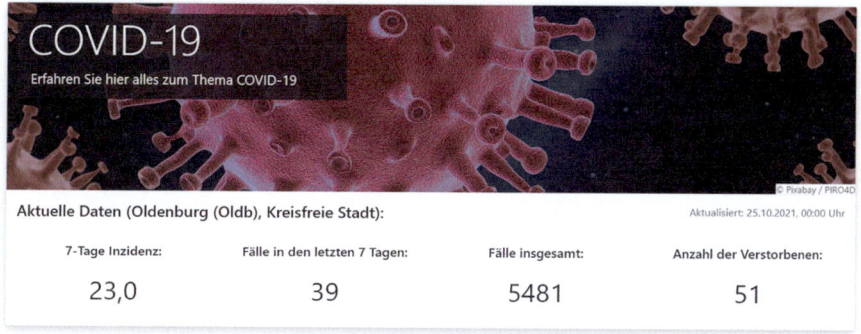

Abb. 2.5 Personalisierter Covid-19-Banner auf der Startseite der ILIs mit Informationen zur aktuellen Lage bzgl. der wichtigsten Kennzahlen

diese das gesamte Video zum entsprechenden Thema anschauen oder nach einer gewissen Zeit abbrechen. Zusätzlich ermöglicht eine Bewertungsfunktion den Nutzer*innen, die Videos selber zu bewerten (5-Punkte-Skala).

Aufgrund der sich kontinuierlichen verändernden Datenlage wurden an dieser Stelle externe Inhalte, z. B. von der Bundeszentrale für Gesundheit und Aufklärung (BZgA), eingefügt und kontinuierlich aktualisiert.

2.5 Fazit und Schlussfolgerung

Bei den vom OFFIS in Zusammenarbeit mit den Partnern entwickelten intelligenten LivingSmart-Auswertemodulen (ILAs) sowie den intelligenten LivingSmart-Informationsmodulen (ILIs) steht die Zielgruppe der Senioren im Vordergrund. Bei den ILAs ist dies der Fall, da diese Zielgruppe auch die Zielgruppe der HNZ der JUH ist und bei den ILIs, da ältere Personen eine gefährdete Risikogruppe im Kontext der vorherrschenden Covid-19-Pandemie darstellen und damit einen besonderen Unterstützungs- bzw. Informationsbedarf aufweisen.

Die ILAs haben gezeigt, dass die Datenbank der JUH-HNZ Zusammenhänge beinhaltet, die teilweise in Kombination mit zusätzlichen Datenquellen stehen (z. B. Wetterdaten), welche dazu eingesetzt werden können, Kunden des Systems, z. B. aufgrund einer Vorerkrankung und einer bevorstehenden Wetterlage, darüber zu informieren, dass für sie ein erhöhtes Risiko für ein negatives gesundheitliches Event vorliegt. Aufgrund der hohen Inzidenzen wurden die ischämischen Herzerkrankungen (IHKs) und Stürze untersucht. Für IHKs als auch für Stürze gilt, dass die vorliegenden Daten Parallelen zur Literatur aufweisen, es jedoch auch signifikante Abweichungen gibt, welche sich letzten Endes auch in der Genauigkeit prädiktiver Verfahren widerspiegeln. Zum einen liegt dies an der Aktualität der JUH-HNZ-Datenbank, da die Daten teilweise bei der Aufnahme eines Teilnehmers in das System erhoben, jedoch in der Regel nicht fortlaufend aktualisiert werden. Für alle Daten gilt jedoch, dass auch die Datenhistorie ein wichtiger Faktor für die Vorhersage von Risiken sein kann, welche vom JUH-HNZ nicht erhoben wird und damit für die Auswertung und Prädiktion nicht zur Verfügung steht. Die vermutlich größte Auswirkung auf die Qualität der prädiktiven Aussagen geht mit der Tatsache einher, dass das HNZ nur Notfälle enthält, für die auch ein Notruf eingegangen ist. Gibt es also einen Notruf bzgl. eines Sturzes, wird dies zwar durch die Daten veranschaulicht, was jedoch nicht der Fall ist, wenn kein Notruf einhergeht. So kann nicht davon ausgegangen werden, dass ein Teilnehmer nicht gestürzt ist.

Die aktuellen Geschehnisse sowie die Literatur zeigen zwar, dass die Gruppe der älteren Personen von Informationen zu den Themen Ernährung, Bewegung und Covid-19 profitieren würden, jedoch kein gesteigerter Bedarf anhand der Anzahl von Zugriffen festgestellt werden. Dies begründet sich vermutlich in der geringen Gesamtzahl an aktiven Nutzern auf der LivingSmart-Plattform. Dementsprechend konnten hier keine weiteren Analysen und Anpassungen auf Basis von Nutzerdaten durchgeführt werden.

Zusammenfassend kann dennoch gesagt werden, dass die fortlaufenden Entwicklungen im Bereich Big Data, KI und ML in Verbindung mit der fortschreitenden Digitalisierung, unter Berücksichtigung der *ELSI-Kriterien (engl. ethical, legal and social implications),* einen sehr vielversprechenden Nährboden für intelligente und personalisierte Dienstleistungen darstellen, die den unterschiedlichen sozioökonomischen Herausforderungen unserer Zeit (demografischer Wandel, Covid-19-Pandemie) entgegenstehen.

Förderhinweis
Diese Arbeit wurde im Rahmen des Projekts LivingSmart (http://www.livingsmart-projekt.de/) durchgeführt, welches vom Bundesministerium für Bildung und Forschung (BMBF) unter dem Förderkennzeichen 02K17A052 gefördert wurde.

Literatur

Bakaloudi DR, Barazzoni R, Bischoff SC, Breda J, Wickramasinghe K, Chourdakis M (2021) Impact of the first COVID-19 lockdown on body weight: A combined systematic review and a meta-analysis. Clin Nutr. https://doi.org/10.1016/j.clnu.2021.04.015

Benzinger P, Eidam A, Bauer JM (2021) Klinische Bedeutung der Erfassung von Frailty. Z Gerontol Geriatr 54:285–296. https://doi.org/10.1007/s00391-021-01873-z

Bouchama A, Knochel JP (2002) Heat Stroke. N Engl J Med 346:1978–1988. https://doi.org/10.1056/NEJMra011089

Boyd D, Crawford K (2011) Six provocations for big data. A decade in internet time: symposium on the dynamics of the internet and society. https://doi.org/10.2139/ssrn.1926431

Brown C, Chauhan J, Grammenos A, Han J, Hasthanasombat A, Spathis D, Xia T, Cicuta P, Mascolo C (2020) Exploring automatic diagnosis of COVID-19 from crowdsourced respiratory sound data. In: Association for Computing Machinery (Hrsg) Proceedings of the 26th ACM SIGKDD international conference on knowledge discovery & data mining, New York, USA, S 3474–3484. https://doi.org/10.1145/3394486.3412865

Cheng X, Su H (2010) Effects of climatic temperature stress on cardio-vascular diseases. Eur J Intern Medicine 21:164–167. https://doi.org/10.1016/j.ejim.2010.03.001

Cui L, Geng X, Ding T, Tang J, Xu J, Zhai J (2019) Impact of ambienttemperature on hospital admissions for cardiovascular disease in Hefei City, China. Int J Biometeorol 63:723–734. https://doi.org/10.1007/s00484-019-01687-0

Daly B, Toulis KA, Thomas N, Gokhale K, Martin J, Webber J, Keerthy D, Jolly K, Saravanan P, Nirantharakumar K (2018) Increased risk of ischemic heartdisease, hypertension, and type 2 diabetes in women with previous gestational diabetes mellitus, a target group in general practice for preventive interventions: a population-based cohort study. PLoS Med 15:e1002488. https://doi.org/10.1371/journal.pmed.1002488

Deandrea S, Lucenteforte E, Bravi F, Foschi R, La Vecchia C, Negri E (2010) Risk factors for falls in community-dwelling older people: a systematic review and meta-analysis. Epidemiology 21:658–668

Di Santo SG, Franchini F, Filiputti B, Martone A, Sannino S (2020) The effects of COVID-19 and quarantine measures on the lifestyles and mental health of people over 60 at increased risk of dementia. Front Psychiatry 11:578628. https://doi.org/10.3389/fpsyt.2020.578628

Drewnowski A, Evans WJ (2001) Nutrition, physical activity, and quality of life in older adults: summary. J Gerontol Ser Biol Sci Med Sci 56:89–94. https://doi.org/10.1093/gerona/56.suppl_2.89

Flynn A, McGreevy C, Mulkerrin E (2005) Why do older patients die in a heatwave? QJM 98:227–229. https://doi.org/10.1093/qjmed/hci025

Fried LP, Cohen AA, Xue Q-L, Walston J, Bandeen-Roche K, Varadhan R (2021) The physical frailty syndrome as a transition from homeostatic symphony to cacophony. Nat Aging 1:36–46. https://doi.org/10.1038/s43587-020-00017-z

Furht B, Villanustre F (2016) Introduction to big data. In: Big Data Technologies and Applications. Springer, Cham, S 3–11. https://doi.org/10.1007/978-3-319-44550-2_1

Jansen C-P, Gross M, Kramer-Gmeiner F, Blessing U, Becker C, Schwenk M (2021) Empfehlungspapier für das körperliche Gruppentraining zur Sturzprävention bei älteren, zu Hause lebenden Menschen. Z Gerontol Geriat 54:229–239. https://doi.org/10.1007/s00391-021-01876-w

Jensen RV, Hjortbak MV, Bøtker HE (2020) Ischemic Heart Disease: An Update. Seminars in Nuclear Medicine. Elsevier 50:195–207. https://doi.org/10.1053/j.semnuclmed.2020.02.007

Leon LR, Bouchama A (2015) Heat Stroke. Compr Physiol 5:611–647. https://doi.org/10.1002/cphy.c140017

Matthias FR (1985) Thrombose. In: Blutgerinnungsstörungen S 29–35. Kliniktaschenbücher. Springer, Berlin. https://doi.org/10.1007/978-3-662-06122-0_2

Mehta PK, Wei J, Wenger NK (2015) Ischemic heart disease in women: a focus on risk factors. Trends Cardiovasc Med 25:140–151. https://doi.org/10.1016/j.tcm.2014.10.005

Modreker M, von Renteln-Kruse W (2009) Arzneimittel und Stürze im Alter. Internist 50:493. https://doi.org/10.1007/s00108-009-2355-5

O'Connell ML, Coppinger T, McCarthy AL (2020) The role of nutrition and physical activity in frailty: a review. Clin nutrition ESPEN 35:1–11. https://doi.org/10.1016/j.clnesp.2019.11.003

Park S-H (2018) Tools for assessing fall risk in the elderly: a systematic review and meta-analysis. Aging Clin Exp Res 30:1–16. https://doi.org/10.1007/s40520-017-0749-0

Pfortmueller CA, Kunz M, Lindner G, Zisakis A, Puig S, Exadaktylos AK (2014) Fall-related emergency department admission: fall environment and settings and related injury patterns in 6357 patients with special emphasis on the elderly. Sci World J. https://doi.org/10.1155/2014/256519

Sherrington C, Fairhall NJ, Wallbank GK, Tiedemann A, Michaleff ZA, Howard K, Clemson L, Hopewell S, Lamb SE (2019) Exercise for preventing falls in older people living in the community. Cochrane Database Syst Rev. https://doi.org/10.1002/14651858.CD012424.pub2

Sravanthi K, Reddy TS (2015) Applications of Big Data in Various Fields. Int J Comput Sci Inf Technologies 6:4629–4632

Townsend N, Wilson L, Bhatnagar P, Wickramasinghe K, Rayner M, Nichols M (2016) Cardiovascular disease in Europe: epidemiological update 2016. Eur Heart J 37:3232–3245. https://doi.org/10.1093/eurheartj/ehw334

Triant VA, Grinspoon SK (2017) Epidemiology of ischemicheart disease in HIV. Curr Opin HIV AIDS 12:540–547. https://doi.org/10.1097/COH.0000000000000410

World Health Organization (2007) WHO global report on falls prevention in older age. World Health Organization, Geneva

Zeeh J, Reinhardt Y, Heppner H-J (2017) Stürze im Alter. MMW-Fortschritte Med 159:52–58. https://doi.org/10.1007/s15006-017-9589-2

Patrick Elfert ist Senior Researcher im FuE-Bereich Gesundheit des OFFIS-Instituts für Informatik, Oldenburg.

Marco Eichelberg ist Principal Scientist und Gruppenleiter im FuE-Bereich Gesundheit des OFFIS-Instituts für Informatik, Oldenburg.

Andreas Hein ist Professor für Automatisierungs- und Messtechnik an der Universität Oldenburg und Mitglied des Vorstands des OFFIS - Institut für Informatik und Sprecher des FuE-Bereiches Gesundheit.

3

LivingSmart: Vertrauen als Kernelement zur erfolgreichen Positionierung digitaler Plattformen für personennahe Dienstleistungen

Manuela Ferdinand und Carsten Schultz

Zusammenfassung

Bei der LivingSmart-Plattform handelt es sich um eine mehrseitige digitale Serviceplattform. Dienstleister aus unterschiedlichen Branchen können ihr Angebot diversen Nutzergruppen digital zur Verfügung stellen. Damit sich eine solche Plattform wirtschaftlich rentiert, bedarf es einer kritischen Masse an Nutzer*innen. Die Herausforderung, mit welcher Betreiber digitaler Plattformen konfrontiert sind, ist demnach, möglichst viele potenzielle Nutzer*innen zu erreichen und langfristig an die Plattform zu binden. Unsere Forschung untersucht mögliche Einflussfaktoren auf die Nutzungsintention digitaler Serviceplattformen. Speziell gehen wir dabei auf die Organisationsform des Plattformbetreibers als auch verschiedene Varianten einer Nutzer*inneintegration ein. Wir analysieren zusätzlich, inwiefern Vertrauen eine Rolle spielt, wenn es darum geht, potenzielle Nutzer*innen von der Nutzung der LivingSmart-Plattform zu überzeugen, und zeigen auf, ob und welche Unterschiede es in der Vertrauensbildung bei gewinnorientierten und gemeinwohlorientierten Organisationen gibt. Dazu haben wir mehrere quantitative als auch qualitative Untersuchungen durchgeführt. Insgesamt konnten wir beweisen, dass Vertrauen eine zentrale Größe ist, wenn es um die Gewinnung potenzieller Nutzer*innen geht. Wir empfehlen daher gewinnorientierten Organisationen, vertrauensfördernde Maßnahmen, wie beispielsweise die Nutzerintegration, in ihr Businessmodell mit aufzunehmen.

M. Ferdinand (✉) · C. Schultz
Christian-Albrechts-Universität zu Kiel, Kiel, Deutschland
E-Mail: m.ferdinand@bwl.uni-kiel.de

C. Schultz
E-Mail: schultz@bwl.uni-kiel.de

© Der/die Autor(en), exklusiv lizenziert an Springer Fachmedien Wiesbaden GmbH, ein Teil von Springer Nature 2023
C. Lattemann und S. Robra-Bissantz (Hrsg.), *Personennahe Dienstleistungen der Zukunft,* Edition HMD, https://doi.org/10.1007/978-3-658-38813-3_3

Schlüsselwörter

Digitale Serviceplattform • Organisationsform • Vertrauen • Nutzerintegration

3.1 Einleitung

Branchenübergreifend tendieren immer mehr Unternehmen dazu, ihr Geschäftsmodell digital auszuweiten. Besonders im Zuge der Coronapandemie haben sich solche, oftmals plattformbasierte Lösungen, als hilfreich erwiesen, um betriebswirtschaftlich weiter bestehen zu können. Virtuelle Marktplätze können dadurch als weitestgehend krisensicher angesehen werden und stellen einen aktuell entscheidenden Wettbewerbsvorteil dar (Rees et al. 2020).

Auch die LivingSmart-Plattform ist ein Beispiel für eine Plattform, welche besonders im Kontext der Coronapandemie als eine hilfreiche Lösung angesehen werden kann, um zum einen als Dienstleister während gesetzlicher Restriktionen seine Serviceleistungen anbieten, zum anderen aber auch als Privatperson weiter auf diese zugreifen zu können. Besondere Relevanz erhalten digitale Marktplätze für Risikogruppen, vor allem für den älteren Personenkreis, der in der Pandemie ein erhöhtes Infektionsrisiko aufweist und demnach eines besonderen Schutzes bedarf. Digitale Serviceangebote, wie die LivingSmart-Plattform, bieten diesen Personen die Möglichkeit, weiterhin einen weitestgehend eigenständigen Alltag zu bewältigen und gleichzeitig die Infektionsgefahr durch das Coronavirus zu reduzieren.

Trotz der genannten Vorteile ist es speziell für Dienstleistungsplattformen weiterhin schwierig, potenzielle Nutzer*innen von ihrem digitalen Serviceangebot zu überzeugen; noch schwieriger wird es, wenn die Zielgruppe des Angebots aus einem älteren Personenkreis besteht. Dies liegt zum einen an der Natur einer Dienstleistung: Sie ist nicht greifbar wie ein Produkt, sondern ein immaterielles Gut, welches ganz individuell bewertet wird und somit keine allgemeingültige Qualität aufweist. Wird die Dienstleistung dann noch auf dem digitalen Weg angeboten, entfällt zudem der persönliche Kontakt zum Dienstleister, was mit einem potenziellen Vertrauensdefizit einhergehen kann (Konya-Baumbach et al. 2019). Zum anderen sind ältere Personen in der Regel weniger technikaffin und haben größere Skepsis vor digitalen Angeboten. Insbesondere, wenn es um den Schutz der persönlichen Daten geht, kommt es nicht selten zu Hemmungen, eine digitale Leistung, trotz bestehenden Interesses daran, in Anspruch zu nehmen (Albert und Duffy 2012; Mata et al. 2011).

In unserer Forschung untersuchten wir mögliche Adaptionsbarrieren, die potenzielle Nutzergruppen davon abhalten, das Angebot auf der LivingSmart-Plattform zu nutzen. Wir unterscheiden dabei zwischen eher jüngeren Nutzer*innen, und Nutzer*innen aus der Risikogruppe der über 60-jährigen Personen. Wir gehen davon aus, dass bestehende Adoptionsbarrieren gegenüber digitalen Plattformangeboten durch Vertrauen in den Plattformbetreiber reduziert werden können. Hierbei stützen wir uns auf bestehende Forschungsergebnisse

(Yusif et al. 2016) als auch auf eigene Ergebnisse aus einer explorativen qualitativen Vorstudie (eine Übersicht aller durchgeführten Studien zeigt Tab. 3.1, S. 3), in der die „wahrgenommene Komplexität" und ein „mangelndes Sicherheitsempfinden" als größte Barrieren zur Nutzung digitaler Plattformangebote identifiziert wurden.

Das Projekt LivingSmart profitiert in mehreren Gesichtspunkten von unserer Forschung; zum einen handelt es sich bei der LivingSmart-Plattform um eine Neuentwicklung, die bisher noch nicht auf dem Markt vertreten ist. Studien zeigen, dass gerade bei jungen Unternehmungen und Start-ups ein „Anfangsvertrauen" von grundlegender Bedeutung ist. So definieren McKnight et al. (2002, S. 335) das Anfangsvertrauen in einen unbekannten Partner als einen wichtigen Meilenstein zur Kundengewinnung, insbesondere wenn wenig andere Informationen über den digitalen Service vorliegen. Unsere Forschung liefert Handlungsansätze, wie dieses Anfangsvertrauen erreicht werden kann. Des Weiteren ermöglicht unsere Forschung es, ein praktisch anwendbares Marketingkonzept, zielgruppenorientiert, für die LivingSmart-Plattform abzuleiten.

3.2 Theoretischer Hintergrund: „Vertrauen als Kernelement zur erfolgreichen Positionierung digitaler Plattformen für personennahe Dienstleistungen"

Forschungsergebnisse unterschiedlicher Wissenschaftsbereiche definieren Vertrauen als ein Mittel zur Komplexitätsreduktion (Luhmann 2014). So können aus betriebswirtschaftlicher Sicht bestehende Adoptionsbarrieren durch Vertrauen reduziert werden (McKnight et al. 2002), was sich wiederum positiv auf die Nutzungsintention von Produkten und Dienstleistungen auswirkt (Konya-Baumbach et al. 2019) und letztlich zu einer langfristigen Bindung der Nutzer*innen führt (Johnson und Grayson 2005). Darüber hinaus stellten auch Zhao et al. (2018, S. 348) in ihrer Metaanalyse fest, dass das Vertrauen einen signifikanten Einfluss auf die Verhaltensintention hat.

Eine sehr etablierte Definition von Vertrauen ist die von Rotter (1967, S. 651): „Vertrauen ist die allgemeine Erwartung eines Individuums, dass es auf das Wort, Versprechen oder die Aussage eines anderen Individuums vertrauen kann." Diese Definition verdeutlicht, dass die Entwicklung von Vertrauen im betriebswirtschaftlichen Kontext zwei Voraussetzungen umfasst: Die erste ist, dass der Kunde bestimmte Erwartungen bezüglich der Eigenschaften des Anbieters aufbaut, z. B. auf der Grundlage von Informationen über das Angebot. Die Intention des Kunden, sich auf die Basis der entwickelten Erwartungen gegenüber dem Betreiber auf dessen Versprechen zu verlassen, ist die zweite Voraussetzung für die Entstehung von Vertrauen (Kantsperger und Kunz 2010, S. 5). Studien unterscheiden zudem, je nach Forschungsschwerpunkt, Vertrauen in verschiedenste Komponenten. Eine Unterscheidung, die auch für unsere Forschung relevant ist, ist das *affektive* und *kognitive Vertrauen*. Das kognitive Vertrauen

Tab. 3.1 Übersicht durchgeführter Untersuchungen

	Explorative Vorstudie (1)	Quantitative Vertiefungsstudie* (2)	Panelstudie (3)	Erweiterte Studie (4)
Untersuchungsziel	Identifikation zentraler Einstellungs- und Verhaltensmuster zu digitalen Dienstleistungsangeboten	Analyse der Wirkungszusammenhänge zwischen den Faktoren: Plattformbetreiber, Nutzerintegration, Vertrauen und Nutzungsintention	Übertragung, Validierung und Erweiterung der Erkenntnisse aus (2) auf die Risikozielgruppe im Kontext der COVID-19 Pandemie	Ergänzung der bisherigen Forschungsarbeit um den Faktor „Ausrichtung der Plattform", unterteilt in ein funktionales bzw. soziales Serviceangebot
Methodik	Qualitative Studie: halbstrukturierte Face-to-face-Interviews inkl. Kreativitätstechniken	Quantitative Querschnittstudie: Onlinebefragung	Quantitativ-qualitative Längsschnittstudie: Onlinebefragungen, Telefonbefragung	Quantitativ-qualitative Querschnittstudie: Onlinebefragung, Telefonbefragung
Untersuchungszeitraum	5–6/2019	2/2020	Onlinebefragung: 10/2020, 1/2021, Telefonbefragung: 11/2020	Onlinebefragung: 6/2021, Telefonbefragung: 7/2021
Stichprobe	n = 17 Bürger*innen aus Kiel und Umgebung	n = 352 Bürger*innen aus Deutschland, Durchschnittsalter: 43	n = 250 Bürger*innen aus Deutschland ab 60 Jahren, Durchschnittsalter: 67	n = 156 Bürger*innen aus Deutschland, Durchschnittsalter: 26
Zentrale Ergebnisse	Heterogener Bedarf an digitalen Dienstleistungen; stärkste Nutzungsmotivation ist eine Erleichterung des Alltags; stärkste Barrieren sind Datenschutzbedenken und wahrgenommene Komplexität der Plattform	Vertrauen ist ausschlaggebend, wenn es darum geht, die Nutzungsintention zu erhöhen; die Nutzerintegration in die Entwicklung hat sich als vorteilhaft in Bezug auf die Vertrauensbildung bestätigt, die Kontroll- und Aufsichtsfunktion hingegen nicht	Vertrauen ist auch in dieser Zielgruppe die zentrale Größe, wenn es darum geht, Nutzer*innen vom digitalen Plattformangebot zu überzeugen Die Kontroll- und Aufsichtsfunktion hat sich als vorteilhaft in der Vertrauensbildung erwiesen, die Nutzerintegration in die Entwicklung wirkte sich negativ auf das Vertrauen aus	Quantitativ hat sich die Ausrichtung der Plattform nicht signifikant auf Vertrauen und Nützlichkeit ausgewirkt; Qualitativ lässt sich die Tendenz ableiten, dass funktional ausgerichteten Plattformen ein höheres Vertrauen als auch eine höhere Nützlichkeit zugeschrieben wird

*Schultz et al. 2020

beruht auf rationalen Überlegungen und Informationen über einen Plattformbetreiber, insbesondere bezüglich seiner fachlichen Kompetenzen, während das affektive Vertrauen mehr auf Basis von spontanen Gefühlen bezüglich der wohlwollenden Absichten eines Anbieters beruht (Johnson und Grayson 2005; Rempel et al. 1985). Eine klare Trennung der beiden Vertrauensarten gelang bereits den Forschern Johnson und Grayson (2005).

Daraus leiten wir ab, dass die Rolle des Plattformbetreibers essenziell ist, wenn es darum geht, Vertrauen aufzubauen. Je nach Ausrichtung der Plattform kommt eine Vielzahl möglicher Betreiber von digitalen Plattformen infrage: von internationalen namenhaften Unternehmen über regionale Betriebe bis hin zu gesellschaftlichen Vereinigungen. Eine übergreifende Unterscheidung, die innerhalb dieser Betreiber gemacht werden kann, ist die der *gewinnorientierten Plattformbetreiber* (z. B. Kapitalgesellschaften) und *gemeinwohlorientierten Plattformbetreiber* (z. B. wohltätige Vereine). Betrachtet man deren Außenwirkung, so werden gewinnorientierte Organisationen oftmals als rational, an marktwirtschaftlichen Gegebenheiten ausgerichtet und somit stark wettbewerbsfokussiert bezeichnet. Sie richten ihr Handeln nach Finanzkennzahlen und verfügen in der Regel über ausreichend finanzielle und personelle Ressourcen, um auf längere Zeit wirtschaftlich bestehen zu können. Wir vermuten demnach, dass gewinnorientierte Organisationen vom kognitiven Vertrauen potenzieller Nutzer*innen profitieren, während sie gegebenenfalls ein Defizit im affektiven Vertrauen aufweisen. Auf der anderen Seite gehen wir davon aus, dass gemeinwohlorientierte Organisationen, die oftmals gesellschaftliche Motive, wie Wohlwollen und Fürsorge, verfolgen und sich nicht selten in den Kategorien Umweltschutz und Nachhaltigkeit engagieren (Salamon und Anheier 1997), ein höheres affektives Vertrauen zugewiesen wird, während sie Defizite im kognitiven Vertrauen aufweisen können, was beispielsweise durch in der Regel geringere finanzielle Mittel begründet wird.

Für Plattformbetreiber beider Organisationsformen ist es demnach wichtig, mögliche Vertrauensdefizite zu reduzieren, um potenzielle Nutzer*innen von ihrem Angebot zu überzeugen. Diesbezüglich untersuchen wir die Funktion einer *Nutzerintegration,* sowohl *in der Entwicklung* der Plattform als auch in deren laufenden Betrieben. Eine Vielzahl an Studien (u. a. Hippel 2009; Lilien et al. 2002) zeigt, dass die frühzeitige Einbindung potenzieller Nutzer*innen in den Innovationsprozess von großem Vorteil ist, um einen schnelleren und erfolgreicheren Markteintritt zu erreichen. Weniger erforscht ist die operative Form einer Nutzerintegration, also die Integration in den laufenden Betrieb der Plattform, welche wir in unserer Forschung als *„Kontroll- und Aufsichtsfunktion"* definieren. Die Nutzer*innen entscheiden zusammen mit dem Plattformbetreiber, wie der weitere Verlauf des Serviceangebotes aussieht. So wird beispielsweise gemeinsam darüber entschieden, welche zusätzlichen Dienstleister in das Dienstleistungsangebot aufgenommen werden sollen. Auch über die Weitergabe der persönlichen Daten der Nutzer*innen wird kollektiv entschieden. Die Nutzer*innen bilden eine Art Aufsichtsrat gegenüber dem Betreiber und vertreten die kollektiven Interessen aller Kunden der Serviceplattform. Praxisbeispiele für diese operative Form der

Nutzerintegration sind Start-ups. Das E-Commerce Unternehmen Dwolla erlaubt seinen Nutzern die Mitsprache bei 15 unternehmerischen Entscheidungen und der Präsentationsdienstleister Präzi lädt seine Kunden zu Firmenevents ein (Kuester et al. 2018).

Zusammengefasst gehen wir also davon aus, dass sich die stattfindende Nutzerintegration positiv auf das Vertrauen potenzieller Nutzer*innen auswirkt und so bestehende Vertrauensdefizite der Organisationsformen abgemildert werden können. Des Weiteren unterstellen wir, dass Vertrauen die entscheidende Größe ist, wenn es um die Gewinnung einer Nutzungsintention potenzieller Nutzer*innen geht. Vertrauen potenzielle Nutzer*innen einem Plattformbetreiber, so steigt die Wahrscheinlichkeit, dass sie ein digitales Plattformangebot, wie die LivingSmart-Plattform nutzen, signifikant an. In Abb. 3.1 sind die erläuterten Zusammenhänge konzeptionell veranschaulicht.

3.3 Methodologie

Übergreifend wurden auf die Erkenntnisse der explorativen Vorstudie aufbauend, zwei umfangreiche Untersuchungen (2)/(3) durchgeführt, um die Effekte der Organisationsform und der Nutzerintegration auf das Vertrauen und die Nutzungsintention zu analysieren. Des Weiteren wurde nicht nur aktuelles und zukünftiges Nutzungsverhalten von digitalen Dienstleistungsangeboten durchleuchtet, sondern auch die allgemeine Attraktivität der LivingSmart-App für die unterschiedlichen Zielgruppen näher untersucht und verglichen. In beiden Studien wurde zur Rekrutierung der Teilnehmer*innen mit einem Panel-Dienstleister kooperiert. Ergänzend dazu wurde in Untersuchung (4) analysiert, wie sich eine unterschiedliche Ausrichtung der LivingSmart-Plattform (funktionales Dienstleistungsangebot vs. soziales Dienstleistungsangebot) auf das Vertrauen und das Nützlichkeitsempfinden potenzieller Nutzer*innen auswirkt. Hier erfolgte die Rekrutierung der Teilnehmer*innen über einen Masteranden.

Wesentliches Element der Studien (2), (3) und (4) sind Vignetten, in denen den Teilnehmer*innen eine fiktionale LivingSmart-App vorgestellt wurde. Während in Studie (2) mit Textvignetten gearbeitet wurde, wurden in Studie (3) und (4) Videovignetten erstellt, um den Teilnehmer*innen die LivingSmart-App anschaulicher zu präsentieren. Das Drehbuch der Videos sowie die Formulierungen der Textvignetten wurden selbst entworfen und basierten auf den im Projektteam kommunizierten Funktionen und Möglichkeiten, die die LivingSmart-Plattform mit sich bringt. Die Teilnehmer*innen erhielten zunächst allgemeine Informationen zum Angebot auf der LivingSmart-Plattform (beispielsweise welche Dienstleistungen angeboten werden und welche persönlichen Daten dazu hinterlegt werden müssen). Daraufhin wurden die unterschiedlichen Ausprägungen der Merkmale von Organisationsformen des Plattformbetreibers (gewinnorientiert in Form einer Bau- und Wohn GmbH sowie gemeinwohlorientiert in Form des „Vereins für innovative Quartiersarbeit") und Möglichkeiten der Nutzerintegration (in die Entwicklung der Plattform in Form von

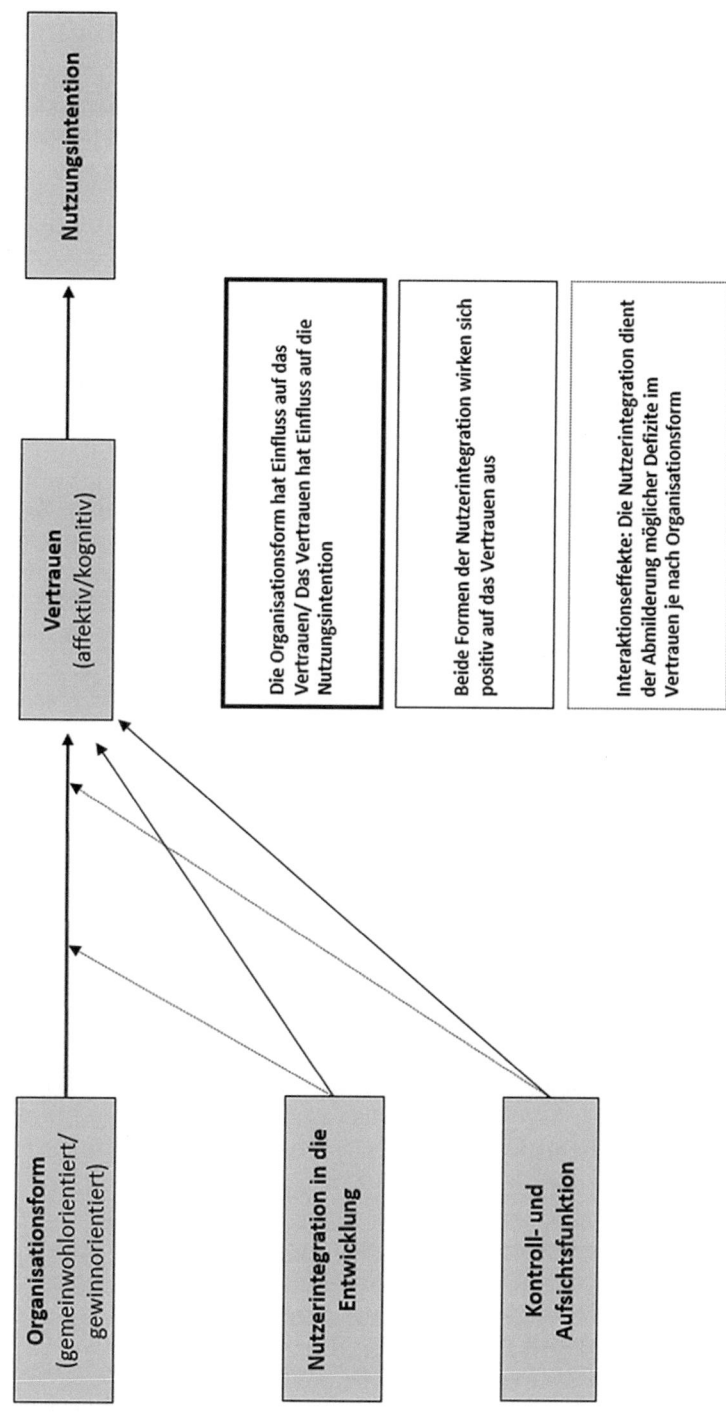

Abb. 3.1 Konzeptionelles Untersuchungsmodell

Tab. 3.2 Vignettendesign

Vignette	GmbH	Verein	Nutzerintegration in die Entwicklung	Kontroll- und Aufsichtsfunktion der Nutzer
1	x		x	x
2	x		x	
3	x			x
4	x			
5		x	x	x
6		x	x	
7		x		x
8		x		

Ideeneinbringung und dem Testen von Prototypen sowie in Form einer Kontroll- und Aufsichtsfunktion mit Entscheidungsbefugnissen der Nutzer*innen) miteinander kombiniert. Somit wurde hier ein $2 \times 2 \times 2$ – faktorielles experimentelles Design verwendet. Jeder Teilnehmer erhielt zu Beginn des Fragebogens per Zufall eine der acht Experimentalbedingungen (s. Tab. 3.2) in Form eines Textes bzw. eines kurzen Videos. Statistisch war es dadurch möglich zu analysieren, welche Merkmalskombinationen am effizientesten sind, um das Vertrauen potenzieller Nutzer*innen zu gewinnen und sie von der Nutzung der LivingSmart-Plattform zu überzeugen.

Im Verlauf der Befragung wurden die Teilnehmer*innen zu ihrem Vertrauen gegenüber den Plattformbetreibern befragt. Die Items zu affektiven Vertrauen (z. B. „Der Betreiber der LivingSmart-App ist um mein Wohlergehen besorgt") und kognitiven Vertrauen (z. B. „Der Betreiber der LivingSmart-App verfügt über das notwendige technische Wissen zum Betreiben der App") wurden dazu per Zufall angebracht und die Teilnehmer*innen bewerteten die Aussagen auf einer Likert-Skala von 1 = „stimme gar nicht zu" bis 5 = „stimme voll und ganz zu".

Weiterhin wurden in allen durchgeführten Studien ergänzende personenbezogene Merkmale wie die Einstellung zur Digitalisierung, aktuelle und zukünftige Nutzung digitaler Dienstleistungen, Technikaffinität, der Einfluss der Coronapandemie auf die Akzeptanz und Nutzung digitaler Dienstleistungen sowie vorhandene Erfahrungen mit Organisationen erhoben. Auch diese Abfrage erfolgte auf der Grundlage einer fünfstufigen Likert-Skala.

3.4 Ergebnisse

Alle durchgeführten Studien bestätigen unsere theoretische Annahme, dass Vertrauen in den Plattformbetreiber eine erfolgsentscheidende Kerngröße ist (statistisch einen Mediator darstellt), wenn es darum geht, potenzielle Nutzer*innen von der

Nutzung digitaler Dienstleistungsplattformen, wie der LivingSmart-Plattform, zu überzeugen. Zielgruppenunabhängig stehen Plattformbetreiber somit vor der Herausforderung, das Vertrauen relevanter Nutzergruppen für sich zu gewinnen.

3.4.1 Beurteilung der LivingSmart-Plattform

Deskriptive Ergebnisse veranschaulichen, dass sowohl die jüngere (2) als auch die ältere (3) Zielgruppe ein allgemeines Interesse am Angebot der LivingSmart-Plattform hat (s. Abb. 3.2). Bezogen auf die wahrgenommene Attraktivität der Plattform lassen sich keine wesentlichen Unterschiede ausmachen. Wenn es jedoch um die konkrete Nutzungsintention „Ich würde das Angebot annehmen" geht, wird deutlich, dass ältere Personen hier reservierter sind.

Weiterhin wird anhand der Ergebnisse der Panelstudie (3) deutlich, dass die ältere Zielgruppe die LivingSmart-Plattform mehrheitlich als nützlich ansieht. Fast die Hälfte der Befragten kann sich zudem vorstellen, dass ihr Alltag durch die LivingSmart-Plattform erleichtert wird (s. Abb. 3.3). Zusätzliche Faktoren wie der Spaß an der Nutzung sowie der Unterhaltungswert der LivingSmart-Plattform erhielten eine geringere Zustimmung. Gehen wir auf der Grundlage unserer explorativen Studie sowie der anfangs genannten bestehenden Studien davon aus, dass die ältere Zielgruppe mit der digitalen Plattform eine hohe Komplexität verbindet, so ist dieses Antwortverhalten nicht überraschend. „Spaß an der Nutzung" steht für die ältere Zielgruppe eher im Hintergrund der Nutzungsmotivation.

Entgegen unserer Vermutung hat sich die Einstellung gegenüber digitalen Plattformangeboten sowie die Nutzungsintention zu den beiden Befragungszeitpunkten der Panelstudie nicht verändert. Es konnten statistisch keine signifikanten Unterschieden vor dem Lockdown light und während des Lockdown light nachgewiesen werden. Erklärbar kann dies durch die vergleichsweise geringen Auswirkungen, die diese Form des Lockdowns auf die Zielgruppe hatte, sein. Schulen und Kitas wurden damals unter anderem erneut geschlossen und Unternehmen dazu aufgefordert, ihren Mitarbeiter*innen das Homeoffice zu ermöglichen (Bundesregierung 2021). Auf Senior*innen hatten solche Restriktionen relativ wenig Auswirkung.

3.4.2 Konzeptionelles Untersuchungsmodell

Wie bereits zu Beginn dieses Kapitels erwähnt, hat sich Vertrauen in unserem Modell als wichtigster Einflussfaktor auf die Nutzungsintention der LivingSmart-Plattform herausgestellt. Werden die beiden unterschiedlichen Vertrauensdimensionen betrachtet, so bestätigt sich zudem unsere Annahme, dass gemeinwohlorientierten Plattformbetreibern ein höheres affektives Vertrauen zugesprochen wird als gewinnorientierten Plattformbetreibern (s. Abb. 3.4). Generell konnte festgestellt werden, dass gewinnorientierte Organisationen ein allgemeines Vertrauensdefizit gegenüber gemeinwohlorientierten Organisationen

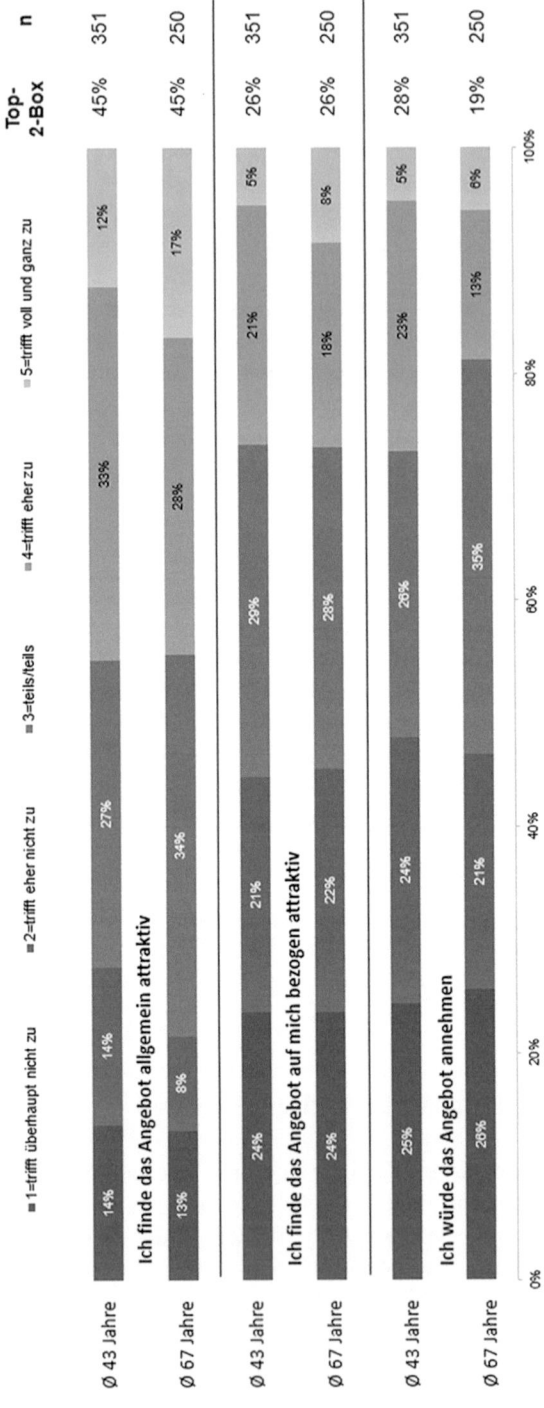

Abb. 3.2 Attraktivität der LivingSmart-App pro Zielgruppe (jung/alt)

3 LivingSmart: Vertrauen als Kernelement zur erfolgreichen … 47

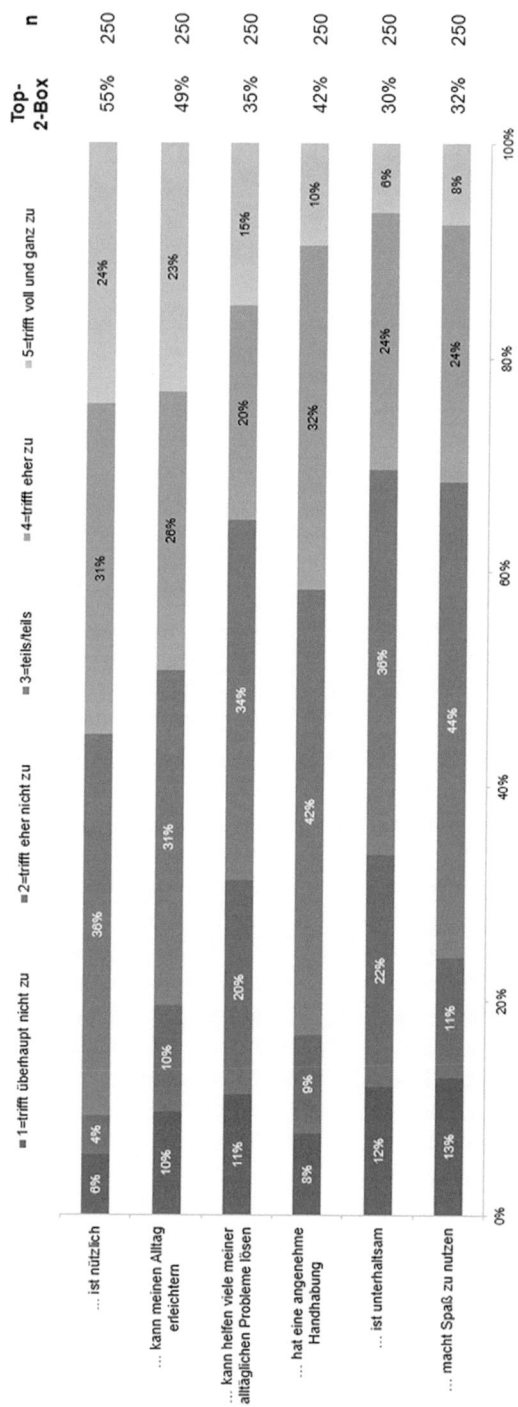

Abb. 3.3 Beurteilung der LivingSmart-App durch die Zielgruppe 60+

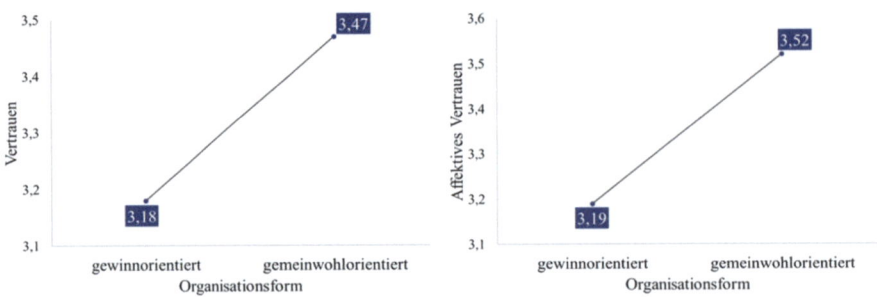

Abb. 3.4 Vertrauen in Abhängigkeit von der Organisationsform. (Ergebnisse auf Grundlage der Panelstudie (3))

aufweisen – denn auch im kognitiven Vertrauen konnte statistisch kein Nachweis erbracht werden, dass gewinnorientierte Organisationen diesbezüglich einen Vorteil gegenüber gemeinwohlorientierten Organisationen haben.

Zudem stellte sich heraus, dass die jüngere Zielgruppe (2) eine Nutzerintegration in die Entwicklung der Plattform begrüßt. Bieten Plattformbetreiber dieser Zielgruppe die Möglichkeit, als „Mitgestalter" zu wirken, erhöht sich deren Vertrauen in den Plattformbetreiber und demnach die Nutzungsintention. Bei der Zielgruppe der über 60-Jährigen (3) hat sich dieser Effekt gegenläufig gezeigt. Hier sinkt das Vertrauen in den Plattformbetreiber, wenn dieser die Option einer Nutzerintegration in die Entwicklung anbietet. Erklärt werden kann dies durch die wahrgenommene Komplexität digitaler Plattformen, die bei dieser Generation stark ausgeprägt ist. Sollen diese Personen nun selbst aktiv werden und eine Plattform wie LivingSmart mitgestalten, erhöht sich diese Komplexität womöglich nochmals.

Für gewinnorientierte Organisationen als stark vertrauensfördernd und demnach sehr relevant für die strategische Ausrichtung digitaler Plattformbetreiber hat sich in der Panelstudie (3) die operative Form der Nutzerintegration – die Kontroll- und Aufsichtsfunktion der Nutzer*innen – erwiesen (s. Abb. 3.5 und 3.6).

Gewinnorientierte Organisationen können durch ein Angebot von Mitwirkungsrechten, über beispielsweise die Aufnahme neuer Dienstleister auf der Plattform, bestehende Defizite im affektiven Vertrauen abmildern.

Betrachtet man die grundlegend vorteilhaftere Stellung gemeinwohlorientierter Organisationen, welche ohne jegliche Form der Nutzerintegration die höchsten Vertrauenswerte potentieller Nutzer*innen erzielen, ist es für gewinnorientierte Plattformbetreiber quasi unabdingbar, sich an Möglichkeiten der Kontroll- und Aufsichtsfunktion zu bedienen, um gegen ihre gemeinwohlorientierten Konkurrenten wettbewerbsfähig bleiben zu können und die Zielgruppe der älteren Bevölkerung zu erreichen. Gemeinwohlorientierten Organisationen kann nach den Ergebnissen unserer Studien empfohlen werden, von Möglichkeiten der Nutzerintegration abzusehen, denn diese wirkt sich sogar vertrauensmindernd aus. Das kann insofern begründet werden, dass sich gemeinwohlorientierte Organisationen,

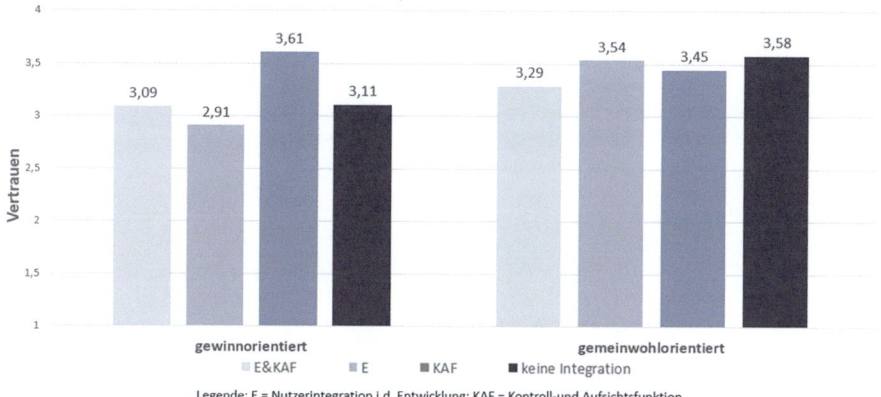

Abb. 3.5 Vertrauen in Abhängigkeit von der experimentellen Manipulation. (Ergebnisse auf Grundlage der Panelstudie (3))

die beispielsweise Kampagnen kreieren, um ihre wirtschaftliche Stellung und finanzielle Ertragskraft zu fokussieren, in ihrem Außenbild als „wohlwollend und fürsorglich" widersprechen und demnach Vertrauensdefizite erleiden.

3.4.3 Implikationen für das Projekt LivingSmart

Wie zu Beginn erläutert, ist es gerade für junge, noch nicht auf dem Markt etablierte Unternehmen und Projekte essenziell, ein Anfangsvertrauen potenzieller Kunden zu erlangen. Auch das LivingSmart-Team steht vor der Herausforderung, potenzielle Nutzer*innen von ihrem Plattformangebot zu überzeugen. Die Forschung der Universität Kiel hat diesbezüglich, gerade zu Beginn des Projekts, einige zentrale Ansatzpunkte identifiziert, die grundlegend dazu beitragen, Komplexität zu verringern, Transparenz zu erzeugen und somit Sicherheit zu gewährleisten. So legen die Forschungsergebnisse nahe, den Nutzer*innen die Möglichkeit zu geben, selbst zu entscheiden, auf welche Serviceangebote der LivingSmart-Plattform sie zugreifen möchten. Nur für die Nutzung dieser Serviceangebote müssen demnach persönliche Daten hinterlegt werden. Diese Option vermittelt potenziellen Nutzer*innen das Gefühl, die Kontrolle über die persönlichen Daten zu haben. Zudem hat sich das Projektteam dazu entschlossen, trotz digitalen Angebotes, einen persönlichen Ansprechpartner auf der LivingSmart Plattform zu hinterlegen. Dies hat sich besonders für ältere Nutzer*innen als relevant herausgestellt. Im Notfall eine reale Person kontaktieren zu können, vermittelt dieser Zielgruppe ein höheres Sicherheitsempfinden. Da diese Kontaktperson aus dem Kreise der Johanniter-Unfall-Hilfe stammt, also einer Organisation, deren Kerngeschäft im sozialen und karitativen Bereich liegt, kann hier zudem ein vertrauensfördernder Effekt vermutet werden, begründet durch die Forschungsergebnisse der

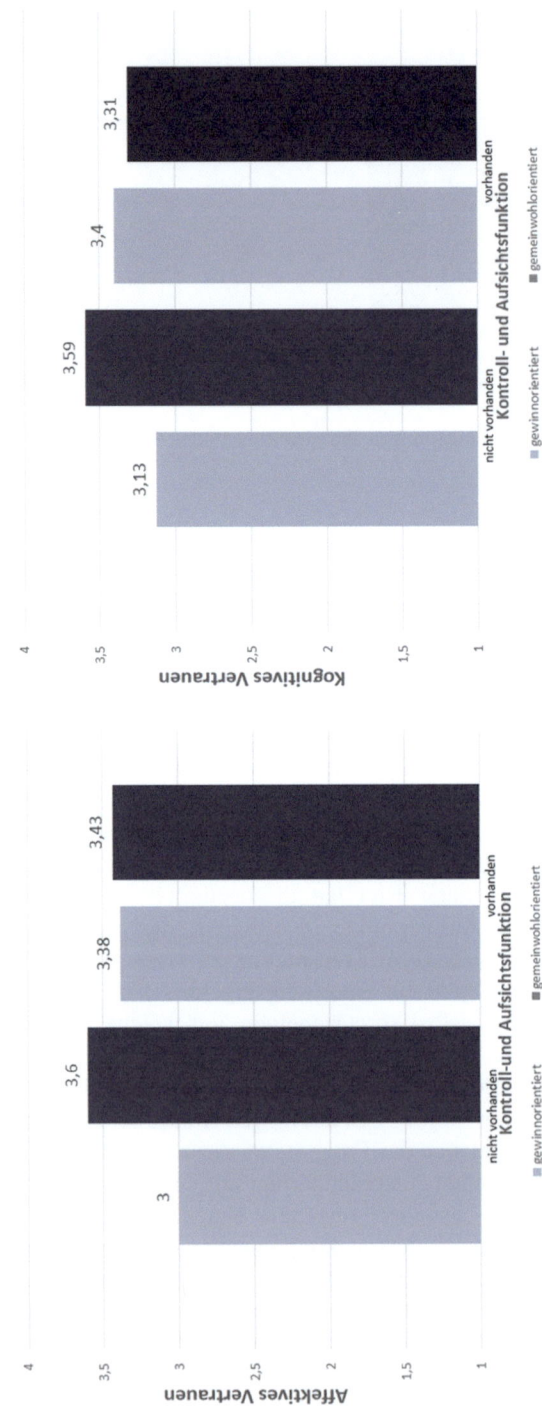

Abb. 3.6 Interaktion von Organisationsform und Kontroll- und Aufsichtsfunktion auf die Vertrauensdimensionen. (Ergebnisse auf Grundlage der Panelstudie (3))

Studien (2) und (3), in denen gemeinwohlorientierte Organisationen einen signifikanten Vertrauensvorsprung gegenüber gewinnorientierten Organisationen haben.

Zudem können speziell aus den Studien (2) und (3) Hinweise für ein Marketingkonzept abgeleitet werden. Besonders relevant ist dabei das Zielgruppenmanagement, da es diesbezüglich Differenzen zwischen eher jüngeren und eher älteren Personen gibt. So sollte zur erfolgreichen Positionierung der LivingSmart-Plattform darauf verzichtet werden, die ältere Zielgruppe „60+" schon bei der Entwicklung der Plattform mit einzubeziehen. Überforderung und Unsicherheit könnten möglicherweise zur frühzeitigen Ablehnung des Plattformangebotes führen. Wichtig in der Ansprache dieser Zielgruppe ist jedoch das Kommunizieren der „Kontroll- und Aufsichtsfunktion". Die Sicherheit der persönlichen Daten eigens zu überwachen, und nicht von der „Willkür" eines Plattformbetreibers abhängig zu sein, ist hier stark ausschlaggebend für die Nutzungsintention. Bei der jüngeren Zielgruppe sieht dies anders aus. Hier sollten bestenfalls sogenannte „Lead User" identifiziert werden, die in die Entwicklung der Plattform integriert werden. Lead User sind der Mehrheit von Nutzern in Bezug auf Markttrends ein Stück voraus und erwarten von einer Produkt- oder Servicelösung, die speziell auf ihre Bedürfnisse zugeschnitten ist, besonders zu profitieren. Mehrere Studien haben bereits bewiesen, dass Innovationen von Lead Usern kommerziell attraktiv sind und auch von Unternehmen umgesetzt wurden (Hippel 2009). Auf der anderen Seite spielt die „Kontroll- und Aufsichtsfunktion" für die jüngere Zielgruppe eine nur untergeordnete Rolle und kann im Zweifel sogar zu einer Vertrauensminderung führen.

Die Empfehlungen, welche die Universität Kiel dem Projekt LivingSmart ausspricht, richten sich ebenfalls an weitere Anbieter digitaler Plattformen für personennahe Dienstleistungen. Wie die Forschungsergebnisse aufzeigen, kommt es hier in der Gestaltung der strategischen Ausrichtung vor allem darauf an, welcher Organisationsform der Plattformbetreiber zugehörig ist.

Förderhinweis

Diese Arbeit wurde im Rahmen des Projekts LivingSmart (http://www.livingsmart-projekt.de/) durchgeführt, welches vom Bundesministerium für Bildung und Forschung (BMBF) unter dem Förderkennzeichen 02K17A051 gefördert wurde.

Literatur

Albert SM, Duffy J (2012) Differences in risk aversion between young and older adults. Neurosci Neuroecon 2012(1). https://doi.org/10.2147/NAN.S27184. https://doi.org/10.2147/NAN.S27184

Bundesregierung (2021) Corona: Das sind die geltenden Regeln und Einschränkungen. bundesregierung.de. Zugegriffen: 26. Okt. 2021

von Hippel E (2009) Democratizing innovation. The evolving phenomenon of user innovation. Int J Innov Sci 1(1):29–40

Johnson D, Grayson K (2005) Cognitive and affective trust in service relationships. J Bus Res 58(4):500–507

Kantsperger R, Kunz WH (2010) Consumer trust in service companies. A multiple mediating analysis. Manag Serv Qual Int J 20(1):4–25

Konya-Baumbach E, Schuhmacher MC, Kuester S, Kuharev V (2019) Making a first impression as a start-up. Strategies to overcome low initial trust perceptions in digital innovation adoption. Int J Res Mark 36(3):385–399

Kuester S, Konya-Baumbach E, Schuhmacher MC (2018) Get the show on the road. Go-to-market strategies for e-innovations of start-ups. J Bus Res 83:65–81

Lilien GL, Morrison PD, Searls K, Sonnack M, von Hippel E (2002) Performance assessment of the lead user idea-generation process for new product development. Manage Sci 48(8):1042–1059

Luhmann N (2014) Vertrauen. Ein Mechanismus der Reduktion sozialer Komplexität, 5. Aufl. UTP, Stuttgart

Mata R, Josef AK, Samanez-Larkin GR, Hertwig R (Oct 2011) Age differences in risky choice: a meta-analysis. Ann N Y Acad Sci 1235:18–29. https://doi.org/10.1111/j.1749-6632.2011.06200.x.PMID:22023565;PMCID:PMC3332530

McKnight DH, Choudhury V, Kacmar C (2002) Developing and validating trust measures for e-Commerce. An integrative typology. Inform Syst Res 13(3):334–359

Rees J, Papendick M, Rees Y, Wäschle F, Zick A (2020) *Erste Ergebnisse einer Online-Umfrage zur gesellschaftlichen Wahrnehmung des Umgangs mit der Corona-Pandemie in Deutschland* (Forschungsbericht IKG). Institut für interdisziplinäre Konflikt- und Gewaltforschung (IKG), Bielefeld

Rempel JK, Holmes JG, Zanna MP (1985) Trust in close relationships. J Pers Soc Psychol 49(1):95–112

Rotter JB (1967) A new scale for the measurement of interpersonal trust. J Pers 35(4):651–665

Salamon LM, Anheier HK (1997) Defining the nonprofit sector: a cross-national analysis. Manchester University Press, England

Schultz C, Hoffmann S, Ferdinand M (2020) Vertrauensbasierte Organisationen als Grundlage von erfolgreichen digitalen Plattformen für personennahe Dienstleistungen. HMD Praxis Wirtschaftsinformatik 57(4):783–798

Yusif S, Soar J, Hafeez-Baig A (2016) Older people, assistive technologies, and the barriers to adoption. A systematic review. Int J Med Inform 94:112–116

Zhao Y, Ni Q, Zhou R (2018) What factors influence the mobile health service adoption? A meta-analysis and the moderating role of age. International journal of information management, 43:342–350.

Manuela Ferdinand ist wissenschaftliche Mitarbeiterin und Doktorandin am Lehrstuhl für Technologiemanagement an der Christian-Albrechts-Universität zu Kiel.

Carsten Schultz ist Inhaber der Professur für Technologiemanagement an der Christian-Albrechts-Universität zu Kiel.

Personennahe Dienstleistungsplattformen in Deutschland: Status quo und Empfehlungen zur Verbesserung der Nutzungsabsicht

Pascal Mehrwald und Juliane Feen Strohmeyer

Zusammenfassung

Dienstleistungen im personennahen Umfeld beschreiben Tätigkeiten, die meist alltagsunterstützend wirken und beispielsweise in die Bereiche Kinderbetreuung, Umzugs-, Haushalts- oder Gartenarbeitshilfe fallen. Obwohl Peer-to-Peer-Plattformen, wie betreut.de oder Taskrabbit, das Anbieten und die Inanspruchnahme von personenbezogenen Dienstleistungen zunehmend einfacher machen, ist deren Nutzung noch nicht weit verbreitet. Analog und digital vermittelte personennahe Dienstleistungen bergen einige Nutzungshürden für Anbieter und Nachfrager. Mit einer repräsentativen Umfrage unter der deutschen Bevölkerung gehen wir der Frage nach, welche Hürden, Bedürfnisse und Wünsche die Nutzungsabsicht von digitalen Plattformen für personennahe Dienstleistungen positiv beeinflussen kann. Das ist relevant, weil hiermit die Möglichkeit besteht, den Anteil an Schwarzarbeit zu reduzieren, dem Fachkräftemangel in Deutschland entgegenzuwirken und passende Geschäftsmodelle wirksam zu etablieren. Wir zeigen den Status quo zur Nutzung von Dienstleistungen und geben neun Empfehlungen, um die Nutzungsabsicht zu verbessern. Hierbei gehen wir auf die Nutzungsflexibilität, Zahlungsbereitschaft, technologische Aspekte und Funktionen sowie die allgemeine Attraktivität von Plattformen ein. Dadurch liefern wir Implikationen für Dienstleistungsplattformen speziell sowie für Onlineplattformen übergreifend und tragen zur bestehenden Literatur über Plattformgestaltung bei.

P. Mehrwald (✉) · J. F. Strohmeyer
Technische Universität München, München, Deutschland
E-Mail: pascal.mehrwald@tum.de

J. F. Strohmeyer
E-Mail: juliane-feen.strohmeyer@tum.de

© Der/die Autor(en), exklusiv lizenziert an Springer Fachmedien Wiesbaden GmbH, ein Teil von Springer Nature 2023
C. Lattemann und S. Robra-Bissantz (Hrsg.), *Personennahe Dienstleistungen der Zukunft,* Edition HMD, https://doi.org/10.1007/978-3-658-38813-3_4

> **Schlüsselwörter**
>
> Personennahe Dienstleistungen · Online-Dienstleistungsanbieter · Nutzungshürden · Plattformgestaltung · Umfrage

4.1 Einleitung

Durch die Digitalisierung der Wirtschaft ist es Kunden möglich, ihre Bedürfnisse einfacher, bequemer und mit gesteigerter Relevanz zu stillen (Steinmetz 2019). Relevanter bedeutet beispielsweise mehr auf individuelle Bedürfnisse angepasst. Bequemer bedeutet, dass es möglichst geringe Hürden zur Nutzung gibt und demnach jederzeit und von überall Bedürfnisse gestillt werden können. Bei dieser Entwicklung spielen Onlineplattformen eine zentrale Rolle, beispielsweise die Einkaufslieferdienste Flink und Gorillas für Lebensmittel. Wer hier bestellt, kann das bequem vom Handy aus machen und Lebensmittel flexibel an einen GPS-Standort liefern lassen, wo man sich gerade aufhält; in einen Park beispielsweise, wo gerade beim Grillen die Getränke ausgegangen sind. Der ganze Prozess, von der Auswahl zur Bestellung über Lieferung und Bezahlung, ist innerhalb von 30 min abgeschlossen. Auch wenn die Dienstleister im genannten Beispiel eine Business-to-Consumer-Leistung anbieten, sind unter dem Dach der Sharing Economy sogenannte Peer-to-Peer-Plattformen (P2P) als Vermittlungsbörse für Güter und Dienstleistungen tätig, die vorübergehend benötigt werden (Steinmetz 2019). Dabei können Privatpersonen ebenso wie Unternehmen als Wertschöpfungsakteure handeln und von einem neu geschaffenen Marktplatz profitieren (Redlich et al. 2018). Die Nutzung der Onlineplattformen erfolgt in unterschiedlichen Szenarien: im Peer-to-Peer-Modell, als Erweiterung der Reichweite im Business-to-Consumer-Modell oder in Hybridformen, wobei sich Peer-to-Peer- und Business-to-Consumer-Modelle vermischen (Redlich et al. 2018). Das ist so zu verstehen, dass beispielsweise Fahrende für die Transport-App Uber zwar Peer-to-Peer arbeiten, aber dennoch so eingegliedert sind, dass es sich wie eine Unternehmensdienstleistung anfühlt.

Im Gegensatz zum Erwerb von Produkten hat sich die Buchung von alltagsunterstützenden personennahen Dienstleistungen, wie beispielsweise Pflege oder Kinderbetreuung, über Onlineplattformen noch nicht auf dem deutschen Markt durchgesetzt (Mehrwald und Heymann 2020). Der hohe persönliche Bezug der personennahen Dienstleistung steht als Hindernis vor dem Einsatz von Plattformen, obwohl die Umsetzung von Serviceökosystemen über digitale Plattformen für die Anbieter zu einem Wettbewerbsvorteil führen kann (Fischer et al. 2020). Ein solches Ökosystem führt Angebot und Nachfrage zusammen und ermöglicht es den Anbietern, die Reichweite von Dienstleistungen zu steigern, und den Nachfragern, leichter relevante Ressourcen zu identifizieren. Gerade bei kurzfristigem Bedarf nach Dienstleistungen profitieren die Akteure von einem flexiblen Netzwerk an verfügbaren Ressourcen als Unterstützungsquelle in verschiedensten Lebenslagen, sei es beispielsweise Kinderbetreuung, Einkauf oder Möbelaufbau.

In Deutschland ist die Dienstleistungsbranche der größte Wirtschaftsbereich mit der schnellsten Wachstumsrate (Graefe 2021). Um Dienstleistungen zukünftig zur Zufriedenheit der Kunden auszuführen, ist die Kooperation der Anbieter in einem interaktiven Prozess notwendig (Bundesministerium für Bildung und Forschung 2019). Was beispielsweise helfen kann, um die Nutzung von digitalen Plattformen für Dienstleistungen zu steigern, ist die strategische Nutzerintegration bei der Plattformentwicklung und die operativen Nutzerintegration im aktiven Betrieb. Dies beeinflusst das Vertrauen der potenziellen Nutzer und deren Nutzungsintention (Schultz et al. 2020). Dadurch wird eine Nutzerorientierung geschaffen, welche den als Hindernis betrachteten Einsatz von Technologie ausgleicht.

In diesem Artikel beleuchten wir die Frage, wie es um die aktuelle Nutzung in Deutschland steht in Bezug auf personennahe Dienstleistungen auf digitalen Plattformen und welche Implikationen sich daraus ableiten lassen hinsichtlich zukünftiger Forschungsthemen sowie der unmittelbaren Plattformgestaltung.

Genauer gesagt, möchten wir Nutzungsmustern und Bedürfnisse von potenziellen und aktiven Nutzern im deutschen Markt identifizieren. Dabei sollen sowohl Chancen als auch Risiken erfasst werden, die allgemein bei der Nutzung von personennahen Dienstleistungen gesehen werden und speziell in Verbindung mit Technologienutzung einhergehen. Aus der wissenschaftlichen Literatur ziehen wir dabei maßgeblich Themen aus der Wirtschafts- und Sozialpsychologie mit ein, die dabei helfen, die aktuelle Situation der Plattformnutzung darzustellen und offene Forschungsfragen herauszustellen.

4.2 Theoretischer und praktischer Hintergrund zur Nutzung von Dienstleistungsplattformen

4.2.1 Barrieren für die Nutzung von personennahen Dienstleistungen

Nutzungsbarrieren sind für analog und digital vermittelte haushaltsnahe Dienstleistungen teilweise deckungsgleich, unterscheiden sich aber in einigen Fällen. Auf einige Beispiele aus Studien aus vergangenen Jahren gehen wir hier kurz ein. Bei analog vermittelten haushaltsnahen Dienstleistungen befürchten die Nutzerinnen und Nutzer in Deutschland vor allem hohe Kosten. Sie haben ein schlechtes Gewissen, für etwas zu bezahlen, was man auch selbst machen könnte, sie scheuen den hohen organisatorischen Aufwand für die Koordination der Dienstleister und den hohen bürokratischen Aufwand, um die Dienstleister ordnungsgemäß bei der Minijobzentrale anzumelden sowie später in der Steuererklärung anzugeben (Wippermann 2011; Reinecke et al. 2011; IFOK Gmbh et al. 2014; Juncke et al. 2019; Bonin 2016). Zudem fehlt oft das Wissen, wo und wie geeignete Dienstleister zu finden sind oder wer sie vermittelt. Schließlich besteht eine große Unsicherheit, ob man einen Fremden in seine Privatsphäre lassen will und ob die Dienstleistung die gewünschte Qualität hat (Reinecke et al. 2011; Wippermann 2011).

Auch Anbieter von haushaltsnahen Dienstleistungen in Deutschland müssen zunächst Barrieren überwinden, bevor sie in diesem Sektor tätig werden können. Offizielle Dienstleister im Bereich der haushaltsnahen Dienstleistungen, die keine Schwarzarbeiter sind, sind in der Regel selbstständige Freiberufler (Reinecke et al. 2011). Dies bietet zwar die Möglichkeit, Arbeitszeiten und Preise selbst zu bestimmen, bedeutet aber auch, dass ein gewisser administrativer Aufwand damit einhergeht und im Zweifel mit dem Gewerbeamt gesprochen werden sollte, wenn freiberufliche und gewerbliche Tätigkeiten zusammenfallen könnten. Darüber hinaus müssen die Dienstleister sicherstellen, dass sie für die Nutzer sichtbar sind. Dazu müssen sie entweder ihr eigenes Marketing betreiben oder sich einer Agentur anschließen, die dies für sie übernimmt, aber eine Provision verlangt (Reinecke et al. 2011). Die meisten Beschäftigungsverhältnisse von Haushaltshilfen (inkl. personennaher Dienstleistungen) in Deutschland kann man als nicht angemeldet bzw. als Schwarzarbeit klassifizieren (Enste 2020). Hinzu kommt auch auf Anbieterseite die Barriere, dass Dienstleister mit einem Risiko konfrontiert sind, weil sie in die Wohnungen anderer Menschen gehen, die sie nicht kennen. Dieses Risiko besteht auf Anbieter- und Nachfragerseite (Etzioni 2019; Möhlmann 2016).

4.2.2 Analog und digital vermittelte personennahe Dienstleistungen

Eine Barriere, die nicht nur analog vermittelte, sondern auch digital vermittelte Haushaltsdienstleistungen betrifft, ist der Dienstmädchen Effekt. Dieses basiert auf einem konservativen Wertesystem und stellt sich als Schuldgefühl dar, wenn man Aufgaben im Haushalt, die man eigentlich selbst erledigen könnte, von bezahlten Dienstleistern erledigen lässt (Wippermann 2011). Der Einfluss des Dienstmädchen Effektes zeigt sich besonders deutlich in den Nutzungsraten von haushaltsnahen Dienstleistungen in unterschiedlichen sozialen Milieus. So nutzen in Deutschland nur 7 % bzw. 8 % der eher konservativen Milieus, also der traditionellen und bürgerlichen Mittelschicht, haushaltsnahe Dienstleistungen, während es in den modernen Milieus der Performer und Postmaterialisten 29 % bzw. 33 % sind (Wippermann 2011). Diese Barriere kann schwer durch die digitale Vermittlung von haushaltsnahen Dienstleistungen gemindert werden, da dies einen allgemeinen Wertewandel in der Gesellschaft voraussetzt. Für Plattformbetreiber von digital vermittelten haushaltsnahen Dienstleistungen ist dies relevant, da hieraus wertvolle Erkenntnisse für eine geeignete Marketingstrategie gewonnen werden können. Durch die Pandemie der letzten zwei Jahre kann sich dieses Bild zudem verändert haben, da zunehmend Technologie und Dienstleistungen im Alltag auftauchen.

Es ist zu erwarten, dass digital vermittelte Dienstleistungen einige Probleme der analog vermittelten Dienstleistungen vermeiden können. Beispielsweise werden die Gesamtkosten (reale Kosten und Transaktionskosten bspw. Zeit für Suche und Administration) für die Nutzerinnen und Nutzer reduziert. Einerseits geschieht das dadurch, dass die hohen Suchkosten analog vermittelter haushaltsnaher Dienstleistungen (Reinecke et al. 2011) durch die digitalen Plattformen, ihre Suchmasken und intelligenten Matchingalgorithmen auf ein Minimum reduziert werden. Andererseits werden Kosten dadurch reduziert, dass die Kosten für die eigentliche Dienstleistung geringer sein sollten als bei analog vermittelten Dienstleistern, da weniger Intermediäre daran beteiligt sind. Die Plattformen zielen auch darauf ab, den organisatorischen und bürokratischen Aufwand für Nutzer und Anbieter zu minimieren (Reinecke et al. 2011). Inwieweit dies erreicht werden kann und inwieweit die Kosten im Vergleich zu analog vermittelten haushaltsnahen Dienstleistungen gesenkt werden können, hängt jedoch auch stark vom Geschäftsmodell ab. Wenn ein Plattformbetreiber für haushaltsnahe Dienstleistungen, wie z. B. *Book a Tiger* in Deutschland, die Dienstleister anheuert, reduziert sich der organisatorische und bürokratische Aufwand für die Nutzer und Anbieter der Dienstleistung, da die Nutzer die Anbieter nicht mehr selbst anmelden müssen und die Anbieter sich nicht selbstständig machen müssen. Gleichzeitig ist dieses Modell für die Nutzer bzw. Anbieter kostengünstiger umsetzbar als ein Modell, bei dem der Plattformbetreiber nur als Vermittler auftritt und der organisatorische und bürokratische Aufwand bei den Nutzern und Anbietern liegt (Reinecke et al. 2011).

Eine weitere Barriere, für Anbieter und Nachfrager auf Plattformen für personennahe Dienstleistungen, ist die Unsicherheit, die schon bei analog vermittelten haushaltsnahen Dienstleistungen groß ist, weil die Anbieter in der Privatsphäre der Nutzer arbeiten oder die Nutzer das Privateigentum bzw. die Immobilien der Anbieter nutzen (Reinecke et al. 2011; Wippermann 2011). Bei digital vermittelten haushaltsnahen Dienstleistungen ist dies noch ausgeprägter als bei analog vermittelten, da die Anonymität des Internets die zwischenmenschliche Kommunikation im Vorfeld reduzieren und man anonymer agieren kann (Lankton et al. 2020; McKnight et al. 2002a; Pavlou 2003).

Zu den bereits bestehenden Unsicherheiten bezüglich der eigenen Sicherheit – sowohl der Nutzer im eigenen Haushalt als auch der Anbieter in einem fremden Haushalt –, der möglichen Zerstörung des eigenen Eigentums (Etzioni 2019; Kumar et al. 2018; Lankton et al. 2020; Möhlmann 2016) und der generellen Zurückhaltung und Unsicherheit gegenüber Fremden (van der Cruijsen et al. 2019) kommen Unsicherheiten hinsichtlich des rechtlichen, technischen und institutionellen Umfelds hinzu (McKnight et al. 2002b; Möhlmann 2016; Pavlou 2003). Diese Unsicherheiten stellen sowohl für die Nutzer als auch für die Anbieter in der Sharing Economy ein großes Hindernis dar und können sie davon abhalten, auf Plattformen in der Sharing Economy aktiv zu werden (Lankton et al. 2020; McKnight et al. 2002b; van der Cruijsen et al. 2019). Um als Plattformbetreiber in der Sharing Economy erfolgreich zu sein, ist es daher wichtig, die aufgezeigten Barrieren so niedrig wie möglich zu halten, um eine größtmögliche Beteiligung von Nachfragern und Anbietern zu erreichen. Wir möchten daher einige dieser Barrieren untersuchen.

4.2.3 Vertrauen ist der Schlüssel zum Erfolg

Die Unsicherheit über das Verhalten von Fremden sowie über das rechtliche, technische und institutionelle Umfeld stellt sowohl für Nutzer als auch für Anbieter von haushaltsnahen Dienstleistungen eine Risikoquelle dar und kann sie von der Teilnahme an der Sharing Economy abhalten. Beispielsweise ist manchmal unklar, welche Versicherung benötigt wird, mit wem welche Verträge eingegangen werden oder wer Haftungen übernimmt, wenn zwei Parteien über digitale Plattformen zueinanderfinden. Diese Bedenken bestehen seit den ersten Jahren des Internets (vgl. Rousseau et al. 1998). Dieses von Nutzern und Anbietern wahrgenommene Risiko muss überwunden werden, indem Vertrauen aufgebaut wird, um an den Prozessen der Sharing Economy teilzunehmen. Ziel ist es, dass ein Nutzer sich bei den Plattformen registriert, Dienstleistungen bucht oder anbietet und so lange wie möglich bei den Plattformbetreibern bleibt (Mayer et al. 1995; McKnight et al. 2002a). Es gilt: Je größer das von Nutzern oder Anbietern wahrgenommene Risiko, desto höher muss das Vertrauen sein. Nur wenn der Grad des Vertrauens das wahrgenommene Risiko übersteigt, werden Nutzer und Anbieter auf den Plattformen zueinanderfinden (Luhmann 1979; Mayer et al. 1995). Darüber hinaus variiert das persönliche Risiko, generelles Vertrauen oder das Empfinden für Privatsphäre für Nutzer und Anbieter in den verschiedenen Bereichen der Sharing Economy (McKnight et al. 2002b). Je nachdem, welche Interessen beteiligt sind, in welchem Kontext die Interaktion stattfindet und wie die Macht zwischen Nutzer und Anbieter verteilt ist, gibt es unterschiedliche Kosten-Nutzen-Abwägungen (Mayer et al. 1995; Hawlitschek et al. 2016; Mazzella et al. 2016). Dies wird deutlich, wenn man das Teilen von Werkzeugen, einer Autofahrt und der Kinderbetreuung aus der Perspektive des Nutzers vergleicht. Dies lässt sich analog auf die Perspektive des Anbieters übertragen. Leiht sich ein Nutzer eine Bohrmaschine von einem Anbieter aus, ist der verlorene Einsatz, wenn der Anbieter nicht auftaucht, lediglich die Zeit, die er für die Suche und die Fahrt aufgewendet hat (vorausgesetzt, der Nutzer zahlt vor Ort in bar und nicht im Voraus). Die Macht in der Peer-to-Peer-Beziehung ist fast gleichmäßig zwischen den beiden Partnern verteilt, wobei die Nutzer einen leichten Vorteil haben, da sie das Eigentum des Anbieters (die Bohrmaschine) während der Nutzung kontrollieren können. Das ist etwas anderes als bei der geteilten Nutzung eines Autos. Hier gibt es eine klare Machtverteilung zugunsten des Anbieters, der das Fahrzeug lenkt, während der Nutzer mitfährt. Der Nutzer hat nur noch begrenzt die Möglichkeit, in das Fahrverhalten des Anbieters einzugreifen. Der investierte Einsatz des Nutzers ist daher im Vergleich zum Mieten einer Bohrmaschine höher. Da eine Autofahrt im schlimmsten Fall tödlich enden kann, ist der maximale Einsatz in diesem Fall das eigene Leben des Nutzers. Im Falle der gemeinsamen Kinderbetreuung ändert sich der Einsatz des Nutzers erneut, da es sich nun um das Leben des Kindes handelt. Darüber hinaus liegt die Macht fast ausschließlich beim Anbieter, der sich in der Regel in Abwesenheit des Nutzers um das Kind kümmert und somit nicht eingreifen kann. Diese Beispiele zeigen deutlich, dass es auch innerhalb der Sharing Economy große kontextuelle Unterschiede bei den Risiken und Erwartungen gibt (Mazzella et al. 2016; Mazzella und Sundararajan 2016; Mayer et al. 1995).

4.3 Methode

Im Rahmen des vom Bundesministerium für Bildung und Forschung geförderten Forschungsprojekts KUSTOMA wurde eine Umfrage durchgeführt, die die Kundenwünsche und -bedürfnisse von (potenziellen) Nutzenden von personenbezogenen Dienstleistungen in Deutschland abfragt. Mithilfe einer repräsentativen Datenerhebung wird die aufgestellte Forschungsfrage – die aktuelle Nutzung und Nutzungsvoraussetzungen von personennahen Dienstleistungen mittels digitaler Plattformen – untersucht. Zudem sollen daraus Implikationen abgeleitet werden, hinsichtlich zukünftiger Forschungsthemen als auch der unmittelbaren Plattformgestaltung. Auf Basis der Literatur sind verschiedene Konstrukte und Aspekte der Plattformnutzung in die Erstellung des Fragebogens eingeflossen. Durch mehrfache Iterationen ist dieser verbessert und konzentriert worden. Nach der Konzipierung wurde der Fragebogen in der Software Unipark digitalisiert und nach professionellen Umfrageunternehmen für die Datenerhebung gesucht, die eine repräsentative Umfrage ermöglichen können. Zudem wurden Teilnehmende durch monetäre Anreize motiviert. Nachdem eine Vielzahl von Angeboten eingeholt und gesichtet wurden, ist consumerfieldworks als passender Anbieter für die Durchführung identifiziert worden.

Die Struktur des Fragebogens war wie folgt:

Bei der Beantwortung des Fragebogens wurden die Teilnehmenden zuerst nach demografischen Angaben gefragt. Anschließend wurde ihre Lebenszufriedenheit, allgemeiner Zeitdruck und ihre Neigung zum Kaufen von zeitsparenden Leistungen abgefragt. Das erfolgte basierend auf validierten Konstrukten aus der Literatur. Tab. 4.1 gibt einen Überblick über die verwendeten Konstrukte.

Im Anschluss wurden die allgemeine Technologievertrautheit sowie allgemeine Fragen zur Nutzung von personennahen Dienstleistungen erfragt. Bis hierhin bietet der Fragebogen die Möglichkeit, das aktuelle Verhalten der Teilnehmenden zu erfassen. Dies wird im folgenden Teil durch die Identifikation von Möglichkeiten der Nutzung von personennahen Dienstleistungen erweitert. Konkret wurde die Einstellung zu technologischer Unterstützung gefragt. Außerdem wurden die Teilnehmenden gebeten, ihre Einschätzung zu vertrauensbildenden Maßnahmen und Produktgestaltung abzugeben. Die letzten beiden Abschnitte des Fragebogens betrafen Zahlungsaspekte und Privatsphäreempfinden der Teilnehmenden. Genauer wurden die Zahlungsbereitschaft sowie Präferenzen zu Zahlungsmodell und Zahlungsmethoden ermittelt. Den Abschluss des Fragebogens bildeten Fragen zu Privatsphäre und Vertrauen während der Nutzung von Peer-to-Peer-Plattformen. Auch in diesem Abschnitt basierten die Fragen auf Konstrukten aus der Literatur.

Die Auswahl der Probanden erfolgte mit dem Ziel, eine für die deutsche Gesellschaft repräsentative Studie hinsichtlich Alter und Geschlecht durchzuführen.

Tab. 4.1 Übersicht verwendeter Konstrukte

Konstrukt	Kontextspezifische Definition	Referenz
Lebenszufriedenheit	Das aktuelle Zufriedenheitsgefühl mit dem eigenen Leben	Whillans et al. (2017, S. 8523)
Zeitdruck	Stresslevel im Alltag basierend auf dem persönlichen Eindruck der Hektik im Alltag	Whillans et al. (2017, S. 8523), Kasser und Sheldon (2009)
Technologische Selbstwirksamkeit	Das Selbstvertrauen in der Nutzung von neuer Technik	(Li 2011; Agarwal et al. 2000; Shih et al. 2017; Thatcher und Perrewé 2002; Holden und Rada 2011)
Technologieangst	Die Scheu vor der Nutzung von Technik	(Thatcher und Perrewé 2002; Li 2011)
Ökonomischer Mehrwert	Die Wahrnehmung der Peer-to-Peer-Plattformnutzung in Bezug auf ihren wirtschaftlichen Nutzen	X. Li (2011), van der Cruijsen et al. (2019)
Nutzungsabsicht	Die Einschätzung der Wahrscheinlichkeit der Nutzung einer Plattform	(Teubner und Flath 2019; Gefen und Straub 2004)
Risikoneigung	Die Risikobereitschaft bezogen auf die Nutzung einer Peer-to-Peer-Plattform	Dohmen et al. (2011); Teubner und Flath (2019); Krasnova et al. (2010)
Grundeinstellung zu Vertrauen (Plattform)	Die Bereitschaft, in andere Nutzer einer Peer-to-Peer-Plattform zu vertrauen	van der Cruijsen et al. (2019)
Grundeinstellung zu Vertrauen (Mitmenschen)	Grundeinstellung zu Vertrauen gegenüber Mitmenschen	Gefen (2000), Gefen und Staub (2004)
Grundeinstellung zu Privatsphäre	Die Sensibilität gegenüber dem Umgang mit den eigenen Daten	Li et al. (2012)
Privatsphäreerfahrung	Die eigene Erfahrung mit Datenschutzverletzungen	(Ozdemir et al. 2017; Smith und Xu 2011)
Privatsphärebedenken	Privatsphärebedenken bei der Nutzung einer Peer-to-Peer-Plattform hinsichtlich Eingriff und Missbrauch	(Ozdemir et al. 2017; Dinev und Hart 2006; Krasnova et al. 2010; Krasnova und Veltri 2010)

Die Altersspanne der Befragten reichte von 18 bis 65 Jahre, da die realistische Nutzung von personennahen Dienstleistungen auf digitalem Weg abgebildet werden sollte. Um eine repräsentative Probandengruppe zu erreichen, wurde die Befragung über einen Provider mit Panel durchgeführt. Mithilfe des Umfragetools Unipark wurde nach der Finalisierung des Fragebogens ein Hyperlink erstellt, welcher im weiteren Verlauf des Projekts mit den Teilnehmenden geteilt wurde.

Obwohl der Link über den Provider verteilt wurde, konnte so die tatsächliche Datenerhebung über Unipark laufen. Somit gelangten die erhobenen Daten zu keinem Zeitpunkt in die Hände von Dritten. Die Datenerhebung erstreckte sich über einen Zeitraum von zwei Wochen von Ende Juli bis Anfang August 2021.

Gemeinsame methodische Verzerrungen können konkurrierende Erklärungen für die beobachtete Korrelation zwischen den Maßnahmen darstellen, daher wurde zur Qualitätssicherung der Fragebogen in mehreren Iterationsschritten erstellt (Podsakoff et al. 2003, S. 879). Die Studie ist ohne Zwischenspeicherungsmöglichkeit ausgelegt, weshalb die Bearbeitungsdauer eine entscheidende Rolle für die Qualität der Daten spielt. Die angestrebte Bearbeitungsdauer wurde auf 15 min gesetzt, um einen Datensatz mit qualitativ hochwertigen Aussagen zu erhalten. Dieser Schwellenwert zur Förderung von aufmerksamer Bearbeitung ergab sich aus Literatur sowie Pilotumfragen und wurde durch Erfahrungswerte von Panelprovidern bestätigt (Meade und Craig 2012). Um die Qualität der Daten zu gewährleisten, wurde nach Goldammer et al. die Methode der Mehrfachhürde angewendet (2020). Sowohl ein Minimum an Bearbeitungszeit von 7 min als auch mehrere Aufmerksamkeitstests während der Befragung sollten die aufmerksamen Probanden von unaufmerksamen unterscheiden. Um fehlende Daten zu vermeiden, wurden alle Fragen mit Unipark als erforderlich eingestuft. Damit war es den Probanden nicht möglich, Fragen auszulassen und mit der Bearbeitung fortzufahren.

Nach der Befragung der Probanden wurde der Datensatz bereinigt. Outlier, die eine zu schnelle oder zu langsame Bearbeitungszeit (drei Standardabweichungen) hatten, wurden aussortiert (Aguinis et al. 2021, S. 685). Am Ende der Befragungsperiode stand ein Datensatz mit 2396 Teildatensätzen für die finale Auswertung zur Verfügung.

4.4 Ergebnisse

4.4.1 Deskriptive Ergebnisse zur aktuellen Nutzung

Die Struktur der Teilnehmenden der Studie ist repräsentativ für die Demografie Deutschlands hinsichtlich Alters- und Geschlechterverteilung (s. Tab. 4.2). Darüber hinaus wohnen die meisten (>73 %) der Teilnehmenden in Städten, die über 10.000 Einwohner haben. Es kann somit davon ausgegangen werden, dass zumindest ein ausreichend großer Markt für Nutzer und Anbieter personennaher Dienstleistungen möglich ist.

78 % der Befragten geben in einem durchschnittlichen Monat Geld für Dienstleistungen aus, von denen sie sich eine Zeitersparnis für sich selbst erhoffen. Ausgehend von einem durchschnittlichen Nettoarbeitslohn von 2084 EUR (Statista Research Department 2021) zeigen unsere Ergebnisse, dass Haushalte unter- und oberhalb des Durchschnittsgehalts auch unterschiedlich oft Dienstleistungen in Anspruch nehmen. Überdurchschnittlich verdienende Haushalte nehmen mehr als doppelt so viele zeitsparende Dienstleistungen in Anspruch

Tab. 4.2 Deskriptive Statistik von Alter und Geschlecht

	Gesamte Stichprobe N = 2396			
	Min	Max	M	SD
Alter	18	65	43,68	13,94
	Männlich	**Weiblich**	**Divers**	
Geschlecht	50,08 %	49,75 %	0,17 %	

als unterdurchschnittlich verdienende Haushalte. Über alle Haushalte hinweg sind die meistgenutzten Dienstleistungen die folgenden: Essens- und Fahrdienstleistungen gefolgt von Reparaturen (insbesondere Autoreparaturen) sowie Haushalts- und Planungstätigkeiten. Insbesondere Pflege, Tier- und Kinderbetreuung wurden entweder täglich oder sehr selten bis nicht genutzt.

4.4.2 Nutzungsflexibilität, -absicht und Zahlungsbereitschaft

Bei der Flexibilität der Nutzung, geben 71 % an, dass sie unregelmäßig und spontan Dienstleistungen in Anspruch nehmen werden und 29 % eher regelmäßig und geplant Dienstleistungen buchen würden. Regelmäßige Buchungen sind zwar insgesamt mit einer höheren Zahlungsbereitschaft verbunden als unregelmäßige Buchungen, dennoch zeigen sich in beiden Gruppen zwei Schwellwerte. Rund zwei Drittel der Befragten sind nicht bereit, mehr als 59 EUR pro Monat auszugeben, ca. 90 % der Befragten haben ihren Grenzwert mit 199 EUR im Monat erreicht und nur etwa 10 % sind bereit, mehr als 200 EUR pro Monat für Dienstleistungen auszugeben. Finanzielle Unterstützung von Arbeitgebern oder Anreize von staatlicher Seite würden bei über 32 % die Nutzungsabsicht positiv beeinflussen. Neben geringeren Kosten geben die Ergebnisse noch weitere Hinweise darauf, wie die Nutzungsabsicht erhöht werden könnte. Zum einen geben 37 % der Teilnehmer an, dass sie nicht wüssten, wo sie passende Angebote finden könnten. Zum anderen werden Sicherheit über die Qualität der Dienstleistung, Vertrauen in die ausführende Person, weniger Bürokratie und eine einfachere Onlinesuche als Treiber für eine höhere Nutzungsabsicht genannt. Als Zahlungsmodell finden mehr als 80 % ein Abonnement nützlich und nur 50 % sehen „pay what you want" als hilfreich an.

4.4.3 Technologienutzung

Über die Zeit der Pandemie gaben viele Nutzer an, dass sie erstmalig Videotelefonie, virtuelle Treffen und Arbeiten von zu Hause genutzt haben. Auf die Nutzung von virtuellen Assistenten und Telefonberatungen hatte die Pandemiezeit kaum einen Einfluss. Über die Hälfte der Befragten gab an, dass sie Videotelefonate und virtuelle Treffen auch nach der Pandemiezeit weiterhin nutzen möchten. Hinsichtlich der technologischen Selbstwirksamkeit, d. h. ob Personen sich selbst die Nutzung zutrauen bei neuer Technologie, gibt ein Großteil der Befragten an, dass sie neue Technologien nutzen würden, aber sich wünschen würden, dass entweder eine Nachfragemöglichkeit bestehe oder sie eine Einführung gezeigt bekämen.

4.4.4 Bewertung von technologischen Funktionen

Als nützlichste technologische Funktionen für Dienstleistungsplattformen wurden 1) In-App-Bezahlung, 2) Verifizierung bei Registrierung und 3) die Kartenansicht der näheren Umgebung empfunden. Weniger gewünscht scheinen kurze Vorstellungsvideos und jegliche Form von Tracking während der Dienstleistung. Zur Abstimmung auf der Plattform selbst wurden die Funktionen In-App-Nachrichten, Fotos, Telefonanruf und Videoanruf als hilfreich angesehen. Ein polizeiliches Führungszeugnis oder sonstige Zertifikate und Zeugnisse werden als weniger hilfreich angesehen. Persönliche Gespräche wurden ebenfalls lediglich als unterdurchschnittlich hilfreich zur Abstimmung angesehen. Bei der Auswahl der dienstleistenden Person ist die Regelmäßigkeit der Nutzung relevant. Für Einmalbuchungen spielt die persönliche Selektion der ausführenden Person nur für 42 % eine Rolle, 58 % sind auch mit einer willkürlichen Auswahl zufrieden. Bei einer regelmäßigen Dienstleistung ist für 84 % wichtig, dass sie selbst an der Auswahl der ausführenden Person beteiligt sind.

4.4.5 Plattformfokus und Attraktivität von Plattformen

Der Fokus einer Dienstleistungsplattform auf nur eine Dienstleistungskategorie oder auf ein möglichst breites Angebot scheint irrelevant für Nutzer. Über 75 % der Befragten sehen Dienstleistungsplattformen als ein Mittel, um leicht Geld zu verdienen, und über 54 % würden eine Plattform nutzen, um einen Dienstleister in Zukunft zu finden. Selbst eine Dienstleistung auf einer solchen Plattform anzubieten würden allerdings nur ca. 39 %. Die psychologischen Hürden des „Dienstmädcheneffektes" und der irrationalen Vorstellung, dass anfallende Kosten überschätzt sowie der wahrgenommene Nutzen unterschätzt werden, konnten wir auch feststellen.

4.5 Diskussion und Gestaltungsempfehlungen

Ausgehend von den analogen und digitalen Hürden für die Nutzung von Dienstleistungsplattformen hat die bisherige Forschung bereits Annahmen getroffen, um die Nutzungsabsicht von Plattformen zu erhöhen (vgl. Mehrwald und Heymann 2020). Einige der bisherigen Erkenntnisse können unsere Ergebnisse bestätigen und gleichzeitig auch weiteren Forschungsbedarf aufzeigen, um die Nutzung personennaher Dienstleistungen mittels Plattformen zu fördern.

1. Die Möglichkeiten der digitalen Dienstleistungssuche muss aktiver beworben werden, damit die Möglichkeiten von Plattformen zur Dienstleistungsvermittlung bekannter werden.
2. Die Nutzung von Dienstleistungen muss finanziell attraktiver werden. Mögliche Treiber scheinen Unterstützung durch Arbeitgeber oder staatliche Maßnahmen zu sein. Gleichzeitig sind 59 und 199 EUR besondere Grenzen der Zahlungsbereitschaft.
3. Die Suche nach und Abstimmung mit einem Anbieter sowie der administrative Aufwand müssen möglichst einfach gehalten werden. Zur Abstimmung sind Nachrichten, Bilderaustausch und Videoanruffunktionen am beliebtesten.
4. Das nahe Umfeld der Nutzer ist ein entscheidender Faktor. Wenn glaubwürdig ein Nachbarschaftsgefühl erzeugt werden kann, z. B. mittels Kartenansichten und direkter Kommunikationswege, wirkt sich das positiv auf die Nutzungsabsicht aus.
5. Die Qualität der angebotenen Dienstleistungen muss glaubhaft vermittelt werden. Hier besteht noch eine recht große Hürde, aber auch hier können Bilder und Videoanrufe helfen. Zertifikate sind hierbei weniger relevant.
6. Die Regelmäßigkeit der beabsichtigten Nutzung ist ein entscheidender Faktor, ob Nutzer bei der Auswahl der ausführenden Person beteiligt werden möchten. Je regelmäßiger desto mehr Mitbestimmung sollte möglich sein.
7. Eine Präferenz zur mobilen Applikation gegenüber einer reinen Nutzung über eine Internetseite konnten wir bei Dienstleistungen nicht feststellen. Jedoch können Nutzungshürden durch Livekundensupport und kundengerechte Einführungen gemindert werden.
8. Nutzende sind insgesamt bereit, viele Informationen über sich zu teilen. Dies sollte ihnen auch ermöglicht werden.
9. Der Dienstmädcheneffekt und die Überschätzung von Kosten sowie Unterschätzung des Nutzens bei der Anbietung eigener Dienstleistungen könnten durch zukünftige Forschung weiter untersucht werden.

Die Nutzung von personenbezogenen Dienstleistungen über Onlineplattformen kann durch Berücksichtigung der genannten Punkte sicherlich erhöht werden. Dennoch bleibt der Schwarzmarkt für diese Dienstleistungen aus monetären und administrativen Gründen sicherlich ein starker Gegenwind. Der Staat kann hier maßgeblich entgegenwirken. Einerseits muss stärker informiert werden über die Vorteile und auch Gefahren der Nutzung von digitalen Plattformen für Dienstleistungen, und andererseits müssen finanzielle Unterstützungen ausgebaut werden. Durch eine Minderung des Anteils an Schwarzarbeit in diesem Sektor kann sicherlich ein wertvoller Beitrag zur Wirtschaft Deutschlands ermöglicht und gleichzeitig dem Fachkräftemangel entgegengewirkt werden.

4.6 Förderhinweis

Das diesem Beitrag zugrunde liegende Projekt „KUSTOMA" wurde mit Mitteln des Bundesministeriums für Bildung und Forschung unter den Förderkennzeichen 02K17A030 – 02K17A032 gefördert. Die Verantwortung für den Inhalt dieser Veröffentlichung liegt bei den Autoren.

Literatur

Agarwal R, Sambamurthy V, Stair RM (2000) Research report: the evolving relationship between general and specific computer self-efficacy—an empirical assessment. Inf Sys Res 11(4):418–430. https://doi.org/10.1287/isre.11.4.418.11876

Aguinis H, Hill NS, Bailey JR (2021) Best practices in data collection and preparation: recommendations for reviewers, editors, and authors. Organ Res Methods 24(4):678–693. https://doi.org/10.1177/1094428119836485

Bonin H (2016) Haushaltsnahe Dienstleistungen als Instrument der Familienförderung. Konrad Adenauer Stiftung e. V. Konrad Adenauer Stiftung e. V.

Bundesministerium für Bildung und Forschung (2019) Personennahe Dienstleistungen – BMBF Zukunft der Wertschöpfung. https://www.zukunft-der-wertschoepfung.de/de/personennahe-dienstleistungen-2234.html. Zugegriffen: 12. Juni 2021

Dinev T, Hart P (2006) An extended privacy calculus model for E-Commerce transactions. Inf Sys Res 17(1):61–80. https://doi.org/10.1287/isre.1060.0080

Dohmen T, Falk A, Huffman D, Sunde U, Schupp J, Wagner GG (2011), Individual Risk Attitudes: Measurement, Determinants, and Behavioral Consequences, J Euro Econ Assoc 9(3):522–550. https://doi.org/10.1111/j.1542-4774.2011.01015.x

Enste D (2020) Haushaltshilfen: Verbreitung von Schwarzarbeit wird deutlich unterschätzt. IW-Kurzbericht. Köln (119). https://www.iwkoeln.de/studien/dominik-h-enste-verbreitung-von-schwarzarbeit-wird-deutlich-unterschaetzt-487338.html

Etzioni A (2019) Cyber trust. J Bus Ethics 156:1–13. https://doi.org/10.1007/s10551-017-3627-y

Fischer S, Lux A, Guerrero R, Ahmad R, Lohrenz L, Lattemann C (2020) Digitalisierung als Grundlage wertvoller Zusammenarbeit – die Gestaltung von Service-Ökosystemen in den personennahen Dienstleistungen. HMD 57(4):655–668. https://doi.org/10.1365/s40702-020-00640-9

Gefen D (2000) E-commerce: the role of familiarity and trust. Omega 28(6): 725–737.

Gefen D, Straub DW (2004) Consumer trust in B2C e-Commerce and the importance of social presence: experiments in e-Products and e-Services. Omega 32(6):407–424. https://doi.org/10.1016/j.omega.2004.01.006

Goldammer P, Annen H, Stöckli PL, Jonas K (2020) Careless responding in questionnaire measures: Detection, impact, and remedies. Leadersh Quart 31(4):101384. https://doi.org/10.1016/j.leaqua.2020.101384

Graefe L (2021) Statistiken zur Dienstleistungsbranche. Statista, 15.12.2021. https://de.statista.com/themen/1434/dienstleistungsbranche/#dossierKeyfigures

Hawlitschek F, Teubner T, Weinhardt C (2016) Trust in the sharing economy. Unternehmung 70(1):26–44. https://doi.org/10.5771/0042-059X-2016-1-26

Holden H, Rada R (2011) Understanding the influence of perceived usability and technology self-efficacy on teachers' technology acceptance. J Res Technol Educ 43(4):343–367

IFOK GmbH, Institut der deutschen Wirtschaft Köln, Institut der deutschen Wirtschaft Köln Consult GmbH (2014) Professionalisierung haushaltsnaher Dienstleistungen durch Entwicklung und Etablierung von Qualitätsstandards. Bundesministerium für Wirtschaft und Energie. https://www.bmwi.de/Redaktion/DE/Publikationen/Studien/professionalisierung-haushaltsnaher-dienstleistungen-durch-entwicklung-und-etablierung-von-qualitaetsstandards.pdf?__blob=publicationFile&v=3

Juncke D, Krämer L, Weinelt H (2019) Haushaltsnahe Dienstleistungen – implementierung eines Fördermodells für haushaltsnahe Dienstleistungen. Prognos AG. https://www.prognos.com/uploads/tx_atwpubdb/Endbericht_HHnaheDL_Prognos_090719.pdf

Kasser T, Sheldon KM (2009) Time affluence as a path toward personal happiness and ethical business practice: empirical evidence from four studies. J Bus Ethics 84(S2):243–255. https://doi.org/10.1007/s10551-008-9696-1

Krasnova H, Spiekermann S, Koroleva K, Hildebrand T (2010) Online social networks: why we disclose.J Inf Technol (Palgrave Macmillan) 25(2):109–125. https://doi.org/10.1057/jit.2010.6

Krasnova H, Veltri NF (2010) Privacy calculus on social networking sites: explorative evidence from Germany and USA. 43rd Hawaii International Conference on System Sciences (HICSS)

Kumar V, Lahiri A, Dogan O (2018) A strategic framework for a profitable business model in the sharing economy. Ind Mark Manage 69:147–160. https://doi.org/10.1016/j.indmarman.2017.08.021

Lankton NK, Huntington WV, McKnight HD, Tripp JF (2020) Trust in the sharing economy: using integrative trust theory to examine Uber, Airbnb, and TaskRabbit. In: Proceedings of the 7th Annual Appalachian Research in Business Symposium, Bd 2, S 49–55

Li Y (2011) Empirical studies on online information privacy concerns: literature review and an integrative framework. CAIS 28(28):453–496. https://doi.org/10.17705/1CAIS.02828

Li J, Wang L, Hayes LA (2012) How do technology readiness, platform functionality and trust influence C2C user satisfaction? J Electron Commer Res 13(1):50–69.

Luhmann N (1979) Trust and power. Wiley, New York

Mayer RC, Davis JH, Schoorman FD (1995) An integrative mod-el of organizational trust. Acad Manage Rev 20(3):709–734. https://doi.org/10.5465/AMR.1995.9508080335

Mazzella F, Sundararajan A (2016) Entering the trust age. Hg. v. Bla-BlaCar/NYC Stern. France. https://blog.blablacar.com/trust

Mazzella F, Sundararajan A, Butt d'Espous V, Möhlmann M (2016) How digital trust powers the sharing economy: the digitization of trust. IESE Insight Third Quater (30):24–31. https://doi.org/10.15581/002.ART-2887

McKnight HD, Choudhury V, Kacmar C (2002a) Developing and validating trust measures for e-commerce: an integrative typology. Inf Sys Res 13(3):334–359. https://doi.org/10.1287/isre.13.3.334.81

McKnight HD, Choudhury V, Kacmar C (2002b) The impact of initial consumer trust on intentions to transact with a web site: A trust building model. J Strateg Inf Sys 11(3):297–323. https://doi.org/10.1016/S0963-8687(02)00020-3

Meade AW, Craig SB (2012) Identifying careless responses in survey data. Psychol Methods 17(3):437–455. https://doi.org/10.1037/a0028085

Mehrwald P, Heymann F (2020) Die Digitalisierung von Personenbezogenen Dienstleistungen durch Online-Plattformen: Woher kommt die geringe Nutzung? HMD 57(4):767–782. https://doi.org/10.1365/s40702-020-00632-9

Möhlmann M (2016) Digital trust and peer-to-peer collaborative consumption platforms: a mediation analysis. New York University, New York (Research paper)

Ozdemir ZD, Jeff Smith H, Benamati JH (2017) Antecedents and out-comes of information privacy concerns in a peer context: an exploratory study. Eur J Inf Sys 26(6):642–660. https://doi.org/10.1057/s41303-017-0056-z

Pavlou PA (2003) Consumer acceptance of electronic commerce: integrating trust and risk with the technology acceptance model. Int J Electron Commer 7(3):101–134. https://doi.org/10.1080/10864415.2003.11044275

Podsakoff PM, MacKenzie SB, Lee J-Y, Podsakoff NP (2003) Common method biases in behavioral research: a critical review of the literature and recommended remedies. J Appl Psychol 88(5):879–903. https://doi.org/10.1037/0021-9010.88.5.879

Redlich T, Moritz M, Wulfsberg JP (2018) Interdisziplinäre Perspektiven zur Zukunft der Wertschöpfung. Springer Fachmedien, Wiesbaden

Reinecke M, Gess C, Stegner K, Kröber R (2011) Machbarkeitsstudie „Haushaltsnahe Dienstleistungen für Wiedereinsteigerinnen". Bundesministerium für Familie, Senioren, Frauen und Jugend. https://www.bmfsfj.de/blob/94264/84eb23b34594ee2c83b9db3d239d6908/machbarkeitsstudiehaushaltsnahe-dienstleistungen-fuer-wiedereinsteigerinnen-data.pdf

Rousseau DM, Sitkin SB, Burt RS, Camerer C (1998) Not so different after all: a cross-discipline view of trust. Acad Manag Rev 23(3):393–404. https://doi.org/10.5465/AMR.1998.926617

Schultz C, Hoffmann S, Ferdinand M (2020) Vertrauensbasierte Organisationen als Grundlage von erfolgreichen digitalen Plattformen für personennahe Dienstleistungen. HMD 57(4):783–798. https://doi.org/10.1365/s40702-020-00635-6

Shih H-P, Lai K-H Cheng T (2017) Constraint-based and dedication-based mechanisms for encouraging online self-disclosure: Is personalization the only thing that matters? Eur J Inf Sys 26(4):432–450. https://doi.org/10.1057/s41303-016-0031-0

Smith J, Dinev T, Xu, H (2011) Information privacy research: an interdisciplinary review. MIS Q 35(4):989. https://doi.org/10.2307/41409970

Statista Research Department (2021) Durchschnittlicher Netto-Jahresarbeitslohn von ledigen Arbeitnehmern ohne Kinder* in Deutschland von 1960 bis 2021. Statista. https://de.statista.com/statistik/daten/studie/164047/umfrage/jahresarbeitslohn-in-deutschland-seit-1960/

Steinmetz N (2019) Sharing Economy – Modelle und Empfehlungen für ein verändertes Konsumverhalten. In: Gerrit Heinemann H, Gehrckens M, Täuber T (Hrsg) Handel mit Mehrwert. Digitaler Wandel in Märkten, Geschäftsmodellen und Geschäftssystemen. Accenture GmbH. 1. Aufl. Springer Gabler, Wiesbaden, S 229–255

Teubner T, Flath CM (2019) Privacy in the sharing economy. J Assoc Inf Sys 20(3):213–242. https://doi.org/10.17705/1jais.00534

Thatcher JB, Perrewé PL (2002) An empirical examination of individual traits as antecedents to computer anxiety and computer self-efficacy. MIS Quarterly 26(4):381–396

van der Cruijsen C, Doll M, van Hoenselaar F (2019) Trust in other people and the usage of peer platform markets. J Econ Behav Organ 166:751–766. https://doi.org/10.1016/j.jebo.2019.08.021

Whillans AV, Dunn EW, Smeets P, Bekkers R, Norton M (2017) Buying time promotes happiness. PNAS 114(32):8523–8527. https://doi.org/10.1073/pnas.1706541114

Wippermann C (2011) Haushaltsnahe Dienstleistungen: Bedarfe und Motive beim beruflichen Wiedereinstieg. Bundesministerium für Familie, Senioren, Frauen und Jugend. https://tu-dresden.de/karriere/ressourcen/dateien/berufung/dual_career_service_neuberufene/familie/haushaltsnahe_dienstleistungen?lang=de

Pascal Mehrwald ist wissenschaftlicher Mitarbeiter am Chair for Strategy and Organization der Technische Universität München.

Juliane Feen Strohmeyer ist wissenschaftliche Hilfskraft am Chair for Strategy and Organization an der Technischen Universität München.

ARBAY – Wissenschaftliche Erkenntnisse über eine Augmented-Reality-basierte Beratungs- und Verkaufsplattform für hochvariante und individualisierbare Güter

Gordon George Brown und Michael Prilla

Zusammenfassung

Im Rahmen von Projekt ARBAY wurden verschiedene Aspekte der Interaktion zwischen Beratern und Kunden in Onlineberatungsgesprächen beleuchtet. Als Hauptthemen wurden hier Werkzeuge, welche die Interaktion zwischen Berater und Kunde erleichtern sollten, sowie mögliche Darstellungsformen der Akteure für einen höheren Grad an wahrgenommener sozialer Präsenz und Vertrauen von Kunden gegenüber Beratern und der Verkaufsfirma behandelt. Die erarbeiteten Ergebnisse bieten einen tiefen Einblick in die für Onlineberatungsgespräche zu beachtenden Aspekte beim Design passender (Augmented Reality-)Anwendungen, welche auch in die zur Projektlaufzeit entstandene Plattform eingeflossen sind.

Schlüsselwörter

Augmented Reality · Chatbots · KI · Online-Dienstleistungen · 3D-Scans · Evaluation

G. G. Brown (✉)
Human-Centered Information Systems, Clausthal University of Technology, Clausthal-Zellerfeld, Deutschland
E-Mail: gordon.brown@tu-clausthal.de

M. Prilla
Interaktive Systeme, Universität Duisburg-Essen, Duisburg, Deutschland
E-Mail: michael.prilla@uni-due.de

5.1 Einleitung

Im Zuge des Projekts ARBAY sollte sich des Problems der Digitalisierung des stationären Handels hochindividualisierbarer Güter angenommen werden. Gerade dieser Handelsbereich ist in der Welt des Onlineshoppings noch stark unterrepräsentiert, mitunter wegen einer starken Abhängigkeit von Beratungsleistungen. Die Begründung hierfür wird detailreicher im begleitenden Projektbericht behandelt. Das Projekt ARBAY hat es sich mitunter zum Ziel gemacht, diesen Handlungszweig als Ergänzung zum stationären Handel am Beispiel des Möbelhandels mit der Hilfe von Augmented Reality (AR) zu digitalisieren. Hierfür wurden zunächst die tieferliegenden Gründe für die Abhängigkeit zwischen Kunde und Berater ermittelt, die wichtigsten Aspekte herauskristallisiert, welche bei einer digitalisierten Variante des stationären Möbelhandels abgebildet werden müssen und anschließend schrittweise eine Teilmenge aus den wichtigsten dieser Aspekte auf die optimale Implementierung hin untersucht, um für Kunde und Berater das beste Beratungsergebnis zu erzielen. Zu guter Letzt wurde eine Feldstudie durchgeführt, um das gesamte System, welches im Zuge des Projekts mit Input durch die verschiedenen, vorangegangenen Experimente entstanden ist, mit echten Kunden zu evaluieren.

5.2 Potenziale der Digitalisierung von Beratung

Zunächst wurden auf der Basis von Feldbeobachtungen und der Teilnahme an Workshops, welche durch den Anwendungspartner des Projekts angeboten wurden, festgestellt, wie Beratungen für hochindividualisierbare Güter grundsätzlich ablaufen, welche Kunden- und Beratertypen existieren, welche Informationen beide Teilnehmer für eine erfolgreiche Beratung benötigen etc. Hier wurde die Zuhilfenahme von Augmented Reality in den Vordergrund gestellt unter der Annahme, dass eine Möbelvorschau in Lebensgröße für Kunden und ein Live-Einblick in die Wohnumgebung der Kunden für Berater für Beratungen hilfreich sein könnte.

5.2.1 Untersuchung der Potentiale von AR-Technologie für die Digitalisierung von beratungsintensiven Verkaufsprozessen am Beispiel der Möbelbranche

Hier wurde eine Studie angefertigt, welche die Erkenntnisse, die während unseren Feldbeobachtungen und unserer Teilnahme an Lehrworkshops erlangt wurden, zusammenfassen und auswerten sollte. Als Grundlage hierfür wurde basierend auf der Aussage von Schwabe et al. (2016) die Annahme aufgestellt, dass die Interaktion zwischen Kunde und Berater in einem Möbelverkaufsgespräch als gemeinsame Problemlösung angesehen kann, welche voraussetzt, dass eine große Menge an hierfür nötigen Informationen ausgetauscht wird.

Die Beobachtungen wurden in einer mehrteiligen ethnografischen Studie durchgeführt. Allen voran stand eine Beobachtung echter Berater bei ihrer Arbeit mit Kunden in einem Möbelhaus des Anwendungspartners. Um Störeinflüsse zu vermeiden, wurden die Forscher als beobachtende Auszubildende vorgestellt. Die Datenaufnahme umfasste u. a. Informationen wie den strukturellen Aufbau der Beratung (Phasen, Elemente etc.), Kommunikationsaspekte (Phrasen, Redeflussführung etc.), Details über den Austragungsort der Beratung (Örtlichkeit, technische Hilfsmittel etc.) und andere Hilfsmittel (mitgebrachte Zeichnungen des Kunden etc.). Die Daten wurden entlang eines „Guiding Sheet" (Angrosino 2007) aufgenommen. Zusätzlich wurden für Hintergrundwissen für den Ablauf und die Kommunikationsaspekte von Beratungsgesprächen Workshops für die Ausbildung neuer Möbelberatung besucht.

Die Ergebnisse wurden schrittweise transkribiert, kategorisiert, auf Abhängigkeiten untersucht und schlussendlich in einem Affinity-Diagramm (Holtzblatt et al. 2004) zusammengestellt. Anschließend erfolgte ein Abgleich mit bekannter Literatur, um die wichtigsten zu beachtenden Aspekte bei der Digitalisierung herauszukristallisieren. Als wichtigste Aspekte wurden hierbei die bereits erwähnte gegenseitige Wissensasymmetrie und die Verwendung eines Pattern-Matching-Ansatzes durch den Berater zum Ausgleich dieser Asymmetrie (Jungermann und Fischer 2005), das Vorhandensein von Vertrauen in Kundenbeziehungen (Ingram et al. 2007; Schein 2009) und die Überschätzung des eigenen Levels der Expertise bei Kunden im Vergleich zu anderen Informationsquellen (Atir et al. 2015; Trafimow und Sniezek 1994) festgestellt.

Die Anforderungen an das digitalisierte System wurden auf diesen Aspekten aufgebaut. Hauptsächlich gilt, die Wissensasymmetrie zwischen den Beratungsteilnehmern durch das Darbieten von nützlichen Zusatzinformationen, welche bei einer In-situ-Beratung im Möbelhaus nicht verwendet werden können, aufzulösen und neue Wege zu öffnen, Kundenvertrauen zu fördern. Auch Möglichkeiten beider Teilnehmer, sich auf das Beratungsgespräch vorzubereiten, sollen eingebunden werden. Hier wurde ein Konzept wie in Abb. 5.1 erstellt, welches Kunden erlaubt,

Abb. 5.1 Konzept der Zusammenarbeit von Kunde und Berater

Möbelstücke virtuell „auszuprobieren", Informationen und Konfigurationsmöglichkeiten für ein Möbelstück immer im Blick zu haben, und das Beratern gestattet, den Kunden einen derartigen Einblick in die eigenen vier Wände zu geben.

Offen blieben Fragen wie z. B., wie/ob es Kunden digital ermöglicht werden kann, einen haptischen Eindruck eines gewählten Möbelstücks zu erhalten und wie kompliziertere Probleme bei der Darstellung digitaler Objekte wie z. B. das realitätsgetreue Ausleuchten eines digitalen Möbelstücks gelöst werden können. Schlussendlich wurde die erarbeitete Lösung trotzdem als Mehrwert für alle an der Beratung beteiligten Personen eingestuft. Diese Lösung sollte aber vor allem als Ergänzung zur klassischen Beratung dienen, nicht als ihr Ersatz.

5.2.2 Möglichkeiten der Digitalisierung zur Beratung von hochkonfigurierbaren und hochindividualisierbaren Gütern

Konkrete Möglichkeiten für die Digitalisierung von Beratungen wurden in einer separaten Studie, ebenfalls am Beispiel von Möbelberatungen, behandelt. Aus den in Abschn. 5.2.1 genannten Beobachtungen wurden hierfür zunächst Anforderungen aufgestellt: Die *Visualisierung* kann z. B. über AR gelöst werden, um 3D-Inhalte für Kunden dort sichtbar zu machen, wo dies vorher nicht möglich war. *Interaktion* sollte für Kunden ebenfalls ermöglicht werden, um platzierte 3D-Objekte bewegen, drehen oder anpassen zu können, oder im Falle von beweglichen Teilen sogar eine Animation für die Darstellung von Funktionen des Produkts auslösen zu können. *Reziprozität* muss über die Gleichberechtigung beider Beratungsteilnehmer in ihren Auswahl- und Interaktionsmöglichkeiten gewährleistet werden, sofern dies möglich ist.

Präsenz und *Vertrauen* in den Berater für ein erfolgreicheres Beratungsgespräch kann über die Einblendung von Avataren gefördert werden, wo sonst nur die Stimme des Beraters zu vernehmen wäre. Das Aussehen sollte so gewählt werden, dass Menschen dazu bewogen werden, mit diesem zu *interagieren*. Hier haben sich besonders menschliche, realistische Avatare als bewährt gezeigt.

Ein weiteres Ziel sollte die Milderung der *Wissensasymmetrie* zwischen Kunden und Berater sein. Für den Berater eignet sich hier der Zugriff auf die in die AR-Brille des Kunden eingebaute Kamera – oder noch besser auf 3D-Modelle der Umgebung des Kunden, über dieser u. a. informiert werden soll. Der Kunde kann durch die erweiterte Anzeige von Produkteigenschaften unterstützt werden, wie z. B. durch Hervorheben von Funktionen, Oberflächenstrukturen usw. Die *Skalierbarkeit* des Systems auf verschiedene Beratungsbedarfe kann mit der Bereitstellung von optionaler alleiniger Produktkonfiguration durch Kunden oder durch Zuhilfenahme von Chatbots als Alternative zu echten Beratern sichergestellt werden. *Vertrauen* ist auch beim Einsatz von Chatbots vonnöten, um den gleichen Effekt zu erzielen wie bei echten Beratern. Zuletzt gilt es noch, beiden Beratungsteilnehmern die Möglichkeit zur *Vorbereitung* zu bieten. Aus den Beobachtungen ging häufig hervor, dass Kunden unvorbereitet zu Beratungen erschienen oder Berater keine Möglichkeit hatten, sich vorzubereiten.

Im weiteren Verlauf der Studie wurden diese Anforderungen mit den Anforderungen aus dem Möbelhandel verknüpft und mögliche Lösungswege erarbeitet, welche im Projekt zum Einsatz kamen. Diese können im Projektbericht nachgeschlagen werden.

5.3 Best Practices für die Interaktion zwischen Kunde und Berater

Mit der Aufstellung der grundlegenden Anforderungen an das System wurde nun mit der Implementierung begonnen. Während der Implementierung wurden allerdings immer wieder Fragen aufgeworfen, welche in der Literatur noch nicht gedeckt wurden. Sollten diese sich mit den wichtigsten Aspekten der Anforderungen decken (s. Abschn. 5.2), wurden Studien entworfen und durchgeführt, um diese Fragestellungen zu klären.

5.3.1 Untersuchung von Zeigegesten und Referenzierungsmethoden für die örtlich entfernte Unterstützung von Augmented-Reality-Nutzenden in einer virtuellen Umgebung

In räumlich getrennter Kollaboration unter der Verwendung von Augmented Reality ist es üblich, dass ein Auszubildender/Trainee mit einem Experten zusammenarbeitet, üblicherweise unter der Verwendung von AR-Hardware aufseiten des Auszubildenden und einem regulären PC aufseiten des Experten (vgl. Fakourfar et al. 2016; Johnson et al. 2015). Hier hat der Experte oft direkten Zugriff auf das, was der Auszubildende sieht, oder auf eine 3D-Repräsentation hiervon. Dabei werden oft „Telepointer" (Gauglitz et al. 2014) verwendet, um dem Experten zu ermöglichen, auf bestimmte Bereiche im Sichtfeld des Auszubildenden zu zeigen.

Bis zur Projektlaufzeit war hier allerdings noch unklar, welche Perspektive (egozentrisch vs. exozentrisch, vgl. (Schafer et al. 2004) speziell für den Anwendungsbereich der Onlineberatungen vorteilhafter sind. Diese Fragestellung wird aufgeworfen, da egozentrische Perspektiven u. U. einen besseren Bezug auf vom Kunden genannte Details und z. B. einem Möbelstück zulassen, während exozentrische u. U. eher für die Wahrung der Übersicht des Beraters und der Platzierung von Möbelstücken geeignet sein könnten. Für das Zeigen aus egozentrischen Perspektiven war ebenfalls fragwürdig, ob Berater eine unbeschränkte Zeigerplatzierung gegenüber einer Platzierung bevorzugen würden, welche sich automatisch an Oberflächen an der Mauscursorposition anlegt. Erstere würde hier mehr Freiheit beim Zeigen bedeuten und z. B. auch das Zeigen auf Freiraum ermöglichen (Anwendungsbeispiel: „Hier könnten Sie Ihre Lampe stattdessen aufhängen, dann passt ein höherer Schrank besser in die Ecke"), während letztere einen Arbeitsschritt weniger und ein somit schnelleres Zeigen ermöglichen würde. Hierfür wurde von Brown et al. eine Vergleichsstudie angelegt, genau diese Optionen implementiert (s. Abb. 5.2) und in einem 2 × 2-Experiment verglichen.

Die Studie wurde mit zehn Beratern aus dem Möbelhaus des Anwendungspartners durchgeführt und mit Fragebögen und Interviews ausgewertet. Hier zeigte sich keine effizientere Zeigemethode bei der statistischen Auswertung, allerdings wurde von den Beratern in den Interviews eine Präferenz des Zeigers mit Oberflächenanpassung benannt, da dieser intuitiver zu benutzen sei. Bei den Perspektiven zeigte sich ein situationsbedingter Unterschied: Die egozentrische Perspektive wurde bei der direkten Interaktion mit dem Kunden, um dessen Bedarfe zu klären (z. B. bei der Besprechung eines Stellplatzes), bevorzugt, während die exozentrische Perspektive für Übersichtszwecke und für Vorschläge seitens des Beraters bevorzugt wurde.

Basierend auf diesen Ergebnissen empfehlen wir die Nutzung von Zeigern mit Oberflächenanpassung in Kombination mit *beiden* Perspektiven und einer Auswahlmöglichkeit für diese.

5.3.2 Untersuchung der Rolle der Darstellung der physischen Umgebung von Nutzenden in entfernten Beratungen mit Augmented Reality

Aufbauend auf der in Abschn. 5.3.1 genannten Studie von Brown et al. entstand die Frage, wie sich die Kundenräumlichkeiten optimal darstellen lassen, um Beratern zu ermöglichen, sich dort umzusehen und die bestmögliche Beratung zu

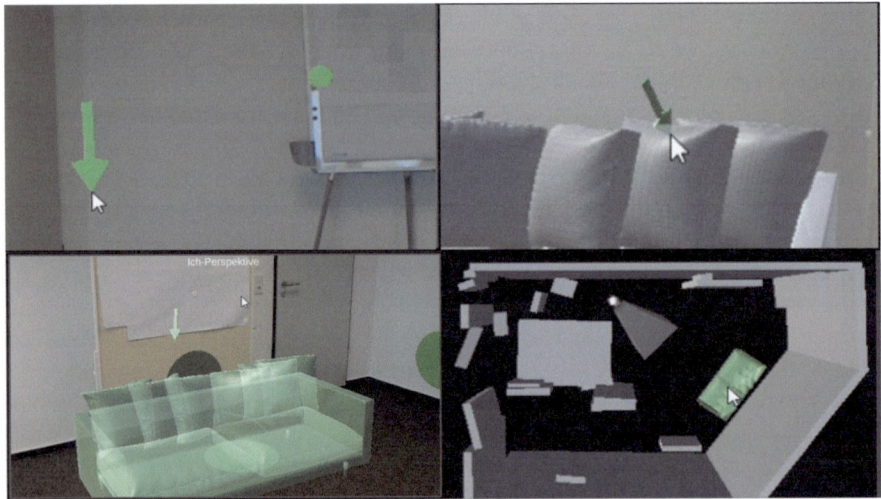

Abb. 5.2 Frei platzierbarer Zeiger (oben links) vs. Zeiger mit automatischer Oberflächenanpassung (oben rechts) und egozentrische (unten links) vs. exozentrische (unten rechts) Perspektiven

liefern. Im Vordergrund stand hier vor allem, dass die Nutzung von 2D-Monitoren bei der Betrachtung von 3D-Räumlichkeiten zu einer wesentlich geringeren räumlichen Wahrnehmungskraft im Vergleich zur Nutzung von binokularen Ausgabegeräten führt (Tachakra 2001). Zusätzlich wurde bereits gezeigt, dass Virtual Reality im Vergleich zu 2D-Bildschirmen für mehr räumliche Präsenz sorgen kann (Kolkmeier et al. 2018). Aufbauend auf der in Abschn. 5.3.1 dargestellten Studie stellte sich an dieser Stelle auch die Frage, wie rein videobasierte egozentrische Ansichten im Vergleich zu solchen, welche erlauben, sich aus der Kundensicht innerhalb einer 3D-gescannten Umgebung umblicken zu können, abschneiden würden. Zusätzlich war ein Vergleich mit einer freien, exozentrischen Sicht auf solch eine 3D-gescannte Lösung sowie die bereits genannte VR-Lösung innerhalb derselben Umgebung interessant.

Abb. 5.3 zeigt die vier Konditionen, welche in dieser Studie verglichen wurden. Alle außer der VR-Kondition erlaubten die Platzierung von Couches mit der Maus. Die VR-Kondition verwendete hierfür handelsübliche VR-Controller. Über Fragebögen wurden die wahrgenommene soziale Präsenz bei Beratern, der wahrgenommene mentale Aufwand sowie die wahrgenommene Beratungsqualität gemessen. Über Interviews wurden die Präferenzen der Berater zu den einzelnen Konditionen aufgenommen.

Nach den Tests mit insgesamt neun Beratern wurden für diese drei Metriken keine signifikanten Unterschiede zwischen den einzelnen Konditionen gefunden, mit der Ausnahme von der VR-Kondition, welche als signifikant mental anfordernder eingestuft wurde. Aus den Interviews konnten allerdings große Unterschiede in der Wahrnehmung und den bevorzugten Konditionen zwischen den Beratern entnommen werden. Hier wurden die freie, exozentrische Sicht

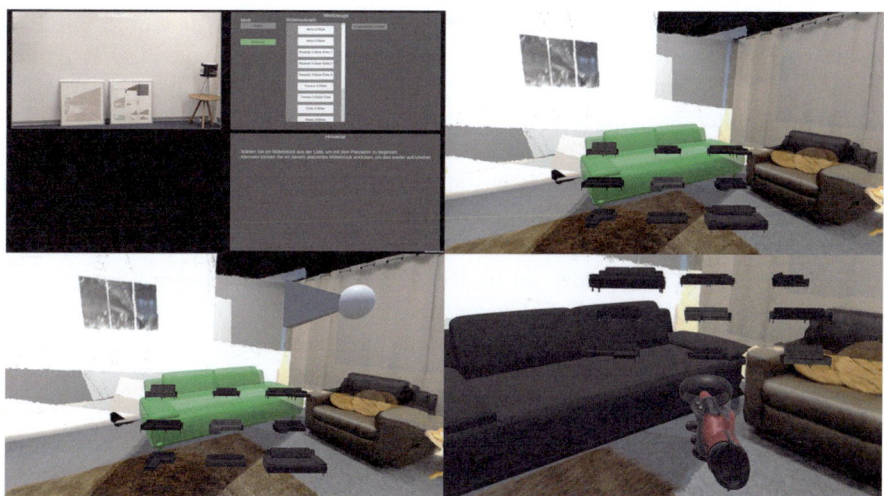

Abb. 5.3 Vier getestete Bedingungen: egozentrisch, Video (oben links), egozentrisch, 3D-Scan (oben rechts), frei, 3D-Scan (unten links), VR, 3D-Scan (unten rechts)

sowie die VR-Ansicht von den Beratern als gleich gut eingestuft, die egozentrischen Ansichten erhielten hier weniger Zuspruch. Die Berater, welche die freie 3D-Ansicht bevorzugten, begründeten dies mit der Möglichkeit, sich frei umzublicken – inklusive der Möglichkeit, die Szene auch aus anderen Höhen als der Augenhöhe zu betrachten. Berater, welche die VR-Ansicht bevorzugten, begründeten dies mit der Möglichkeit, einen besseren Tiefen- und Größeneindruck des Möbelstücks erhalten zu können. Die Tendenz zu den freieren Ansichten spiegelt sich auch in den Designempfehlungen für ähnliche Anwendungen wider: Freie Ansichten sind zu bevorzugen und sollten sich u. U. gegenseitig ergänzen. Für bestimmte Anwendungsfälle sind egozentrische Ansichten u. U. aber trotzdem nützlich. Die stärker ausgeprägte mentale Anforderung bei der Nutzung von VR lässt darauf schließen, dass nach längerer Nutzung, als dies während der Studie möglich war, eventuell bessere Wertungen für VR abgegeben werden könnten.

5.3.3 Untersuchung des Einflusses räumlicher Darstellung auf entfernte Unterstützung von Personen

Aufbauend auf der Studie aus Abschn. 5.3.2 wurde von Kahrl et al. eine Studie durchgeführt, welche den Vergleich zwischen der Kollaboration in 3D-Welten unter der Verwendung von 2D-Bildschirmen mit solcher unter der Verwendung von VR, diesmal aus der Kundensicht, erweitern sollte. Andere Studien haben an dieser Stelle bereits Vergleiche zwischen z. B. Cardboard-VR und PC-VR im medizinischen Bereich angestellt (Moro et al. 2017) und als fast gleichwertig nützlich eingestuft, wenn auch Cardboard-VR für höhere Cybersicknessgrade sorgt. Mehr Fidelität in VR sorgt zudem für höhere Grade der Präsenz (Buttussi und Chittaro 2017), allerdings bestanden zur Zeit der Studie noch keine Erkenntnisse, ob dies auch Einfluss auf Beratungsszenarien hat. Hierfür wurde in dieser Studie wieder 2D-Bildschirmberatung mit Beratung mithilfe von PC-VR-Brillen verglichen. Hinzu kamen Konditionen für 2D-VR über Mobilgeräte und binokulares VR unter der Nutzung von Cardboard-VR (s. Abb. 5.4). Zusätzlich wurde ein Vergleich zu einer Baseline angestellt, welche aus Fotos der in den anderen Konditionen gezeigten Umgebung bestand, was die Situation, dass Kunden Fotos in das Möbelhaus mitbringen, emulieren sollte.

Gemessen wurden räumliche Präsenz und Beratungsqualität, für beide wurden Fragebögen verwendet. In nach jedem Experiment durchgeführten Interviews wurden anschließend die bevorzugten Konditionen der Nutzer und die Begründung für diese Einstufung erfragt. Die Experimentreihe wurde mit 21 Teilnehmern durchgeführt.

Die Ergebnisse zeigen signifikant höhere „Attentional Allocation", ein Teilaspekt der räumlichen Präsenz, für die PC-VR-Kondition, wenn diese mit der Mobil-, PC- und Baselinekondition verglichen wird. Auch Cardboard-VR erzielt signifikant höhere Ergebnisse in dieser Metrik im Vergleich zu 2D am Computer und der Baseline. Ein weiterer Teilaspekt der räumlichen Präsenz, das „Spatial Situation Model", welches Aussagen über die mentale Möglichkeit der

5 ARBAY – Wissenschaftliche Erkenntnisse über eine Augmented …

Abb. 5.4 Konditionen im Vergleich – 2D (oben links), mobile 2D-VR (oben rechts), Cardboard-VR (unten links) und PC-VR (unten rechts)

Einschätzung von 3D-Räumen unter der Verwendung verschiedener Darstellungsmethoden zulässt, zeigt signifikant höhere Werte für PC-VR gegenüber allen anderen Konditionen. Cardboard-VR schneidet besser ab als mobile 2D-VR und die Baseline. Die Baseline wurde von allen anderen Konditionen übertroffen.

Diese Ergebnisse, gepaart mit den besseren Wertungen für PC- und Cardboard-VR beim Gefühl, im virtuellen Raum anwesend zu sein, sowie dem von 17 Teilnehmern auf Platz 1 angesiedelten PC-VR, lassen darauf schließen, dass für Beratungsgespräche, welche eine virtuelle Planung zulassen, VR-Showrooms denen auf 2D-Bildschirmen gegenüber zu bevorzugen sind. Allerdings sollte hier auf den Kostenaspekt Rücksicht genommen werden: PC-VR wurde zwar als besser eingestuft, aber Cardboard-VR erzielt ähnlich gute Ergebnisse und dürfte in den modernen Haushalt sehr viel leichter zu integrieren sein, weil die interne Hardware (ein Smartphone) bei vielen Kunden bereits verfügbar sein wird.

5.3.4 Weitere Studien

Zusätzlich zu den Arbeiten, welche erfolgreich und mit Peer Review veröffentlicht wurden, wurden im Zuge des Projekts zum Thema der Berater-Kunden-Interaktion noch zwei Bachelorarbeiten verfasst. Diese befassten sich mit der Erweiterung von hier bereits behandelten Fragestellungen.

Um den Kunden einen einfacheren Zugang zu der Beratungsapplikation zu gewährleisten, wurden manuelle Verfahren mit QR-Code-Scanverfahren für den Onlinezugang in die Plattform verglichen. Zudem wurde verglichen, ob die Aufmerksamkeit von Kunden besser durch Laserpointer-ähnliche Zeigemechanismen oder durch die Möglichkeit für den Berater, frei in der Umgebung des Kunden virtuell zeichnen zu können, geleitet werden kann.

5.4 Vertrauensförderung im Beratungsgespräch

Das Vertrauen zwischen Kunde und Berater ist, genau wie die Möglichkeiten der effizienten, AR-gestützten Interaktion im Beratungsgespräch, von großer Wichtigkeit, um für Kunden und Berater ein erfolgreiches Beratungsgespräch zu ermöglichen und für beide Teilnehmer das bestmögliche Erlebnis zu erzielen. Eine der ersten Berührungspunkte beim Kennenlernen neuer Menschen besteht in der Öffentlichkeit meistens aus einer optischen Einschätzung des jeweiligen Gegenübers. In virtuellen Welten ist diese Möglichkeit oft eingeschränkt, da entweder Videoeinblendungen der Kontaktperson verwendet werden können, hier aber wichtige Aspekte wie Augenkontakt oder die gesamtheitliche Körperhaltung wegfallen, oder „Avatare" verwendet werden, welche sich in Realismusgrad und Ähnlichkeit mit der anderen Person oft stark unterscheiden. Da die Nutzung von AR über Avatare „virtuelle Co-Präsenz", also die Anwesenheit der anderen Person im Raum, zulässt, konzentriert man sich auf die Forschung auf der Basis von Avataren.

5.4.1 Untersuchung des Einflusses von Darstellung und Bewegungsdynamik virtueller Avatare auf Kundenvertrauen in Online-Beratungen

Da ein hoher Grad an Vertrauen und ein geringes Risikogefühl in kommerziellen Anwendungen im Internet von besonders hoher Bedeutung sind (Mou et al. 2017), sollte eine Wahrung derselben in Beratungsgesprächen nicht fehlen. Avatare bieten in Onlineberatungen großes Potenzial, aber auch große Risiken: Menschliche Avatare, auch wenn diese für die Vertrauensbildung anderen Avataren wie z. B. Tieren oder Fantasyfiguren überlegen sind (Mull et al. 2015), können, wenn diese nicht ausreichend realistisch sind oder ihr Aussehen nicht ihrem Verhalten entspricht (Stein und Ohler 2018), den sog. Uncanny-Valley-Effekt (Seyama und Nagayama 2007) auslösen. Um diesem Effekt entgegenzuwirken, wurde basierend auf Forschung, welche gezeigt hat, dass z. B. Miniaturavatare die soziale Präsenz und das Vertrauen in Menschen, die mit ihnen interagieren, erhöhen können (Piumsomboon et al. 2018), eine Vergleichsstudie durchgeführt,

Abb. 5.5 Lebensgroßer, beweglicher Avatar (links) und beweglicher Miniaturavatar (rechts). Unbewegliche Avatare optisch gleich, aber an jeweils einer Position fest verankert

welche menschliche Avatare in verschiedenen Größen und mit verschiedenen Graden des Bewegungsrealismus vergleichen sollte. Hier wurden lebensgroße Berateravatare mit Miniaturavataren sowie solche, welche vom Berater frei bewegt werden konnten, mit unbeweglichen Avataren in einer 2×2-Studie verglichen (s. Abb. 5.5).

Gemessen wurden unter der Zuhilfenahme von Fragebögen sowohl die soziale Präsenz als auch das Vertrauen gegenüber dem Avatar sowie der wahrgenommene Beratungserfolg. In anschließenden Interviews wurden die Teilnehmer nach ihren bevorzugten Konditionen und der Begründung für diese Einschätzung befragt. Das Experiment wurde mit zwölf Teilnehmern durchgeführt.

Die Ergebnisse zeigen signifikant höhere Bewertungen für „Co-Präsenz", einer Teilmetrik der sozialen Präsenz, für jede Kondition mit einem lebensgroßen Avatar, wenn diese mit einer Miniatur verglichen wurde, unabhängig von der Bewegungsdynamik des Avatars. Die Gesamtwertung für soziale Präsenz wurde für lebensgroße bewegliche Avatare signifikant höher bewertet als für alle Miniaturkombinationen. Vertrauen und Beratungserfolg zeigten keine signifikanten Unterschiede. Dies lässt Rückschlüsse darauf führen, dass sich lebensgroße Avatare zwar realer anfühlen, dies aber keine Auswirkungen auf das dem Avatar entgegengebrachte Vertrauen hat. Allerdings sollte hinzugefügt werden, dass elf von zwölf der Experimentteilnehmer einen lebensgroßen Avatar gegenüber Miniaturen mit demselben Grad der Beweglichkeit bevorzugten.

Diese Ergebnisse lassen darauf schließen, dass für Beratungen eine lebensgroße Repräsentation des Beraters gewählt werden sollte. Die freie Beweglichkeit von diesem, wenn auch weniger ausschlaggebend, sollte ebenfalls gegeben sein.

5.4.2 Weitere Studien

Die in Abschn. 5.4.1 beschriebene Studie wurde nach ihrer Veröffentlichung noch durch zwei weitere Studien ergänzt. Zunächst wurde ergänzend kontrolliert, ob Miniaturavatare lediglich zu weniger sozialer Präsenz geführt haben als lebensgroße, weil diese leichter aus den Augen verloren werden können. Hierzu wurde der Vergleich in einer Folgestudie um eine Kondition erweitert, in welcher die Miniaturen stets im AR-Sichtfeld sichtbar ist. Im Zuge einer Bachelor-

Abb. 5.6 Showroom im Möbelhaus und Kunden, welche die Plattform testen

arbeit wurde zudem erforscht, ob die Auflösung und der Bewegungsrealismus von Avataren ebenfalls Einfluss auf das Vertrauen bzw. die soziale Präsenz von Kunden haben. Beide Studien befinden sich zurzeit noch im Einreichungsprozess bei renommierten wissenschaftlichen Konferenzen.

5.5 Feldstudie

Die aus sämtlichen o. g. Ergebnissen gewonnenen Erkenntnisse sind zur Projektlaufzeit selbstverständlich auch in die Plattform eingeflossen, welche zum Ziel des Projekts entwickelt werden sollte. Nach ihrer Fertigstellung wurde eine Feldstudie mit insgesamt 29 Teilnehmern in einem Möbelhaus durchgeführt, welche zum Ziel hatte, die Kunden zu der Benutzbarkeit, Nützlichkeit und Wahrscheinlichkeit der künftigen Nutzung der Plattform zu befragen. Hierfür wurde ein Showroom genutzt, welcher den Kunden das vollumfängliche Erproben der Plattform ermöglichte (s. Abb. 5.6).

Die Ergebnisse dieser Studie befinden sich zurzeit noch in der Einreichung. Zusammenfassend kann aber gesagt werden, dass die im Laufe des Projekts erstellte Plattform nutzbar und nützlich ist und diese vor allem unsicheren Kunden die Möglichkeit bietet, ihre Kaufentscheidung – sowohl vor als auch nach dem Kauf – zu bekräftigen.

Förderhinweis
Das diesem Beitrag zugrunde liegende Projekt „ARBAY" wurde mit Mitteln des Bundesministeriums für Bildung und Forschung unter den Förderkennzeichen 02K17A000 – 02K17A006 gefördert. Die Verantwortung für den Inhalt dieser Veröffentlichung liegt bei den Autoren.

Literatur

Angrosino M (2007) Doing Ethnographic and observational research. SAGE, London.

Atir S, Rosenzweig E, Dunning D (2015) When knowledge knows no bounds: self-perceived expertise predicts claims of impossible knowledge. Psychol Sci 26:1295–1303. https://doi.org/10.1177/0956797615588195

Buttussi F, Chittaro L (2017) Effects of different types of virtual reality display on presence and learning in a safety training scenario. IEEE Trans Visual Comput Graphics 24:1063–1076

Fakourfar O, Ta K, Tang R, Bateman S, Tang A (2016) Stabilized annotations for mobile remote assistance. In: Proceedings of the 2016 CHI conference on human factors in computing systems, CHI '16. ACM, New York, 1548–1560. https://doi.org/10.1145/2858036.2858171

Gauglitz S, Nuernberger B, Turk M, Höllerer T (2014) World-stabilized annotations and virtual scene navigation for remote collaboration. In: Proceedings of the 27th annual ACM symposium on user interface software and technology, UIST '14. ACM, New York, 449–459. https://doi.org/10.1145/2642918.2647372

Holtzblatt K, Wendell JB, Wood S (2004) Rapid contextual design: a how-to guide to key techniques for user-centered design. Elsevier, San Francisco.

Ingram, TN, LaForge RW, A, R.A.R., Schwepker CH, Williams MR (2007) Professional selling: a trust-based approach. Cengage Learning, Mason, OH.

Johnson S, Gibson M, Mutlu B (2015) Handheld or handsfree? remote collaboration via lightweight head-mounted displays and handheld devices. Presented at the Proceedings of the 18th ACM conference on computer supported cooperative work & social computing, 1825–1836

Jungermann H, Fischer K (2005) Using expertise and experience for giving and taking advice, 157–173

Kolkmeier J, Harmsen E, Giesselink S, Reidsma D, Theune M, Heylen D (2018) With a little help from a holographic friend: the OpenIMPRESS mixed reality telepresence toolkit for remote collaboration systems. In: Proceedings of the 24th ACM symposium on virtual reality software and technology – VRST '18. Presented at the the 24th ACM Symposium, ACM Press, Tokyo, Japan, 1–11. https://doi.org/10.1145/3281505.3281542

Moro C, Štromberga Z, Stirling A (2017) Virtualisation devices for student learning: Comparison between desktop-based (Oculus Rift) and mobile-based (Gear VR) virtual reality in medical and health science education. Australasian J Educ Technol 33. https://doi.org/10.14742/ajet.3840

Mou J, Shin D-H, Cohen JF (2017) Trust and risk in consumer acceptance of e-services. Electron Commer Res 17:255–288. https://doi.org/10.1007/s10660-015-9205-4

Mull I, Wyss J, Moon E, Lee S-E (2015) An exploratory study of using 3D avatars as online salespeople: the effect of avatar type on credibility, homophily, attractiveness and intention to interact. J Fashion Mark Mgt 19:154–168. https://doi.org/10.1108/JFMM-05-2014-0033

Piumsomboon T, Lee GA, Hart JD, Ens B, Lindeman RW, Thomas BH, Billinghurst M (2018) Mini-me: an adaptive avatar for mixed reality remote collaboration. In: Proceedings of the 2018 CHI conference on human factors in computing systems – CHI '18. Presented at the the 2018 CHI Conference, ACM Press, Montreal QC, Canada, 1–13. https://doi.org/10.1145/3173574.3173620

Schafer WA, Bowman DA, Schafer W (2004) Evaluating the effects of frame of reference on spatial collaboration using desktop collaborative virtual environments. In: Virtual Reality 7, pp 164-174, Springer, London.

Schein EH (2009) Helping: how to offer, give, and receive help. Berrett-Koehler, San Francisco

Schwabe G, Briggs RO, Giesbrecht T (2016) Advancing collaboration engineering: new thinklets for dyadic problem solving and an application for mobile advisory services. In: 2016 49th Hawaii International Conference on System Sciences (HICSS). Presented at the 2016 49th Hawaii International Conference on System Sciences (HICSS), IEEE, Koloa, HI, USA, 787–796. https://doi.org/10.1109/HICSS.2016.102

Seyama J, Nagayama RS (2007) The uncanny valley: effect of realism on the impression of artificial human faces. Presence Teleoperators Virtual Environ 16:337–351. https://doi.org/10.1162/pres.16.4.337

Stein J-P, Ohler P (2018) Uncanny…But convincing? inconsistency between a virtual agent's facial proportions and vocal realism reduces its credibility and attractiveness, but not its persuasive success. Interact Comput 30:480–491. https://doi.org/10.1093/iwc/iwy023

Tachakra S (2001) Depth perception in telemedical consultations. Telemed J E Health 7:77–85. https://doi.org/10.1089/153056201750279575

Trafimow D, Sniezek JA (1994) Perceived expertise and its effect on confidence. Organ Behav Hum Decis Process 57:290–302. https://doi.org/10.1006/obhd.1994.1016

Gordon George Brown ist wissenschaftlicher Mitarbeiter am Lehrstuhl für Human-Centered Information Systems an der Technischen Universität Clausthal.

Michael Prilla ist Leiter des Lehrstuhls für Human-Centered Information Systems an der Technischen Universität Clausthal.

Design und Entwicklung der MYOW-Plattform

6

Friederike Fröbel, Rolf Fricke, Patrick Stadler, Esther Zahn, Clara Gleiß, Tobias Albert, Luisa von Radziewsky, Beate Prelle, Tim Bibow, Florian Krebs, Fabian Jaenicke, Finn Vincent Harms und Gesche Joost

Zusammenfassung

Das Verbundprojekt „MYOW – Make Your Own Wearables" hatte das Ziel, Designende, Maker, Dienstleistende und Herstellende zur Entwicklung personalisierter Wearables zusammenzubringen. Die moderne Informationstechnik bietet immer leistungsfähigere Sensoren, Aktoren und Anzeigegeräte, mit denen Bekleidung intelligente, nützliche Funktionalitäten verliehen werden kann. Eine Herausforderung bleibt jedoch die Individualisierung dieser Wearables für einen konkreten Anwendungskontext, z. B. im Bereich Gesundheit oder Arbeit mit persönlichen Prioritäten, weil dazu die Kombination verschiedenster Kompetenzen vom Design über Elektrotechnik und Programmieren

---

F. Fröbel (✉) · P. Stadler · E. Zahn · C. Gleiß · L. von Radziewsky · G. Joost
DFKI GmbH, Berlin, Deutschland
E-Mail: friederike.froebel@dfki.de

P. Stadler
E-Mail: patrick.stadler@dfki.de

E. Zahn
E-Mail: esther.zahn@dfki.de

C. Gleiß
E-Mail: clara_elisabeth.gleiss@dfki.de

L. von Radziewsky
E-Mail: Luisa.von_Radziewsky@dfki.de

G. Joost
E-Mail: gesche.joost@dfki.de

R. Fricke · B. Prelle
Condat AG, Berlin, Deutschland
E-Mail: rolf.fricke@condat.de

bis hin zur Herstellung erforderlich ist. Deshalb sollte eine Plattform entwickelt werden, die eine arbeitsteilige Entwicklung von Wearables unterstützt. Die Umsetzung des MYOW-Projekts verfolgte einen partizipativen Designansatz, um die verschiedenen Komponenten der MYOW-Plattform zu konzipieren und entwickeln, wie z. B. Zusammenstellung von Teams, Entwicklung eines Elektronikbaukastens, Empfehlungen zur Platzierung von Input- und Output-Elementen auf Textilien und Programmierung des Ablaufverhaltens. Abschließend erfolgte eine Erprobung und Validierung der entstandenen Plattform durch die prototypische Erstellung eines AI-Hoodies und Operator Jacket.

Schlüsselwörter

Dienstleistung • Do-It-Yourself • Wearables • e-Textiles • Partizipatives Design • Visuelle Programmierung

6.1 Einleitung

Nachfolgend wird dargestellt, wie die MYOW-Plattform mit ihren einzelnen Elementen konzipiert und entwickelt wurde. Nach der Betrachtung der derzeit verfügbaren und relevanten Do-it-yourself (DIY)-Plattformen geht es darum, wie durch die Unterstützung von partizipativem Design ein Konzept und grundlegende Vorgaben für die MYOW-Plattform entworfen wurden. Anschließend wird die Entwicklung der einzelnen Systembereiche der Plattform der Reihe nach dargestellt:

- Design der Web-Anwendung und der Nutzerschnittstelle
- MYOW-Kleidung und -Elektronikbaukasten
- Adaptermodul zum Anschluss weiterer Aktoren und Sensoren
- Entwicklung individualisierter Accessoires und Schmuck für Wearables

---

B. Prelle
E-Mail: beate.prelle@condat.de

T. Albert
AWSi, Saarbrücken, Deutschland
E-Mail: Tobias.Albert@aws-institut.de

T. Bibow · F. Krebs
Spontaneous Order GmbH, Berlin, Deutschland
E-Mail: tim@stilnest.com

F. Krebs
E-Mail: florian@stilnest.comF. Jaenicke · F. V. Harms
Freyer&Siegel, Mühlenbeck, Deutschland
E-Mail: Fabian.Jaenicke@freyersiegel.de

F. V. Harms
E-Mail: Finn.Harms@freyersiegel.de

- Nutzerzentriertes Recommendersystem
- Visuelle Programmierumgebung für Wearables

Jeder Systembereich wird mit dem aktuellen Stand der Wissenschaft und Technologie, der Konzeption und der Realisierung präsentiert. Anschließend werden die entstandenen Prototypen, die Entwicklung des Pop-up-Labs als mobile Wearablewerkstatt und die technische Architektur der Plattform vorgestellt. Abschließend werden diese Ergebnisse bewertet und die wichtigsten gewonnenen Erkenntnisse zusammengefasst.

6.1.1 DIY-Plattformen für Wearables

Trotz der fortschreitenden Automatisierung und Industrialisierung erfreut sich das Do-it-yourself (DIY)-Business zunehmender Beliebtheit. Im Rahmen dieses Trends gewinnt die sogenannte Makerbewegung die Kontrolle über die Produktion zurück und interessierte Menschen können sich von gängigen Stilen und Konventionen lösen, indem sie selbst kreierte und initiierte individualisierte Projekte verwirklichen (Triggs 2010). Das Angebot an Internetplattformen, die Anleitungen, DIY-Kits oder -Kurse anbieten, wächst immer weiter. Beispielsweise ist die Etsy-Plattform[1] eine globale Onlineplattform, auf der Menschen individuelle DIY-Bausätze kaufen und auch ihre eigens hergestellten Produkte verkaufen können. Ein Teil dieser Makerbewegung ist auf (textile) Wearables spezialisiert, wie zum Beispiel die Lernplattform Adafruit[2]. Jedoch gibt es auch Plattformen, die sich ganzheitlich auf textile Wearables spezialisiert haben, wie zum Beispiel die „High-Low-Tech-Plattform"[3], die von der Forschungsgruppe von Leah Buechley am MIT Media Lab entwickelt wurde, sowie die Plattform „How to get what you want"[4]. Vier der führenden Makerplattformen (Tuduu[5], Make: Community[6], RobotShop[7], Instructables[8]) wurden ausgewählt und anhand von sechs Kriterien evaluiert und miteinander verglichen (s. Abb. 6.1). Die sechs Kriterien resultieren aus einer Nutzerbefragung mit Experten und Expertinnen (n = 22) aus der Makerszene. Festzuhalten ist, dass bei allen Plattformen Beispielprojekte sowie Tutorials zur Verfügung gestellt werden, sodass die dargestellten Beispiele mithilfe einer Anleitung selbst nachgebaut werden können. Dabei findet bei allen Anbietenden, mit Ausnahme von Tuduu, ein Austausch mit einer Community statt, in der die Mitglieder Fragen untereinander diskutieren können. Eine Vernetzung

---

[1] https://www.etsy.com. Zugegriffen: 01.12.2021.
[2] https://www.adafruit.com. Zugegriffen: 01.12.2021.
[3] https://highlowtech.org. Zugegriffen: 01.12.2021.
[4] https://www.kobakant.at/DIY. Zugegriffen: 01.12.2021.
[5] https://tuduu.org. Zugegriffen: 01.12.2021.
[6] https://make.co. Zugegriffen: 01.12.2021.
[7] https://www.robotshop.com. Zugegriffen: 01.12.2021.
[8] https://www.instructables.com. Zugegriffen: 01.12.2021.

	Tuduu	Make: Community	RobotShop	Instructables
Beispielprojekte	✓	✓	✓	✓
Community	x	✓	✓	✓
Kaufoption für Bauteile	x	✓	✓	x
Konfigurationsassistent	x	x	x	x
Programmierhilfen für Maker	✓	x	x	x
Tutorials	✓	✓	✓	✓

Abb. 6.1 Vergleich von vier führenden DIY-Plattformen

mit innovativen Fachleuten, Herstellenden und Verbrauchern wird jedoch lediglich von der Make: Community unterstützt. Die Option, die entsprechenden Bauteile direkt käuflich zu erwerben, bieten die Portale Make: Community und Robot-Shop. Der Aspekt der Programmierhilfe wird lediglich bei Tuduu erfüllt. Als Plattform, die einen Konfigurationsassistenten zur Verfügung stellt, um die Nutzenden bei der Auswahl von elektronischen Komponenten zu unterstützen, mit denen sie Wearables für unterschiedliche Anwendungsbereiche erstellen können, dient fritzing[9]. All diese Plattformen stellen einzelne Bereiche, die für die Realisierung individueller Wearables benötigt werden, zur Verfügung. Bis dato existiert jedoch keine Plattform, die Nutzende von der Konzeption bis hin zur Realisierung begleitet. Nachfolgend wird am Beispiel von MYOW die Entwicklung einer Maker-Wearable-Plattform, die alle erforderlichen Aspekte berücksichtigt, aufgezeigt.

6.2 Konzeption und Design der MYOW-Plattform

6.2.1 Anforderungen und Fragestellungen

Wie kann eine Plattform gestaltet sein, mit deren Hilfe Nutzende ohne Vorkenntnisse ein eigenes Wearable entwickeln und umsetzen können? In diesem Kontext ergaben sich eingangs je nach Kompetenzbereich der Projektbeteiligten unterschiedliche Fragen bezüglich der Ausgangssituation und der Herangehensweise an die Aufgabenstellung: Was wird benötigt, um ein Wearable zu konzipieren und zu realisieren? Wie soll eine Plattform gestaltet sein, mit der die kooperative und interdisziplinäre Entwicklung von Wearables möglich wird? Wer sind potenzielle Nutzende und wie können ihre spezifischen Bedürfnisse angesprochen werden? Welche Empfehlungen unterstützen die Nutzenden einer solchen Plattform? Wie kann diese Plattform klar und intuitiv gestaltet werden? Wie können Wearables programmiert werden? Wie lassen sich Nutzende mit verschiedenen Kompetenzen verbinden und wie können sie voneinander lernen? Mit dem Ansatz des partizipativen Designs sollte eine in sich stimmige Plattform entwickelt werden. Für das bessere Verständnis dieses Ansatzes wird einleitend

---
[9] https://fritzing.org. Zugegriffen: 01.12.2021.

die zugrunde liegende Methode des partizipativen Designs erläutert. In der Entwicklung (textiler) Wearables treffen die unterschiedlichen Kompetenzschwerpunkte Modedesign, Bekleidungstechnik, Programmierung und Elektrotechnik aufeinander. Die Konzeption und Realisation eigener Wearableprojekte erfordern eine fundamentale Kompetenz in diesen Bereichen, über welche nur die wenigsten interessierten Personen verfügen. Daher ist für die Entwicklung von Wearables eine kollaborative und interdisziplinäre (Zusammen-)Arbeit erforderlich, um so spezifische Fachkenntnisse untereinander zu teilen und voneinander zu lernen. Eine der größten Herausforderungen ist es, spezialisiertes Wissen verständlich aufzuarbeiten und interdisziplinär anwendbar zu machen. Dieses Wissen ist sowohl im interdisziplinären Projektkonsortium als auch in den adressierten Zielgruppen bereits umfangreich vorhanden.

6.2.2 Partizipatives Design und Design Thinking

Für die Gestaltung einer diesbezüglichen personennahen und nutzerorientierten Infrastruktur, in Form einer Plattform, wurde von Beginn an eine methodische Herangehensweise für die Identifizierung und Konzeptualisierung des erforderlichen Wissens für die Entwicklung von Wearables gewählt. Ziel dieses Ansatzes ist es, verschiedene Zugänge zu identifizieren, um spezifisches explizites und implizites Wissen methodisch zu adressieren und durch kreative Techniken zu stimulieren (Mareis et al. 2010). So werden nutzerorientierte Ideen für unterstützende Vorgehensweisen gefunden. Der Ansatz der aktuellen Designforschung ist, dass die Großzahl an Problemen, mit denen die Welt heutzutage konfrontiert wird, nicht mehr allein monodisziplinär zu lösen ist. Hier setzt das partizipatorische Design an. Die Ursprünge dieses Ansatzes liegen in den Jahren nach dem Zweiten Weltkrieg im Zuge des gesellschaftlichen Wandels in den westlichen Industriestaaten (Mareis et al. 2013). Die kollektive Teilhabe an der Gestaltung von Anwendungen, Objekten oder anderer Artefakte gewann zunehmend an Relevanz. Es stand nicht mehr lediglich die Gestaltung zweckmäßiger oder ästhetischer Designprodukte im Fokus, sondern „die Veränderung von Möglichkeitsräumen medialer und damit auch gesellschaftlicher Interaktion" (Mareis et al. 2013, S. 14). Im Raum stand die Erkenntnis, dass Wissen von Fachleuten allein nicht ausreicht, um gute Dinge zu gestalten. Es braucht auch das (implizite) Wissen beispielsweise in Form praktischer Anwendungen und Erfahrungen von Laien.

So werden Designmethoden mit partizipatorischen Elementen genutzt, um einen kollaborativen Prozess zu unterstützen. Die unterschiedlichen Beteiligten werden hier direkt in den angewandten partizipativen Designprozess einbezogen, um so erfolgreich ein Ergebnis zu produzieren (Bredies 2014). Dafür wird das Verständnis der Nutzenden direkt oder indirekt analysiert und mit ihnen in iterativen Schleifen in verschiedenen Formen bis zur finalen Umsetzung evaluiert. Mithilfe von experimentellen Designmethoden können Prototypingmaterialien und Ideenvisualisierungen die Vorbereitung, Durchführung und Auswertung dieser partizipativen Methoden unterstützen und Konzepte für die Teilnehmenden des Gestaltungsprozesses sichtbar und greifbar machen (Eriksen 2012). Durch den Einsatz von explorativen, spielerischen und kreativen Methoden werden die Nutzenden einbezogen und erhalten so einen Zugang und eine Bühne für die Mitgestaltung von technischen Visionen. Es gibt verschiedene Ebenen der Beteiligung an einem Designprozess, in welche sich die Menschen auf unterschiedliche Weise einbringen können. Durch die Einbeziehung des Menschen in den Prozess wird implizites Wissen vom Projektteam stimuliert, interpretiert und eine co-konstruierte Bedeutung entwickelt (Beuthel und Buur 2012). Dieser Ansatz des partizipativen Designs stellte sich für MYOW als adäquat heraus. Eine weitere Herangehensweise an das nutzerzentrierte Design ist das Design Thinking (Lattemann et al. 2020). Mithilfe des Design Thinking werden die Fragestellungen verschiedener Disziplinen gebündelt und entsprechende Lösungen entwickelt (Plattner et al. 2009; Mareis et al. 2010). Der Begriff des Design Thinking wird seit den 2000er-Jahren geradezu inflationär verwendet. Die Empfindungen verschiedener Personengruppen gegenüber dem Design Thinking sind jedoch recht ambivalent. Auch wenn Design Thinking von den Chefetagen kommerzieller Institutionen als Hoffnung und Versprechen an die umfassende Problemlösung der Nutzenden betrachtet wird, sehen die Pioniere des Design Thinking dessen Popularisierung mit Unbehagen (Seitz 2017). Einen universellen Designprozess gibt es nicht, dieser muss immer auf den Nutzungskontext und die Nutzergruppe abgestimmt sein. Die Design-Thinking-Methode gliedert sich in der Regel in feste Phasen, nach Meinel und von Thienen beispielsweise Einfühlen (Empathize), Definition von Rollen (Define Persona), Ideenfindung (Ideate) und Testen von Prototypen (Test Prototypes) (Meinel und Von Thienen 2016). In Analogie zu den Phasen stehen „Methodenkataloge" zur Verfügung, aus denen sich auch im partizipativen Gestaltungsprozess bedient werden kann. Jedoch ist es im MYOW-Projekt von hoher Relevanz, diese Designmethoden je nach Nutzungskontext und Nutzergruppe anzupassen. So beschreibt auch Bredies in „Gebrauch als Design", dass jede Methodenadaption eine Methodenübersetzung benötigt (Bredies 2014). Auf die Übersetzung und Adaptation des nutzerzentrierten Designprozesses auf das Projekt MYOW wird im Folgenden eingegangen.

6.2.3 Partizipatives Design in MYOW

Die Ausgestaltung der MYOW-Plattform verfolgte einen partizipativen Designansatz, welcher als eine Variante des nutzerzentrierten Designs betrachtet werden kann (Bredies 2014). Mithilfe dieses Ansatzes wurde explizites und implizites Wissen innerhalb des interdisziplinären Projektkonsortiums wie auch in Nutzendenworkshops kontextualisiert, um daraus die Ideen und Anforderungen für die Entwicklung der Plattform abzuleiten. Mit Projektbeginn stand fest, dass mit dieser Plattform eine Infrastruktur entstehen soll, die Nutzenden bei der Umsetzung ihres individuellen Wearables von der Ideenfindung bis zur Realisierung unterstützt und begleitet. Der Entwicklungsprozess der MYOW-Plattform ist in Abb. 6.2 visualisiert. An Anfang des Projekts stand die Planung und Definition des Projekts

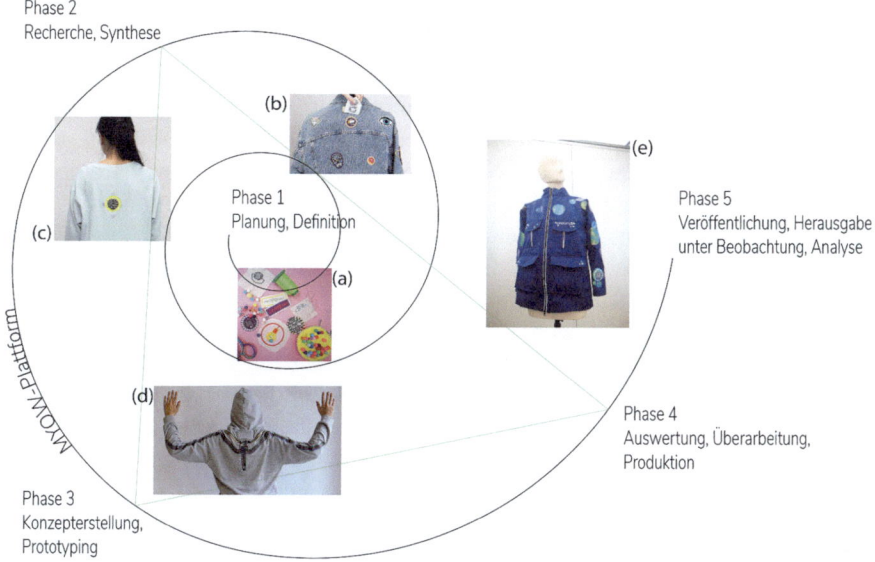

Abb. 6.2 Phasen des Entwicklungsprozesses der MYOW-Plattform

(Phase 1). Darauf aufbauend entstand eine Infrastruktur, welche immer konkreter wurde, was durch ihre spiralförmige Darstellung repräsentiert wird. Angeordnet an diese Spirale sind fünf Phasen des Designprozesses, die in Anlehnung an die Phasen des Designprozesses nach Martin und Hanington (Martin und Hannington 2013) gestaltet wurden. Die auf die Planung und Definition folgenden Phasen erfolgen iterativ. Je nach Systembereich der Plattform gab es unterschiedlich viele Iterationen. Mit der im Feldtest entwickelten Operator Jacket ((e), Abschn. 6.3.7 „Prototypische Erprobung der MYOW-Plattform") erfolgte die finale Erprobung und Evaluation aller Bereiche der Plattform. Zu Beginn des Projekts fand der Workshop „eTextile Product Visions" mit zwölf Teilnehmenden (n = 12) statt, der der Phase 2 zuordenbar ist. Die primäre Motivation der Teilnehmenden war das gemeinsame Interesse, Wearables zu realisieren. Ziel des Workshops war es, mithilfe verschiedener Methoden herauszufinden, wo die Teilnehmenden bei der Entwicklung von Wearables ihre Stärken und Schwächen sehen. Dabei führten die Teilnehmenden alle Kompetenzen auf, die sie für die Realisierung von Wearables als relevant empfinden. Gewichtet wurde diese Einschätzung in einer Wichtigkeits-Schwierigkeits-Matrix. Für die Entwicklung der Infrastruktur der MYOW-Plattform ist der Quadrant „Wichtig, aber schwer" von größter Relevanz. Dieser stellt dar, in welchen Bereichen sich die Nutzenden Unterstützung bei der Realisierung von Wearables wünschen. Am häufigsten wurde von den Teilnehmenden „Programmierung" (n = 5) genannt, auch die „Hardware/Elektronik" (n = 4) wurde als herausfordernd empfunden, ebenfalls das Wissen über „(e)Textilien" (n = 2) und „Design" (n = 1). Aus diesen Erkenntnissen leiten wir ab, dass eine Zusammenarbeit zwischen den einzelnen Kompetenzen zur Lösung dieses Problems beiträgt. Hieraus resultieren erste Anforderungen an eine Vermittlung der Expertisen zwischen den Nutzenden (Matchmaking), auf das im Abschn. 6.3.5 „Nutzerzentriertes Recommendersystem" eingegangen wird. Vor allem wurde die Programmierung der Wearables als große Schwierigkeit empfunden. In dieser Hinsicht mussten Lösungsansätze gefunden werden, die die Nutzenden in ihren verschiedenen Kompetenzbereichen abholen. Darauf aufbauend ist die visuelle Programmierumgebung für die Web-Anwendung entwickelt worden, deren Entstehung im Abschn. 6.3.6 „Visuelle Programmierumgebung für Wearables" präsentiert wird. Neben der Programmierung wurde die Hardware/Elektronik, Textilien und Design als herausfordernde Kompetenzen gesehen. Daraus resultierte für die MYOW-Plattform eine Erarbeitung von Lösungsansätzen, wie die Nutzenden in diesen Bereichen unterstützt werden können: ein I^2C-I/O-Adaptermodul für die vereinfachte physische Umsetzung der Wearables (Abschn. 6.3.3 „Adaptermodul zum Anschluss weiterer Sensoren und Aktoren", das Composing-Interface in der Web-Anwendung als Hilfestellung für die Positionierung der elektronischen Komponenten auf der Kleidung (Abschn. 6.3.5 „Nutzerzentriertes Recommendersystem") und eine dynamisch generierte Anleitung (Manual), die die Nutzenden bei der physischen Umsetzung des Wearables unterstützt.

6.2.4 Prototyping in MYOW

In der Phase 3 des Prototyping (s. Abb. 6.2) wurden Konzepte in Form von Mock-ups oder Prototypen partizipativ getestet. Dafür wurden Entwürfe und Anforderungen in Anwendungen oder Objekten verwirklicht. Mithilfe dieser wurde erprobt, wie ein Konzept bei der Durchführung funktioniert. Dabei handelte es sich zum Teil um recht rudimentäre oder auch funktionale Prototypen. Der AI Hoodie und die Operator Jacket sind Beispiele für Wearableprototypen, auf die im Abschn. 6.3.7 „Prototypische Erprobung der MYOW-Plattform" eingegangen wird. Auch digitale Prototypen entstanden im Projekt. So wurde die digitale Plattform zunächst in Form von Klick-Mock-ups umgesetzt und dann iterativ bis hin zur finalen Benutzeroberfläche (User Interface (UI)) realisiert. Dieser Prozess wird in Abschn. 6.3.1 „Design der Web-Anwendung und Nutzerschnittstelle" dargestellt. Ein Beispiel für die Methodenadaption und -übersetzung und den zum Teil fließenden Übergang der unterschiedlichen Methoden ineinander, ist die in MYOW entwickelte Methode des „Wearable Mapping Suit" (Fröbel et al. 2021). Diese Methode stellt mit der Kombination von Bodystorming- und Prototypingtechniken eine fließende Überleitung der Phase der Ideation und der des Prototyping dar. Nutzende werden durch visuell aufbereitete Körperkarten (Bodymaps) bei der Ideenfindung und Platzierung von Wearableanwendungen am Körper unterstützt. Im Rahmen eines exemplarischen Workshops entstanden so vier neue Ideen von Wearables, mit welchen sich Nutzende in verschiedenen Situationen, wie zum Beispiel für den Zugang zu einem Hochsicherheitsbereich eines Unternehmens, authentifizieren können. Dieses Ineinandergreifen der Phasen und einzelner Methoden umfasste den gesamten Entwicklungsprozess in MYOW. So greifen auch die unterschiedlichen Systembereiche der Plattform ineinander und sind trotz ihrer separaten Präsentation als Teil des gesamten Systems zu sehen.

6.3 Konzeption und Realisierung der MYOW-Systembereiche

Nachfolgend wird, aufbauend auf die in den partizipativen Designworkshops erarbeiteten Grundkonzepte, die Entwicklung der einzelnen Systembereiche dargestellt, jeweils mit dem aktuellen Stand der Wissenschaft und Technologie, des Designs und der Realisierung.

6.3.1 Design der Web-Anwendung und Nutzerschnittstelle

Das Design der Web-Anwendung und der UIs wurde unter Einbeziehung mehrerer Nutzergruppen mit verschiedenen Profilen in drei Iterationen gestaltet. In jeder Iteration wurden den Nutzenden Aufgaben gestellt und anschließend Feedback, Schwachpunkte und Anregungen gesammelt, um so die Anwendung schrittweise zu verbessern und an die Bedürfnisse der Nutzenden anzupassen. Um die Nutzenden optimal zu unterstützen, wurden folgende Entwurfsparadigmen zugrunde gelegt:

- verständlicher und logischer Aufbau der Web-Anwendung, intuitive Navigation und effizienter Workflow,
- Strukturierung nach Wearableprojekten, in denen wechselnd zusammengestellte Teams mit verschiedenen Rollen und Kompetenzen zusammenarbeiten,
- Begleitung der kollaborativen Erstellung der Wearables und transparente Darstellung des Fortschritts,
- Empfehlungen zur optimalen Platzierung von Komponenten auf der Kleidung sowie Anzeige von Restriktionen durch Anschlussmöglichkeiten der Elektronik und
- einfach erlernbare und änderbare visuelle Programmierung mit direkter Codegenerierung für den Mikrocontroller.

Die Web-Anwendung wurde so konzipiert, dass neuen Nutzenden ein einfacher Einstieg ohne eine lokale Softwareinstallation in die Wearableentwicklung ermöglicht wird. Sie sollte mehrere Fenster parallel anbieten, sodass verschiedene Oberflächen wie z. B. Composer- und Programmierscreen leicht zugänglich und einfach wechselbar sind. Zudem wurde dynamisches HTML mit Drag-and-Drop-Funktionen eingesetzt, sodass durch intuitive Icons und farbliche Gestaltung das

Ausprobieren und Re-Platzieren von Elementen auf der Kleidung spielerisch unterstützt wird. Der initiale Entwurf der Web-Anwendung in Form eines Mock-ups wurde nach einem ersten Workshop durch das Feedback der Nutzenden bereits wesentlich verbessert, wie z. B. durch 1) eine einfachere Suche nach offenen Projekten, 2) die klarere Strukturierung der Auswahl von Kleidungsstücken im Composerscreen und 3) die vereinfachte Darstellung der Komponenten in der visuellen Programmierung. Aus einem zweiten Usability Testing der Web-Anwendung ergaben sich weitere Bedürfnisse der Nutzenden: 1) Beispielprojekte, die den gesamten Erstellungsprozess eines Wearables Schritt für Schritt erläutern, 2) erklärende Infoboxen für entsprechende UI-Elemente und 3) eine verständlichere Positionierung von I/O-Elementen durch Drag-and-Drop auf Bekleidungsteilen, z. B. durch eine dynamisch veränderliche Anzeige von Cursor und Elementen. Dazu wurden die grafischen Elemente und Positionierung bei der visuellen Programmierung an die Bedürfnisse der Nutzenden angepasst und verfeinert. In der dritten und abschließenden Iteration wurden Abläufe, grafische Elemente und Bezeichnungen optimiert, um eine zufriedenstellende, nutzerzentrierte Gestaltung der finalen Web-Anwendung umzusetzen.

6.3.2 MYOW-Kleidung und -Elektronikbaukasten

Zur Entwicklung der Wearables wird den Nutzenden eine Auswahl an einfachen Bekleidungsteilen und ein Baukasten mit Elektronikkomponenten bereitgestellt. Für die Konzeption und Entwicklung der Bekleidung und Elektronik wurde zunächst betrachtet, welche Lösungen vorhandene Baukästen verwenden. Die wohl bekanntesten kommerziellen Baukästen (engl. Toolkits) aus diesem Bereich, die wohl jeder Person geläufig sind, die bereits mit der Entwicklung von textilen Wearables in Berührung gekommen ist, sind LilyPad und Adafruit FLORA. Die elektronischen Komponenten lassen sich durch leitfähige Garne leicht mit Textilien und (textilen) elektrischen Leiterbahnen verbinden. Inspiriert vom Lilypad-Toolkit, einem der Pioniere der kommerziellen eTextile-Toolkits, wurde FLORA von Adafruit Industries in New York entwickelt (Stern und Cooper 2015). Die Adafruit-FLORA-Serie enthält eine Vielzahl an Komponenten, die über das I^2C-Bus-System angesprochen werden, auf dem auch die Datenkommunikation des MYOW-Baukastens basiert. Diese Toolkits bzw. Systeme vereint, dass sie den Einstieg für die entsprechende Nutzergruppe in die interdisziplinäre Sphäre der textilen Wearables erleichtern und spezifische Prozesse vereinfachen. Im Rahmen von Forschungs- wie auch von kommerziellen Projekten wurde eine Reihe weiterer Ansätze für entsprechende Baukastensysteme entwickelt. Diese unterscheiden sich zum einen in der Art und Weise, wie die Komponenten mit dem Textil verbunden werden, zum anderen in der adressierten Zielgruppe. Zu den Möglichkeiten der Anbringung gehören: Aufnähen oder Anlöten, wie beim Aniomagic Sparkle Kit (Hartman 2014) und EduWear (Katterfeldt et al. 2009);

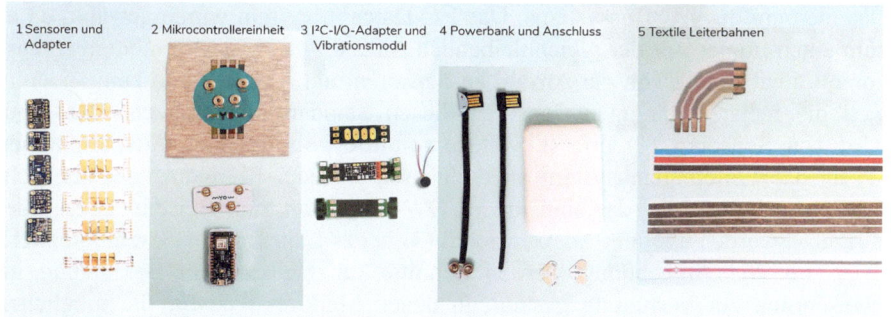

Abb. 6.3 Darstellung der Komponenten des MYOW-Baukastens

Befestigung über Druckknöpfe, wie bei Wearic[10] und Makerwear (Kazemitabaar et al. 2017), oder die Verwendung von Magneten, wie bei iCatch (Ngai et al. 2010). Die aufgeführten Toolkits richten sich zum großen Teil an den edukativen Kontext für Kinder und Jugendliche, aber auch an erwachsene Interessierte für die einfache Umsetzung von interaktiven und smarten Projekten. Eine weitere aktuelle Entwicklung ist beispielsweise das Brookdalesystem (Seyed et al. 2021) zur Entwicklung von Avantgardemode.

Eine der größten Herausforderungen für textile Wearables stellt die Verbindung von flexiblen Textilien mit starrer Elektronik dar. So wurde für das MYOW-Baukastensystem der Schwerpunkt auf die Verbindungsmöglichkeiten, Verarbeitung und Positionierung der elektronischen Komponenten auf und mit der Kleidung gelegt, sodass am Ende des Entwicklungsprozesses ein ansprechendes funktionales Wearable unkompliziert erstellt werden kann. Wenn die Nutzenden ohne Hilfe die Platzierung der Elektronik und der Leiterbahnen auf dem Textil konzipieren müssten, wären meist mehrere mit Elektronik bestückte Prototypen anzufertigen, bis letztlich ein optisch und funktional akzeptables Ergebnis erzielt wird. Ein weiterer Fokus lag auf der Entwicklung eines in sich geschlossenen und stimmigen Systems, welches aus einer Kombination von im Projekt entwickelten und im Handel erhältlichen Hardwarekomponenten besteht. Abb. 6.3 stellt die Hauptkomponenten des MYOW-Baukastens dar. Der erzeugte Programmcode wird von der Web-Anwendung über die USB-Schnittstelle des Computers auf den Mikrocontroller (2) geladen. Dieser Mikrocontroller ist auf eine mit Druckknöpfen versehene Leiterplatte gelötet und wird damit am Gegenstück (2) auf der Kleidung befestigt. Je nach Bedarf kann der Mikrocontroller abgeknöpft und mit einer neuen Logik programmiert werden. Über textile Leiterbahnen (5), die auf die Kleidung gebügelt werden, werden die einzelnen Komponenten miteinander verbunden. Die vier parallelen Leiterbahnen sind farblich gekennzeichnet: rot und schwarz für die Spannungsversorgung, gelb für die Takt- und blau für die

---

[10] https://www.wearic.com/. Zugegriffen: 01.12.2021.

Datenleitung des I^{2}C-Bussystems. Das I^{2}C-Datenbussystem wurde gewählt, da es zum einen immer mit der gleichbleibenden Anzahl von zwei Datenleitungen auskommt, unabhängig von der Anzahl an Sensoren und Aktoren, und zum anderen, weil die meisten gängigen Sensoren diesen Standard unterstützen. Der Input wird von Sensoren (1) erfasst, welche mithilfe von flexiblen Adapterplatinen (1) an das Leiterbahnensystem angeschlossen werden. Komponenten, die nicht I^{2}C-kompatibel sind – das sind im MYOW-Baukasten zum Beispiel LEDs oder Buzzer –, werden über ein Adaptermodul (3) in das Leiterbahnensystem integriert. Über die Web-Anwendung werden Schnitte für Unisex-Basic-Bekleidung im PDF-Format zur Verfügung gestellt, in denen Markierungen für die möglichen „Hotpots" sowie Positionen für Controller und Batterie festgelegt sind. Zudem werden bereits mögliche Leiterbahnenverläufe definiert, auf deren Basis die je nach Komposition der elektronischen Bauteile benötigte Verbindungen hergestellt werden können.

6.3.3 Adaptermodul zum Anschluss weiterer Aktoren und Sensoren

Um elektronische Komponenten, die nicht mit dem I^{2}C-Bussystem kompatibel sind, in ein MYOW-Wearable integrieren zu können, wurde ein textilkompatibles Adaptermodul entwickelt. Wie ein GPIO-Expander erweitert diese Platine den Bus um einfache Ein- und Ausgänge. Von der Funktion ähnelt die Baugruppe dem Adafruit Modul AW9523[11] und dem IC MCP23017[12]. Im Gegensatz zu diesen bereits verfügbaren kommerziellen Lösungen erlaubt das entwickelte Modul jedoch auch den Anschluss von Komponenten mit einem höheren Stromverbrauch, wie zum Beispiel Vibrationsmotoren. Weitere elektronische Komponenten wie LEDs, Schalter, Taster, analoge Sensoren und kleine Summer können ebenfalls über dieses Adaptermodul mit dem System verbunden werden. Dabei kann zwischen einer Montage auf der Platine über Lötstellen oder einem Anschluss über die freigelegten Laschen und textile Leiterbahnen gewählt werden. Damit die Platine beim Tragen des Kleidungsstücks nicht stört, ist das Modul in einer verhältnismäßig flachen Bauweise umgesetzt worden. Die Laschen, über die die textilen Leiterbahnen angeschlossen werden, können bei Nichtverwendung abgeschnitten werden, um das Modul zu verkleinern. Bei der Entwicklung des Moduls wurden die nachfolgenden Schritte des Entwicklungsprozesses durchgeführt: Anforderungsworkshops – Anforderungsanalyse – Systemspezifikation – Aufbau Funktionsmuster – Schaltplanentwicklung – Layoutentwicklung – Softwareentwicklung – Prototypenherstellung – Entwicklertests – Feldtest. Insbesondere bei den Anforderungen und der Systemspezifikation wurde viel Wert auf die Partizipation der Nutzenden gelegt.

---

[11] https://www.adafruit.com/product/4886. Zugegriffen: 13.12.2021.
[12] https://ww1.microchip.com/downloads/en/devicedoc/20001952c.pdf. Zugegriffen: 22.12.2021.

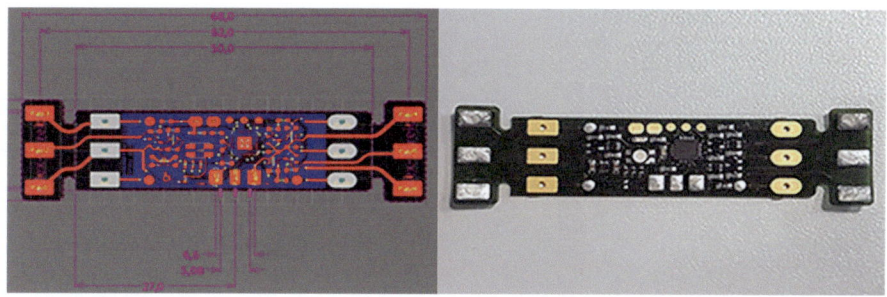

Abb. 6.4 Entwicklungsprozess der Adapterplatine: Hardwarelayout (links), reale Platine (rechts)

Durch den Austausch mit Makern mit unterschiedlich ausgeprägten Kompetenzen in den Bereichen Textil-, Elektronik- und Softwareentwicklung gelang es, die Adapterbaugruppe kompatibel für alle Nutzergruppen zu entwickeln. Ein Beispiel für diese Anwendungsoptimierung ist die nachfolgend beschriebene Wahl der Art der Leiterplatten. Eine komplett starre Platine kann nur schwer aufgebügelt und mit dem Textil verbunden werden. Durchgeführte Vorversuche haben gezeigt, dass selbst bei der Verwendung von Niedrigtemperaturlötzinn die mit einem Bügeleisen oder einer Bügelpresse erreichbare Temperatur nicht ausreicht, um dieses zuverlässig durch eine 1,0 mm dicke Leiterplatte zum Schmelzen zu bringen. Eine vollständig flexible Platine wiederum stellt für die Anwendung auch keine Lösung dar, da sich unter mechanischer Beanspruchung die Bauteile auf der Platine bereits nach wenigen Biegezyklen abtrennen. Für den Anwendungszweck stellte eine partiell flexible Platine (s. Abb. 6.4) die beste Lösung dar. Diese ermöglicht ein einfaches Aufbügeln auf das Textil, verfügt aber auch über die notwendige mechanische Stabilität.

6.3.4 Entwicklung individualisierter Accessoires und Schmuck für Wearables

Als eine weitere Möglichkeit der Individualisierung wurde ein Konzept entwickelt, um einfach Accessoires oder Schmuck in das Wearable zu integrieren. Dazu werden sogenannte Halbzeuge als modularer Bausatz bereitgestellt, auf deren Basis individualisierte Accessoires für das Wearable erstellbar sind. Zur Entwicklung solcher flexiblen Halbzeuge wurden die Materialien Kunststoff, Metall, Holz und Textil in Betracht gezogen. Zunächst wurde sich auf die Bearbeitung des Ausgangsmaterials für die Herstellung von Schmuck im Feingussverfahren konzentriert, da dies sowohl für Einzelstücke als auch für große Serienfertigungen geeignet ist. Dazu wird als Ausgangsmaterial ein geeignetes Wachs benötigt, welches am Anfang einer jeden Gussproduktion steht. Für die Recherche und Auswahl eines geeigneten Wachses sind folgende Voraussetzungen wichtig:

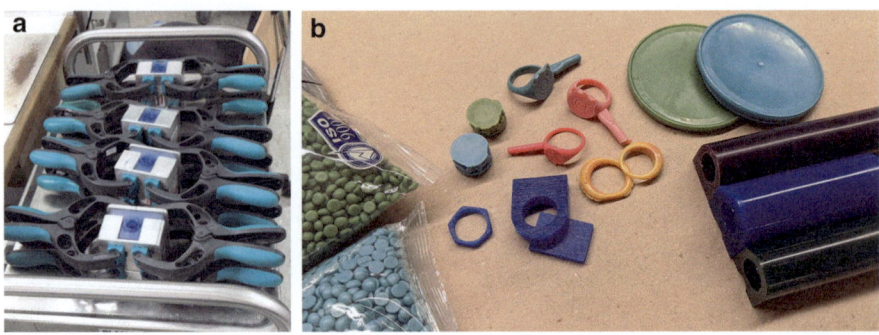

Abb. 6.5 Testreihe zum Silikonformbau für das Wachsinjektionsverfahren (**a**), Wachsmischungen zur Analyse der Injektions- und Bearbeitungsfähigkeit (**b**)

- Möglichkeit einer spanabnehmenden Bearbeitung,
- Umsetzung ohne bestimmte Vorkenntnisse und
- Stabilität während der Bearbeitung, ohne dabei zu verformen oder zu brechen.

Auswahl des Materials, des Verfahrens und Entwicklungsprozess
Um diese Ziele zu erreichen, wurden Workshops und verschiedene Tests mit Gießereien durchgeführt und marktübliche Materialien verarbeitet. Dazu gehörte unter anderem der Test des Formenbaus und des Wachsinjektionsverfahrens (s. Abb. 6.5). Um das Ausgangsmaterial bearbeiten zu können, spielt das verwendete Werkzeug eine essenzielle Rolle. Dieses muss zum Material passen und einfach zu handhaben sein. Eine hierzu durchgeführte Analyse ergab, dass Wachse, die in industriellen Gießereien verwendet werden und mit denen ein hoher Grad an Detailreichtum möglich ist, für die manuelle DIY-Nachbearbeitung weniger geeignet sind. Besser geeignet sind Feilwachse, welche aus einer Wachs- und Kunststoffmischung bestehen (s. Abb. 6.5). Diese müssen jedoch aus einem Block, z. B. mittels CNC-Verfahren, gefräst werden. Um so eine universelle Form herzustellen, wäre ein hoher Material-, Kosten- und Arbeitsaufwand nötig. Um dies zu vermeiden, wurden Testreihen mit modifizierten Wachsinjektoren gestartet. Diese spritzen Wachs in eine Negativform aus Silikon und generieren so das benötigte Wachspositiv. Anders als bei herkömmlichen Injektoren werden höhere Temperaturen, wesentlich höherer Spritzdruck und modifizierte Spritzdüsen verwendet.

Ein weiteres Ziel war es, eine hohe Gestaltungsfreiheit (s. Abb. 6.6) bezüglich der Form zu gewährleisten und gleichzeitig sicherzustellen, dass LED-Komponenten mit jeglicher Form verwendet werden können. Falls der Schmuck oder die Abdeckung aus Metall ist, wird eine Isolierung notwendig, die eine Berührung von Metall und Leiterbahnen und somit einen Kurzschluss verhindert (s. Abb. 6.7).

Da innerhalb des Fertigungsprozesses mit insgesamt vier unterschiedlichen Materialien (Wachs, Metall, Kunststoff, Stoff) gearbeitet wird und entsprechende

6 Design und Entwicklung der MYOW Plattform

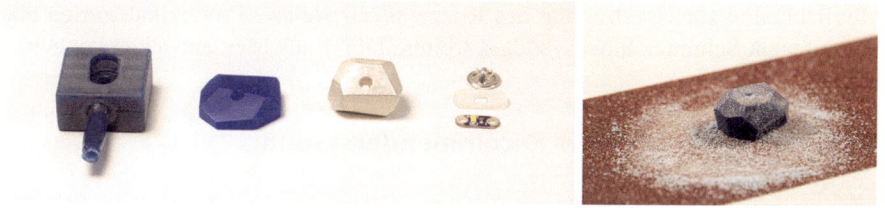

Abb. 6.6 Sequenzielle Darstellung der Gestaltungs- und Produktionsschritte – vom Wachsrohling über die Formgebung zum bearbeiteten Gussteil (links), Bearbeitungsmöglichkeit des Wachsrohlings zur finalen Formgebung (rechts)

Abb. 6.7 Module zur Isolierung der elektronischen Komponente (**a**); Bausatz mit Wachsrohlingen, I/O-Komponenten und Werkzeugen (**b**); Beispielanwendung eines Edelmetall Anstecker mit integrierter LED (**c**)

Toleranzen aufeinander abgestimmt werden mussten, waren hier mehrere Testreihen notwendig.

Die entwickelten Werkzeuge und Komponenten wurden zu einem Bausatz zusammengestellt (s. Abb. 6.7), der Makern die Individualisierung eines Wearables mit Schmuckkomponenten ermöglicht. Er enthält mit Wachsrohlingen, Werkzeug, Verbindungselementen, elektronischen Bauteilen (LEDs) und Ansteckern alles Nötige, um einen eigenen Wachsentwurf zu erstellen, der einer Gießerei zur Herstellung zugesendet wird. Ein möglicher Anknüpfungspunkt wäre, diesen Bausatz über die MYOW-Plattform anzubieten und auch gleich einen Produzenten für das Feingussverfahren zu vermitteln.

Ausblick und Weiterentwicklung
Der entstandene Prototyp zeigt die vielseitigen Möglichkeiten, die individualisierbare Halbzeuge für Wearables bieten können (s. Abb. 6.7). Sie bieten den Nutzenden die Möglichkeit, ihr Wearable kostengünstig zu finalisieren und optisch aufzuwerten. Zudem ist eine Fertigung von Einzelstücken sowie Serienproduktionen möglich. Die verbleibenden Herausforderungen ergeben sich aus den unterschiedlichen technischen Anforderungen des jeweiligen Materials, wie der Leitfähigkeit und der Wirtschaftlichkeit der Herstellung in kleinen Stückzahlen. Durch das modulare Konzept des Bausatzes ergeben sich für die verschiedenen Bauteile vielfältige Kombinationsmöglichkeiten. Zudem gibt es viele

Möglichkeiten zur Übertragung des Konzepts auf weitere Produktkategorien über das Segment Schmuck hinaus, sodass weitere DIY-Baukästen entstehen können.

6.3.5 Nutzerzentriertes Recommendersystem

Wie im einleitenden Abschn. 6.2.3 zum „Partizipatives Design in MYOW" erwähnt, resultierten aus den partizipativen Workshops zwei Anwendungsbereiche der Unterstützung durch Empfehlungen (engl. recommendations): Es sollten Nutzenden Projekte vorgeschlagen werden, die Ähnlichkeiten mit ihrem geplanten Projekt haben, sodass auf bereits vorhandene Projekte zugegriffen, daran mitgearbeitet oder sich Inspiration verschafft werden kann. Als zweites wurde ein Hotspot-Recommender gewünscht. Dahinter verbirgt sich ein Empfehlungssystem für optimale Hotspots von I/O-Elementen auf dem Kleidungsstück.

Um herauszufinden, welche Art von Recommendersystemen am besten für die geplante Anwendung geeignet sind, soll zunächst ein Überblick über diesen Bereich gegeben werden. Es kann grundsätzlich zwischen vier Arten von Recommendersystemen unterschieden werden: inhaltsbasierte, wissensbasierte, Demographic Filtering und Collaborative Filtering. Inhaltsbasierte Recommendersysteme basieren auf der Klassifizierung von allen Inhalten, die einbezogen werden sollen (Burke 2002). Wissensbasierte Recommendersysteme verwenden Informationen über Nutzende, um einen wissensbasierten Ansatz für die Empfehlungen zu verfolgen und zu entscheiden, was den Anforderungen der Nutzenden entspricht (Burke 2002). Das Demographic Filtering verwendet Beschreibungen von Personen, um die Wahrscheinlichkeit zu ermitteln, welche Art von Gegenstand, wie Produkt, Film, Musiktitel etc., von welcher Art von Personen am meisten bevorzugt wird (Alyari und Navimipour 2018). Collaborative Filtering trifft beispielsweise Vorhersagen darüber, wie wahrscheinlich es ist, dass sich eine Person für ein bestimmtes Produkt interessiert, wenn Informationen über die Nutzenden und die früheren Interessen oder das Kaufverhalten anderer Nutzender berücksichtigt werden (Getoor und Sahami 1999; Hsu und Lin 2008; Sarwar et al. 2000). Sie stützen sich auf Datenbanken mit Bewertungen, die dann verglichen werden, um Nutzenden Empfehlungen zu geben (Eckhardt 2012; Polatidis und Georgiadis 2016). Für die Auswahl des optimalen Recommenderverfahrens wurden die Vor- und Nachteile der verschiedenen Ansätze und die Anforderungen aus dem Projekt einander gegenübergestellt. Dies führte zur Auswahl des Collaborative Filtering, da sich diese Art von Recommendern gerade für den Anfang von Projekten anbieten, wenn nicht genug personenbezogene Daten zur Analyse vorhanden sind, aber auf eine Datenbank mit Informationen über andere Nutzende zugegriffen werden kann. Zudem folgt das Design von Wearables schnelllebigen Trends, sodass man mit einem dynamischen, kollaborativen Ansatz bessere Ergebnisse erzielen kann als z. B. mit einem wissensbasierten Recommender.

Empfehlungen für ähnliche Projekte
Der Recommender, der Nutzenden bereits vorhandene Projekte vorschlägt, die Ähnlichkeiten mit ihrem geplanten Projekt haben, basiert auf Natural Language Processing (NLP). Wenn Nutzende ein neues Projekt anlegen möchten, wird diesem zunächst einen Titel gegeben, eine passende Kategorie und mindestens ein zum Projekt passendes Stichwort ausgewählt und zum Schluss die Projektidee kurz beschrieben. Das Empfehlungssystem für ähnliche Projekte basiert auf einem Universal Sentence Encoder (USE), der für jedes Projekt einen Vektor generiert, der seine Merkmale charakterisiert. Diese Vektoren werden in der Projektdatenbank abgelegt. Dazu gibt es ein Modell, das alle in Vektoren umgewandelten Projekte enthält. Das Modell wird jedes Mal neu trainiert, wenn ein Schreib-/Aktualisierungsvorgang in der Projektsammlung stattfindet. Diese Vektoren werden mithilfe der Approximate Nearest Neighbor Search (ANNOY) in einem Vektorraum platziert. Durch den ANNOY-Algorithmus von Spotify[13] werden die ähnlichen Elemente gefunden, um die nächstgelegenen Nachbarn zu ermitteln. Diese Suche ist schneller als der herkömmliche k-NN-Algorithmus, was besonders bei sehr großen Datenmengen hilfreich ist. Alternativen zu ANNOY können Facebook Artificial Intelligence for Similarity Search (FAISS) und Non-Metric Space Library (NMSLIB) sein. Diese können auch als Optionen implementiert werden, um die beste Leistung der Verfahren zu bewerten und auszuwählen. Bei der Eingabe eines neuen Projekts beginnt die Generierung der Empfehlungen für ähnliche Projekte damit, dass aus den Angaben zum Projekt mittels des USE die charakteristischen Merkmale abgeleitet werden. Auf Basis der Merkmale wird eine Similarity Matrix erstellt und eine Gewichtung vorgenommen, um den Nutzenden schlussendlich eine sortierte Liste mit den ähnlichsten Projekten anzuzeigen. Die gängigen Verfahren zur Ermittlung der Ähnlichkeit anhand einer Similarity Matrix haben einen linearen Aufwand O(n), da jedes neue Projekt mit allen bereits vorhandenen Projekten (=n) verglichen wird. Der verwendete Algorithmus basiert dagegen auf einem Vektor für jedes Projekt im Annoy Raum, der lediglich einen konstanten Aufwand erfordert.

Empfehlungen für die Positionierung von I/O-Komponenten für Wearables
Das zweite Recommendersystem empfiehlt den Nutzenden die optimalen Hotspots für I/O-Elemente (Sensoren und Aktoren) an einem Kleidungsstück. Das hybride Recommenderverfahren verwendet zunächst vorhandene Körperkarten (Bodymaps) zur geeigneten Platzierung von körpernahen Technologien unter Berücksichtigung von funktionalen, technischen und sozialen Aspekten (Zeagler 2018), welche auf die MYOW-I/O-Komponenten übertragen wurden.

Über Collaborative Filtering werden diese Empfehlungen mit fortschreitender Anzahl an Nutzenden immer weiter verfeinert. Die optimalen Hotspots auf dem Kleidungsstück färben sich automatisch ein, sobald die Nutzenden ein I/O-Element für das Kleidungsstück ausgewählt haben. Im abgebildeten Beispiel (s. Abb. 6.8)

---

[13] https://algorithmia.com/algorithms/spotify/Annoy/docs. Zugegriffen: 01.12.2021.

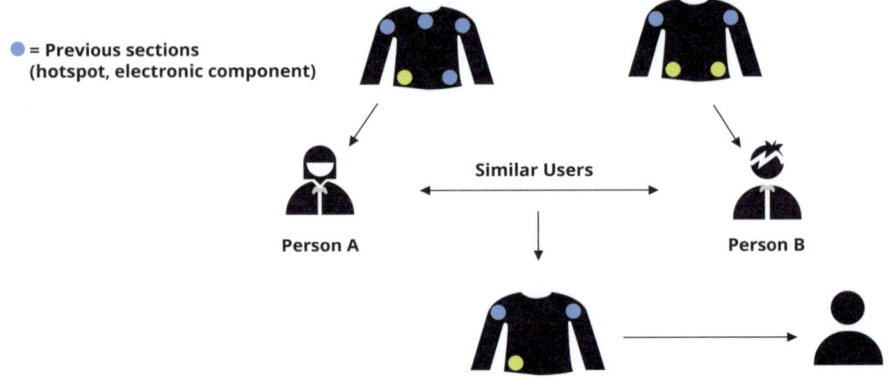

Abb. 6.8 Beispielhafte Visualisierung der Funktionsweise des hybriden Recommenderverfahren

möchte Person C ein Projekt auf einem Oberteil Komponenten, z. B. LEDs (blaue Punkte) und Bewegungssensoren (gelbe Punkte), platzieren. Die Personen A und B haben zuvor bereits ebenfalls Oberteile mit diesen Komponenten bestückt. Der Recommender empfiehlt nun auf Basis dieser Platzierungen Person C mögliche Hotspots für die Platzierung dieser Komponenten.

6.3.6 Visuelle Programmierumgebung für Wearables

Die Zusammenführung und Entwicklung der verschiedenen Systembereiche im Projekt sind eine interdisziplinäre Herausforderung, die neue Fragestellungen für die verschiedenen Bereiche aufbringt. Darunter, ob und inwieweit Textilien bzw. Mode eine neuartige und sogar eigenständige Disziplin der Mensch-Maschine-Interaktion darstellen (Pan und Stolterman 2015). Neben den benötigten handwerklichen Fähigkeiten ist die technische Schnittstelle der Programmierung auf mehreren Ebenen komplex: die notwendige Abstraktion und Vereinfachung des Prozesses, um die Aufgabe für Laien (im Sinne der Softwareentwicklung) begreifbar und umsetzbar zu gestalten, sowie gleichermaßen trotzdem Raum für Gestaltung und Umsetzung der Ideen zu lassen. Diverse Studien (Booth und Stumpf 2013) untersuchten die Erlernbarkeit und den Einsatzbereich verschiedener Programmierkonzepte, darunter Vergleiche zwischen „klassischen" textuellen Programmiersprachen und visuellen Programmiersprachen (Visual Programming Language, VPL). Gerade für den edukativen Bereich gelten visuelle Programmiersprachen als sinnvolle Begleitung (Dorling und White 2015) für das Erlernen gängiger Programmierkonzepte und -abstraktionen, wenngleich in dem Zusammenhang häufig Übergangsstrategien zu textuellen Sprachen vorgeschlagen werden. Aber auch im produktiven Umfeld, beispielsweise im Bereich des Internet of Things (IoT), finden sich VPLs, z. B. durch Node-RED[14], welche eine große Bekanntheit und Community besitzen. Bei smarten Textilien und Schmuck werden häufig blockbasierte *(block-based)* Ansätze verfolgt (Kazemitabaar et al. 2017; Seyed et al. 2021). Daneben gibt es noch flussbasierte *(flow-based)* VPLs, bei denen der Ablauf unmittelbar zwischen Input-Sensoren und Output-Aktoren erfolgt.

Visuelle Programmierung in MYOW
Eine Voraussetzung des MYOW-Projekts besteht in der einfachen und durch Laien selbstständig erlern- und durchführbaren Programmierung der Wearables. Unnötig komplexe Strukturen sollten daher für die Anwendenden versteckt bzw. abstrahiert sein. Durch die Herstellungsweise der Wearables muss der Programmierprozess unter Umständen unterbrochen und wiederaufgenommen werden, z. B. weil ein Arbeitsschritt auf dem Textil durchgeführt werden muss. Deswegen sollten bereits erlernte Konzepte leicht durch die Anwendenden abrufbar sein. Visuelle Programmierung kann dies unterstützen, weil die unterliegenden Sprachkonstrukte (beispielsweise Schleifen) durch grafische Elemente dargestellt und nicht durch die Anwendenden in Erinnerung gebracht werden müssen (Stefik und Gellenbeck 2011; Stefik und Siebert 2013; Weintrop und Wilensky 2015). Die Notwendigkeit der Abstraktion ist auch gültig für die Erzeugung des unterliegenden Programmcodes, also der Firmware, die auf die Hardwareeinheit hochgeladen wird. Durch diese Vereinfachung des Programmierprozesses und die Verwendung von universeller Sprache und Symbolik ermöglicht MYOW auch fachfremden Personen, Wearables zu implementieren, und stärkt damit die Interdisziplinarität und domänenübergreifendes Arbeiten. Die Einbindung von Sensoren und Aktoren soll sich nahtlos in die visuelle Programmierumgebung einfügen und den starken Zusammenhang zwischen Ein- und Ausgabe unterstreichen. Durch Modularität soll die Plattform für spätere Szenarien vorbereitet sein und hinsichtlich der Erweiterbarkeit keine Barrieren bieten, zum Beispiel, wenn Anwendende neue Sensoren und Aktoren einbinden möchten.

Visuelle Programmiersprachen lassen sich gemäß einer einfachen Taxonomie einordnen. Gewissermaßen werden dabei die optische Erscheinung und der Datenfluss unterschieden. So gibt es vor allem blockbasierte und flussbasierte VPLs. Die visuelle Programmierung in MYOW wurde von Grund auf im MYOW-Projekt implementiert und verfolgt einen flussbasierten Ansatz (Myers 1990). Die Programmierung erfolgt in unmittelbarer „Flussrichtung" von Sensoren zu Aktoren, welche um Logikelemente erweitert werden können. Durch die direkte Verbindung von I/O-Komponenten werden viele (Meta-)Programmierkonstrukte abstrahiert bzw. unnötig, darunter beispielsweise Variablen und Zustände *(states)*. Dadurch profitieren Laien und Anfänger, weil die Zuordnung von Daten und Aktionen unmittelbar ist. Durch die Verwendung von flussbasierten VP werden

---

[14] https://nodered.org/. Zugegriffen: 01.12.2021.

die Wearables hauptsächlich durch Aktionen der Komponenten, und nicht durch individuelle Zustände definiert. Nehmen wir als Beispiel einen Lichtsensor als Quelle für den Input und eine LED als Output (Abb. 6.9). Stellen Sie sich das entsprechende Flussdiagramm für das folgende Szenario vor: Der Nutzende möchte eine LED aktivieren (einschalten), sobald es dunkel ist (der gemeldete Lichtwert liegt unter einem bestimmten Schwellenwert). Die MYOW-VPL bietet ferner nur zwei Möglichkeiten zur Programmflusskontrolle, nämlich If-else-Blöcke zur Entscheidung *(branching)* und eine Tierkomponente, welche die zeitliche Ausführung der beinhalteten Elemente einstellbar macht. Statt Variablen für Ein- und Ausgabewerte zu verwenden, verbunden mit prozeduraler Programmlogik, spricht die ablaufbasierte Programmierung direkt die Eingangssensoren und Ausgangsaktoren an, indem ihre Knoten mit den entsprechenden Elementen verbunden werden. Dieser Ansatz hat den Vorteil einer sparsamen Verwendung von Variablen und anderen Meta-Programmierkonstrukten. Dadurch werden schwer begreifliche Strukturen verringert, die normalerweise Programmieranfänger verwirren.

Der Fluss wird als ein Diagramm von Komponenten dargestellt – Sensoren und Aktoren werden als runde Quadrate mit Symbolen in der Mitte dargestellt. Um bedingte Elemente zu unterscheiden, verwenden wir Container für Verzweigungen *(if-else)* und Timerbausteine. Beide sind unabhängig vom sonstigen Programmablauf: Die Ausführung einer Verzweigung hängt vom logischen Zustand seiner angeschlossenen Eingänge und dem gewählten Operator ab, während alles in einem Timercontainer vom gewählten Zeitintervall abhängt. Um den Programmiervorgang für die Nutzenden zu vereinfachen, werden Bausteine auf höherer Ebene zur Verfügung gestellt, d. h. Bausteine, die bereits eine umfangreiche Programmierlogik beinhalten, wie z. B. die *rpulse*-Komponente, die einen rechteckigen Ausgangsimpuls erzeugt. Dies ermöglicht die Integration komplexer Komponenten/Module, wie z. B. einer Komponente für maschinelles Lernen (Support Vector Machine, SVM). Diese kann z. B. dazu verwendet werden, bestimmte Aktionen wie die Erkennung von Bewegungen zu erlernen. Alle hierfür notwendigen Daten werden auf dem Server vorkompiliert und anschließend auf den Arduino-Mikrocontroller geladen. Die MYOW-Plattform ist in der Lage, das visuelle Programm in C++/Arduino-Code zu kompilieren und auf dem Arduino zu überspielen. Die Erkenntnisse und Limitationen in der praktischen Erprobung der visuellen Programmierumgebung werden im Fazit von Abschn. 6.3.7 „Prototypische Erprobung der MYOW-Plattform" erläutert.

6.3.7 Prototypische Erprobung der MYOW-Plattform

Dem partizipativen Designansatz folgend sind in allen Iterationen des Projekts verschiedene Prototypen entstanden, wie die in Abschn. 6.2.3 „Partizipatives Design in MYOW" gezeigte Abb. 6.2 bereits darstellt. Im Folgenden wird auf zwei in der Phase des Prototyping entstandene Wearables eingegangen. Dabei konnten bei der Entwicklung des AI-Hoodies wertvolle Erkenntnisse zur Ent-

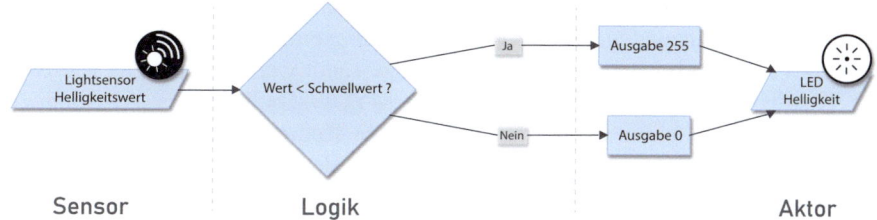

Abb. 6.9 Das Flussdiagramm zeigt ein einfaches Beispiel für den Sensor-Aktor-Fluss anhand eines Lichtsensors, der die Helligkeit misst, und einer LED, die auf die Lichtsituation entsprechend reagiert

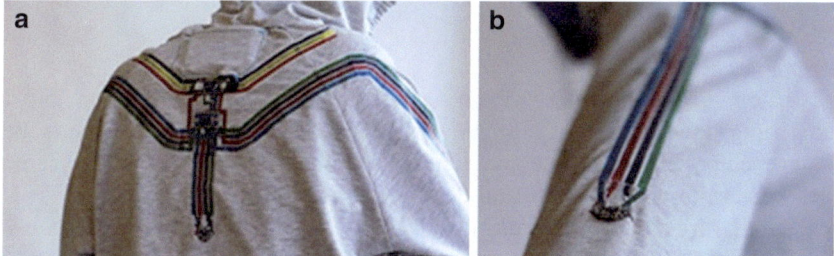

Abb. 6.10 Rückenansicht des AI-Hoodies mit Batterietasche, Mikrocontrollereinheit, Leiterbahnen und einem Bewegungssensor am mittleren Rücken (**a**), Bewegungssensor am Ärmel des AI-Hoodies (**b**)

wicklung der MYOW-Plattform gewonnen werden, bis schließlich als finales Ergebnis des Feldtests das Operator Jacket entstanden ist.

AI-Hoodie
Mit dem AI-Hoodie[15] wird die „Black Box" der Künstlichen Intelligenz geöffnet. Der AI-Hoodie ermöglicht es Nutzenden, das Maschinelle Lernen (ML) als Teilbereich der Künstlichen Intelligenz zu verstehen und anzuwenden. In die Ärmel und den Rücken ist eine Bewegungssensorik in den Hoodie integriert (s. Abb. 6.10). Außerdem sind in die Kapuze und die Ärmel LED-Lichterketten eingebaut. So dient die Bewegung der Nutzenden als Input und das Licht als Output. Mithilfe der MYOW-Web-Anwendung wird der AI-Hoodie mit Intelligenz versehen. Der Hoodie wurde mit einem ML-Modell ausgestattet, das die Farbe der Lichter bewegungsabhängig trainiert: Wenn ein Nutzender den linken Arm hebt, selektiert dies das gelbe Licht und beim rechten Arm das rote Licht. So wird einfaches ML angewendet und die Nutzenden verstehen, wie der Computer lernt.

---

[15] Demonstrationsvideo des AI-Hoodies: https://youtu.be/TU5u_G8Ct08 (Zugegriffen 03.11.2021).

Mit welcher genauen Intelligenz der AI-Hoodie ausgestattet wird, liegt in der Kreativität der Nutzenden. Der AI-Hoodie ist ein exemplarisches Beispiel, wie die MYOW-Plattform im Bereich der Bildung angewandt werden kann. Die Hardware des Hoodies basiert auf Komponenten des MYOW-Toolkits. Der AI-Hoodie ist ein in sich geschlossenes System, auf das kein Zugriff von außen möglich ist. Der Kleidungsschnitt wurde über die Web-Anwendung generiert und mithilfe des Manuals praktisch umgesetzt. Bei der Umsetzung des AI-Hoodies wurden bis dato existierende Grenzen der MYOW-Plattform aufgezeigt. Zum Beispiel konnte über die Web-Anwendung nur ein Bewegungssensor positioniert werden und auch eine funktionale Programmierung der Lichter wäre nicht möglich gewesen. Basierend auf diesen Erkenntnissen wurde abgewägt, inwiefern diese Anwendungen und Funktionalitäten für das Projekt relevant sind und in welchem Umfang diese eingearbeitet werden können.

Operator Jacket
Zur finalen Erprobung der MYOW-Plattform von der Konzeption bis zur Realisierung unter realen Bedingungen wurde das Projekt mit einem Feldtest abgeschlossen. Es wurde ein Open Call ausgerichtet und gemeinsam im Projektkonsortium aus sieben auf der Web-Anwendung eingereichten Projektideen eine für die Realisierung mithilfe des MYOW-Toolkits ausgewählt. Umgesetzt wurde das „Operator Jacket", eine smarte Jacke zur Verbesserung der Arbeitsbedingungen von Großveranstaltungspersonal (Abb. 6.11). Die Jacke überzeugt durch ein außergewöhnliches Konzept, wie eine integrierte (UV-) Taschenlampe, Beleuchtung und ein Alarmsystem. Durch das Zusammenspiel vieler verschiedener I/O-Komponenten eignet sich das Wearable sehr gut für die Erprobung der gesamten Plattform. In einem mehrwöchigen Prozess wurde die konzipierte Operator Jacket Schritt für Schritt verwirklicht. Zunächst wurde der

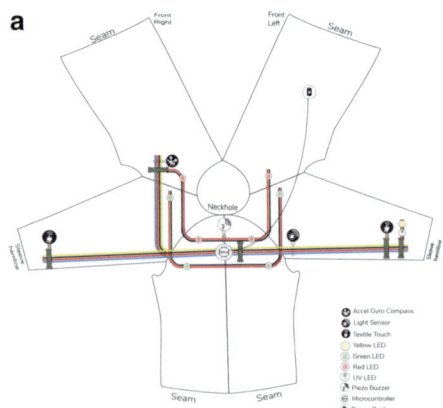

Abb. 6.11 Schnittbild des Operator Jacket mit Verlauf der Leiterbahnen und Platzierung der Komponenten (**a**), fertiggestelltes, voll funktionales Operator Jacket (**b**)

Anwendungsfall unter Einbeziehung verschiedener Designmethoden wie beispielsweise Persona und Empathy Map konkretisiert und für potenzielle Nutzergruppen genauer ausgearbeitet. Die Funktionsweise der Jacke wurde anfangs mithilfe eines Flowcharts skizziert und so der Bedarf und die Funktionalität der benötigten Komponenten validiert. Mithilfe der MYOW-Web-Anwendung wurde der Programmcode umgesetzt. Die Komplexität der Operator Jacket zeigt sich in Abb. 6.11, die das Schnittbild, die aufgeklappte Jacke, mit den einzelnen Komponenten und Leiterbahnverläufen zeigt. Dieses Schnittbild konnte nur mit dem bekleidungstechnischen Wissen der Feldtestteilnehmer erstellt werden. Aus dem Feldtest resultierten umfangreiche Potenziale für Weiterentwicklungsmöglichkeiten für alle Bereiche der MYOW-Plattform.

Eine Validierung der Empfehlung für ähnliche Projekte konnte nur ansatzweise erfolgen, da nur eine begrenzte Anzahl an Nutzenden (und das Projektkonsortium) Projekte anlegen konnten und für die Funktionalität dieser Empfehlung bereits eine größere Anzahl von mindestens 50 umgesetzten Projekten vorhanden sein sollte. Die Komposition des Wearables und Empfehlungen zur Positionierung des I/O-Elementen wurde von den Nutzenden als sehr unterstützende Hilfestellung empfunden. Jedoch standen nicht für alle Komponenten Daten für eine empfohlene Positionierung zur Verfügung, sodass auch für diese Empfehlung noch weitere Daten benötigt werden. Für die detailliertere Konzeptionierung wären digitale Adaptionen partizipativer Designmethoden, die unterstützend bei der Konkretisierung von Ideen und die Zusammenarbeit sind, denkbar. Zielsetzung der visuellen Programmierumgebung war, dass diese auch von Laien verstanden wird, aber gleichzeitig flexibel und leistungsfähig genug ist, um auch komplexe Ideen zu ermöglichen. Auch Personen ohne Vorkenntnisse hatten das allgemeine Konzept der Programmierumgebung schnell verstanden und die Einschätzung, dass sie damit gute Ergebnisse erzielen können. Jedoch hatten die Nutzenden zum Teil Probleme mit dem Verständnis einiger Informatikbegriffe und mathematischen Notationen, die verwendet wurden. So äußerten sie, dass sie nichttechnische Begriffe und Symbole präferieren würden. Für die bereits vorhandenen Hilfefunktionen der einzelnen Komponenten mit Informationen wurde Ausbaupotenzial wie 3D-Visualisierung und ein Vorschaumechanismus vorgeschlagen. Die Balance zwischen laienverständlicher Darstellung und leistungsfähiger Funktionalität ist hier die größte Herausforderung. Nutzende wünschen sich eine möglichst klare, einfach strukturierte Art der Programmierung, die technische Details versteckt, dabei aber genug Spielraum für die Entfaltung der Projektideen lässt.

Das Manual wurde im Großen und Ganzen als sehr unterstützend wahrgenommen. Hier wünschten sich die Nutzenden beispielsweise bei der Anbringung der Komponenten noch detailliertere Darstellungen. Das modulare textile Leiterbahnensystem löste bei den Nutzenden Begeisterung aus. Nach wie vor ist die Verbindung von Textil mit Elektronik eine Herausforderung. Durch instabile Verbindungen geht häufig die elektronische Funktionalität verloren. Die Anbringung des elektronischen Schaltkreises auf der Außenseite der Jacke oder einer herausnehmbaren Kleidungslage würde Wartungsarbeiten an der Jacke vereinfachen, was aus ästhetischen und funktionalen Gründen jedoch oft nicht infrage kommt.

Aus den Erkenntnissen des Feldtests können viele Ausbaupotenziale und neue mögliche Anwendungen von Dienstleistungen für die MYOW-Plattform abgeleitet werden, so zum Beispiel die genauere Abfragemöglichkeit der Kompetenzen der Nutzenden zu Beginn der Projektkonzeptionierung. Beispielsweise Nutzende, die die Kompetenz des Lötens suchen, könnten mit Nutzenden gematcht/verbunden werden, die diese Kompetenz aufweisen oder bei Interesse auch an Videotutorials zum Erlernen dieser Kompetenz verwiesen werden.

6.4 Entwicklung des Pop-up-Labs als mobile Wearablewerkstatt

Mit dem Pop-up-Lab entstand eine mobile physische Präsentation der digitalen Plattform mit Werkzeugen und (Anschauungs-)Materialien. Der modulare Maker Space ermöglicht mobile Workshops einschließlich der Demonstration der Entstehung eines Wearables und Ausstellung entstandener Wearables. Gemeinsam mit Studierenden des Mode- und Produktdesigns der Universität der Künste Berlin wurde im Rahmen eines einwöchigen Designmethodenkompaktkurses das Aussehen, der Aufbau und die Ausstattung des Pop-up-Labs entworfen. Die Entwicklung erfolgte nach den eingangs präsentierten Phasen des Entwicklungsprozesses der MYOW-Plattform. Einführend erfolgte eine Kontextanalyse, um die Nutzungsumgebung, die Aufgabenfolge und benötigten Artefakte für die Umsetzung von Wearables zu verstehen (Holtzblatt und Beyer 1997). Der Entstehungsprozess eines textilen Wearables wurde hinsichtlich Materials, Werkzeug, Maschinen und Arbeitsplatz fiktiv konstruiert und analysiert. Darauf aufbauend wurden verschiedene weitere Methoden, wie das Collaborative Sketching (Shah et al. 2001), die AEIOU-Methode (Martin und Hannington 2013) und die Darstellung von Persona (Schweibenz 2004) für die Konkretisierung der Ideen angewandt. Das Resultat waren drei Ideen zur Gestaltung eines Pop-up-Labs in Form von analogen Quick & Dirty-Prototypen-Modellen (Hudson und Mankoff 2006) (s. Abb. 6.12 a und b, Abb. 6.13 a) und auch digitalen 3D-Modellen im Maßstab 1:100. Basierend

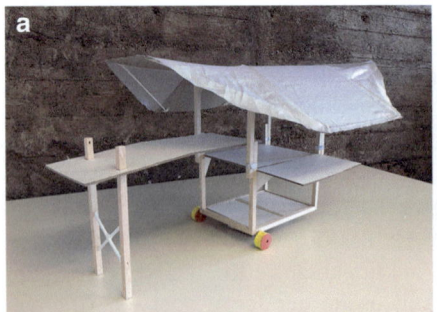 

Abb. 6.12 Pop-up-Lab als ausziehbarer Marktstand ©YouJung Kim, Lisa Marie Böhm, Sandro Bodet, Malte Bossen, Daniel Tratter, Laura Talkenberg (**a**); Pop-up-Lab als Rollwagen ©Mina Bonakdar, Caspar Frowein, Marlene Haase, Isabel Meierkoll, Julius Führer, Delia Rößer (**b**)

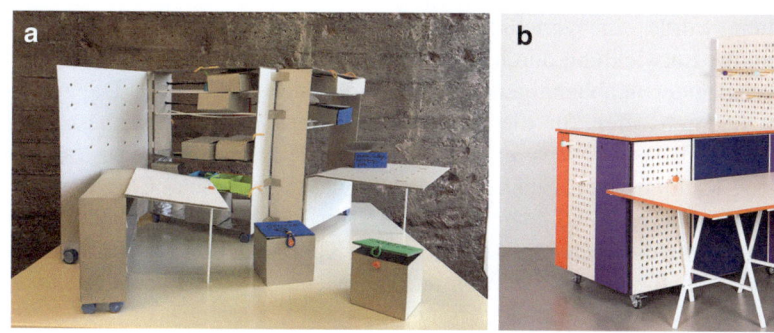

Abb. 6.13 Pop-up-Lab als Schrankkoffer ©Parinaz Jabirian, Hyein Pyo, Sandra Dewi du Carrois, Veronika Hopponen, Mia A. Sommerfeld, Tim Süßbauer (**a**); fertig gestelltes Pop-up-Lab (**b**)

auf den Ergebnissen der Analyse wurden Anforderungen an die mobile Werkstatt hinsichtlich der Struktur, des Inhaltes, der Aufbewahrung und der Materialien herausgearbeitet.

Die Außenmaße des Pop-up-Labs durften in dessen Ausgestaltung die Maße von 120 × 80 × 98 cm (Länge x Breite x Höhe) nicht übersteigen, da die mobile Werkstatt ansonsten nicht mehr in Aufzüge oder durch Türen passen würde und somit die Mobilität des Pop-up-Labs eingeschränkt werden würde. Die Projektergebnisse wurden hinsichtlich der Realisierbarkeit, Praktikabilität und Kosten analysiert. Basierend darauf wurde das Pop-up-Lab in Form eines Rollwagens in 3D konstruiert. Dieses 3D-Modell wurde in Form von Renderings visualisiert und entsprechende Stücklisten für die Fertigung erstellt. Die physische Umsetzung des Pop-up-Labs (s. Abb. 6.13 b) realisierte ein beauftragter Tischlereimeisterbetrieb. Bedingt durch die Maßnahmen zur Eindämmung der Coronapandemie konnte das Pop-up-Lab im Rahmen der Projektlaufzeit leider nicht in der Praxis erprobt werden.

6.5 Technische Architektur der Plattform

Da an die MYOW-Plattform die Anforderung gestellt wird, verschiedenste Systembereiche und Funktionen zu vereinen, ist eine komplexe Systemarchitektur erforderlich. Ausgehend von der Anforderung, dass Nutzende Wearableprojekte anlegen, speichern, gemeinsam bearbeiten, abschließen und wiederverwenden können sollen, wurde eine Web-Anwendung konzipiert, die über einen Webbrowser intuitiv durch die Prozesse zur Gestaltung der Wearables führt. Diese wurde als Single-Page-Web-Anwendung realisiert, dient als User Interface (UI) und kommuniziert transparent für die Nutzenden mit den Backend Services zum Zugriff auf Daten und deren Speicherung in der Datenbank. Sie leistet komplexe Berechnungen wie die Ad-hoc-Erzeugung des User Manuals ausgehend vom aktuellen Bearbeitungsstand, der Kompilierung von Steuerungsprogrammen, das Training der ML-Komponenten und für die Nutzung von Recommendation Services. Da die einzelnen Services von verschiedenen Partnern entwickelt werden sollten, wurde eine verteilte serviceorientierte Architektur gewählt, die eine unabhängige Entwicklung durch die Partner und das Hosting der Services auf mehreren voneinander unabhängigen Servern ermöglicht (Abb. 6.14). Die Architektur bleibt dadurch offen für die Integration weiterer Services, insbesondere auch von Third Party Services externer Anbietender, beispielsweise für die Integration von Kleidung oder Elektronik, die Anbindung an Social Communities, die Ergänzung weiterer Recommendation Services oder die Abrechnung von Microleistungen wie die Nutzung von Diensten, Kleidung, Programmcode oder Bauteilen. Als Technologie fiel die Wahl auf den Mean Stack (**M**ongoDB Datenbank, **E**xpress Framework, **A**ngular Frontend, **N**ode.js Server)[16], da dieser mit Angular die Entwicklung von anspruchsvollen, responsiven UIs zur Anbindung von Tablets oder Smartphones ermöglicht und durch die MongoDB eine effiziente Speicherung der vielen Wearableelemente erlaubt. Für die Kommunikation zwischen dem Frontend und den durch das Node.js Backend angebotenen Services wird als Query Language graphQL verwendet und externe Services werden über eine REST API angebunden. Sämtliche Kommunikation erfolgt über HTTP bzw. außerhalb von abgeschlossenen Netzwerken SSL-verschlüsselt über HTTPS. Administrative Zugriffe sind über die gesicherten Protokolle FTPS und SSH möglich.

Die Architektur und die zugrunde liegende Technologie ermöglichen die Skalierung von Rechenleistung und Datenvolumen für wachsende Nutzerzahlen, beispielsweise durch einen für die Nutzenden transparenten Betrieb mehrerer paralleler Webportalinstanzen oder die automatisierte Verteilung von Serviceaufrufen auf mehrere gleichartige Backend Services. Für die Plattform wurde ein Berechtigungskonzept entwickelt, das die Daten der Nutzenden schützt und die Sichtbarkeit der Daten gezielt einschränkt. Beispielsweise werden persönliche Daten von Teammitgliedern, die im Projekt z. B. für die Kommunikation untereinander benötigt werden, niemals öffentlich angezeigt. Auch die Änderung von Projektkonfigurationen ist nur den Mitgliedern des Projektteams möglich. Projekte können entweder öffentlich oder nur für das Projektteam sichtbar sein. Dadurch können bei einer kommerziellen Nutzung Initiierende Ideen einbringen, die nicht für jeden sichtbar sind.

6.6 Zusammenfassung

In diesem Kapitel wurde die Entwicklung verschiedener Teilbereiche einer Plattform für die Erstellung individueller Wearables beschrieben. Die Erkenntnisse, die bei der Durchführung des interdisziplinären Projekts mit Partnern aus den Bereichen Design, Software, Textil und Elektronik mit jeweils eigener Sprache, Arbeitsweise und Expertise gewonnen wurden, zeigen, wie relevant die Auswahl

---

[16] https://www.mongodb.com/mean-stack. Zugegriffen: 01.12.2021.

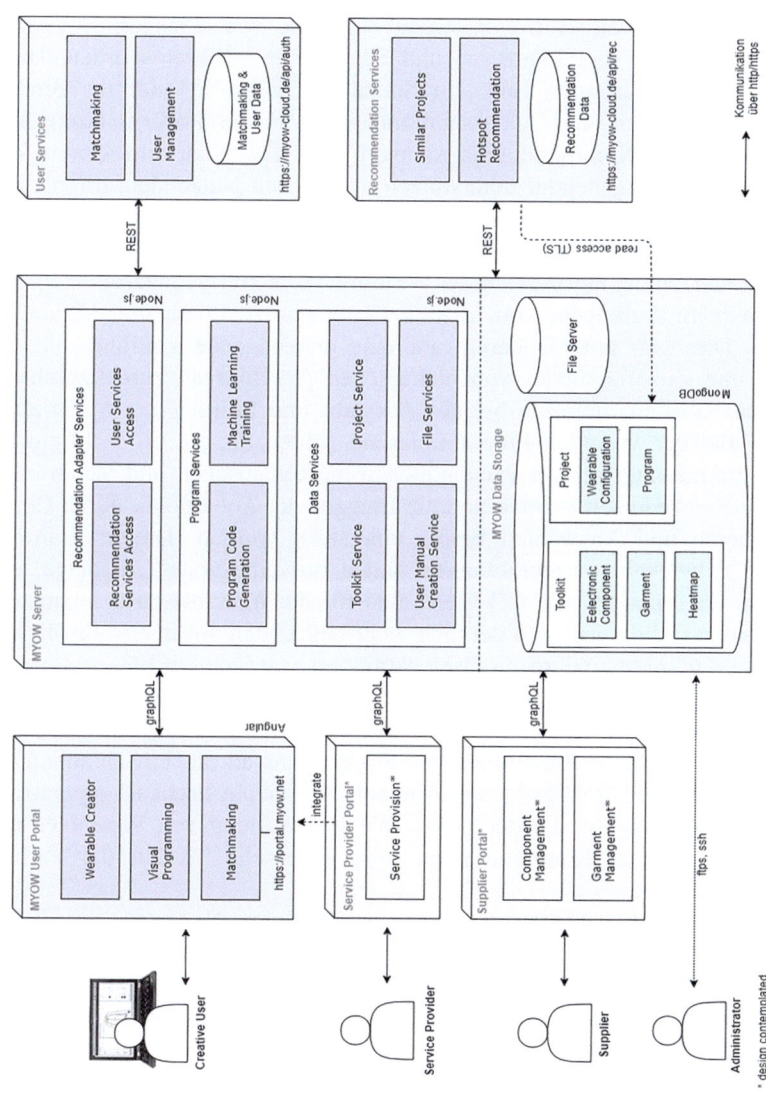

Abb. 6.14 Technische Architektur der MYOW-Plattform

von geeigneten Entwicklungsmethoden von Projektbeginn an ist und wie partizipatives Design unterstützend einbezogen werden kann. Bei der Entwicklung der Plattform zeigte sich, dass für die Zusammenstellung von Teams noch genauer zu berücksichtigen ist, dass sowohl eine virtuelle Zusammenarbeit wie auch eine gemeinsame Fertigstellung des Wearables vor Ort erforderlich ist. Es wäre beispielsweise hilfreich, wenn Nutzende vom Einstieg an gegenseitig noch mehr über ihre Interessen und Fähigkeiten erfahren würden. Hierbei könnten z. B. ergänzende Links in Social-Media-Profile oder die direkte Aktivierung einer Sprach- und Videokommunikation – bilateral oder in Gruppen – für die kollaborative Kommunikation sinnvoll sein. Die Plattform könnte die Zusammenarbeit weitergehender unterstützen, indem den Nutzenden, die gleichzeitig verteilt an einer Komposition oder einem Programmcode arbeiten, Mauszeiger oder Kommentare der anderen Projektmitglieder angezeigt werden. In den Workshops traten bei der Herstellung der Wearables zum Teil Schwierigkeiten auf, insbesondere beim Aufbügeln von textilen Leiterbahnen, Löten und Verbinden von Kabeln. Dies war unter anderem auf eine ungenügende Leitfähigkeit von Materialien und Zuverlässigkeit von elektrischen Anschlüssen zurückzuführen. Hier wäre eine weitere Iteration bei der Auswahl und Prüfung der Materialien erforderlich. Bei der visuellen Programmierung sollten für die oft fachfremden Nutzenden, die mitunter schwer verständlichen mathematischen und technischen Notationen weiter reduziert werden und die Eingabe der Ablauflogik durch Copy/Paste, Markieren und Auswählen besser unterstützt werden. Die im Rahmen des Projekts entwickelten Empfehlungen bilden nur eine erste Grundlage, um Nutzende bei der Auswahl von I/O-Elementen für ihr Wearable zu unterstützen. Die Algorithmen sollten noch mit deutlich mehr Nutzenden mit unterschiedlichen Profilen weiter trainiert und methodisch verfeinert werden, um diesen Bereich so noch nutzerzentrierter zu gestalten. Weitere Iterationen des Feldtests wären für alle Bereiche der Web-Anwendung vorteilhaft gewesen, jedoch musste auch das MYOW-Projekt durch Adaptionen des Projektplans an die Einschränkungen zur Eindämmung der Coronapandemie Alternativen zur physischen kooperativen Arbeit finden. Es zeigte sich jedoch, dass die Entwicklung von Wearables nur teilweise durch digitale Kommunikation ohne physische Treffen der Partner substituiert werden kann.

Damit ein mit der MYOW-Plattform entworfenes Wearable zu einem wirtschaftlichen, in großen Stückzahlen produzierbaren Produkt wird, ist eine Vorbereitung der Serienentwicklung notwendig. Wenn Maker bereits ein erstes Funktionsmuster des Wearables bestehend aus Hardware und Software gefertigt und getestet haben, sollte eine Anwendungsoptimierung, Miniaturisierung der Elektronik und Kostenoptimierung durchgeführt werden. Abschließend gilt es zudem, die für die CE-Zertifizierung notwendigen Nachweise durch Konformitätsprüfungen zu erbringen. Insgesamt haben das Konsortium wie auch die Nutzenden in den Workshops wertvolle Erkenntnisse und Wissen gewonnen, interessante Erfahrungen gesammelt, sehr gute Ergebnisse erzielt und das Projekt erfolgreich abgeschlossen.

6.7 Förderhinweise

Das diesem Beitrag zugrunde liegende Projekt „MYOW" wurde mit Mitteln des Bundesministeriums für Bildung und Forschung unter den Förderkennzeichen 02K17A060 – 02K17A064 gefördert. Die Verantwortung für den Inhalt dieser Veröffentlichung liegt bei den Autoren.

Literatur

Alyari F, Navimipour NJ (2018) Recommender systems: a systematic review of the state of the art literature and suggestions for future research. Kybernetes, 47(5):985–1017

Booth T, Stumpf S (2013) End-user experiences of visual and textual programming environments for Arduino. In: International symposium on end user development (pp. 25–39). Springer, Berlin, Heidelberg.

Bredies K (2014) Gebrauch als design. transcript, Bielefeld

Beuthel M, Buur J (2012) Why a train set helps participants co-construct meaning in business model innovation. Paper presented at Participatory Design Conference, Roskilde, Denmark.

Burke R (2002) Hybrid recommender systems: survey and experiments. User Model User-Adap Inter 12(4):331–370

Dorling M, White D (2015) Scratch: A way to logo and python. In: Proceedings of the 46th ACM technical symposium on computer science education, 191–196.

Eckhardt A (2012) Similarity of users' (content-based) preference models for collaborative filtering in few ratings scenario. Expert Syst Appl 39(14):11511–11516

Eriksen MA (2012) Material matters in co-designing: formatting & staging with participating materials in co-design projects, events & situations. Malmö University, Faculty of Culture and Society

Fröbel F, Beuthel M, Joost G (2021) Wearable Mapping Suit: Body Mapping for Identification Wearables. In: 14th Biannual Conference of the Italian SIGCHI Chapter (CHItaly 2021), 1–7

Getoor L, Sahami M (August 1999) Using probabilistic relational models for collaborative filtering. In Workshop on web usage analysis and user profiling (WEBKDD'99), S 1–6

Hartman K (2014) Make: wearable electronics: design, prototype, and wear your own interactive garments. Maker Media, Inc.

Holtzblatt K, Beyer H (1997) Contextual Design: Defining Customer-Centered Systems. Morgan Kaufmann Publishers Inc., San Francisco, CA, USA.

Hsu CL, Lin JCC (2008) Acceptance of blog usage: the roles of technology acceptance, social influence and knowledge sharing motivation. Inf Manag 45(1):65–74

Hudson SE, Mankoff J (October 2006) Rapid construction of functioning physical interfaces from cardboard, thumbtacks, tin foil and masking tape. In Proceedings of the 19th annual ACM symposium on user interface software and technology, S 289–298

Katterfeldt ES, Dittert N, Schelhowe H (2009) EduWear: smart textiles as ways of relating computing technology to everyday life. In: Proceedings of the 8th international conference on interaction design and children, S 9–17

Kazemitabaar M, McPeak J, Jiao A, He L, Outing T, Froehlich JE (2017) Makerwear: a tangible approach to interactive wearable creation for children. In: Proceedings of the 2017 chi conference on human factors in computing systems, S 133–145

Lattemann C, Robra-Bissantz S, Ziegler C (2020) Die Komposition personennaher Dienstleistungen von morgen. HMD Praxis Wirtschaftsinfor 57(4):639–654

Mareis C, Joost G, Kimpel K (Hrsg) (2010) Entwerfen – Wissen – Produzieren. Designforschung im Anwendungskontext. transcript, Bielefeld

Mareis C, Held M, Joost G (Hrsg) (2013) Wer gestaltet die Gestaltung? Praxis. Theorie und Geschichte des partizipatorischen Designs. transcript, Bielefeld

Martin B, Hanington B (2013) Designmethoden: 100 Recherchemethoden und Analysetechniken für erfolgreiche Gestaltung. Stiebner

Meinel C, Von Thienen J (2016) Design thinking. Informatik-Spektrum 39(4):310–314

Myers BA (1990) Taxonomies of visual programming and program visualization. J Vis Lang & Comp 1(1):97–123

Pan Y, Stolterman E (2015) What if HCI becomes a fashion driven discipline? In: Proceedings of the 33rd annual ACM conference on human factors in computing systems, pp. 2565–2568

Plattner H, Meinel C, Weinberg U (2009) Design-thinking. Mi-Fachverlag, Landsberg am Lech, S 64 f.

Ngai G, Chan SC, Ng VT, Cheung JC, Choy SS, Lau WW, Tse JT (2010) i* CATch: a scalable plug-n-play wearable computing framework for novices and children. In: Proceedings of the SIGCHI conference on human factors in computing systems, S 443–452

Polatidis N, Georgiadis CK (2016) A multi-level collaborative filtering method that improves recommendations. Expert Syst Appl 48:100–110

Sarwar B, Karypis G, Konstan J, Riedl J (2000) Application of dimensionality reduction in recommender system-a case study. Minnesota Univ Minneapolis Dept of Computer Science

Schweibenz W (2004) Zielgruppenorientiertes interaktionsdesign mit Personas. Information Wissenschaft und Praxis 55(3):151–158

Seitz T (2017) Design Thinking und der neue Geist des Kapitalismus: Soziologische Betrachtungen einer Innovationskultur. transcript, Bielefeld

Seyed T, Devine J, Finney J, Moskal M, de Halleux P, Hodges S, Roseway A (2021) Rethinking the runway: using avant-garde fashion to design a system for wearables. In: Proceedings of the 2021 CHI conference on human factors in computing systems, S 1–15

Shah JJ, Vargas-Hernandez NOE, Summers JD, Kulkarni S (2001) Collaborative Sketching (C-Sketch) – an idea generation technique for engineering design. J Creat Behav 35(3):168–198

Stefik A, Gellenbeck E (2011) Empirical studies on programming language stimuli. Software Qual J 19:65–99

Stefik A, Siebert S (2013) An empirical investigation into programming language syntax. ACM Transactions on Computing Education (TOCE) 13(4):1–40

Stern B, Cooper T (2015) Getting started with Adafruit FLORA: making wearables with an Arduino-compatible electronics platform. Maker Media, Inc.

Triggs T (2010) Fanzines: the DIY revolution. In: DIY Design – 9th Annual St Bride Library Conference, 27–28 May 2010, London, UK.

Weintrop D, Wilensky U (2015) To block or not to block, that is the question: students' perceptions of blocks-based programming. In: Proceedings of the 14th international conference on interaction design and children, pp. 199–208

Zeagler CC (2018) Designing textile-based wearable on-body electronic interfaces utilizing vibro-tactile proprioceptive display (Doctoral dissertation, Georgia Institute of Technology)

Friederike Fröbel ist wissenschaftliche Mitarbeiterin am Deutschen Forschungszentrum für Künstliche Intelligenz (DFKI GmbH).

Rolf Fricke ist Leiter F&E bei der Condat AG in Berlin und Koordinator des MYOW Projektes.

Patrick Stadler ist wissenschaftlicher Mitarbeiter am Deutschen Forschungszentrum für Künstliche Intelligenz (DFKI GmbH).

Esther Zahn ist wissenschaftliche Mitarbeiterin am Deutschen Forschungszentrum für Künstliche Intelligenz (DFKI GmbH).

Clara Gleiß ist wissenschaftliche Mitarbeiterin am Deutschen Forschungszentrum für Künstliche Intelligenz (DFKI GmbH).

Tobias Albert ist wissenschaftlicher Mitarbeiter beim AWS-Institut für digitale Produkte und Prozesse gGmbH in Saarbrücken.

Luisa von Radziewsky ist wissenschaftliche Mitarbeiterin am Deutschen Forschungszentrum für Künstliche Intelligenz (DFKI GmbH).

Beate Prelle ist Senior Software Entwicklerin und Projektleiterin bei der Condat AG in Berlin.

Tim Bibow ist Geschäftsführer bei der Spontaneous Order GmbH in Berlin.

Florian Krebs ist Leiter der Produktentwicklung bei der Spontaneous Order GmbH in Berlin.

Fabian Jaenicke ist Projektleiter bei Freyer & Siegel Elektronik GmbH & Co. KG.

Finn Vincent Harms ist Software Entwickler bei Freyer & Siegel Elektronik GmbH & Co. KG.

Gesche Joost ist leitende Wissenschaftlerin am Deutschen Forschungszentrum für Künstliche Intelligenz (DFKI GmbH).

3D-Druck – Eine Technologie als Schlüssel zur Steigerung der Teilhabe

Anne Kruse, Laura Müller, Manuel Ott, Philipp Jung, Rainer Koch, Joachim Hügel, Florian Finke, Stephan Winter und Thomas Gust

Zusammenfassung

proDruck „3D-Druck – Technologie der Industrie 4.0 – als Mittel der Inklusion für Menschen mit Behinderungen in die Arbeitswelt" vereinfacht die Teilhabe von Menschen mit Einschränkungen am täglichen Leben. 3D-gedruckte Alltags- und Montagehilfen ermöglichen Hilfe zur Selbsthilfe und können zur Inklusion in die erste Arbeitswelt beitragen. Um gut funktionierende und einfach zu handhabende Alltags- und Montagehilfen zu erstellen, benötigt es auch einiger wissenschaftlicher Analysen. Es erfolgte zunächst eine Analyse möglicher Anwendungsbereiche. Hierfür wurden Handgelenksfehlstellungen analysiert, die häufig durch Spastiken hervorgerufen werden. Dadurch konnte eine bessere Anpassung von Alltags- und Montagehilfen erfolgen. Um nicht vollständig gedruckte Bauteile herzustellen, sondern auch Hybridlösungen

---

A. Kruse (✉) · L. Müller · M. Ott · P. Jung · R. Koch
Fachgruppe für Computeranwendung und Integration in Konstruktion und Planung,
Universität Paderborn, Paderborn, Deutschland
E-Mail: kruse@cik.upb.de

L. Müller
E-Mail: mueller@cik.upb.de

M. Ott
E-Mail: ott@cik.upb.de

P. Jung
E-Mail: jung@cik.upb.de

R. Koch
E-Mail: r.koch@cik.upb.de

© Der/die Autor(en), exklusiv lizenziert an Springer Fachmedien Wiesbaden GmbH, ein Teil von Springer Nature 2023
C. Lattemann und S. Robra-Bissantz (Hrsg.), *Personennahe Dienstleistungen der Zukunft,* Edition HMD, https://doi.org/10.1007/978-3-658-38813-3_7

realisieren zu können, mussten Klebeverbindungen hergestellt und geprüft werden. Um die Produkte möglichst individuell gestalten zu können, erfolgt für diverse Bauteile die Erstellung von Konfiguratoren, wie zum Beispiel für Sortierschablonen. Diese vereinfachen die Arbeit der Betroffenen in bestimmten Bereichen, für einige wird durch diese Schablonen die Arbeit überhaupt erst ermöglicht.

Schlüsselwörter

3D-Druck · Alltagshilfen · Montagehilfen · E-Commerce · Konfiguratoren · Hilfe zur Selbsthilfe

7.1 Einleitung und Motivation

Wie bereits im Projektbericht dargestellt, war die Benachteiligung von Menschen mit Behinderungen im Umgang mit neuen technologischen Innovationen ein großer Ansporn, dieses Projekt in die Wege zu leiten. Die größte Motivation war die Möglichkeit in dem Bereich, in dem man forscht, auch etwas Positives für andere bewirken zu können und Hilfe zur Selbsthilfe zu geben. So konnte über die Produktion der Bauteile hinaus eine Wissens- und Austauschplattform generiert werden. Mit entsprechenden Hilfe- und Unterstützungsmaßnahmen finden Menschen mit Behinderungen Zugang zu einer neuen Technologie und damit die Möglichkeit, sich eigenständig weiterzubilden.

7.2 Theoretischer Hintergrund

Die additive Fertigung ist eine neue Technologie, die viele Potenziale bietet. Die individuelle Anpassung von Konstruktionen sowie die kostengünstige Einzelteilfertigung schafft gerade im Hinblick auf spezielle Bedürfnisse besondere Vorteile, die vor allem für Menschen mit Behinderungen zu einer Erleichterung

---

J. Hügel
proWerk, Bielefeld, Deutschland
E-Mail: Joachim.Huegel@bethel.de

F. Finke · S. Winter
LEONEX Internet GmbH, Paderborn, Deutschland
E-Mail: Florian.Finke@leonex.de

S. Winter
E-Mail: winter@leonex.de

T. Gust
trinckle 3D GmbH, Berlin, Deutschland
E-Mail: Thomas.Gust@trinckle.com

in vielen Bereichen des alltäglichen und des Arbeitslebens führen können. Alltagshilfen werden heutzutage bereits von Hobbybastlern eigenständig entwickelt und über das Fused-Deposition-Modelling (FDM)-Verfahren hergestellt. Dieses Vorgehen wurde aufgrund der leichten Handhabbarkeit der FDM-Drucker im Desktop-Printer-Bereich adaptiert, um Hilfe zur Selbsthilfe leisten zu können. Die Bedienung der 3D-Drucker ist leicht verständlich und kann über einfache Schulungskonzepte erlernt werden.

Der Zugang zur ersten Arbeitswelt ist, wie bereits erwähnt, für Menschen mit Behinderungen nur erschwert möglich. Werkstätten für Betroffene bieten eine Möglichkeit der Inklusionsvorbereitung. Der 3D-Druck trägt einerseits dazu bei, ein benötigtes Wissen für die erste Arbeitswelt zu generieren. Andererseits bietet das Verfahren die Hilfe zur Selbsthilfe. Die gedruckten individuellen Montagehilfen ermöglichen den Betroffenen die Ausübung neuer Aufgabenfelder, die ihnen sonst verwehrt geblieben wären.

7.3 Methodologischer Ansatz

Die Umsetzung eines Geschäftsmodells für den Verkauf von individuellen Alltagshilfen in Verbindung mit einem Wissensaustausch hat vielschichtige Fragestellungen aufgeworfen. Während einige davon beantwortet werden konnten, können andere erst mit fortschreitender Evaluation der Plattform und der Benutzerakzeptanz bewertet werden.

Ein wesentlicher Aspekt bei dem Konzept einer E-Commerce-Anwendung für Menschen mit Behinderungen ist die Fragestellung, wer die wirkliche Zielgruppe ist: der Anwender oder ein Betreuer. Im Rahmen von proDruck ergaben sich noch weitere Zielgruppen wie z. B. Einrichtungen, die Betroffene versorgen. Letztlich wurde die Erkenntnis erlangt, dass ein User Interface mit größtmöglicher Kompatibilität für Menschen mit Behinderungen zwar möglich ist, jedoch in einigen Fällen klassischen E-Commerce-Mustern widerspricht. So sind zu viele verkaufsfördernde Elemente für die Benutzer irritierend, eine kompakte Produktdetailseite mit möglichst vielen Informationen auf einen Blick zu verwirrend. Dieses Problem vergrößert sich, je komplexer das dargestellte Produkt ist, was gerade bei individualisierbaren Produkten (z. B. einem Löffel) der Fall ist. Als Kompromiss ergab sich daher letztlich ein klares, minimalistisches Interface, welches die größtmögliche Nutzbarkeit für Menschen mit Einschränkungen erlaubt und dennoch typische Merkmale eines Onlineshops aufweist. Diese Entscheidung basierte auf dem Bewusstsein, dass der deutlich überwiegende Teil der Produktendanwender zwar Menschen mit Einschränkungen sind, die Nutzer des Shops jedoch deren Betreuer, Familienangehörige o. ä. sein können.

Eine weitere technische Herausforderung stellte sich bei der Individualisierung von Produkten. Bereits die im Projekt entwickelten Produkte besitzen eine Vielzahl von unterschiedlichen Individualisierungsoptionen. Obwohl das letztlich ausgewählte E-Commerce-System eine hohe Flexibilisierung bzgl. der für das Produkt notwendigen Datenfelder über das EAV (Entity-Attribute-Value)-Modell besitzt, so bleibt es für einen Betreiber (Shopadministrator) unmöglich, ein eigenes, individualisierbares Produkt inklusive individuellem Konfigurator einzurichten. Die Erstellung eines Konfigurators unterliegt diversen Anforderungen. Um diese möglichst allgemein filtern zu können, erfolgt die Einteilung der Produkte in individualisierbare, konfigurierbare und einfache Produkte. Dabei unterscheiden sich individualisierbare und konfigurierbare Produkte in dem Umfang der konfigurierbaren Eigenschaften. Während es bei einem konfigurierbaren Produkt eine zählbare Anzahl von Kombinationen gibt, z. B. „T-Shirt in Farbe Rot und Größe L", so ist ein individualisierbares Produkt in mehr Dimensionen und meist feingranular einstellbar. Dabei ergeben sich verschiedenste Kombinationsmöglichkeiten pro Produkt. Für eben solche Produkte werden je Produkt eigene Konfiguratoren integriert und die übermittelten Konfigurationsparameter gespeichert. Viele Eingabeparameter konnten dahingehend angepasst werden, dass sie selbsterklärender sind und eher dazu einladen, verschiedene Varianten „zu testen". Die individuelle Gestaltung von Geometrie ist dabei eine sehr unspezifische Aufgabe. Komplexe Formen können meist nicht direkt definiert werden. Stattdessen gibt es einen Vorgang, in welchem primitive Grundformen durch geometrische Operationen miteinander kombiniert werden und damit eine komplexere Form beschreiben. Dieser Vorgang bezeichnet die Ausführung eines Konstruktionsgraphens. Dabei gibt es einen grundlegenden Zielkonflikt zwischen der Freiheit der Formengestaltung und der Einfachheit und Effektivität der Bedienung des Konfigurationsprozesses durch die Nutzer. Eine Möglichkeit zur Vereinfachung der Nutzereingaben ist die Verwendung von Metaparametern. Diese werden nicht direkt zur Ausführung des Konstruktionsgraphen verwendet. Vielmehr werden aus ihnen eine Vielzahl von Einzelparametern für den Konstruktionsgrafen abgeleitet. Beispiele dafür sind Parameter wie „Länge", „Breite" oder „Biegung". Eine weitere Vereinfachung ist die logische Modularisierung der Konstruktion, auch wenn diese nicht direkt der Struktur des Konstruktionsgraphen entspricht. Unter Einbezug aller ermittelten Anforderungen und jeweils benötigter Eigenschaften erfolgte die Erstellung der Konfiguratoren, um eine benutzerfreundliche Bedienung für individualisierbare Produkte anbieten zu können.

Im Rahmen des Check-out-Prozesses (Bezahlung, Versand etc.) half die Orientierung an gängigen Standards, wobei die genauen Versandparameter und Zahlungsoptionen eine untergeordnete Rolle spielen. Wichtig war hierbei vor allem die Übergabe der konfigurierten Parameter an die Produktion. Für individualisierbare Produkte wurde mit dem Projektpartner trinckle ein individueller Prozess abgestimmt inklusive Speicherung der geprüften.stl (Standard Triangulation Language)-Datei in der Bestellung mit allen Bestelldaten. Dies erlaubt ein sequenzielles Abarbeiten der Aufträge über das Backend des Onlineshopsystems oder eine Übertragung an ein ERP (Enterprise Resource Planning)-System. Der Endbenutzer wird über übliche E-Mail-Bestätigungen über den Fortgang der Bestellung aktuell informiert. Bei den rechtlichen Rahmenparametern gilt dasselbe (AGB, Datenschutz, Widerruf, Impressum, Cookie Consent etc.). Die Umsetzung von Produkten, die Dritte konzipiert haben, bedarf einer gesonderten Betrachtung, um rechtliche Rahmenbedingungen einzuhalten.

Der Wissensaustausch wird über eine Open-Source-Forensoftware (Discourse) realisiert und in die E-Commerce-Plattform nahtlos integriert. So kann direkt zu einem Produkt diskutiert werden. Hierbei hat sich die Erörterung der einzustellenden Parameter als wahrscheinlichster Anwendungsfall herausgestellt, aber auch Material und Anwendungsart. Die Forensoftware erlaubt somit einen Zugang zu diesen Produkten für weniger versierte Anwender.

7.4 Ergebnisse

7.4.1 Aufbau und Erarbeitung von Konfiguratoren für eine E-Commerce-Seite

Das Projekt hat große Herausforderungen hinsichtlich der Usability-Anforderungen für Menschen mit Einschränkungen mit sich gebracht und vielfach auch die Frage aufgeworfen, wer letztlich Endanwender ist. Klassisch zielt die Usability für Menschen mit Einschränkungen auf typische Themen wie Seheinschränkung, Höreinschränkung oder Bewegungseinschränkung ab. Hierfür gibt es meist gute Lösungen, die dieser Zielgruppe eine Teilhabe ermöglicht. Anders ist es jedoch bei kognitiven Einschränkungen. Wenngleich hier mit Informationen in „leichter Sprache" und grundsätzlich auch durch die Usability unterstützt werden kann, dass Informationen leicht verständlich sind, so ist die Benutzung eines Onlineshops mit einer mehrschrittigen Logik (Produktsuche, Warenkorb, Checkout) verbunden. Am Beispiel proDruck besteht die zusätzliche Anforderung, dass die Produkte hochgradig individualisierbar bzw. konfigurierbar sind. Für dieses Szenario konnte kein Lösungsweg gefunden werden, zumal sich in Gesprächen mit Bethel herausgestellt hat, dass die Zielgruppe für diese Produkte eher die Betreuer der Menschen mit Einschränkungen ist. So kann zusätzlich als Ergebnis festgehalten werden, dass im Bereich des E-Commerce die verkaufsfördernden Elemente als wichtiger zu sehen sind als eine über alle Käufergruppen nutzbare Usability. Letztlich entscheiden die verkaufsfördernden Elemente darüber, inwieweit ein E-Business-Projekt ein Erfolg wird.

Eine weitere Erkenntnis gibt es im Bereich der Konfiguration von individualisierbaren Produkten. Hier bedarf es eines hohen Verständnisses für die Funktion eben dieser Produkte, damit sie korrekt konfiguriert werden. Während die Usability im Rahmen des Projekts optimiert und die Konfiguration damit vereinfacht wurde, konnte die eigentliche Komplexität in diesem Prozessschritt nicht reduziert werden. Es verbleibt die hohe Anforderung an das technische Verständnis des Endanwenders. Gelöst werden konnte dies teilweise mithilfe des integrierten Forums. In einer späteren Ausbaustufe könnte auch ein manueller Prüfservice für Unerfahrene zum Einsatz kommen. Zwei der erstellten Konfiguratoren werden in der Ergebnisdarstellung der Bauteile näher erläutert.

Die komplexen Anforderungen an die konfigurierbaren Artikel konnten mit einem Open-Source-Shopsystem abgebildet werden, vom Frontend bis zur Übergabe an ein späteres Drittsystem. Hierbei zeigt sich jedoch, dass verschiedene

Produkte unterschiedliche Anforderungen an die Konfiguration haben hinsichtlich der Parameter (Durchmesser, Materialstärke, Drehung, Neigung etc.). Bisherige Versuche, einen One-Size-fits-all-Konfigurator zu nutzen, haben aufgrund der diversen Kombinationsmöglichkeiten pro Produkt nicht funktioniert. Bei einer großen Anzahl von Produkten kann es hier zu Performanceproblemen führen. Daher wird derzeit pro Produkt ein individueller Konfigurator geladen. Zielstellung ist hierbei, dass Produkte in Produktgruppen eingeteilt werden und lediglich pro Produktgruppe ein Konfigurator notwendig wird.

7.4.2 Aufbau der 3D-Druck-Werkstatt

Grundlage bei allen Umsetzungen im Bereich der Werkstatt für den 3D-Druck waren primär die Ideen und Wünsche der Betroffenen selbst, da sie Experten in ihrer eigenen Angelegenheit sind. Dies gilt nicht nur für den Aufbau der Arbeitsplätze, sondern auch für die benötigten Unterlagen zur Einarbeitung in die gegebenen Themenfelder. Vor allem bei der Erstellung der Schulungskonzepte sowie der Konstruktion der Bauteile hat ihr Expertenwissen für eine gute und schnelle Umsetzung gesorgt. Über mehrere Iterationsschleifen wurden dabei immer wieder neue Anforderungen gefiltert und die Konzepte dahingehend angepasst und verbessert. So konnten Unterlagen erarbeitet werden, die auch zukünftig sehr gut für die Einarbeitung neuen Personals genutzt werden können. Des Weiteren unterstützen die Unterlagen die Betroffenen bei der Schulung dahingehend, dass sie befähigt werden, neue Mitarbeiter einzuarbeiten.

Herausfordernd war bei der Erstellung jeglicher Unterlagen, die zu einem besseren Verständnis der Thematik in der 3D-Druck-Werkstatt beitragen sollten, dass die Schulungen, die E-Commerce-Seite oder die Konfiguratoren leicht nachvollziehbar sind. Daher wurde vor allem mit Bildern und kurzen, einfachen Sätzen zur Erklärung gearbeitet.

Die Umsetzung der 3D-Druck-Werkstatt erfolgte anhand eines für Bethel ausgelegten Geschäftsmodells. Dieses umfasst detaillierte Zielauslegungen, um ein bestmögliches Zusammenspiel aus der 3D-Druck-Werkstatt, der 3D-Druck-Plattform und den Betroffenen, Angehörigen sowie Beschäftigten ermöglichen zu können. Besondere Themenschwerpunkte für die 3D-Druck-Werkstatt stellen die Kosten- sowie Kapazitätsplanung dar.

Die maschinellen Kapazitäten bestehen aus den 3D-Druckern. Daher erfolgte zu Beginn die Beschaffung von zwei 3D-Druckern über Spendenanträge. Die Erstellung einer Kalkulationsübersicht über die bisher bestehenden Produkte gewährleistet eine kalkulatorische Planung für die Fertigungsdauer und somit der Kapazitäten der 3D-Drucker. Auf Basis von einfachen Kalkulationen und Eingabefeldern sind die Fertigungsdauern bezüglich der Produkte sowie gewisser Stückzahlen schnell zu ermitteln. Dabei erfolgt mithilfe jener Kapazitätsplanung die Ermittlung möglicher Bauteilanzahlen bezogen auf einen Monat.

Besondere Herausforderungen gingen mit der Kostenplanung einher. Um mögliche Verkaufspreise der Produkte bestimmen zu können, müssen u. a. zunächst

Materialkosten bestimmt werden. Diese ergeben sich anteilsmäßig vom Filament bezogen auf das jeweilige Bauteilvolumen. Einige Produkte benötigen beim 3D-Druck eine Stützstruktur, sodass hier anteilsmäßig die Materialkosten abhängig vom Material und dessen Einsatzmenge bestimmt werden. Die sich ergebenden Materialkosten sind im Verhältnis zu den pro Bauteil auftretenden Fixkosten sehr gering. Dies führte zu der Herausforderung, einen Verkaufspreis zu finden, der einerseits die Kosten deckt und andererseits den ethischen Grundgedanken widerspiegelt, die Produkte so preiswert wie möglich für Betroffene anbieten zu können.

7.4.3 Entwicklung von Alltags- und Montagehilfen

Um einen Mehrwert durch Alltags- und Montagehilfen für Menschen mit Behinderungen zu generieren, sind die Hilfen entsprechend der jeweiligen Bedürfnisse zu konstruieren. Eine große Anzahl der ersten Anwendungsbeispiele im Projekt bezogen sich insbesondere auf Menschen mit Spastiken. Daher erfolgte eine Analyse von bestimmten Krankheitsbildern und damit einhergehenden Fehlstellungen, die durch Spastiken hervorgerufen werden. Diese Analyse bezog sich vor allem auf die Fehlstellung der Hände, um sowohl Alltagshilfen, wie z. B. individuelle Besteckaufnahmen, als auch Montagehilfen wie speziell geformte Schleifklötze zu entwickeln.

7.4.3.1 Analyse von Krankheitsbildern
Da Spastiken vielfältige Ausprägungen besitzen, soll im Folgenden ein Exkurs in die Neurologie das Verständnis sicherstellen. Diese Grundlagen basieren auf Bear et al. (2008), Block et al. (2008), Mumenthaler und Mattle (2002) und Reichel (2008):

Eine mögliche Ursache für das Auftreten von Spastizitäten kann die Schädigung des zentralen motorischen Nervensystems sein. Hierbei können der Motorcortex sowie das Rückenmark und hiervon abgehende Bahnen betroffen sein. Ähnliche Auswirkungen können beispielsweise durch einen Schlaganfall ausgelöst werden, der sich durch Lähmungserscheinungen äußert.

Meist ist der Zustand der Spastik von Dauer und oftmals auch mit Schmerzen verbunden. Große Merkmale bilden hierbei der erhöhte Muskeltonus (Hypertonus) und die Reflexe des Rückenmarks (Hyperreflexie). Durch die erhöhten Dehnungsreflexe sind regelmäßige Kontraktionen beim Strecken der Extremitäten die Folge. Für eine flüssige Bewegung sollten im Normalfall die Agonisten und Antagonisten (Zusammenspiel von Muskelpaaren mit gegensätzlicher Wirkung wie z. B. Bizeps und Trizeps) gemeinsam angesteuert werden und keine Reflexe als Störfaktor auftreten. Gerade in der Feinmotorik ist dieses Argument von noch größerer Bedeutung. Liegt eine Störung in diesem sensiblen System vor, so treten ungebremste, abgehackte und unkontrollierte Bewegungen auf.

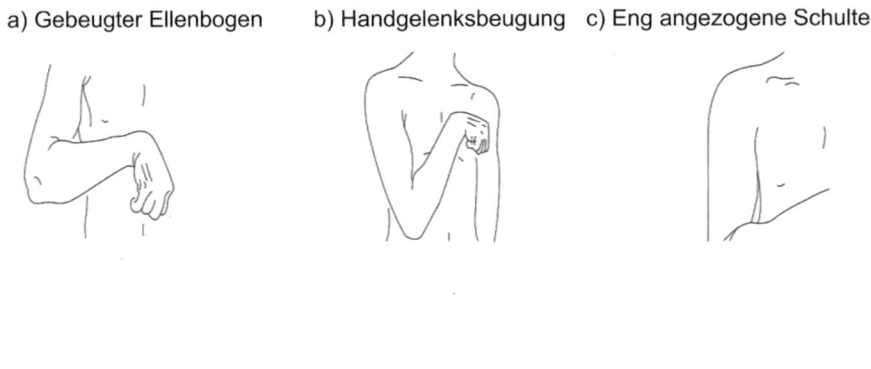

Abb. 7.1 Erscheinungsbilder der Spastik der oberen Extremitäten. (Merz 2019)

In Abb. 7.1 sind verschiedene Erscheinungsbilder von Spastiken der oberen Extremitäten dargestellt. Diese sollen verdeutlichen, welche Krankheitsbilder und Fehlhaltungen Menschen mit Spastiken aufweisen können. Feinmotorische Bewegungsabläufe sind folglich mit einem hohen Schwierigkeitsgrad sowie Mehraufwand für Betroffene verbunden. Alltägliche Handhabungen wie beispielhaft das Schreiben oder Essen sind oftmals nur schwer oder auch gar nicht ausführbar. Genau dort setzen Forderungen nach Alltagshilfen an. Spezifisch angepasste Hilfen sollen die Integration in den Alltag und die Arbeitswelt ermöglichen.

Nachfolgend wird nun auf eins dieser Beispiele für Alltagshilfen näher eingegangen. Es geht dabei um die Entwicklung einer individuellen Besteckaufnahme.

7.4.3.2 Besteckaufnahme

Wie bereits beschrieben haben Menschen mit einer ausgeprägten Spastik in einigen Teilen ihres Lebens einen Nachteil auszugleichen, bei dem viele herkömmliche Hilfsmittel nicht oder nur unzureichend unterstützen. Ein großes Themengebiet bedienen hier unter anderem Essbestecke. Selbstständiges Essen bietet einen extremen Mehrwert hinsichtlich des Betreuungsaufwandes und der Teilnahme am täglichen Leben. Innerhalb des Projekts werden hierfür entsprechende Modelle und Vorgehensweisen entwickelt, welche genau hier ansetzen. Zu unterscheiden sind verschiedene Nutzergruppen:

- Institutionen, die ein anpassbares Besteck benötigen, um mehreren Menschen eine entsprechende Möglichkeit zu bieten selbstständig essen zu können
- Privatpersonen, die explizites Besteck für eine Person, für die eine spezielle Konstruktion gegeben sein muss, benötigen

Für eine Gesamtgeometrie wurde hierzu in einem ersten Schritt ein Konfigurator zusammen mit dem Projektpartner trinckle entwickelt, welcher gewisse Konfigurationsmöglichkeiten bietet, um die wichtigsten Winkel und Längen einstellen zu können. Bei dieser Variante wird der gesamte Löffel mittels des 3D-Druckverfahrens hergestellt. Nutzer können alle Teile des Löffels individuell gestalten. Anschließend werden diese logischen Einzelteile durch Bezugsgrößen miteinander kombiniert (Winkel) und bestimmen so die Gesamtformgestaltung. Die in der Formgestaltung aufwendigste Komponente der Esshilfe ist die Kelle. Die Darstellung der Form kann nur über eine Kombination von Freiformflächen erfolgen, wenn ein hoher Grad an individueller Formgestaltung ermöglicht werden soll. Die Manipulation der Grundform der Kelle kann von Nutzern durch ein Kontrollpolygon intuitiv erfolgen („Zurechtziehen"). Weitere Metaparameter sind „Tiefe", „Steilheit" und „Asymmetrie". Die Komponente Stiel ist dabei durch Parameter wie „Länge" und eine Vielzahl von Winkelparametern variierbar. Das Zusammenspiel der verschiedenen Winkelparameter ist dabei maßgeblich für die Positionierung von Kelle zu Stiel. Leider ist die Interaktion dieser Parameter komplex und kann eine Hürde für Nutzer darstellen. Einen weiteren Kritikpunkt stellte hier die aus fertigungstechnischen Gründen leicht raue Oberfläche der Kellen und Gabeloberflächen dar. Durch eine entsprechende Nacharbeit konnten diese zwar deutlich geglättet werden, allerdings nicht im ausreichenden Maße, um damit ein angenehmes Essgefühl zu gewährleisten.

Durch diese Problemstellung ist die Idee einer Hybridlösung entstanden, einen gedruckten Griff mit einem konventionellen Gegenstück zu verbinden. Hier ergeben sich allerdings einige neue Fragestellungen:

- Gestaltung der gefügten Verbindungen
- Festigkeit und Beständigkeit der Varianten

Eine entwickelte, konstruktive Alternative erlaubt das Einkleben einer handelsüblichen Edelstahlkelle. Dabei handelt es sich um eine Adaptergeometrie, welche durch Lageparameter relativ zur Stielkomponente positioniert werden kann. Die Formgestaltung der Griffkomponente muss den hochindividuellen Einschränkungen von Menschen mit Behinderung gerecht werden. Diese folgen keinem technischen Regelwerk und können nicht allgemein durch geometrische Parameter erfasst werden. Daher gibt es für den Griff zwei grundlegende Optionen:

- Eine einfache generische Variante, welche für einen Großteil von Personen ausreichend sein kann
- Eine hochindividuelle Variante, welche speziell angepasst als Geometriekomponente bereitgestellt werden muss

Wenn es sich in der praktischen Nutzung als sinnvoll herausstellt, können auch weitere generische Varianten von einem Standardgriff mit verschiedenen Grundformen angeboten werden. Die Parameter des Standardgriffs bestehen aus „Länge", „Dicke", „Biegung" und „Anschlagshöhe". Die individuelle Griffgeometrie muss als eine Geometriedatei von Nutzern in den Konfigurationsprozess eingespeist werden. Anschließend muss die Geometrie räumlich zum Stiel positioniert werden. Dazu wählen Nutzer einen Bezugspunkt und entsprechende Winkel. Die Komplexität der Winkeleingaben wird durch eine plastische Nutzerinteraktion vereinfacht. Dabei können die Winkel direkt über Hilfsgeometrien manipuliert werden, ohne dass ein abstraktes numerisches Verständnis dafür erforderlich ist. Dies erleichtert es, den Zusammenhang zwischen Nutzereingaben und Ergebnisgeometrie herzustellen.

Um komplette Lösungen aus 3D-gedruckten Komponenten zu verwenden, können Griffe aus einem Polyactide(PLA)-Werkstoff durch die Kombination mit TPU-Werkstoffen (Thermoplastisches Polyurethan) formschlüssig mit dem Besteck verbunden werden. Der flexible Werkstoff ermöglicht so die Aufnahme von verschiedenen Bestecken, um eine universelle Nutzbarkeit zu gewährleisten. Zeitgleich soll eine Kugelform mindestens einen Winkel einstellbar machen und so die Bedürfnisse besser adressieren (Abb. 7.2).

Bei einer kontinuierlichen Nutzung durch dieselbe Person kann ein solch entstehender Winkel vorzugsweise fest eingestellt werden. Daher erfolgte die Entwicklung eines Konfigurators, welcher einen Handabdruck einlesen kann, mit einer definierten Schnittstelle versieht und somit ein Einkleben des Bestecks ermöglichen soll. Hier ergeben sich die Fragen hinsichtlich der Klebkraft bezüglich der Kombination von Kunststoff und Edelstahl. Hierzu erfolgte die Durchführung einiger Scherversuche. Zunächst mit Normproben und den verschiedenen Werkstoffen.

Die verwendeten Normproben sind in Abb. 7.3, rechts unten dargestellt. Darüber sind die Parameter des Versuchs zu finden und die resultierenden Ergebnisse sind in dem Diagramm in Abb. 7.3 zu sehen.

Um eine entsprechende Beständigkeit, Lebensmittelechtheit und Temperaturresistenz zu erreichen, wurde ein geeigneter Klebstoff ausgewählt. Mit ca. 1,5 bis

Abb. 7.2 Universelle Besteckaufnahme mit festem Griff und flexiblem Kopf

7 3D-Druck – Eine Technologie ...

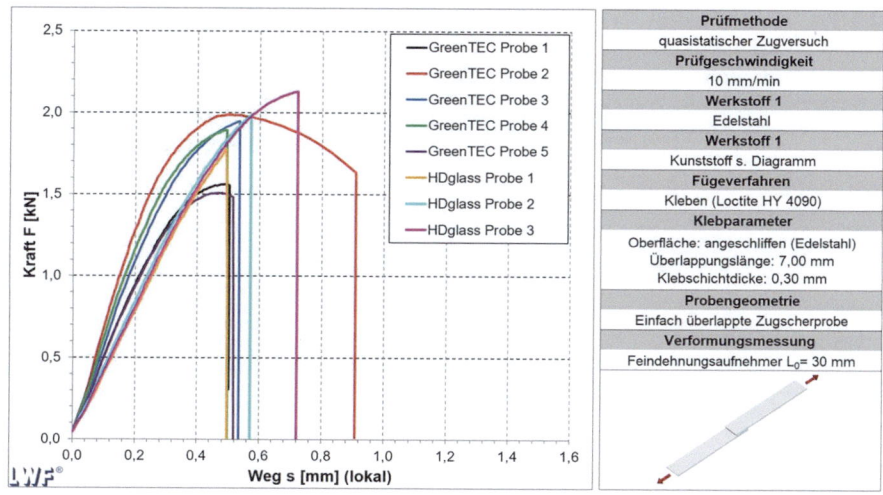

Abb. 7.3 Zugproben Edelstahl/GreenTec und Edelstahl/HDglass. (LWF 2021)

2,0 kN ist bereits an den Proben ersichtlich, dass sehr viel Kraft im Verhältnis zur menschlichen Kraftausübung aufgewendet werden muss, um diese Verbindungen zu trennen. Zur Verdeutlichung der Kräfteverhältnisse ergab beispielsweise die Studie nach Dorstewitz, dass die durchschnittliche menschliche Handkraft im rechten Arm 41,84 kg und somit ca. 410 N beträgt (Dorstewitz 2008).

Um einen Test unter realen Bedingungen zu erstellen, erfolgte im Anschluss die Herstellung je eines Griffes aus HDglass und aus GreenTec. Diese wurden mit einer Klebestelle versehen und es wurde jeweils ein Messer mit gekürztem Griff eingeklebt (vgl. Abb. 7.4). Die Auswahl fiel auf das Messer, da dies den größtmöglichen Zug auf die Naht aufbringt, wenn beispielsweise damit geschnitten wird und die Reibung eine Zugkraft auf das Messer ausübt. Im Anschluss erfolgten Auszugversuche für die beschriebenen Griff-Messer-Kombinationen.

Abb. 7.5 zeigt für Probe 1 den Verlauf für den Griff aus HDglass, während Probe 2 das Ergebnis von GreenTec darstellt. Hier ist ersichtlich, dass bei dem GreenTec-Material mit einer Last von rund 6 kN eine extrem hohe Belastung nötig ist, um das Messer herauszuziehen. Auch bei dem Auszugversuch mit HDglass müssen Kräfte bis 2,8 kN aufgebracht werden, um die Klebstoffverbindung zu zerreißen. Im Vergleich sind diese hohen Belastungen mit der menschlichen Handkraft nicht ausführbar. Dadurch konnte gezeigt werden, dass eine Lösung, die auf einer Klebverbindung beruht, ohne Bedenken im Alltag nutzbar ist.

7.4.3.3 Sortierschablone

Innerhalb des Projekts proDruck sollen zusammen mit der Bethel Stiftung für Menschen mit Einschränkungen schwerfallende Abläufe identifiziert, Lösungen erarbeitet und Produkte validiert werden. In einem ersten Schritt sind Montage-

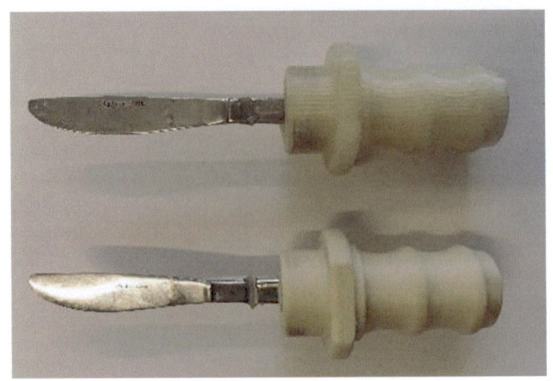

Abb. 7.4 Proben für den Auszugversuch (oben HDglass; unten GreenTec)

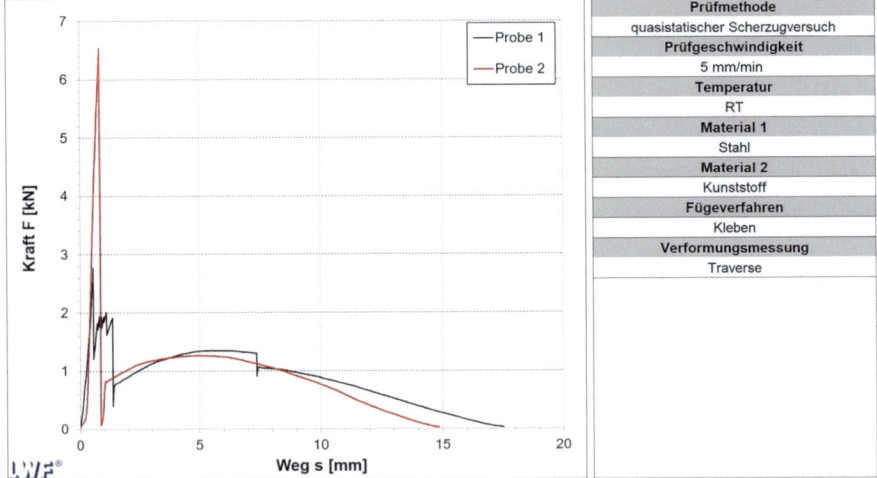

Abb. 7.5 Messerauszugversuche (Griffmaterial: GreenTec/HD Glass)

hilfen für eine Arbeit mit erheblichen Anforderungen an die Feinmotorik entwickelt worden, die nachfolgend exemplarisch näher erläutert werden.

Eine wichtige Aufgabe der Bethel Werkstätten ist die Erstellung von Sortimenten. Dabei wird ein Satz von Bauteilen zusammengefasst und verpackt. Eine typische Anwendung ist die Erstellung von Baugruppen für den Möbelbau. Dabei werden die folgenden Anforderungen an die Beschäftigten gestellt:

- Erkennen und Unterscheiden von Bauteilen
- Abzählen von Bauteilen
- Zusammenfassung von Bauteilen zu einem Sortiment (Anzahlen, Vollständigkeit)

Abb. 7.6 Sortierschablone: **a** Nutzung; **b** fertiggestellte Sortierung

Diese Anforderungen können von Beschäftigten oftmals nicht vollumfassend erfüllt werden. Aufgrund der Wichtigkeit dieser Tätigkeit für die Bethel Werkstätten ist es jedoch erstrebenswert, möglichst vielen Beschäftigten den Zugang zu dieser Tätigkeit zu verschaffen. Dies kann z. B. durch optische und physische Sortierhilfen erfolgen sowie durch die Reduzierung der Komplexität einzelner Teilaufgaben. Die Erstellung von Sortierhilfen konnte vor diesem Projekt nur behelfsmäßig erfolgen. Dies ist vor allem der Vielfalt des Teilesortiments und der Sortieraufgaben geschuldet.

Die individuelle Erstellung von Vorlagen für Sortierschablonen muss in einer Weise erfolgen, die einerseits in den Werkstätten einfach durchführbar und andererseits leicht von einem CAD System verarbeitbar ist und alle relevanten Informationen enthält. Abb. 7.6 zeigt eine frühe Version einer Sortierschablone. Für die Optimierung wurde ein neues Verfahren entwickelt. Dazu werden alle Bauteile eines Sortiments auf ein kariertes Blatt gelegt und ein Foto geschossen (s. Abb. 7.7a). Das karierte Muster des Blattes dient als Referenz, um die Größenverhältnisse aufnehmen zu können. Grundvoraussetzung für diese Vorgehensweise ist die Verarbeitung von Grafikdateien im.svg (scalable vector graphics)-Format durch das verwendete CAD-System. In einer svg-Datei können eine Vielzahl einfacher, aber verschiedener 2-dimensionaler geometrischer Geometrien abgelegt bzw. gespeichert werden. Das Gesamtlayout eines Bauteils, im Speziellen einer Sortierschablone, wird durch eine Menge an Konturen und ihre Lage zueinander definiert. Dabei sind insbesondere die Lagebeziehungen von Teilflächen zueinander von Interesse. In dem entwickelten Sortierschablonenkonfigurator können ausschließlich Geometrien abgebildet werden, welche eine echte 2-dimensionale Fläche beschreiben. Daher wird nur die Verwendung von geschlossenen Konturen mit einer Füllfarbe in svg-Dateien erlaubt. Der Aufbau einer Sortierschablone besteht aus folgenden Komponenten:

- dem Grundkörper,
- den Vertiefungen und
- den Erhebungen.

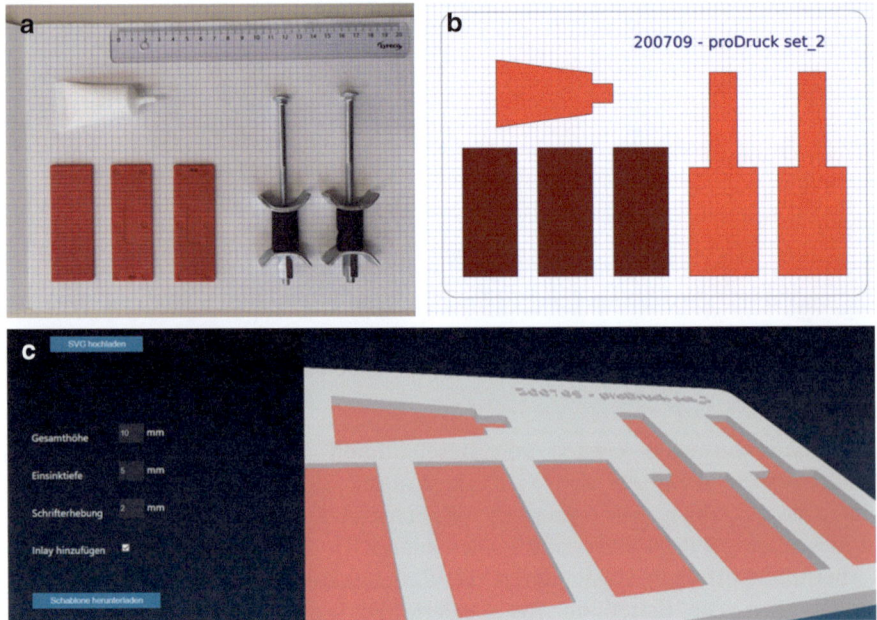

Abb. 7.7 Erstellung einer Sortierschablone

Die Form des Grundkörpers wird durch mindestens eine geschlossene Kontur beschrieben. Um diese Kontur zu erhalten, werden die Bauteile, wie bereits beschrieben, auf einem karierten Blatt angeordnet und fotografiert. Diese Bilder können dann so verarbeitet werden, dass man die in Abb. 7.7b dargestellte Grafik erhält. Liegen mehrere Konturen vor, so dürfen diese nicht übereinander liegen. In einem solchen Fall besteht der Grundkörper aus mehreren Konturen, wie es z. B. für eine modulare Schablone gewünscht ist. Füllfarben beschreiben dann die Höhendifferenz zwischen der Schablonenoberfläche und der Einlegefläche.

Die geometrische Modellierung der Schablone erfolgt über RBG-Farbwerte. Der Farbwert für weiß ordnet eine Kontur dem Grundkörper zu. Sämtliche Konturen, welche nicht dem Grundkörper zugeordnet werden, müssen geometrisch strikt innerhalb der Kontur des Grundkörpers liegen. Konturen, welche die Umrisse von Vertiefungen definieren, werden über Farbwerte im rötlichen Bereich definiert. Je höher der Wert ist, desto heller ist das Rot und tiefer die Einlegefläche (dazu der Vergleich von Abb. 7.7b und c). Mit dem blauen Farbwert für die Füllfarbe werden Konturen einer Erhebung der Sortierschablone zugeordnet. Wenn eine svg-Datei in das CAD-System eingelesen wird, muss diese zunächst geprüft werden. Dabei werden zunächst alle Elemente entfernt, die keine geschlossenen Konturen sind. Anschließend werden die vorhandenen geschlossenen Konturen nach ihren Füllfarben sortiert, um eine entsprechende Liste von Konturen zu erhalten, die den Kategorien Grundkörper, Vertiefung und Erhebung zugeordnet sind. Diese Konturen müssen in eine räumliche Beziehung zueinander gesetzt werden. Diese Information ist nicht direkt aus der svg-Datei auslesbar. Dazu werden die Konturen in eine räumliche Hierarchie eingeordnet. Als Ausgangspunkt werden die Konturen des Grundkörpers verwendet. Nach der Zuordnung zu einem Grundkörper müssen die verbliebenen Konturen auf eine zueinander gültige Lage geprüft werden. Dabei darf es zu keinem Schnitt von Konturen kommen. Es ist jedoch erlaubt, dass Konturen andere Konturen komplett einschließen. Diese Sonderfälle müssen ebenfalls behandelt werden. Nach der Validierung und räumlichen Zuordnung aller Konturen kann nun die eigentliche Schablonengeometrie erzeugt werden. Die 2-dimensionalen Maße der Schablone werden durch die numerischen Werte der svg-Datei in mm definiert. Für die 3-dimensionalen Maße werden jedoch zusätzliche Werte aus der Nutzereingabe benötigt. Es handelt sich um die Parameter „Schablonendicke", „Vertiefung" und „Erhebung (Einheit Millimeter, vgl. Abb. 7.7c). Diese Parameter müssen zunächst validiert werden, um eine gültige Konfiguration zu spezifizieren, dabei gilt z. B. „Schablonendicke" > „Vertiefung". Mit den Werten aus der Parametereingabe wird nun zunächst die Geometrie des Grundkörpers erstellt. Dies geschieht durch Extrusion der 2-dimensionalen Konturen. Anschließend werden die Geometrien von Vertiefungen und Erhebungen durch boolsche Operationen mit dem Grundkörper kombiniert. Vertiefungen werden vom Grundkörper abgezogen, Erhebungen zum Grundkörper addiert. Soll die Sortierschablone mit Einlagen ausgelegt werden, so werden die Vertiefungen etwas tiefer ausgeschnitten und die Tiefendifferenz mit Einlagenkörpern aufgefüllt. Für den 3D-Druck werden die Geometrien einer Sortierschablone entweder als eine stl-Datei, eine Kollektion von stl-Dateien (Einzelkomponenten) oder 3mf-Datei exportiert.

7.4.3.4 Individualisierung eines Schleifklotzes
Gerade im Bereich der körperlichen Einschränkungen von Betroffenen gibt es eine Vielzahl an Ausprägungsformen. Dabei handelt es sich oft um einen eingeschränkten Bewegungsapparat, der nicht die gleichen motorischen Dinge ausführen kann wie ein uneingeschränkter Bewegungsapparat. So fallen den Betroffenen einfache Tätigkeiten sehr schwer, da sie Gegenstände nicht richtig greifen können oder sie diese durch ihren eingeschränkten Bewegungsumfang nicht wie vorgesehen nutzen können. Da die Einschränkungen jedoch in den seltensten Fällen verallgemeinerbar sind, ist ein hohes Maß an individuellen Lösungen gefordert. Um diesen zu begegnen, ist es möglich, mittels eines 3D-Scanners Objekte einzuscannen und so zu digitalisieren.

Unter dem Aspekt der Hilfe zur Selbsthilfe soll den Betroffenen, die in den bereits bestehenden Werkstätten arbeiten, die Arbeit dort erleichtert werden. Im Rahmen des Projekts und im Tätigkeitsfeld der Werkstätten ist das Schleifen mittels eines herkömmlichen Schleifklotzes für bestimmte Produkte unabdingbar. Holzbretter werden so bearbeitet, dass sie durch eine spätere Montage fertige Teelichter ergeben. Den Betroffenen fällt es jedoch schwer, einen herkömmlichen Schleifklotz zu greifen und diesen auch über einen längeren Zeitraum zu benutzen. Um diesen Arbeitsvorgang zu erleichtern, kann die Individualisierungsmöglichkeit mittels Scanner genutzt und der Griff des Schleifklotzes auf die

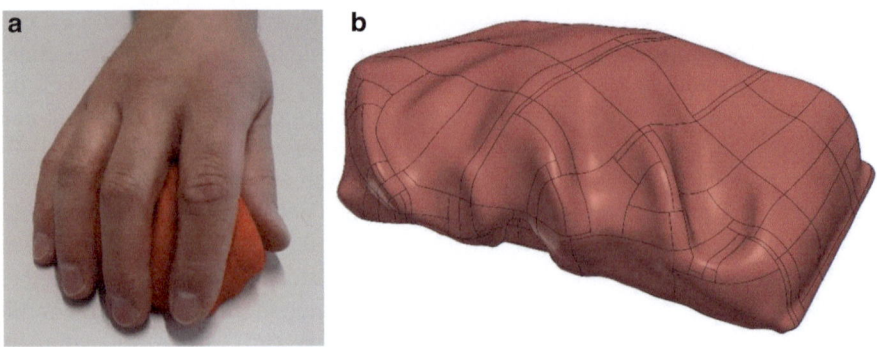

Abb. 7.8 Generierung des Knetabdrucks (**a**) und digitales Modell (**b**)

jeweilige Einschränkung des Betroffenen angepasst werden. Für die Anpassung ist neben dem Scanner lediglich handelsübliche Knetmasse notwendig. Durch das Formen der weichen Knete kann die individuelle Greifmöglichkeit sehr genau aufgenommen werden. Dazu wird in die Knete eingegriffen, sodass sich diese dem Griff anpasst (Abb. 7.8a). Danach kann der Abdruck in der Knetmasse noch individuell verfeinert werden, um ein möglichst exaktes und für den Anwender passendes Modell entstehen zu lassen.

Im Anschluss kann der Scanner dieses Modell einscannen. Auf diese Weise entsteht ein detailliertes digitales Modell (Abb. 7.8b). Durch entsprechende Werkzeuge kann das Ergebnis noch verfeinert werden. Wenn das bestmögliche Ergebnis erreicht ist, kann das Modell als stl-Datei ausgegeben werden, sodass der 3D-Drucker das Ergebnis in ein Bauteil verarbeiten kann. Dazu ist in diesem Anwendungsfall ein Material auf TPU-Basis verwendet worden. Dies bietet den Vorteil, dass TPU ein flexibles Material ist und auf diese Weise eine angenehme Haptik für den Anwender ausweist.

Die Abb. 7.9 verdeutlicht den Unterschied zwischen dem originalen Schleifklotz und dem individuell hergestellten. Der Schleifklotz liegt den Betroffenen durch die individuelle Anpassung deutlich besser in der Hand. Auf diese Weise können sie die Werkstatttätigkeit einfacher und auf längere Zeit durchführen. Generell kann diese Methodik der individuellen Anpassung mittels eines 3D-Scans auch auf andere Bauteile oder Arbeitsbereiche angewendet werden, sodass auch dort eine Arbeitserleichterung stattfindet.

7.5 Diskussion der Ergebnisse

Mithilfe der additiven Fertigung können sehr einfach und schnell individuelle Alltags- oder Montagehilfen hergestellt werden, ohne das spezielle Formen oder Werkzeuge entwickelt werden müssen. Daher können viele Industriefirmen, die bereits einen Desktopprinter besitzen, unkompliziert Hilfen in ihrem eigenen

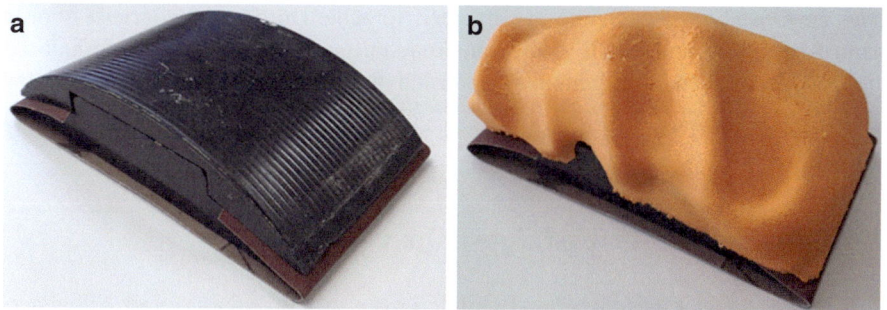

Abb. 7.9 Originaler Schleifklotz (**a**) und individualisierter Schleifklotz (**b**)

Unternehmen herstellen und so mehr Aufgabengebiete für Betroffene schaffen. Dies trägt zur Schaffung neuer Arbeitsfelder und so zur Ausweitung der Inklusion bei. Des Weiteren können die Hilfen nicht nur den Arbeitsalltag von Erwachsenen bereichern, sondern auch bereits den Alltag von Kindern, unter anderem im Bereich der schulischen Bildung. Trotzdem wird es auch weiterhin Einschränkungen für die Betroffenen geben, gerade in der Bedienung der 3D-Drucker und der Herstellung von Bauteilen. Trotz größter Bemühungen können nicht alle Betroffenen jede Arbeit ausführen. Insbesondere bei der Konstruktion von Bauteilen wird Expertenwissen benötigt.

Einige der erstellten Bauteile haben die Anforderung lebensmittelecht zu sein. Allerdings ist hier eine Herausforderung die Zertifizierung. Es sind zwar bereits einige Materialien auf dem Markt verfügbar, die eine solche Zertifizierung aufweisen, allerdings ist dies nicht gleichbedeutend mit einem zertifizierten Bauteil. Hierfür sind noch andere Anforderungen an den 3D-Drucker notwendig, wie zum Beispiel eine Extruderdüse aus einem bestimmten Material oder auch eine gesonderte Bauplattform.

Des Weiteren muss bei gewissen Bauteilen die Nutzung beachtet bzw. eingeschränkt werden. Hier ist zum Teil die Unterscheidung zu medizinischen Produkten und Alltagshilfen schwierig. Bei einer Alltagshilfe sollte eigentlich kein Eingriff in die Haltung der menschlichen Extremitäten vorgenommen werden. Allerdings ist dies nicht immer auszuschließen, wie beispielsweise bei der Schreibhilfe für Kinder (siehe Abbildung im Projektbericht). Wenn ein solcher Eingriff auf die Motorik vorgenommen wird, müssen eindeutige Nutzungsbedingungen formuliert werden. Auch hier gilt, dass jegliche schriftliche Ausführung in mindestens einfacher Sprache verfasst wird. Bei Bauteilen, die in den medizinischen Bereich fließen, sollten Experten wie zum Beispiel Sanitätshäuser kontaktiert werden. Hier erfolgt eine Beratung auf der E-Commerce-Seite, bzw. es kann eine telefonische Beratung in Anspruch genommen werden.

Ein großer Vorteil des Projekts bietet die eigens gestaltete E-Commerce-Seite mit besonderen Anpassungen für Menschen mit Behinderungen. Hierzu gehören unter anderem die Schriftgröße, die Veränderbarkeit des Kontrastes auf der Seite oder die Gestaltung der Seiten in einfacher Sprache. Durch ein integriertes Forum kann Kontakt zu anderen Betroffenen, Angehörigen oder Experten innerhalb der eigenen Gemeinschaft aufgenommen werden ohne die Angst vor Diskriminierung. Durch diesen regen Austausch kann auch hier die Hilfe zur Selbsthilfe gefördert werden.

7.6 Fazit und Schlussfolgerungen

Die Teilhabe von Menschen mit Behinderungen an der Arbeits- und Alltagswelt kann in vielen Fällen als reduziert beschrieben werden. Gerade in der Eigenständigkeit bei Spastiken wird ein Manko gesehen, welches sich aber durch ein hohes Maß an Individualisierungsmöglichkeiten kompensieren lässt. Die im Rahmen dieses Beitrags vorgestellten Beispiele geben einen Einblick, wie der 3D-Druck diese Probleme lösen kann.

Die Wertschöpfung, die aus dem ersten Beispiel der Besteckaufnahme hervorgeht, besitzt eine Langzeitauswirkung, da sie auf die **Selbstständigkeit** der Betroffenen einwirkt und den Betreuungsaufwand reduziert. Die Fähigkeit, selbstständig Essen aufzunehmen, ermöglicht eine große Teilhabe am alltäglichen Leben. Durch die individuelle Einstellbarkeit der Besteckaufnahme können gezielt die Bedürfnisse der Menschen mit Spastiken adressiert werden.

Ein weiterer Weg diesen Nutzen zu gewährleisten, sind die im zweiten und dritten Beispiel beschriebenen Montagehilfen. Die Befähigung Aufgaben auszuführen, die ohne weitere Hilfsmittel nicht möglich sind, öffnen gänzlich **neue Einsatzmöglichkeiten** für die entsprechenden Mitarbeiter. Unterstreichend zeigt dies der individuelle Schleifklotz. Mithilfe der individuellen Handaufnahme können Werkzeuge genutzt werden, bei denen zuvor die Handhabung eine zu große Herausforderung darstellte. Gleiches gilt für die Sortierschablone. Sie vereinfacht die Aufgabenstellungen der Sortierung, umso mehr Mitarbeitern den Zugang zu dieser Einsatzmöglichkeit zu geben.

Die zum aktuellen Zeitpunkt vorliegenden Forschungsergebnisse zeigen somit eine sofortige Einsatzmöglichkeit des 3D-Drucks als Technologie zur Teilhabe, allein durch die entstehenden Produkte, die eine Hilfe zur Selbsthilfe ermöglichen.

Ein weiterer Forschungsaspekt ist die Einbindung von Menschen mit Beeinträchtigungen in den Produktionsprozess selbst. In diesem Zusammenhang erfolgt der Aufbau einer 3D-Druck-Werkstatt, welche den Umgang mit den 3D-Druckern ermöglicht. Die Arbeitsbereiche sind dabei in der Konstruktion, in der Bedienung des 3D-Druckers oder im Postprocessing angegliedert und bilden die Grundlage, um einen eventuellen Transfer zur ersten Arbeitswelt zu gewährleisten. Bereits jetzt sind erste **Schulungskonzepte** für Menschen mit Beeinträchtigungen entwickelt worden, um das stetige Wachstum der Werkstatt zu unterstützen.

Um die Verbreitung der Anwendung zu fördern, ist eine Wissens- und Austauschplattform etabliert worden, welche gerade von Menschen mit Behinderungen selbst oder deren Angehörigen oder Betreuern genutzt werden kann. Diese besitzen durch ihren alltäglichen Umgang das Wissen, um vorhandene

Probleme zu lösen, für die eine vielversprechende und oft individuelle Lösung gesucht wird. Durch den interaktiven Austausch können so Erfahrungswerte und Synergien bestmöglich genutzt werden.

Förderhinweis

Das diesem Beitrag zugrunde liegende Projekt „proDruck" wurde mit Mitteln des Bundesministeriums für Bildung und Forschung unter den Förderkennzeichen 02K17A070 – 02K17A073 gefördert. Die Verantwortung für den Inhalt dieser Veröffentlichung liegt bei den Autoren.

Literatur

Bear MF, Connors BW, Paradiso MA, Engel AK (Hrsg) (2008) Neurowissenschaften: ein grundlegendes Lehrbuch für Biologie, Medizin und Psychologie, 3. Aufl. Spektrum, Heidelberg
Block F, Dafotakis M, Faiss JH, Schwarz M, Töpper R (2008) Kompendium der neurologischen Pharmakotherapie. Springer Medizin, Heidelberg
Dorstewitz B (2008) Normwertstudie M3 Diagnos System. Maximalkraft als maximale Drehmomente bei gesunden Probanden im Bereich der Armbeuge- und Kniestreckmuskulatur. Dissertation, Universität München
Laboratorium für Werkstoff- und Fügetechnik (LWF) (2021) Universität Paderborn
Merz Pharmaceuticals GmbH (2019) Spastik – was ist das? https://www.spastikinfo.de/spastik-was-ist-das/. Zugegriffen: 6. Dez. 2021
Mumenthaler M, Mattle H (2002) Grundkurs Neurologie: Illustriertes Basiswissen für das Studium; 110 Tabellen. Thieme, Stuttgart
Reichel G (2008) Spastik – ein Leitfaden für die Praxis. UNI-MED, Bremen

Anne Kruse ist wissenschaftliche Mitarbeiterin in der Fachgruppe für Computeranwendung und Integration in Konstruktion und Planung an der Universität Paderborn.

Laura Müller ist wissenschaftliche Mitarbeiterin in der Fachgruppe für Computeranwendung und Integration in Konstruktion und Planung an der Universität Paderborn.

Manuel Ott ist wissenschaftlicher Mitarbeiter in der Fachgruppe für Computeranwendung und Integration in Konstruktion und Planung an der Universität Paderborn.

Philipp Jung ist wissenschaftlicher Mitarbeiter in der Fachgruppe für Computeranwendung und Integration in Konstruktion und Planung an der Universität Paderborn.

Prof. Dr.-Ing. Rainer Koch ist Leiter der Fachgruppe für Computeranwendung und Integration in Konstruktion und Planung an der Universität Paderborn.

Joachim Hügel ist der Projektkoordinator im Bereich „3D-Druck" bei der v. Bodelschwinghsche Stiftungen Bethel, im Stiftungsbereich „proWerk".

Florian Finke ist Mitarbeiter im Bereich „Web-Entwicklung" bei der LEONEX Internet GmbH.

Stephan Winter ist der Geschäftsführer der LEONEX Internet GmbH.

Thomas Gust ist Senior Lead Developer bei der trinckle 3D GmbH.

8

Handwerk 4.0: Bedarf und Existenz digitaler Kompetenzen und Qualifizierungsvorlieben im Handwerksbetrieb vor dem Hintergrund der Implementierung und Etablierung der neuen Servicesoftware Athene 4.0

Kerstin Guhlemann, Christine Best und Amina Ali

Zusammenfassung

Im kleinbetrieblich geprägten Handwerk findet die digitale Transformation in der Gemengelage aus Fachkräftemangel, gestiegener Nachfrage und wachsenden Anforderungen seitens der Kund:innen statt, was eine menschengerechte Gestaltung des Digitalisierungsprozesses ebenso wichtig wie herausfordernd erscheinen lässt. Theoretische und empirische Befunde zeigen, dass Lernen im Handwerk zu aktuellen Anwendungskontexten passen und neben dem Tagesgeschäft bewältigt werden muss. Digitale Kompetenzentwicklungslösungen könnten informelles Lernen unterstützen, werden aber noch wenig genutzt. Hierbei ist zu beachten, dass die Digitalkompetenzniveaus und Qualifizierungsvorlieben unter den Beschäftigten differieren, während die Angebote zur Kompetenzentwicklung oft auf einem einheitlichen Kenntnisstand ansetzen. Ein Konzept, das diese Herausforderungen aufgreift, ist der im Projekt „Athene 4.0" begleitend zu einer Handwerkssoftware entwickelte „Digitale Coach", der die unterschiedlichen Kompetenzniveaus berücksichtigt und mit verschiedenen Lernformen den differierenden Qualifizierungsvorlieben begegnet. Mit dem Konzept kann die Softwarelösung durch ein niedrigschwelliges, aber individualisierbares Schulungskonzept barrierearm implementiert werden und steht für Beschäftigte aller Kompetenzniveaus zur Nutzung offen.

K. Guhlemann (✉) · C. Best · A. Ali
Fakultät Sozialwissenschaften, Technische Universität Dortmund, Dortmund, Deutschland
E-Mail: kerstin.guhlemann@tu-dortmund.de

C. Best
E-Mail: christine.best@tu-dortmund.de

A. Ali
E-Mail: amina.ali@tu-dortmund.de

© Der/die Autor(en), exklusiv lizenziert an Springer Fachmedien Wiesbaden GmbH, ein Teil von Springer Nature 2023
C. Lattemann und S. Robra-Bissantz (Hrsg.), *Personennahe Dienstleistungen der Zukunft,* Edition HMD, https://doi.org/10.1007/978-3-658-38813-3_8

Schlüsselwörter

Handwerk · Digitale Transformation · Menschengerechte Arbeitsgestaltung · Kompetenzen

8.1 Einleitung

Die digitale Transformation ist nicht zuletzt im Zuge der Coronapandemie in so gut wie allen Lebens- und Arbeitsbereichen stark fortgeschritten. Auch in tendenziell traditionelleren Wirtschaftsbereichen wie dem Handwerk werden mehr und mehr Prozesse und Kommunikationswege digitalisiert, um konkurrenzfähig zu bleiben und den veränderten Kundenanforderungen gerecht zu werden. In Zeiten des zunehmenden Fachkräftemangels ist es besonders wichtig, dass so viel Zeit wie möglich für das eigentliche Kerngeschäft bleibt und so wenig wie möglich für Bürokratie, Verwaltung und umständliche Absprachen aufgewandt wird.

In der Gemengelage aus Fachkräftemangel, gestiegener Nachfrage und wachsenden Anforderungen – in jüngster Zeit z. B. durch die Erfordernisse des Infektionsschutzes im Zuge der Coronapandemie – ist eine Digitalisierung gerade für kleinere Betriebe mit geringeren Ressourcen mit erheblichen Herausforderungen verbunden. Diese erstrecken sich von Fragen nach Verfügbarkeit und Passung der angebotenen digitalen Tools über Fragen nach deren Finanzierung bis hin zur Organisation der Einführungsprozesse. Dass Digitalisierung von Beschäftigten tagtäglich umgesetzt werden muss, stellt Fragen nach der Entwicklung digitaler Kompetenzen und nach der Akzeptanz der neuen Technologien auf betrieblicher Seite in den Vordergrund (Runst und Proeger 2020: 5; Rohleder und Schulte 2017; Veltkamp und Schulte 2020). Strating (2019) zeigt am Beispiel von Betrieben der Sanitär-Heizungs-Klima-Branche auf, dass Mitarbeitende bei der digitalen Transformation eine aktive Rolle einnehmen, da sie nicht nur Träger:innen, sondern viel mehr Mitgestalter:innen sind. Sie müssen also aktiv in den Wandlungsprozess miteinbezogen werden, da die erfolgreiche Umsetzung von Maßnahmen im Betrieb maßgeblich von ihnen mitbestimmt wird. So kann auch gleichzeitig die notwendige Transparenz und Akzeptanz geschaffen werden, um sie für die neuen Technologien zu sensibilisieren.

Um jenen betrieblichen Herausforderungen zu begegnen und das Fortschreiten der Digitalisierung im Handwerk beschäftigtengerecht zu gestalten, wurde im Rahmen des Forschungsprojekts Athene 4.0 darauf abgezielt, eine lernförderliche, niedrigschwellige digitale Lösung zur Digitalisierung der gesamten Prozesskette zu konzipieren. Dabei lag das Hauptaugenmerk darauf, unterschiedliche Digitalkompetenzniveaus der Mitarbeitenden zu berücksichtigen und die laufenden Arbeitsprozesse in den Betrieben möglichst wenig zu behindern. Das Kapitel geht daher der Fragestellung nach, welche digitalen Kompetenzen und Qualifizierungsbedarfe sowie -präferenzen vor dem Hintergrund der Implementierung und

Etablierung einer neuen Servicesoftware in den Handwerksbetrieben vorlagen und wie diese in einer digitalen Lösung berücksichtigt werden können. Um diese Fragen zu beantworten, erfolgt zunächst ein kurzer theoretischer Überblick zur Digitalisierung im Handwerk, der Rolle der Beschäftigten und deren veränderte Kompetenzbedarfe. Nach einem Überblick über das methodische Vorgehen werden die Ergebnisse erläutert und diskutiert und schließlich das entwickelte Digitalisierungskonzept vorgestellt.

8.2 Digitalisierung im Handwerk stellt Anforderungen an Kompetenzentwicklung

Obgleich die Arbeit im Handwerk traditionell durch Handarbeit geprägt ist, ergeben sich Potenziale der Digitalisierung sowohl im Bereich der Prozessplanung und -dokumentation als auch der internen wie externen Kommunikation (Bertram und Schaarschmidt 2019). Dass hierbei der Bedarf den Umsetzungsstand noch wesentlich übersteigt, zeigt eine Umfrage des Kompetenzzentrums Digitales Handwerk, die ein großes Digitalisierungspotenzial in allen Gewerken konstatiert (Runst und Proeger 2020).

Wird die digitale Transformation nicht als Selbstzweck, sondern in Bezug auf ihren praktischen Nutzen für die jeweiligen Zielgruppen betrachtet, rücken die Bedarfe der Betriebe und ihrer Mitarbeitenden in den Fokus. Um Arbeitsprozesse im Handwerk beschäftigtengerecht zu digitalisieren, muss die digitale Transformation als Lernprozess verstanden werden, da die Arbeit mit digitaler Technik von den Beschäftigten andere Kompetenzen verlangt als das traditionelle Kerngeschäft (Prescher et al. 2016). In der Umfrage des Kompetenzzentrums Digitales Handwerk wird deutlich, dass die Beschäftigten zwar zur Einführung digitaler Technologien im Betrieb beitragen, es ihnen aber noch an IT-Kompetenzen fehlt. Gleichzeitig übersteigt die wahrgenommene Relevanz von Schulungen in diesem Bereich die Umsetzung deutlich (Runst und Proeger 2020). Betriebe müssen den „Aufbau und die Förderung einer organisations- und arbeitsprozessbezogenen Medienkompetenz" (Naegele et al. 2015) fokussieren, damit ihre Handlungsfähigkeit in der digitalisierten Arbeitswelt nicht gefährdet wird. Im Handwerk findet Lernen überwiegend nicht in formellen Settings statt, sondern traditionell im laufenden Betrieb, also on the job als „sozialer Prozess" innerhalb der Arbeitsorganisation und in den Arbeitsaufgaben (Koch 2011; Naegele et al. 2015). Der Bedarf nach digitalen Weiterbildungen wird folglich als gering eingeschätzt (Runst und Proeger 2020).

Die Notwendigkeit der Kompetenzentwicklung neben dem Tagesgeschäft und die Knappheit der dazu zur Verfügung stehenden Ressourcen stellen in handwerklichen Kleinbetrieben hohe Anforderungen an eine Passgenauigkeit der Kompetenzentwicklung. Im Zuge der Digitalisierung muss die Frage nach den benötigten Kompetenzen einerseits den individuellen betrieblichen Bedarf adressieren und andererseits auf dem individuellen Kenntnisstand aufseiten der Beschäftigten ansetzen. Grundsätzlich sollte die Kompetenzentwicklung daher personenzentriert sein. Dennoch lassen sich allgemeingültige Hinweise finden, welche Arten von Kompetenzen im betrieblichen Alltag benötigt werden und auf welchen aufgebaut werden kann. Grundsätzlich verlangen neue Geschäftsmodelle und Produkte, die auf digitalen Technologien beruhen, spezifische fachliche Kompetenzen, ein umfassendes (technisches) Systemverständnis, Problemlösekompetenz bei der Inbetriebnahme- und bei Instandhaltungsaufgaben sowie grundlegende Anwender:innenkompetenzen (Strating 2019). Damit sind sowohl neue Fach- und Anwendungskompetenzen im Umgang mit den digitalen Technologien erforderlich als auch Verständnis über den Ablauf von Geschäfts- und Arbeitsprozessen des Betriebs. Außerdem gewinnt die Entwicklung persönlicher Soft Skills, wie z. B. Teamfähigkeit, Lernbereitschaft und Kommunikationsstärke, an Bedeutung (Strating 2019; Naegele et al. 2015).

Für eine zielgenaue Kompetenzentwicklung im Zuge der Digitalisierung von Arbeitsprozessen und -mitteln ist der richtige Zeitpunkt ein wesentlicher Aspekt. Facharbeiter:innen benötigen diese Kompetenzen im Einführungsprozess, der zugleich eine Chance für eine beschäftigtengerechte Reorganisation von Arbeitsprozessen bildet (Guhlemann 2020). Idealerweise wird das Lernen im Prozess durch eine lernförderliche sowie beschäftigtengerechte Gestaltung der eingeführten Software unterstützt. In der Norm DIN EN ISO 9241-100 (Teil 110) finden sich dazu wesentliche Merkmale der Grundsätze der „Dialoggestaltung" zwischen Mensch und Technik:

- Lernförderlichkeit – Wirkung interaktiver Systeme hinsichtlich ihrer Erlernbarkeit: *„Ein Dialog ist lernförderlich, wenn er den Benutzer beim Erlernen der Nutzung des interaktiven Systems unterstützt und anleitet."*
- Erwartungskonformität – Grundsatz der Dialoggestaltung in Softwareanwendungen bzgl. der Interaktion zwischen Benutzendem und System: *„Ein Dialog ist erwartungskonform, wenn er den aus dem Nutzungskontext heraus vorhersehbaren Benutzerbelangen sowie allgemein anerkannten Konventionen entspricht."*
- Individualisierbarkeit – Systeme sollen von Benutzer:innen begrenzt individualisiert werden können: *„Ein Dialog ist individualisierbar, wenn Benutzer die Mensch-System-Interaktion und die Darstellung von Informationen ändern können, um diese an ihre individuellen Fähigkeiten und Bedürfnisse anzupassen."*

Die Berücksichtigung dieser drei Aspekte bildet eine Grundlage für die Softwaregestaltung und kann gleichzeitig als Anforderungskatalog für digital unterstützte Kompetenzentwicklungsprozesse verstanden werden. Im Rahmen des Projekts „Athene 4.0" wurden diese Ziele dem von Prescher et al. (2016) geforderten strukturierten Beratungsansatz, den durch die Digitalisierung induzierten Organisationswandel zu unterstützen, aufgegriffen und mit der nachfolgend geschilderten Methodik operationalisiert.

8.3 Methodischer Ansatz

Um die oben genannte Fragestellung beantworten zu können, kam ein Methodenmix zum Einsatz, der die spezifischen Erkenntnisbedarfe der einzelnen Projektphasen berücksichtigte. Die hier geschilderten Methoden stehen in engem Zusammenhang mit der iterativen Entwicklung der Handwerkersoftware „Athene 4.0", die für die Bedarfe und Möglichkeiten handwerklicher Kleinbetriebe zugeschnitten und lernförderlich gestaltet sein sollte. Die Software ist damit zum einen Entwicklungsziel und zum anderen Testobjekt der im Projekt erarbeiteten Gestaltungsanforderungen. Die empirische Basis bildeten drei handwerkliche Kleinbetriebe aus den Bereichen Elektro, Heizung/Sanitär/Klima und Maler/Lackierer mit insgesamt ca. 60 Beschäftigten. Alle Erhebungen fanden zwischen 2019 und 2021 statt. Aufgrund der Pandemiebeschränkungen wurden diese teilweise in Präsenz und teilweise online durchgeführt.

8.3.1 Konzeptionsphase

In der Konzeptionsphase stand die Aufnahme und Abbildung der Prozesse und Abläufe im handwerklichen Alltag im Fokus. Ziel war es, die Anforderungen an eine alltagstaugliche und lernförderliche Software zu erarbeiten. Dazu wurden in allen Betrieben Arbeitssituationsanalysen durchgeführt, Workshops mit Geschäftsführern und Beschäftigten sowie in Ergänzung Expert:innenworkshops mit Vertreter:innen des Handwerks (Kammern, Innungen, Fachverbände). Die Erhebungen adressierten Fragen zur Betriebsorganisation, also Arbeitsabläufe, Zuständigkeiten, Verbesserungs- und Änderungspotenziale. Im Ergebnis lagen ein Prozessinventar und Anwendungsfälle (Use Cases) vor, die die Prozessketten und Anwendungsanforderungen in den Betrieben abbildeten.

8.3.2 Umsetzungsphase

Die Umsetzungsphase war geprägt von einem Abgleich der ersten konzeptionellen Entwicklungen und den Erwartungen/Vorstellungen der betrieblichen Akteur:innen. Dazu wurden Feedbackworkshops mit Geschäftsführern und Beschäftigten durchgeführt, ergänzt von qualitativen Schlaglichtinterviews mit den Geschäftsführern. Die Ergebnisse wurden in Form von Protokollen festgehalten und genutzt, um die Anwendungsfälle aus der Konzeptionsphase zu erweitern und zu ergänzen.

8.3.3 Einsatzphase

In der Einsatzphase wurden Prototypen der entwickelten Software in den Betrieben getestet, begleitet von einer teilnehmenden Beobachtung unter Anwendung von Feedbackgesprächen und Think-Aloud-Methoden, wobei die Anwender:innen jeden Arbeitsschritt kommentierten und während der Softwarenutzung laut Fragen stellen, positive wie negative Anwendungserfahrungen äußern und Unstimmigkeiten oder Unverständnis ausdrücken konnten. Zudem wurden Softwaretests auf Baustellen und im Büro durchgeführt, die von Forscherinnen begleitet wurden. Auf diese Weise wurden Außen- und Innenperspektive der Anwendungserfahrung transparent gemacht und für eine iterative Anpassung der Software an die betrieblichen Anwendungs- und Lernbedarfe erschlossen. Neben einem Abgleich zwischen Anforderungen und Umsetzung stand hier besonders die Frage der Lernförderlichkeit im Fokus. Ergänzend wurden die Kompetenzbedarfe in einer quantitativen Onlinebefragung (n = 17) von Beschäftigten und Geschäftsführern der Projektbetriebe ermittelt. Ziel war es, vorhandene digitale Kompetenzen aufzudecken, Kompetenz- und Qualifizierungsbedarfe zu ermitteln und geeignete Lernformen zu erheben. Dabei wurden, basierend auf der Bedarfsanalyse des Kompetenzzentrums Digitales Handwerk[1], die folgenden Aspekte berücksichtigt: subjektiver Digitalisierungsstand des Betriebs, Akzeptanz digitaler Technologien, Digitalisierungspotenziale der Beschäftigten, vorhandene digitale Kompetenzen, Kompetenzbedarfe, Kompetenzschulungsbedarfe und Schulungsgestaltung. Weiterhin wurde eine Akzeptanz- und Partizipationsstudie durchgeführt. Dafür wurde auf drei Quellen zurückgegriffen. Zum einen wurden mit den im Projekt beteiligten Betrieben Interviews durchgeführt, in denen spezielle Fragen zur Nutzung digitaler Plattformen, speziell Athene, diskutiert wurden. Zum anderen wurden auf die z. T. sehr umfangreichen veröffentlichten Studien zurückgegriffen (Sekundärliteratur). Ergänzende Fragen wurden dann in einer Onlineumfrage Geschäftsführer:innen von Handwerksbetrieben über Handwerk NRW zugespielt. Die Ergebnisse flossen in die Weiterentwicklung der Software ein und bildeten als kurze Kompetenzprofile im Rahmen eines Kompetenzentwicklungsmodells die Grundlage für die Entwicklung des Digital-Coach-Konzeptes, das im Abschn. 8.5 „Konzept Digitaler Coach" vorgestellt wird.

8.4 Ergebnisse

Der Akzeptanzstudie zufolge begreifen 66 % der Handwerksbetriebe Digitalisierung als Chance für ihr Unternehmen oder für das Handwerk generell. Allerdings sehen 75 % der Betriebe Barrieren bei der Einführung digitalisierter Lösungen im Bereich der hohen Investitionskosten und der Datensicherheit. Ein wesentlicher Hauptnutzen liegt in verbesserten Kundenbeziehungen. Auswirkungen der Digitalisierung auf das berufliche Umfeld sehen die Betriebe in der Steigerung der eigenen Effizienz und Kostenersparnis, einer erweiterten Flexibilität und der Steigerung der Attraktivität des Berufs. Wichtige Eigenschaften einer digitalen Innovation sollten nach Meinung der Handwerksbetriebe eine einfache Bedienbarkeit, Übersichtlichkeit und

---

[1] https://bedarfsanalyse-handwerk.de/FkEm6e/form/5.

problemlose Integration in vorhandene IT-Lösungen sein. Auf die Frage nach Verantwortlichen für digitale Innovationen im Handwerksbetrieb und deren Einführung gaben 43 % an, auf externe Berater:innen zurückzugreifen, in 34 % der Betriebe liegt diese Aufgabe bei den Geschäftsfüher:innen selbst. 52 % der Betriebe nutzen ERP- oder CRM-Software, die Kommunikation mit den Kund:innen läuft aber nach wie vor über Telefon oder E-Mail (92 %) und nur zu 39 % über Messengerdienste. Als Fazit kann festgehalten werden, dass die Handwerksbetriebe die Chancen der Digitalisierung erkennen, aber über z. T. unzureichendes eigenes Wissen verfügen und daher den vermeintlichen Aufwand einer Einführung scheuen bzw. die Risiken als zu hoch erachten.

Bei den teilnehmenden Betrieben im Projekt konnten sehr unterschiedliche Digitalisierungsstände im Hinblick auf die internen Prozessabläufe identifiziert werden: Von kaum über mittel bis stark digitalisiert war das gesamte Spektrum abgedeckt. Die Ergebnisse bilden damit eine Mischung aus erfahrungs- und erwartungsbasierten Aussagen ab. Wo diese stark voneinander abweichen, wird dies gesondert ausgeführt.

Bereits in den Arbeitssituationsanalysen in der Konzeptionsphase wurden die Auswirkungen der Digitalisierung auf die Abläufe der Prozesse sehr deutlich: So waren im teilnehmenden Betrieb mit niedrigem Digitalisierungsstand viele Abläufe mit mehr Wegezeiten verbunden und im Büro fielen deutlich mehr Korrekturschleifen an. Diese Beobachtungen wurden besonders an den Schnittstellen, z. B. zwischen Handwerkern und Büro, Handwerkern und Materialbeschaffung sowie zwischen Büro und Kund:innen, gemacht. Gleichzeitig erforderte die Abstimmung zwischen Handwerkern und Inhabern deutlich mehr Telefonkontakte als im Betrieb mit dem höchsten Digitalisierungsstand, wo die Prozessabwicklung softwareunterstützt erfolgte und kaum noch Abstimmungsbedarfe im Prozess entstanden. Obwohl das Potenzial der Vereinfachung der teilweise umständlichen Abläufe damit umfassend deutlich wurde, traten auch Anwendungs- und Implementierungsbarrieren zutage. Von den Geschäftsführern wurden vor allem die knappen zeitlichen wie personellen Ressourcen für die Implementierung digitaler Neuerungen betont. Dies deckte sich mit den typischen Digitalisierungsbarrieren aus der Literatur (Rohleder und Schulte 2017). Besonders von überbetrieblicher Seite wurde als Digitalisierungsbarriere die Existenz von Softwarelösungen auf dem Markt, die den Bedürfnissen handwerklicher Kleinbetriebe nicht entsprächen und oft zu kompliziert seien, angeführt. Seitens der Büromitarbeitenden wurden Ängste vor der Wegrationalisierung des eigenen Arbeitsplatzes durch Software deutlich. Aufseiten der Beschäftigten waren die größten Bedenken Angst vor Überwachung seitens der Vorgesetzten und die Befürchtung einer Erhöhung statt Reduktion des bürokratischen Aufwands. Alle einte, dass die Zugangsbarrieren umso größer waren, je geringer die technische Affinität im Privatbereich war. Wer häufig das eigene Smartphone oder Tablet nutzt, steht dem auch im Arbeitskontext offener gegenüber.

In den beiden Umfragen, die im Laufe des Projekts durchgeführt wurden, zeigte sich, dass die Mehrheit der Mitarbeitenden die Relevanz eines digitalisierten Betriebes erkannt hat, diesem offen gegenübersteht, indem sie sich den neuesten

Digitalisierungsstand wünscht, aber den tatsächlichen Digitalisierungstand des eigenen Betriebs als eher mittelmäßig einschätzt.[2] Dass in allen Betrieben noch unerfüllter Bedarf gesehen wird, ist besonders im Hinblick auf die erwähnten unterschiedlichen Digitalisierungsstände interessant. Der Mehrheit ist ihre Eigenverantwortung hinsichtlich der erfolgreichen Digitalisierung bewusst bei gleichzeitiger hoher Einschätzung ihres Beitrags dazu. Die eigenen digitalen Kompetenzen werden als eher hoch eingeschätzt, lediglich die Hälfte der Befragten hat eine Vorstellung über noch fehlende Kompetenzen. Schulungen zu digitalen Kompetenzen werden für den Erfolg des Betriebs als sehr wichtig bewertet, gleichzeitig wird die eigene Schulung seitens des Betriebs aber eher als mittelmäßig eingeschätzt.

Die Qualifizierungsvorlieben sind unterschiedlich: Ein Teil wünscht sich Weiterbildung durch externe Schulungen, andere wünschen sich Schulungen im laufenden Betriebsalltag, manche bevorzugen auch die Kombination aus beidem. Präferiert wird die Einführung in neue Tools durch Externe oder Videos. Auch Kolleg:innen sind als Multiplikatoren akzeptiert. Als Idealvorstellung, wie digitale Kompetenzen erworben werden sollen, wurde die Hilfe bei der Anwendung im Betrieb mit oder ohne vorab erfolgte Schulung genannt, „da Fehler immer erst beim Anwenden auftreten". Bei Problemen bzgl. digitaler Tools fragen die meisten Beschäftigten aktuell Kolleg:innen um Rat, suchen im Internet nach Lösungen und probieren so lange aus, bis es klappt, oder lesen das Handbuch. Vorgesetzte um Rat zu fragen, ist weniger populär. Aktuelle Probleme in der Anwendung belaufen sich vor allem auf wenig Zeit für die Einarbeitung, mangelnde Kompatibilität und Fehleranfälligkeit von Programmen sowie Anwendungsschwierigkeiten auf Tablets, da die Darstellung auf diesen oft „unübersichtlich" sei. Auch hier scheint demnach Verbesserungsbedarf bei den verwendeten Programmen zu herrschen. Auftretende Probleme lassen sich nur teilweise selbst lösen, oft werden Kolleg:innen zu Rate gezogen.

Auch die befragten Geschäftsführer schätzen die Akzeptanz ihrer Beschäftigten hinsichtlich digitaler Tools für den Erfolg ihres Betriebes als sehr wichtig ein und bewerten die vorhandenen Kompetenzen ähnlich wie die Beschäftigten selbst. Einweisungen in neue Tools laufen bisher meist über Erklärungen via Mail oder Einweisung durch Kolleg:innen bzw. durch sich selbst. Die größten Herausforderungen seien in Zukunft, den digitalen Wandel weiter zu gestalten, dabei auch digital unerfahrene Mitarbeitende „mitzunehmen", Softwareanpassung an persönliche Bedürfnisse zu ermöglichen und auch fremdsprachliche Beschäftigte einzubinden. Letzteres ist insbesondere vor dem Hintergrund des Fachkräftemangels ein sehr wichtiger Punkt, da das Anwerben von Fachkräften aus dem Ausland in der Branche eine bekannte Strategie ist. Neben den Beschäftigten benötigen auch die Geschäftsführer, insbesondere in Phasen der Veränderung in

---

[2] Einschränkend ist hier anzumerken, dass bei einem Rücklauf von 30 % bei einer Onlineumfrage von Effekten positiver Selbstselektion auszugehen ist.

Richtung Digitalisierung, passgenaue Unterstützung, die ihnen dabei hilft, ihre Bedarfe zu erkennen, eine passende Lösung für ihren Betrieb zu finden und diese im Arbeitsalltag umzusetzen. Die präferierte Variante hierfür wäre ein:e externe:r Digitalberater:in, der:die die betrieblichen Abläufe in einem handwerklichen Kleinbetrieb gut abschätzen kann und gleichzeitig Kenntnis der Digitalisierungsangebote hat.

In Bezug auf Ansätze der Kompetenzentwicklung für die Beschäftigten wurde in den Interviews mit den Geschäftsführern auf Basis von Digitalisierungserfahrungen im eigenen Betrieb die Relevanz von individuellen Informationszuschnitten deutlich. Besonders für handwerkliche Kleinbetriebe ist dieser Aspekt eng mit der Knappheit der Ressourcen verbunden, aber auch auf die Bedarfe der Beschäftigten ausgerichtet. Nach Kriterien der Informationssparsamkeit und Passgenauigkeit sollten die Beschäftigten im laufenden Arbeitsprozess genau die Informationen bekommen, die für den jeweiligen Arbeitsschritt benötigt werden – und analog dazu auch genau die Kompetenzen, die für die jeweiligen Anwendungsschritte notwendig sind. Kompetenzentwicklung sollte also auf dem Kenntnisstand der Beschäftigten aufsetzen und auf den Digitalisierungsstand der Arbeitssituation abzielen.

In der Tab. 8.1 wurden vor diesem Hintergrund die identifizierten Kompetenzniveaus von Neuling bis Expert:in nach Situationen, Fähigkeiten und Handlungen aufgeschlüsselt. Hier finden sich auch die jeweils zu empfehlenden Lernformen, die in das Konzept des Digitalen Coachs eingeflossen sind. Die Tabelle wurde auf Basis des Kompetenzentwicklungsmodells nach Becker und Spöttl (2008) entwickelt:

Das Modell kann als Orientierung interpretiert werden, die systematisiert aufzeigt, welche Tools warum und für wen infrage kommen. Auf dieser Basis wurde das Konzept des Digitalen Coachs entwickelt, das im folgenden Abschnitt vorgestellt wird.

8.5 Konzept Digitaler Coach

Der Digitale Coach ist als ein digitales Hilfesystem konzipiert, das mehrere Lernformen in sich vereint und die verschiedenen Kompetenzniveaus der Benutzenden sowie ihre Qualifizierungsvorlieben widerspiegelt. Das Konzept soll aufzeigen, welche Komponenten zu einer beschäftigtengerechten und lernförderlichen Softwaregestaltung beitragen. Es ist auf handwerkliche Kleinbetriebe zugeschnitten, kann aber auch als Orientierung für andere Branchen dienen.

Die folgende Liste gibt einen Überblick über die Komponenten des Konzeptes für lernförderliche Digitalisierung mit aufsteigenden Kompetenzbedarfen/-niveaus bzw. steigenden Aufwänden:

- Einführungsvideo
- Tandemlösung
- Passive/aktive Kontexthilfe
- Spezifische Erklärvideos

Tab. 8.1 In Anlehnung an das Kompetenzentwicklungsmodell nach Becker und Spöttl 2008

	Situationen	Fähigkeiten	Handlungen
Expert:in	Lernen durch …	Lösen komplexer Problemstellungen und erfahrungsbasiertes Bearbeiten offener Aufgabenstellungen	
	Ganzheitliches Verständnis der Software in ihrer ganzen Komplexität; sowohl in der Rolle des Handwerkers als auch in der Rolle der Disposition; sowohl Desktopversion als auch App	Lösen von jeglichen Problemen, die im Umgang mit der Software auftreten; Verständnis aller Fragen, die im Umgang mit der Software auftreten; Softwareanpassungen an persönliche Bedürfnisse durch Designer	Ganzheitliches Lösen von Problemen; versteht, warum welcher Fehler in der Bedienung wo auftritt, kann ihn beheben, kann Einfluss der Umgebung (Büro/Baustelle) richtig einordnen, deuten und auf das Problem beziehen, kann mit Designer arbeiten und anderen erklären; könnte Digitalisierungsbeauftragte:r sein
Gewandte:r Professionelle:r	Lernen durch …	Bearbeiten verantwortungsvoller, teilweise unstrukturierter Aufgaben jenseits zweckrationalen Handelns	
	Umfassendes Verständnis der Software, sowohl in der Rolle des Handwerkers als auch in der Rolle der Disposition, Desktopversion als auch App	Lösen von Problemen, die im Umgang mit der Software auftreten; Verständnis aller Fragen, die im Umgang mit der Software auftreten; bearbeitet alle komplexen Fragestellungen und Probleme in und mit Software	Erstes Anwenden des Designers; Tandemlösung, um Designer noch besser zu verstehen
Kompetente:r Akteur:in	Lernen durch …	Konfrontation mit komplexen Problemsituationen/Handlungssituationen ohne vorgedachte Lösungen	
	Erweitertes Verständnis der Software, in der Rolle des Handwerkers als auch in der Rolle der Disposition, sowohl Desktopversion als auch App	Kann mit Software sowohl in der Rolle des Handwerkers als auch in der Rolle der Disposition sicher umgehen, kann auch Probleme entweder eigenständig oder mithilfe Anderer lösen	Sicheres Anwenden der Software, schaut bei Fragen in Handbuch oder blendet Kontexthilfe ein
Fortgeschrittene:r Anfänger:in	Lernen durch …	Konfrontation mit Situationen, in denen Fakten, Muster und Regeln zu beachten und im situativen Kontext zu gewichten sind	

(Fortsetzung)

8 Handwerk 4.0: Bedarf und Existenz digitaler Kompetenzen …

Tab. 8.1 (Fortsetzung)

	Situationen	Fähigkeiten	Handlungen
	Grobes Verständnis der Software, in der Rolle des Handwerkers als auch in der Rolle der Disposition, sowohl Desktopversion als auch App	Kann mit Basisfunktionen der Software sowohl in Desktopversion als auch in App umgehen und diese im Arbeitsalltag anwenden	Einführungstutorial ansehen; kleine Aufgaben mit Software erledigen (mglw. erst einmal ohne Zeitdruck im Büro); Tandemlösung; nutzt Kontexthilfe; liest im Handbuch nach
Neuling (Anfänger:in/ Noviz:in)	Lernen durch …	Erfahrungsmöglichkeiten in „realen" Situationen und bei der Anwendung von „komplizierten" Regeln …	
	Geringe bis keine digitale Vorerfahrung hat, keine Kompetenz bzgl. der Software	Theoretisches Verständnis über den Zweck der Software, aber noch kein anwendungsbezogenes Verständnis	Einführungstutorial ansehen; tastet sich mit Demoversion an Software heran; Tandemlösung; nutzt Kontexthilfe

- Handbuch
- Onlineleitfaden
- Designer zur persönlichen Softwaremodifizierung
- Digitalisierungsbeauftragte:r

Für Softwareeinsteiger:innen ist ein *Einführungsvideo* zu empfehlen, das die Software langsam und grundlegend erläutert. Hier wird nicht zu sehr ins Detail gegangen, um Überforderung zu vermeiden. Parallel zum Video sollte auf dieser Qualifizierungsebene eine *Tandemlösung* zur Anwendung kommen, bei der die Software im Arbeitsprozess in einem Tandem aus digital affineren und digital weniger affinen Beschäftigten genutzt wird. Letztere besitzen im Idealfall viel Erfahrungswissen und arbeiten schon länger in ihrem Beruf, sodass beide Parteien voneinander lernen können und Wissenstransfer schnell und unkompliziert im Betrieb stattfinden kann. Schnelles Lernen im Prozess der Anwendung ermöglicht die *passive Kontexthilfe,* welche grundsätzlich auf mehreren Ebenen Hilfestellungen anbietet und sich dabei inhaltlich an den DGUV Informationen 215–450 „Softwareergonomie" und 215–410 „Bildschirm- und Büroarbeitsplätze" orientiert. Diese umfasst erklärende Hinweise an potenziell unintuitiven Stellen der Software, die in der Benutzung z. B. über Fragezeichen oder Mouseover eingeblendet werden. Die *aktive Kontexthilfe* geht demgegenüber vom System aus und bietet Nutzer:innen proaktiv Hilfe zum jeweils offenen Teil der Software an, beispielsweise bei Inaktivität. In einem darüber hinausgehenden Ansatz können auch Hinweise zur ergonomischen und gesundheitsförderlichen Arbeitsgestaltung über die aktive Kontexthilfe gegeben werden. Die Kontexthilfen sind besonders in der Einführungsphase ein essenzielles Tool, um den beschriebenen

Bedarfen im Handwerk nach schnellem Einstig in die Softwarelösung Rechnung zu tragen. Wichtig ist hier, die sinkenden Bedarfe nach Unterstützung im Prozess mit zunehmender Anwendungserfahrung mitzudenken. Daher sollte eine Möglichkeit zur Deaktivierung und Aktivierung eingebaut werden, um die Usability für erfahrene Nutzer:innen nicht zu verringern. Sowohl für Nutzer:innen, die eine vorangestellte Einarbeitung präferieren, als auch für solche, die Hilfe im Prozess vorziehen, und für unterschiedliche mediale Präferenzen beinhaltet das Digital-Coach-Konzept eine Lösung: ein mit Screenshots unterlegtes *Handbuch* im Printformat und in einer digitalen Version, ein *Onlinehandbuch,* das in die Software eingebettet ist, und *spezifische Erklärvideos,* in denen die einzelnen Funktionen der Software praktisch vermittelt werden. Der Zugriff über Video und textbasierte Hilfe sollte in der Software direkt mit der jeweiligen Stelle der Anwendung verknüpft sein, sodass beim Auftreten einer Unklarheit das Video oder der Text direkt zu dem Teil der Anwendung springt, an dem die Nutzer:innen sich gerade befinden. Der *Designer* erlaubt für erfahrene Anwender:innen eine Modifizierung der Software zum Zuschnitt auf die spezifischen Bedürfnisse des Betriebs. Empfehlenswert wäre zudem, eine:n Beschäftigte:n als *Digitalisierungsbeauftragte:n* zu benennen, der:die sich besonders intensiv in die neue digitale Lösung einarbeitet und für Fragen zur Verfügung steht sowie ggf. über den Designer Anpassungen vornehmen kann.

Mit dem Konzept des Digitalen Coachs werden die Kriterien der Lernförderlichkeit und Individualisierbarkeit erfüllt, da Einfluss auf die Gestaltung der Software, auf die Abbildung des Dialogs zwischen Mensch und Computer und auf die Informationsdarstellung genommen werden kann. Dies erhöht die Benutzerfreundlichkeit und macht das Bedienen der Software planbarer. Zudem wird durch eine unkomplizierte Nutzung der Software Zeit gespart und die Motivation bei den Nutzer:innen aufrecht gehalten. Durch das Konzept sollen gesundheitliche Risiken bei der Arbeit an Bildschirmen (Desktop, Smartphone, Laptop, Tablet) minimiert werden, indem Technikstress vorgebeugt wird, Einstiegshürden abgebaut und Kompetenzunterschiede zwischen den Anwender:innen überbrückt werden. Durch Anpassung des Digital-Coach-Konzepts an die Anwendenden, ihr Arbeitsumfeld und die jeweiligen Aufgaben verringern sich im Sinne einer ergonomischen Software die psychischen und physischen Risiken für die Nutzenden (DGUV 215–450). Die enthaltenen Hilfestellungen sind in erster Linie einführende Hinweise zur Bedienung der Software und werden tendenziell im Anwendungsprozess mit steigenden Kompetenzniveaus obsolet, sodass die Implementierung den Arbeitsprozess nicht stören sollte.

8.6 Fazit und Schlussfolgerung

Die Ausführungen zeigen, dass die Arbeitsprozesse, Kompetenzniveaus und Qualifizierungsvorlieben sowohl zwischen den Beschäftigten als auch auf betrieblicher Ebene differierten. Damit ergaben sich auch unterschiedliche Bedarfe und Anforderungen an eine digitale Lösung und die Sicherstellung von deren Lernförderlichkeit.

Als Ziel kristallisierte sich daher heraus, eine möglichst niedrigschwellige und intuitive Software zu entwickeln, die die grundlegenden Arbeitsabläufe aller Betriebe abdeckt und sowohl in ihren Funktionen als auch in Bezug auf die begleitenden Hilfestellungen individualisierbar sein muss. Die Anforderung in Kürze: Die Software sollte so niedrigschwellig sein, dass sie für jeden Betrieb sinnvoll einsetzbar und für jede:n Beschäftigte:n grundsätzlich nutzbar ist. Sie sollte Abläufe auf keinen Fall verkomplizieren, sondern vereinfachen. Gleichermaßen dürfen Beschäftigte mit höherem Kompetenzniveau aber auch nicht „gebremst" oder unterfordert werden. Vielmehr sollten auch komplexe Abläufe ausdifferenziert abbildbar und die Software persönlich individualisierbar sein. Auf Seite der Softwarelösung stellt sich damit die Anforderung, eine modulare Lösung mit erweiterbaren Oberflächen zu bieten, die den Nutzer:innen genauso viele Informationen zur Verfügung stellt, wie diese individuell benötigen. Auf Seite der Betriebe stehen demgegenüber die Anforderungen, einen Grundstock an digitalen Kompetenzen aufzubauen. Dabei sollte nicht vergessen werden, dass nicht jede:r alles können muss, sondern dass Fähigkeiten und Kompetenzen gewinnbringend, zielgenau und sinnvoll eingesetzt werden. Das bedeutet zum einen, Weiterbildungsmöglichkeiten anzubieten, aber zum anderen, die Grenzen der Beschäftigten zu akzeptieren und diese stärkenorientiert einzusetzen. Eine Voraussetzung dafür ist die Erhebung der Kompetenzstände, auf denen aufgebaut werden kann. Für die praktische Umsetzung ist ein kompetenz- und eventuell altersgemischtes Tandem eine gute Lösung. So können jeweils digitale Kompetenzen und implizites Erfahrungswissen miteinander ausgetauscht werden. Gerade das Erfahrungswissen älterer Mitarbeiter:innen sollte im Digitalisierungsprozess nicht verloren gehen.

Zusammenfassend lässt sich festhalten, dass eine allgemeingültige für alle Handwerksbetriebe gleichermaßen anwendbare Software eher schwierig zu realisieren ist, da weder alle Kompetenzen noch alle Arbeitsabläufe korrekt abgebildet werden können. Vielmehr braucht es eine niedrigschwellige, aber individualisierbare Softwarelösung, die durch ein Schulungskonzept, wie dem des Digitalen Coachs, barrierearm implementiert werden kann und Beschäftigten aller Kompetenzniveaus zur Nutzung offensteht.

Förderhinweise
Das diesem Beitrag zugrunde liegende Projekt „Athene 4.0" wurde mit Mitteln des Bundesministeriums für Bildung und Forschung unter den Förderkennzeichen 02K17A010 – 02K17A015 gefördert. Die Verantwortung für den Inhalt dieser Veröffentlichung liegt bei den Autoren.

Literatur

Bertram M, Schaarschmidt M (2019) Digitalisierung und soziale Medien im Handwerk: Ergebnisse einer Studie im Bereich Heizungs-, Sanitär- und Klimatechnik. In: Schaarschmidt M, Walsh G, Korflesch H (Hrsg) Online-Reputationskompetenz von Mitarbeitern. Mit Social-

Media-Reputationsmanagement das Unternehmensimage stärken. Springer Gabler, Wiesbaden

Becker M, Spöttl G (2008) Berufswissenschaftliche Forschung. Theoretische Fundierung, Forschungspraxis und Beitrag zur Qualifikationsforschung. Beitrag zur 1. Österreichischen Konferenz für Berufsbildungsforschung

DIN EN ISO 9241 – 110:2008–09, Ergonomie der Mensch-System-Interaktion – Teil 110: Grundsätze der Dialoggestaltung (ISO 9241-110:2006); Dtsch Fass EN ISO 9241-110:2006

Guhlemann K (2020) Prävention 4.0 im Prozess digitaler Arbeitsgestaltung. In: Georg A, Guhlemann K, Peter G (Hrsg) Humanisierung der Arbeit 4.0. Prävention und Demokratie in der digitalisierten Arbeitsgesellschaft. VSA, Hamburg, S 113–138

Koch J (2011) Ausbildung in der Wissensgesellschaft – neue Chancen für das Lernen in Arbeitsprozessen. BWP – Berufsbildung in Wissenschaft und Praxis 40(1):25–28, 26 ff., 25

Naegele L, Kortsch T, Paulsen H, Wiemers D, Kauffeld S, Frerichs F (2015) Zukunft im Blick: Trends erkennen, Kompetenzen entwickeln, Chancen nutzen. Drei Perspektiven auf die Zukunft des Handwerks. Ergebnisse aus dem Projekt „Integrierte Kompetenzentwicklung im Handwerk" (In-K-Ha). Technische Universität Braunschweig, Braunschweig

Prescher T, Hellriegel J, Schön M, Baumann A, Heil M, Schulz F (2016) Digitalisierung im Handwerk als Lernprozess fördern. In: Zender R (Hrsg) Proceedings of DeLFI Workshops 2016. Potsdam, S 209–215

Rohleder B, Schulte KS (2017) Digitalisierung des Handwerks. ZDH & bitkom, Berlin

Runst P, Proeger T (2020) Digitalisierungsmuster im Handwerk – Eine regionale und sektorale Analyse des Digitalisierungs-Checks des Kompetenzzentrums Digitales Handwerk. Göttinger Beiträge zur Handwerksforschung, No. 39. Volkswirtschaftliches Institut für Mittelstand und Handwerk an der Universität Göttingen, Göttingen

Strating H (2019) Digitalisierung im SHK-Handwerk. lernen & lehren 34(133):6–11

Veltkamp N, Schulte KS (2020) Digitalisierung des Handwerks. ZDH & bitkom, Berlin

Kerstin Guhlemann ist Soziologin und Medienwissenschaftlerin und koordiniert in der Sozialforschungsstelle der TU Dortmund den Forschungsbereich Arbeitspolitik und Gesundheit.

Christine Best ist Gerontologin mit einem M.A. Alternde Gesellschaften und wissenschaftliche Mitarbeiterin in der Sozialforschungsstelle der TU Dortmund im Forschungsbereich Arbeitspolitik und Gesundheit.

Amina Ali ist Sozialwissenschaftlerin und war als wissenschaftliche Hilfskraft in der Sozialforschungsstelle der TU Dortmund im Forschungsbereich Arbeitspolitik und Gesundheit tätig.

Digitalisierung personennaher Dienstleistungen: Die Service Canvas als Gestaltungswerkzeug

Christoph Lattemann, Rangina Ahmad, Pia Gebbing, Manuel Geiger, Ricardo Guerrero, Theresa Kroschewski, Lisa Lohrenz und Simon Michalke

Zusammenfassung

Neben der industriellen Produktion und den industrienahen Dienstleistungen stellen personennahe Dienstleistungen einen wichtigen Pfeiler der deutschen Wirtschaft dar. Durch die Industrie-4.0-Initiative haben neue technologische

C. Lattemann (✉)
Inhaber des Lehrstuhls für Betriebswirtschaft und Informationsmanagement,
Jacobs University, Bremen, Deutschland
E-Mail: c.lattemann@jacobs-university.de

R. Ahmad · M. Geiger · L. Lohrenz
Institut für Wirtschaftsinformatik, Abteilung Informationsmanagement,
Technische Universität Braunschweig, Braunschweig, Deutschland
E-Mail: rangina.ahmad@tu-braunschweig.de

M. Geiger
E-Mail: m.geiger@tu-braunschweig.de

L. Lohrenz
E-Mail: lisa.lohrenz@tu-braunschweig.de

P. Gebbing · R. Guerrero · T. Kroschewski
Lehrstuhl für Betriebswirtschaft und Informationsmanagement, Jacobs University,
Bremen, Deutschland
E-Mail: p.gebbing@jacobs-university.de

R. Guerrero
E-Mail: r.guerrero@jacobs-university.de

T. Kroschewski
E-Mail: t.kroschewski@jacobs-university.de

S. Michalke
Encoway GmbH, Bremen, Deutschland
E-Mail: Simon.Michalke@encoway.de

© Der/die Autor(en), exklusiv lizenziert an Springer Fachmedien Wiesbaden GmbH, ein Teil von Springer Nature 2023
C. Lattemann und S. Robra-Bissantz (Hrsg.), *Personennahe Dienstleistungen der Zukunft,* Edition HMD, https://doi.org/10.1007/978-3-658-38813-3_9

Konzepte wie Internet of Things, cyber-physische Systeme und Big Data in weiten Teilen der Industrie in Deutschland Einzug gehalten. Der Einsatz neuer Technologien verspricht aber auch Innovationspotenziale für personennahe Dienstleistungen (PDL). Doch wo lassen sich Innovationspotenziale finden, welche Gestaltungsmöglichkeiten für PDL gibt es und wie sehen Lösungen aus? Kann man den Servicification- und Digitalisierungsgrad von Unternehmen messen und welche Maßnahmen müssen Unternehmen vornehmen, um sich weiter in Richtung Digitalisierung und Servicification zu entwickeln? Welche Designmethoden gibt es, um PDL oder adäquate Serviceökosysteme zu entwickeln? Dieser Beitrag stellt ausgewählte, wissenschaftliche Ergebnisse aus dem wissenschaftlichen Projekt „BeDien" zur Förderrichtlinie „Personennahe Dienstleistungen" des Bundesministeriums für Bildung und Forschung (BMBF) dar, die diese Fragen beantworten. Die in diesem Artikel dargestellten Ergebnisse wurden unter der Leitung von BeDien mit Unterstützung der acht geförderten Verbundprojekte (s. weitere Kapitel in diesem Buch) erarbeitet.

Im Mittelpunkt der Forschung steht die sogenannte „Service Canvas" – ein Forschungs- und Bezugsrahmen für die Entwicklung von innovativen PDL. Die Service Canvas kann genutzt werden, um Handlungsfelder für die Entwicklung innovativer PDL abzuleiten. Dies unterstützend, wurden parallel im Projekt Designmethoden entwickelt, die Unternehmen konkrete Handlungsempfehlungen für das Entwickeln von innovativen PDL geben. Weiterhin diente die Service Canvas als Rahmenwerk für die Entwicklung eines Reifegradmodells zur Verortung von Unternehmen in Bezug auf deren Digitalisierung und Servicification-Aktivitäten.

Schlüsselwörter

Personennahe Dienstleistungen · Digitalisierung · Service Canvas · Service-dominierte Logik · BeDien

9.1 Einleitung und Motivation

Dienstleistungen stehen im Mittelpunkt eines unternehmerischen, gesellschaftlichen und strukturellen Wandels: Deutschland hat sich in den vergangenen Jahrzehnten von einer Industrienation zu einer Dienstleistungsgesellschaft entwickelt (Gross 1983). Einen wesentlichen Teil dieser Entwicklung betreffen personennahe Dienstleistungen (PDL). Diese Dienstleistungen sind typischerweise in Bereichen wie Bildung, Einzelhandel, Gastgewerbe, Gesundheitswesen und Handwerk zu finden (Parasuraman et al. 1985; Mattila und Enz 2002; Lattemann et al. 2020).

Vor allem stellen sich neue Technologien als Treiber für die Neugestaltung und Entwicklung von PDL heraus. Neue Geschäftsmodelle werden geschaffen, neue Kooperationsmöglichkeiten eröffnet, neue Interaktionsformen ermöglicht. Dies führt zu einem veränderten Verständnis der Wertschaffung, von Wertschöpfungsnetzwerken (Goodwin 2009; Viswanathan und Sreekumar 2019) und grundsätzlich von Dienstleistungen (Vargo und Lusch 2004; Robra-Bissantz et al. 2020). Prominente Beispiele für diese neuen Entwicklungen sind Dienstleistungskonzepte aus der Plattformökonomie und der Sharing Economy, wie zum Beispiel AirBnB und Uber, oder die gemeinsame Entwicklung von Innovationen in Fablabs und Hackerspaces in der Makerszene.

Diesem Wandel im Verständnis der Wertschaffung und der Co-Kreation im Dienstleistungsbereich müssen sich Unternehmen stellen, um in Zukunft nachhaltig wettbewerbsfähig zu bleiben (Lattemann et al. 2020; Guerrero et al. 2022a). In diesem Spannungsfeld geht es darum, dass Unternehmen einen Perspektivwechsel von einem Produktfokus zu einem Dienstleistungsfokus vollziehen und dem Grundgedanken folgen, dass jedes Produkt einen Zweck bzw. einen Wert für den Endnutzer darstellt. Dieser Wert ist in der Regel abhängig von individuellen Situationen und Präferenzen von Personen – den Nutzern – mit dem Ziel, deren Lebenssituation nachhaltig zu verbessern (Foglieni et al. 2018; Robra-Bissantz et al. 2020; Lattemann et al. 2020). Diesem Gedanken folgend kann jedes Produkt und jede Dienstleistung als PDL beschrieben werden.

Neuere Erkenntnisse aus der Dienstleistungsforschung – insbesondere aus der Service-dominierten Logik (SDL) – erklären diese neue Perspektive und helfen, diese zu begreifen. Die SDL zeigt auf, dass Unternehmen einem veränderten Verständnis von Wertschöpfung und Dienstleistungserbringung folgen müssen – weg von einer angebotsorientierten Perspektive hin zu einer stärker nutzerzentrierten und co-kreativen Dienstleistungsperspektive (Vargo und Lusch 2004).

In der Praxis stehen die meisten Unternehmen jedoch vor großen Schwierigkeiten, wenn es darum geht, ein solches Grundverständnis zu entwickeln und umzusetzen, weil es noch heute an Handlungsempfehlungen und Leitlinien zur Gestaltung innovativer PDL fehlt (Robra-Bissantz et al. 2020). Um diese Lücke zu schließen, förderte das BMBF zwischen 2018 und 2022 in insgesamt neun Projekten die Erforschung und Entwicklung von Konzepten zur Gestaltung innovativer PDL. Über fünfzig Partner aus Wissenschaft und Wirtschaft haben an der Gestaltung innovativer PDL geforscht. Die Ergebnisse flossen in die Entwicklung eines anwendungsorientierten Forschungsrahmens – der „Service Canvas" – ein (Robra-Bissantz et al. 2020). Dieser Forschungsrahmen basiert auf den Erkenntnissen der SDL, die Gestaltungsbereiche vorgeben, und aus Entwicklungslinien, die die digitale Transformation vorgibt.

Im Folgenden wird die Service Canvas als Referenzrahmen für die Forschung an PDL und als Bezugsrahmen für die Praxis zur Identifikation von Innovationspotenzialen vorgestellt. Anhand von ausgewählten Forschungsergebnissen aus dem BeDien-Projekt wird exemplarisch beschrieben, wie die Service Canvas helfen kann, Forschungs- und Innovationsaktivitäten im Bereich PDL systematisch aufzudecken. Weiterhin werden exemplarisch ausgewählte Designmethoden dargestellt, die helfen, Innovationen für die in der Service Canvas identifizierten Handlungsfeldern zu entwickeln. Darüber hinaus wird ein Modell zur Messung des Reifegrades der Digitalisierung und der Servicification von und für Unternehmen vorgestellt, das der Logik der Service Canvas folgt.

9.2 Digitalisierung und Servicification

9.2.1 Das neue Dienstleistungsverständnis

Wenn man davon ausgeht, dass wirtschaftliches Handeln grundsätzlich nicht nur auf Gewinnmaximierung, sondern auch auf das Wohl der Menschen ausgerichtet ist, dann ist alles, was Unternehmen und Organisationen anbieten, letztlich eine Dienstleistung. Denn es geht um viel mehr als nur den klassischen Austausch von Gütern gegen Geld (Value-in-Exchange). Es muss der Wirtschaft darum gehen, Dienste zu leisten und damit Werte für Personen zu schaffen, um deren individuelle, situationsabhängige Lebenssituation zu stabilisieren und/oder zu verbessern (Vargo et al. 2008; Robra-Bissantz et al. 2020).

Diese Perspektive wird in der Wirtschaft jedoch heute kaum vertreten, auch wenn sie zu Wettbewerbsvorteilen führen kann. Vielmehr wird das Angebot von Produkten und Dienstleistungen in der Praxis häufig von einer Güter-dominierten Logik (GDL) geleitet (Jallat 2004). In den letzten ca. 15 Jahren zeichnet sich jedoch eine Tendenz zum Umdenken in der Forschung – und auch in Unternehmen – ab. Eine nutzerzentrierte SDL als Konzept zur Gestaltung und Entwicklung von Dienstleistungen im digitalen Zeitalter verbreitet sich (von Leipzig et al. 2017; Lattemann et al. 2020). Aspekte wie Kosteneffizienz, Leistungs- und Wartungszeiten oder die Anzahl produzierter Stücke pro Zeiteinheit, die traditionell als Grundlage der Gestaltung und Entwicklung von Produkten (aber auch Dienstleistungen) galten, werden zunehmend durch die Erfüllung persönlicher Bedürfnisse in jeweiligen individuellen Situationen der „Nutzung" der Dienstleistung – dem sogenannten „Value-in-Use" (Grönroos 2008; Vargo und Akaka 2009) – und durch die Erfüllung von Nutzererfahrungen in der Interaktion – dem sogenannten „Value-in-Interaction" (Geiger et al. 2020) – ersetzt. Im Verständnis dieser nutzerzentrierten Dienstleistungswelt werden Werte nicht vom „Produzenten" geschaffen, sondern zum Zeitpunkt der Nutzung durch den Nutzer selbst. Produzenten erschaffen nach diesem Verständnis lediglich Wertversprechen – und dies co-kreativ in einem Netzwerk von Akteuren (Vargo und Lusch 2008; Vargo 2009).

Aus diesen Überlegungen kommt man zu der Erkenntnis, dass Unternehmen an drei zentralen Stellen in der Dienstleistungserstellung Einfluss nehmen können:

- bei der Erstellung des Value-in-Use für den Nutzer,
- bei der Erbringung des Value-in-Interaction für den Nutzer und
- bei der Komposition der Partner, die bei der Co-Kreation der Wertversprechen beteiligt sind – dem Serviceökosystem.

Diese drei Aspekte stellen die möglichen Gestaltungsbereiche bei der Innovation von PDL dar (Lattemann et al. 2020; Robra-Bissantz et al. 2021a).

9.2.2 Digitalisierung im Dienstleistungssektor

Die Digitalisierung und der Wandel zu dienstleistungsorientierten Unternehmen (Servicification) werden als zwei Seiten derselben Münze betrachtet (Rust und Huang 2014). Die Digitalisierung ermöglicht bessere Dienstleistungen und zielt darauf ab, Impulse für PDL zu setzen (Lattemann et al. 2020; Robra-Bissantz et al. 2021a).

Während beispielsweise in der Vergangenheit Unternehmen dadurch gekennzeichnet waren, dass sie isoliert arbeiteten, wird die Kollaboration in Netzwerken und die co-kreative Integration von Geschäftspartnern und Kunden in die Wertschaffung immer relevanter (Vargo und Lusch 2004; Sanders und Stappers 2008). Die Notwendigkeit Informationen, Wissen und andere materielle und immaterielle Ressourcen innerhalb des Unternehmens und mit anderen Akteuren zu teilen und zu kombinieren sowie agile Koordinationsmechanismen zu entwickeln, um die co-kreative Wertschaffung im Ökosystem zu unterstützen, entspricht den grundlegenden Facetten der Servicification (Vargo 2009; Morelli 2009). An dieser Stelle setzen digitale Technologien an, die neue Kollaborations- und Integrationsformen ermöglichen, Agilität in Netzwerke bringen und selbst zu sinnvollen Akteuren und zu aktiven Mitgestaltern in der Dienstleistungserstellung werden können (Lusch und Nambisan 2015), zum Beispiel durch künstliche Intelligenz (KI).

Aus diesen Überlegungen lassen sich vier Entwicklungslinien ableiten, die bei der co-kreativen Gestaltung von innovativen PDL berücksichtigt werden sollten (Lattemann et al. 2020; Robra-Bissantz et al. 2021a):

1. die Adaption,
2. die Integration,
3. die Kollaboration und
4. der sinnvolle Einsatz von neuen Technologien, dem digitalen Design.

Die drei Gestaltungsbereiche und die vier Entwicklungslinien spannen eine Matrix für die Identifikation von Innovationen für PDL auf, aus der sich die Service Canvas ergibt.

9.2.3 Die Service Canvas als Referenzrahmen zur Gestaltung von PDL

Die Service Canvas wurde in ihren Grundlagen im Projekt „BeDien" entwickelt und durch Erkenntnisse aus den Verbundprojekten der BMBF-Förderlinie „Personennahe Dienstleistungen" erweitert und validiert (Robra-Bissantz et al. 2020). Die Service Canvas ist somit das Ergebnis von Diskussionen sowie dem Austausch und gegenseitigem Wissenstransfer zwischen den einzelnen Projekten

(s. weitere Beiträge in diesem Buch). Sie stellt die wesentlichen Gestaltungsbereiche für Unternehmen aus einer Dienstleistungsperspektive den wesentlichen Entwicklungslinien in der digitalen Transformation gegenüber und spannt so einen Rahmen für die Konzeption und Umsetzung von PDL (s. Abb. 9.1).

Die Service Canvas umfasst die drei bereits dargestellten Gestaltungsbereiche, die sich aus der SDL und der eigenen Forschung entwickelt haben: Value-in-Use, Value-in-Interaction und Serviceökosystem, sowie die vier Entwicklungslinien der digitalen Transformation: Adaption, Integration, Kollaboration und digitales Design. Diese werden im Kontext der Service Canvas im Folgenden beschrieben.

Die *Adaption* zielt sowohl auf die Anpassung des Dienstleistungsangebots an den Kunden und seine Bedürfnisse ab, nimmt aber gleichzeitig Bezug zum Value-in-Use, zum Value-in-Interaction und zur Anpassungsfähigkeit des Serviceökosystems. Ziel der Adaption ist die Schaffung einer bedürfnisgerechten Ausgestaltung der PDL: der passende, individuelle Service, gelungene Customer Journeys über Inspiration und Matching bis hin zur Problemlösung, auch über mehrere Akteure und ggf. deren potenziellen Values-in-Use (Robra-Bissantz et al. 2021b).

Die *Integration* berücksichtigt die Notwendigkeit der Co-Kreation von komplexen (personennahen) Dienstleistungen. Innovative Dienstleistungen, wie sie z. B. von AirBnB oder Uber erbracht werden, basieren auf Kompetenzen und Ressourcen von verschiedenen Wertschöpfungspartnern, zu denen auch selbst der Nutzer gehören kann. Diese Integration von Wertschöpfungspartnern wird durch die Digitalisierung ermöglicht bzw. begünstigt. Dabei stellen sich die Fragen, welche Wertschöpfungspartner für eine spezifische Dienstleistungserstellung gebraucht werden, in welcher Art und Weise diese Partner – und auch der Nutzer selbst im Sinne des Do-it-yourself-Gedankens – in den Werterstellungsprozess integriert werden und wie diese Integration gesteuert werden kann (Lattemann und Robra-Bissantz 2006).

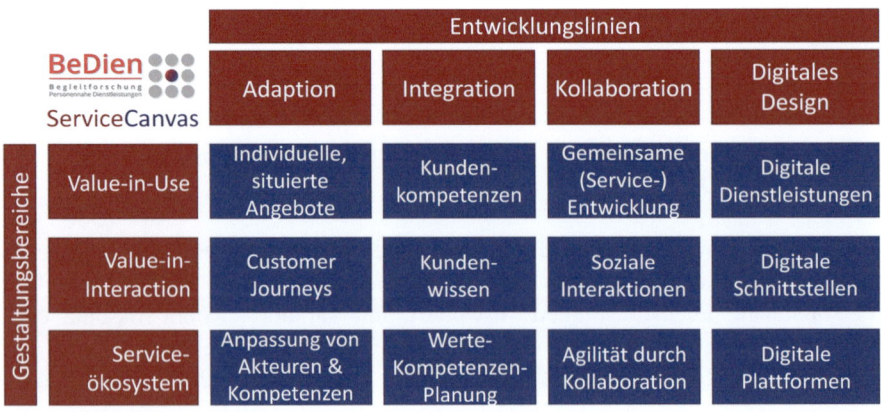

Abb. 9.1 Service Canvas

Die *Kollaboration* beschreibt das Potenzial zur Gestaltung von Beziehungen auf der Basis von Verbundenheit und Vertrauen mit den gemeinsamen Zielen vor Augen. Für eine Reihe von möglichen Geschäftsmodellen spielt es hierbei eine Rolle, inwieweit die Kollaboration zwischen den Partnern ausgeprägt ist. Nicht allein in der eigenen Organisation, sondern auch darüber hinaus stellt die Kollaborationsfähigkeit eine wesentliche Kompetenz eines jeden Akteurs im Serviceökosystem dar. Tatsächlich fordern Serviceökosysteme sogar Kollaboration, um zum einen Bedürfnisse, Präferenzen und Werte seiner Partner wahrnehmen zu können, und zum anderen, um sich rasch und agil an geänderte Situationen anzupassen (Robra-Bissantz et al. 2021a).

Letztlich stellt sich die Frage nach einem *digitalen Design,* das jeweils die grundsätzliche Einsicht widerspiegelt, dass die unternehmerische Innovation zwar von den technologischen Möglichkeiten ausgeht, die völlig neue Gegebenheiten auf Märkten induzieren. Im Design jedoch ist die konkrete Ausgestaltung von Service-Ideen mithilfe von Apps, Websites oder Plattformen der letzte Schritt. Mit Bedacht ist diese Entwicklungslinie in die letzte Spalte der Service Canvas gesetzt, da sich der Grad der Digitalisierung in einem postdigitalen Sinne nicht an den Potenzialen der Technologie, sondern an ihrem maßgenauen Einsatz zur Verbesserung der Lebenssituation des Einzelnen ausrichtet (Robra-Bissantz et al. 2021a, b).

9.3 Anwendung der Service Canvas in Praxis und Forschung

Im Folgenden wird anhand von drei Beispielen aufgezeigt, wie die Service Canvas dazu genutzt werden kann, Handlungsfelder für die Innovation von PDL zu identifizieren (s. hierzu auch in diesem Sammelband: Lux und Robra-Bissantz 2022). Diese Identifikation von Innovationspotenzialen stellt den Startpunkt für weitergehende Überlegungen und Analysen für Lösungsansätze dar. Um diesen Innovationsprozess zu unterstützen, wurden im BeDien-Projekt Innovations- und Designmethoden entwickelt. Eine Auswahl dieser Methoden wird in diesem Beitrag skizziert. Abschließend wird ein Modell zur Erkennung der Fortschritte in der Servicification und Digitalisierung von PDL-Unternehmen (Reifegradmodell) präsentiert.

9.3.1 Digitale Schnittstellen: Value-in-Interaction im Kontext vom digitalen Design

Die Gestaltung einer digitalen Schnittstelle zwischen Anbieter und Nutzer innovativer PDL ist häufig ein zentrales Erfolgskriterium für deren wahrgenommene Qualität und damit für deren Akzeptanz. In der Service Canvas wird die Gestaltung der digitalen Schnittstelle dort berücksichtigt, wo der Gestaltungsbereich des Value-in-Interaction (Schnittstelle) die Entwicklungslinie des digitalen Designs kreuzt.

Insbesondere vor dem Hintergrund der digitalen Transformation und den daraus resultierenden neuen Diensten und Servicemöglichkeiten ist eine Steigerung der Interaktion zu beobachten (Yadav und Varadarajan 2005). Die unterschiedlichen Akteure kommunizieren vermehrt in digitalen Interaktionsräumen (z. B. via Chats, Conversational Agents). Dabei sind Interaktionen grundsätzlich der Klebstoff, der Akteure verbindet (Fyrberg und Jüriado 2009) und eine gemeinsame Wertschöpfung im Rahmen der Serviceerbringung ermöglicht. Die reine Existenz einer solchen digitalen Schnittstelle zwischen Anbietern und Nachfragern reicht allerdings nicht aus, um eine Wertschöpfung sicherzustellen (Fyrberg und Jüriado 2009). Es geht um die Gestaltung einer erfolgreichen Interaktion, die zu erhöhtem Vertrauen, einer tieferen Verbundenheit und einer erhöhten Kundenzufriedenheit führt (Groth und Grandey 2012; Grönroos und Voima 2013; Geiger et al. 2020). Da eine langfristige und somit als wertvoll empfundene Beziehung zu Kunden essenziell für den Fortbestand eines Unternehmens ist, sollte jede digitale Interaktion aktiv, d. h. bewusst gestaltet werden. Der dabei potenziell entstehende Value-in-Interaction entsteht „durch und während einer [jeglichen] Interaktion, [...] entfaltet seine Wirkung im Moment und beeinflusst dadurch die weiteren Prozesse der gemeinsamen Wertschöpfung (Ko-Kreation)" (Geiger et al. 2020). Um eine Interaktion wertvoll zu gestalten, müssen drei Ebenen adäquat berücksichtigt werden: die Beziehungs-, Matching- und Dienstleistungsebene (Geiger et al. 2020). Während die Beziehungsebene den Aufbau eines positiven Beziehungswertes zwischen den Interaktionsparteien zum Ziel hat, soll auf der Dienstleistungsebene die bestmögliche Durchführung der Interaktion im Rahmen der Dienstleistung sichergestellt werden. Die Matchingebene ist für die Auswahl der richtigen Dienstleistungs- und Kommunikationsbestandteile verantwortlich. Dies ist Voraussetzung für eine wertvolle Gestaltung der beiden vorgenannten Ebenen.

Dieses 3-Ebenen-Modell der Interaktion wurde in unterschiedlichen Forschungskontexten – auch im Kontext der PDL – angewendet. Dabei hat sich gezeigt, dass eine aktive Gestaltung der Interaktionen mithilfe des 3-Ebenen-Modells zu einer Steigerung der wahrgenommenen Beziehungsqualität bei PDL führt (Meyer et al. 2020; Geiger et al. 2020). Dementsprechend erscheint es sinnvoll, dass Unternehmen ...

a) die Interaktionsgestaltung in den Fokus rücken. Die Wahrnehmung eines grundsätzlich guten und wertvollen Services wird maßgeblich von der jeweiligen Serviceinteraktion beeinflusst – im positiven, wie auch im negativen Sinn (Solomon et al. 1985; Chen und Dubinsky 2003).
b) jede einzelne Interaktion so gestalten, dass auf den drei Ebenen des Value-in-Interaction-Modells jeweils ein positiver Wert (Beziehungs-, Matching- und Dienstleistungswert) entsteht.
c) Kompetenzen für die Gestaltung auf den einzelnen Ebenen entwickeln und
d) die Verantwortlichkeiten in Bezug auf die Gestaltung der digitalen Schnittstellen zu Kunden bündeln, um Interaktionen unabhängig von spezifischen Kanälen wertvoll zu gestalten.

Haben Unternehmen mithilfe der Service Canvas erkannt, dass sie die Interaktion zum Dienstleistungsnutzer auf den drei Ebenen, z. B. durch den Einsatz von IT stärken müssen, können sie auf der Service Canvas systematisch durch die einzelnen Felder „wandern", um weitere Innovationspotenziale zu identifizieren. Im nun folgenden Fall wird der Fokus im Gestaltungsbereich Value-in-Interaction auf den Schnittpunkt zur Adaption geleitet.

9.3.2 Conversational Agents: Gestaltung des Value-in-Interaction durch Adaption

Bei der Gestaltung des Value-in-Interaction und damit der (digitalen) Schnittstelle zum Kunden ist auch deren Adaptionsfähigkeit zu berücksichtigen. Durch den gezielten, individualisierten Einsatz digitaler Systeme können Interaktionen wertvoller gestaltet werden. In der Service Canvas wird die Anpassungsfähigkeit digitaler Systeme für die Interaktion dort berücksichtigt, wo die Entwicklungslinie der Adaption den Gestaltungsbereich des Value-in-Interaktion kreuzt.

Dank des technologischen Fortschritts haben sich insbesondere intelligente sprachbasierte Assistenzsysteme etabliert, sogenannte Conversational Agents (CAs), um potenziell wertvolle Interaktionen mit Kunden zu führen. CAs sind Computerprogramme, die dem Menschen eine in natürlicher Sprache basierende Echtzeitinteraktion per Text oder Spracherkennung ermöglichen (McTear et al. 2016). Die der KI zugrunde liegenden digitalen Technologien (wie etwa Natural Language Processing, NLP) solcher CAs können einen menschlichen Leistungserbringer bei Aufgaben ersetzen oder unterstützen, sodass die IT als aktiver Interaktionspartner die Rolle des Dienstleisters mit individuellen Services übernimmt (Robra-Bissantz 2018).

Zur Effektivitäts- und Effizienzsteigerung setzen bereits mehrere führende Technologiefirmen CAs ein, um den Value-in-Interaction mit ihren Kunden zu fördern (Ahmad et al. 2021). Beispielhaft zu erwähnen sind Apple's Siri, Microsofts Cortana, Amazons Alexa oder der Google Assistant. Wie oben dargestellt, liefert das bloße Vorhandensein von Interaktionen kaum einen Wert: Interaktionen, die durch mittelmäßige oder sogar negative Aspekte (mangelnde Qualität) gekennzeichnet sind, können sich sogar negativ auf die Kundenzufriedenheit auswirken (Fyrberg und Jüriado 2009; Geiger et al. 2020). Vor allem die Interaktion mit digitalen Assistenzsystemen kann sich als herausfordernd gestalten, denn noch heute sind CAs nur bis zu einem gewissen Grad in der Lage, menschliche Kommunikation zu simulieren (Ahmad et al. 2022). Die für den Menschen charakteristische soziale Interaktion, die sich in einem empathischen, kompetenten Kommunikationsstil widerspiegelt und von jedem Individuum als unterschiedlich zufriedenstellend wahrgenommen wird, müssen auch CAs zunächst einmal „lernen". Die Gestaltung von CAs – vor allem die persönlichkeitsadaptive Gestaltung – stellt daher ein herausforderndes, jedoch wichtiges Forschungsfeld dar.

Um diesen Herausforderungen zu begegnen, wurde daher im Rahmen des BeDien-Forschungsvorhabens die Gestaltung von persönlichkeitsadaptiven CAs (PACAs) als digitaler Service zur Interaktion mit Kunden erforscht. Die Forschungsergebnisse haben gezeigt, dass …

- eine Person als Nutzende mit hochindividuellen Bedürfnissen im Mittelpunkt eines interaktiven Wertschöpfungsprozesses steht: Ein One-Size-fits-all-Konzept bei der Gestaltung von digitalen Assistenzsystemen erweist sich daher als kontraproduktiv für die Schaffung eines positiven Value-in-Interactions. Um einen nachhaltigen Interaktionswert zu schaffen, welcher auf den individuellen Kundenwunsch zugeschnitten ist, sollten möglichst maßgeschneiderte digitale Services angeboten werden.
- eine technische Umsetzung des PACAs möglich ist: Ein PACA kann mithilfe von KI die Persönlichkeitsmerkmale des Nutzenden über seine Sprache erfassen und sich diesem mittels persönlichkeitsspezifischer Sprachvariationen individuell anpassen.
- die Situation bzw. der Gesprächskontext eine entscheidende Rolle spielt: Um den individuellen Kundenanforderungen nach wertvollen Interaktionen gerecht zu werden, sollte der PACA in der Lage sein, reflektiert zuzuhören und die persönlichkeitsspezifischen Kommunikationspräferenzen des Kunden berücksichtigen. Hierbei spielt der Kontext (z. B. in der Kundenberatung, Therapie), in der der PACA eingesetzt wird, eine entscheidende Rolle.
- der Aufbau einer langfristigen Bindung zum Nutzenden erfolgsversprechend ist: Je länger PACAs im Einsatz sind, desto intelligenter werden sie, da sie durch das Feedback der Nutzenden stetig hinzulernen und ihre Fähigkeiten mit fortschreitender Einsatzdauer verbessern. Dies ermöglicht, dass der PACA Verständnis aufbringen, angemessene Antworten formulieren und somit eine langfristige Verbindung zum Nutzenden aufbauen kann.

In folgendem Fall wird in der Service Canvas der Schnittpunkt des Gestaltungsbereichs Serviceökosystem und der Entwicklungslinie digitalen Design fokussiert, was zur Analyse der digitalen Serviceplattform führt.

9.3.3 Digitale Serviceplattformen: Co-Kreation im Serviceökosystem

Die Co-Kreation von Werten für Nutzer kann nur durch die Integration von Ressourcen verschiedener Akteure ermöglicht werden (Lusch und Nambisan 2015). Daher ist die Einbeziehung und die Steigerung des Engagements aller Nutzer und Akteure in einem Serviceökosystem ein wesentlicher Faktor für den Erfolg der Erstellung von PDL. Diese Aspekte werden in der Service Canvas dort verortet, wo sich die Entwicklungslinie des digitalen Designs mit dem Gestaltungsbereich des Serviceökosystems kreuzt.

Eine geeignete digitale Lösung für den Austausch und die Integration von Ressourcen ist eine digitale Plattform (Lusch und Nambisan 2015). Mittlerweile ist es nicht mehr ungewöhnlich, benötigte Dienstleistungen – angefangen von Lebensmitteln über Kinderbetreuung bis hin zur Handwerksleistung – über digitale Plattformen zu beziehen (Hein et al. 2019).

Das digitale Design einer Plattform stellt jedoch Unternehmen bzw. Netzwerkpartner häufig vor Herausforderungen, da nur wenige Plattformen langfristig im Wettbewerb Bestand haben (Breidbach und Brodie 2017). Im Rahmen der BeDien-Forschung konnten anhand von Literaturanalysen und Experteninterviews vier Ziele identifiziert werden, die digitale Co-Kreationsplattformen verfolgen sollten (Fischer et al. 2020; Lohrenz et al. 2021):

- **Awareness für die Plattform schaffen und Nutzer binden:** Um erfolgreich zu sein, muss die Sichtbarkeit der Plattform gewährleistet sein, und Nutzende müssen langfristig an die Plattform gebunden werden, damit langfristige Interaktionen und Co-Kreation stattfinden.
- **Gemeinsames Wachstum anstreben:** Um erfolgreich zu sein, muss die Plattform mit den beteiligten Akteuren wachsen, neue Wege verfolgen und agil Ideen umsetzen.
- **Interaktion und Co-Kreation fördern:** Auf einer erfolgreichen Plattform müssen verschiedene, bedarfsgerechte Möglichkeiten zur Interaktion und Co-Kreation zwischen den Akteuren geschaffen werden.
- **Wettbewerbsfähigkeit durch Service Innovation steigern:** Nur eine Plattform, die sich wettbewerblichen Herausforderungen stellt und weiterentwickelt wird, hat langfristig die Möglichkeit, am Markt erfolgreich zu sein.

Neben diesen vier zentralen Aspekten ist bei der Gestaltung eines Serviceökosystems zu berücksichtigen, dass an erster Stelle deren Ausrichtung auf das Wohlergehen des Menschen und nicht auf die Gewinninteressen der Plattformbetreiber gerichtet sein muss. Um Kriterien zu identifizieren, die das Nutzerwohlbefinden beim Design digitaler Plattformen in den Vordergrund stellen, wurde auf die Erkenntnisse der Self-Determination Theory/Selbstbestimmungstheorie referenziert (Ryan und Deci 2000). Die Self-Determination Theory beschäftigt sich mit der menschlichen Entwicklung und Motivation und basiert auf der Erfüllung der Grundbedürfnisse Autonomie, Kompetenz und Zugehörigkeit (Ryan und Deci 2000). Sie ist am gründlichsten erforscht und als wesentlich und vorhersagend für das Wohlbefinden von Personen identifiziert worden (Peters et al. 2018). In der Praxis zeigt sich, dass die Umsetzung einer Benutzererfahrung, die nach den Prinzipien der Selbstbestimmungstheorie entworfen wurde, in der Lage ist, das Wohlbefinden einer Person nachhaltig zu prägen (Peters et al. 2018). Aus Experteninterviews konnten so 13 Mechanismen (z. B. Awareness für die Plattform schaffen, On-Boarding auf Plattform erleichtern, Vertrauen aufbauen) abgeleitet werden, die sich positiv auf die drei Grundbedürfnisse Autonomie, Kompetenz und Zughörigkeit der Self-Determination Theory auswirken und gleichzeitig die vier Ziele langfristig agierender Plattformunternehmen unterstützen (Fischer et al. 2020; Lohrenz et al. 2021).

9.3.4 Designmethoden

Die Service Canvas dient nicht nur als theoretischer Forschungsrahmen und anwendungsorientierter Bezugsrahmen für Unternehmen, um Potenziale für die Gestaltung von innovativen PDL zu identifizieren, sondern ebenfalls als Wegweiser zur Entwicklung von Designmethoden und deren Einsatzfelder, die in den spezifischen Gestaltungsbereichen und Entwicklungslinien verknüpft sind. Hierzu wurden im BeDien-Projekt im Rahmen der PDL-Forschung ein sogenanntes *„Service-for-Good-Methodenset"* mit 17 Designmethoden entwickelt und in einem Playbook veröffentlicht (Robra-Bissantz und Lattemann 2022).

Das Service-for-Good-Methodenset besteht aus einer Reihe von Designmethoden, die theoriebasiert entwickelt und in der Praxis getestet und verbessert wurden. Bei der Entwicklung dieser Methoden wurde die theoretischen Grundlagen der SDL berücksichtigt sowie auf existierende Innovationsansätze, wie z. B. des Design Thinking, und weiterer Innovationsmethoden zurückgegriffen. Die entwickelten Methoden wurden in den BMBF-Verbundprojekten getestet, evaluiert und in iterativen Schritten verbessert.

Jede dieser Methoden zielt auf einen bestimmten Aspekt der Service Canvas ab. Einige Beispiele dafür sind: 1) From Service to Value und 2) Schlagzeilenmethode. Dies sind Methoden, die zur Verbesserung des Value-in-Use und ihrer Dienstleistung eingesetzt werden können. Andere Methoden, wie 3) Customer Journey und 4) Empathy Map, werden verwendet, um den Value-in-Interaction ihrer Dienstleistung zu verbessern. Das Gleiche gilt für Methoden, die entwickelt wurden, um Aspekte im Zusammenhang mit dem Serviceökosystem (z. B. Serviceökosystemmapping), der Adaption (z. B. Kundensegmentierung), der Integration (z. B. Flipsideorganigramm), der Kollaboration (z. B. Kollaborationskompass) und dem digitalen Design (z. B. vom Onboarding zum Co-Innovator) zu verbessern. Eine umfassende Erläuterung dieser Methoden findet sich im „Service-for-Good: Playbook", das ebenfalls ein wichtiges Ergebnis des BeDien-Projekts darstellt (Robra-Bissantz et al. 2022).

9.3.5 Das Service-for-Good-Reifegradmodell

Die BeDien-Forschung zeigt, dass Unternehmen auf verschiedensten Ebenen ihre Geschäftspraktiken ändern müssen, um wettbewerbsfähige, bedürfnisorientierte Dienstleistungen, insbesondere PDL, anbieten zu können. Zunächst müssen sie auf einer Metaebene ihr Mindset anpassen – von einer Produktorientierung hin zu einer durchgehenden nutzerzentrierten und wertorientierten Dienstleistungsperspektive. Dazu gehört, dass Unternehmen den Charakter von Dienstleistungen als Befriedigung menschlicher Bedürfnisse verstehen. Sie müssen Kundenbedürfnisse verstehen, ihre eigenen Kompetenzen und Ressourcen kennen, die Kompetenzen und Ressourcen von anderen komplementären Wertschöpfungspartnern erkennen und diese co-kreativ in ihre Wertschöpfungsaktivitäten integrieren. Sie müssen ebenso die Potenziale der Technologien für die Gestaltungsbereiche, Value-in-Use, Value-in-Interaction und in der Gestaltung des Serviceökosystems erkennen.

Nun stellt sich für Unternehmen die Frage, wo der Anfang dieser digitalen Reise ist und wo das Ende sein kann, wo sie aktuell in ihrer Transition von der „traditionellen Produktwelt" in die „digitale Dienstleistungswelt" stehen und welche Schritte sie in Zukunft gehen können. Hierfür wurde im BeDien-Projekt ein Reifegradmodell entwickelt, das Unternehmen hilft, diese Fragen zu beantworten.

Dieses Reifegradmodell basiert auf den Überlegungen der Service Canvas. Das Reifegradmodell wurden nach streng wissenschaftlichen Prinzipien aufgesetzt, getestet und verbessert. Das Reifegradmodell umfasst die vier Dimensionen „Customer Centricity", „Strategy and Leadership", „Process and Organization" und „Technology". In der Dimension „Customer Centricity" werden Aspekte des Perspektivwechsels von der PDL zur SDL betrachtet, vor allem in Bezug zu Value-in-Interaction, Value-in-Use und Kundenintegration. Die Dimension „Strategy and Leadership" analysiert Aspekte der Digitalisierung, wie die Digitalisierung der Wertschöpfungsprozesse, die Nutzung neuer Technologien zur Erreichung strategischer Ziele und die Entwicklung einer agilen und IKT gestützten Unternehmenskultur. In der Dimension „Process and Organization" werden das Wissensmanagement, die Kollaborationsformen und Technologien sowie die Agilität und Flexibilität in Bezug auf das Innovationsmanagement und den organisationalen Wandel betrachtet. Die Dimension „Technology" behandelt die IT-Infrastruktur und Applikationen. Für jedes dieser Aspekte sind fünf Entwicklungsstufen definiert, von „Infancy" über „Developing", „Transforming" und „Optimized" zu „Digital Maturity". Anhand dieser Einteilung können Unternehmen ermessen, welchen Reifegrad sie in den jeweiligen Dimensionen erreicht haben und erhalten Hinweise für die Verbesserungen ihres digitalen Serviceökosystems (Guerrero et al. 2022a).

9.4 Abschließende Betrachtung

In diesem Beitrag wurden ausgewählte Forschungsergebnisse des BMBF-Projekts BeDien dargestellt. Basis dieser Beispiele stellt die Service Canvas dar, die als Referenzrahmen zur innovativen Gestaltung personennaher Dienstleistungen entwickelt wurde. Dieser Referenzrahmen wurde theoriebasiert entwickelt und in Forschungsprojekten erprobt und weiterentwickelt. Die Service Canvas dient in der Forschung zur systematischen Identifizierung von Forschungsbedarfen und der Identifikation von Forschungslücken im Bereich PDL. In der Praxis dient die Service Canvas Unternehmen dazu, Handlungsfelder für die Entwicklung von PDL zu identifizieren, eigene Aktivitäten und Angebote darauf hin zu analysieren und weiterzuentwickeln. Weiterhin wurden im BeDien-Projekt Methoden entwickelt, um Unternehmen konkret Hilfestellung für Innovationstätigkeiten an die Hand zu geben. Darüber hinaus wurde ein Reifegradmodell aufgestellt, dass Unternehmen hilft, ihren Stand der Digitalisierung und Servicification zu identifizieren und Potenziale zur Weiterentwicklung aufzudecken.

In diesem Artikel konnten nur ausgewählte Erkenntnisse dargestellt werden. Doch die zahlreichen Referenzen verweisen auf die über 30 Forschungsartikel, die in den letzten vier Jahren im BeDien-Projekt veröffentlicht wurden. Sie beschreiben im Detail die Grundlagen der Service Canvas; diese beleuchten die einzelnen Handlungsfelder und stellen praxisorientiert Methoden für die Entwicklung von Innovationen im Bereich PDL für die Handlungsfelder der Service Canvas dar. Interessierte finden vielfältige Ansatzpunkte zur weiteren Forschung an und von PDL in den referenzierten Artikel. Vor allem besteht Forschungsbedarf in der weiteren und detaillierten Beschreibung der Handlungsfelder in der Service Canvas, die im Rahmen des BeDien-Projekts nur in ausgewählten Bereichen erfolgte. Für Praxisvertreter sind die Forschungsergebnisse im Service-for-Good-Playbook (Robra-Bissantz und Lattemann 2022) in leicht verständlicher und mitunter amüsanter Weise dargestellt, und es werden praktische Tipps zur Serviceentwicklung geben.

Förderhinweis Das diesem Beitrag zugrunde liegende Projekt „BeDien" wurde mit Mitteln des Bundesministeriums für Bildung und Forschung unter dem Förderkennzeichen 02K17A080-02K17A08081 geförderten. Die Verantwortung für den Inhalt dieser Veröffentlichung liegt bei den Autoren.

Literatur

Ahmad R, Siemon D, Gnewuch U, Robra-Bissantz S (2021) A framework of personality cues for conversational agents. In: Proceedings of the 55th Hawaii International conference on system sciences

Ahmad R, Siemon D, Gnewuch U, Robra-Bissantz S (2022) Designing personality-adaptive conversational agents for mental health care. Inf Syst Front. https://doi.org/10.1007/s10796-022-10254-9

Breidbach C, Brodie R (2017) Engagement platforms in the sharing economy: Conceptual foundations and research directions. J Serv Theory Pract 27:761–777. https://doi.org/10.1108/JSTP-04-2016-0071

Chen Z, Dubinsky A (2003) A conceptual model of perceived customer value in e-commerce: A preliminary investigation. Psychol Mark 20:323–347. https://doi.org/10.1002/mar.10076

Fischer S, Lux A, Guerrero R, Ahmad R, Lohrenz L, Lattemann C (2020) Digitalisierung als Grundlage wertvoller Zusammenarbeit – Die Gestaltung von Service-Ökosystemen in den personennahen Dienstleistungen. HMD. https://doi.org/10.1365/s40702-020-00640-9

Foglieni F, Villari B, Maffei S (2018) Designing better services: A strategic approach from design to evaluation. Springer Nature EBook

Fyrberg A, Jüriado R (2009) What about interaction? Networks and brands as integrators within service-dominant logic. J Serv Manag 20:420–432. https://doi.org/10.1108/09564230910978511

Geiger M, Robra-Bissantz S, Meyer M (2020) Wie aus digitalen Services Wert entsteht: Interaktionen richtig gestalten. HMD. https://doi.org/10.1365/s40702-020-00611-0

Goodwin K (2009) Designing for the digital age: how to create human-centered products and services. Wiley Pub, Indianapolis, IN

Grönroos C (2008) Service logic revisited: who creates value? And who co-creates? Eur Bus Rev 20:298–314

Grönroos C, Voima P (2013) Critical service logic: making sense of value creation and co-creation. J Acad Mark Sci 41:133–150. https://doi.org/10.1007/s11747-012-0308-3

Gross P (1983) Die Theorie der Dienstleistungsgesellschaft und ihre Grenzen. In: Gross P (Hrsg) Die Verheißungen der Dienstleistungsgesellschaft: Soziale Befreiung oder Sozialherrschaft? VS Verlag, Wiesbaden, S 12–43

Groth M, Grandey A (2012) From bad to worse: Negative exchange spirals in employee–customer service interactions. Organ Psychol Rev 2:208–233. https://doi.org/10.1177/2041386612441735

Guerrero R, Lohrenz L, Lattemann C, Robra-Bissantz S (2020) Digitalisierung (und Automatisierung) personennaher Dienstleistungen – eine bibliometrische Analyse. In: Bruhn M, Hadwich K (Hrsg) Automatisierung und Personalisierung von Dienstleistungen. Springer Gabler, Wiesbaden, S 173–197

Guerrero R, Lattemann C, Michalke S, Siemon D (2022a) A digital business ecosystem maturity model for personal service firms. In: Baumann S (Hrsg) Handbook on digital business ecosystems: Strategies, platforms, technologies, governance and societal challenges. Edward Elgar Publishing Ltd, Cheltenham, S. 269–291

Guerrero R, Lattemann C, Michalke S, Siemon D (2022b) A human-centeredness maturity model for the design of services in the digital age. In: Internationale Tagung der Wirtschaftsinformatik, S 1–17

Hein A, Schreieck M, Riasanow T et al (2019) Digital platform ecosystems. Electron Mark 30:87–98. https://doi.org/10.1007/s12525-019-00377-4

Hevner AR, March ST, Park J, Ram S (2004) Design science in information systems research. MIS Q 28:75–105

Jallat F (2004) Reframing business: When the map changes the landscape. Int J Serv Ind Manag 15:122–125

Lattemann C, Robra-Bissantz S (2006) Customer governance-IC based concepts for a successful customer integration, Frontiers of e-Business Research, S 193–206

Lattemann C, Robra-Bissantz S, Fischer S, Ahmad R (2019) Personennahe Dienstleistungen in der digitalen Transformation. IM+io Fachmagazin, AWSi, S 75–77

Lattemann C, Robra-Bissantz S, Ziegler C (2020) Die Komposition personennaher Dienstleistungen von morgen. HMD Praxis der Wirtschaftsinformatik. https://doi.org/10.1365/s40702-020-00638-3

Lohrenz L, Michalke S, Robra-Bissantz S, Lattemann C (2021) Mechanismen zur Gestaltung erfolgreicher digitaler Plattformen. Wirtsch Inform Manag 13:132–142. https://doi.org/10.1365/s35764-021-00323-0

Lusch RF, Nambisan S (2015) Service innovation: A service-dominant logic perspective. MIS Quarterly: Management Information Systems 39:155–175

Lux A, Robra-Bissantz S (2022) Die Dienstleistung als Grundlage der Unterstützung von Forschungsverbünden. In: Lattemann C, Robra-Bissantz S (Hrsg) Personennahe Dienstleistungen der Zukunft, HMD-Edition, Springer, S 2022

Mattila AS, Enz CA (2002) The role of emotions in service encounters. J Serv Res 4:268–277

McTear M, Callejas Z, Griol D (2016) Introducing the conversational interface. In: McTear M, Callejas Z, Griol D (Hrsg) The conversational interface: Talking to smart devices. Springer, Cham, S 1–7

Meyer M, Siemon D, Robra-Bissantz S (2020) Emotion-based IS support for Customer-Salesperson Interaction. In: Proceedings of the Hawaii International Conference on System Sciences (HICSS 54)

Morelli N (2009) Service as value co-production: reframing the service design process. J Manuf Technol Manag 20:568–590. https://doi.org/10.1108/17410380910960993

Nambisan S (2013) Information technology and product/service innovation: A brief assessment and some suggestions for future research. J Assoc Inf Syst 14:215–226

Parasuraman A, Zeithaml VA, Berry LL (1985) A conceptual model of service quality and its implications for future research. J Mark 49:41–50

Peters D, Calvo RA, Ryan RM (2018) Designing for motivation, engagement and wellbeing in digital experience. Front Psychol 9:797

Robra-Bissantz S (2018) Entwicklung von innovativen Services in der Digitalen Transformation. In: Bruhn M, Hadwich K (Hrsg) Service Business Development: Strategien – Innovationen – Geschäftsmodelle, Band 1. Springer Fachmedien, Wiesbaden, S 261–288

Robra-Bissantz S, Lattemann C (2017) 7 Rules of attraction. HMD 54:639–658

Robra-Bissantz S, Lattemann C, Guerrero R, Lux, a, Redlich, B, Fisher, M (2020) Der Mensch als Teil der Innovation – Eine „Service Canvas" als anwendungs-orientierter Bezugsrahmen. In: Bruhn M, Hadwich K (Hrsg) Automatisierung und Personalisierung von Dienstleistungen. Springer Gabler, S 47–74

Robra-Bissantz S, Lux A, Lattemann C, Ziegler C (2021a) Leiden Sie unter Symptomen der digitalen Transformation? Personennahe Dienstleistungen helfen. Schulz, Th (Hrsg): Industrie 40 – Wertschöpfungssysteme mit digitalen Dienstleistungen etablieren, Beuth Publishing, S 21–34

Robra-Bissantz S, Lux AM, Lattemann C (2021b) Service for good. Informatik Spektrum 44:274–282. https://doi.org/10.1007/s00287-021-01383-7

Robra-Bissantz, S, Lattemann C (2022) Das service for good playbook. Amazon Self Publishing

Rust RT, Huang M-H (2014) The service revolution and the transformation of marketing science. Mark Sci 33:206–221. https://doi.org/10.1287/mksc.2013.0836

Ryan RM, Deci EL (2000) Self-determination theory and the facilitation of intrinsic motivation, social development, and well-being. Am Psychol 55:68–78

Sanders EB-N, Stappers PJ (2008) Co-creation and the new landscapes of design. CoDesign 4:5–18. https://doi.org/10.1080/15710880701875068

Solomon M, Surprenant C, Czepiel J, Gutman E (1985) A role theory perspective on dyadic interactions: The service encounter. J Mark 49:99. https://doi.org/10.2307/1251180

Vargo SL (2009) Toward a transcending conceptualization of relationship: a service-dominant logic perspective. J Business Ind Mark 24:373–379

Vargo SL, Akaka MA (2009) Service-dominant logic as a foundation for service science: Clarifications. Serv Sci 1:32–41. https://doi.org/10.1287/serv.1.1.32

Vargo SL, Lusch RF (2008) Service-dominant logic: continuing the evolution. J Acad Mark Sci 36:1–10. https://doi.org/10.1007/s11747-007-0069-6

Vargo SL, Maglio PP, Akaka MA (2008) On value and value co-creation: A service systems and service logic perspective. Eur Manag J 26(3):145–152

Vargo SL, Lusch RF (2004) Evolving to a new dominant logic for marketing. J Mark 68:1–17

Viswanathan M, Sreekumar A (2019) Consumers and technology in a changing world: the perspective from subsistence marketplaces. Eur J Mark 53:1254–1274. https://doi.org/10.1108/EJM-11-2017-0826

von Leipzig T, Gamp M, Manz D et al (2017) Initialising customer-orientated digital transformation in enterprises. Procedia Manuf 8:517–524. https://doi.org/10.1016/j.promfg.2017.02.066

Yadav MS, Varadarajan R (2005) Interactivity in the electronic marketplace: An exposition of the concept and implications for research. J Acad Mark Sci 33:585–603. https://doi.org/10.1177/0092070305278487

Prof. Dr. Christoph Lattemann ist Professor für Betriebswirtschaftslehre und Informationsmanagement an der Constructor University (ehemals Jacobs University Bremen). Seit über 20 Jahren forscht und lehrt er zum Thema Innovationsmanagement und Digitalisierung. Als Direktor leitet er das Design Thinking Lab „D-Forge", das er 2011 mitbegründete. In seiner Forschung beschäftigt er sich mit der digitalen Transformation von und in Dienstleistungsunternehmen. Seine vielfältigen Erfahrungen aus internationalen Praxis- und Forschungsprojekten haben ihm gezeigt, dass vor allem kleine und mittlere Unternehmen Schwierigkeiten haben, Potentiale neuer Technologien für ihre Geschäftsmodelle zu erkennen, sie zu integrieren und sie effektiv in der Praxis ein- und umzusetzen. Um hierfür Lösungen zu entwickeln, forscht er mit seinem Team an Design- und Innovationsmethoden und Vorgehen, um diesen Unternehmen in der digitalen Transformation und im Innovationsmanagement zu helfen. Seine Erkenntnisse hat er in namhaften wissenschaftlichen und praxisorientierten Artikeln, in Fallstudien und in Büchern veröffentlicht. Herr Lattemann ist Mitglied verschiedenen wissenschaftlichen Kommissionen und Senior Editor des International Journals of Emerging Markets.

Rangina Ahmad ist wissenschaftliche Mitarbeiterin und Doktorandin am Lehrstuhl für Wirtschaftsinformatik in der Abteilung Informationsmanagement an der Technischen Universität Braunschweig.

Pia Gebbing ist wissenschaftliche Mitarbeiterin und promiviert an der Bremen International Graduate School of Social Sciences (BIGSSS) der Universität Bremen und Constructor University (ehemals Jacobs University Bremen) am Lehrstuhl für Betriebswirtschaft und Informationsmanagement.

Manuel Geiger ist wissenschaftlicher Mitarbeiter und Doktorand am Lehrstuhl für Wirtschaftsinformatik in der Abteilung Informationsmanagement an der Technischen Universität Braunschweig.

Ricardo Guerrero ist wissenschaftlicher Mitarbeiter und Doktorand am Lehrstuhl für Betriebswirtschaft und Informationsmanagement an der Constructor University (ehemals Jacobs University Bremen).

Theresa Kroschewski ist wissenschaftliche Mitarbeiterin am Lehrstuhl für Betriebswirtschaft und Informationsmanagement an der Jacobs University Bremen.

Lisa Lohrenz ist wissenschaftliche Mitarbeiterin und Doktorandin am Lehrstuhl für Wirtschaftsinformatik in der Abteilung Informationsmanagement an der Technischen Universität Braunschweig.

Simon Michalke ist Doktor der BWL und VWL und arbeitet als Innovationsmanager bei DOCK ONE, dem Digital Innovation Lab der Lenze Gruppe in Bremen.

Durch Selbstlernkompetenz beim informellen Arbeitsplatzlernen mit der digitalen Transformation Schritt halten: Wissenschaftliche Ergebnisse aus dem Projekt Lernen in der digitalisierten Arbeitswelt – LidA

Anne F. D. Kittel, Anita Radi-Pentz und Tina Seufert

Zusammenfassung

Die digitale Transformation erfordert zunehmend neue Anforderungen, mit denen Beschäftigte durch die Fähigkeit, selbstgesteuert zu lernen, Schritt halten können. Die Selbstlernkompetenz, also die Fähigkeit, selbstgesteuert und informell am Arbeitsplatz zu lernen, wurde im Rahmen des Projekts LidA – Lernen in der digitalen Arbeitswelt – in vier Studien untersucht. Zunächst wurde untersucht, ob theoretische Annahmen des selbstgesteuerten Lernens auf den informellen Arbeitskontext übertragen werden können und welche Rolle der Kontext spielt. Des Weiteren wurde die Förderung des selbstregulierten Lernens per E-Learning und Micro-Learning in zwei Studien analysiert und schließlich die Rolle der Selbstlernkompetenz in Interaktion mit verschieden dargestellten Lernpfaden in einer weiteren Studie untersucht. Die Ergebnisse zeigen die zentrale Rolle der Selbstlernkompetenz am Arbeitsplatz unter Betrachtung verschiedener Einflussfaktoren auf. Der Beitrag diskutiert verschiedene praktische Implikationen für Unternehmen, um ihre Beschäftigten zu unterstützen, mit der digitalen Transformation Schritt zu halten.

A. F. D. Kittel (✉) · A. Radi-Pentz · T. Seufert
Fakultät Ingenieurwissenschaften, Informatik und Psychologie, Institut für Psychologie und Pädagogik, Abt. Lehr- Lernforschung, Universität Ulm, Ulm, Deutschland
E-Mail: anne.kittel@uni-ulm.de

A. Radi-Pentz
E-Mail: anita.radi-pentz@uni-ulm.de

T. Seufert
E-Mail: tina.seufert@uni-ulm.de

Schlüsselwörter

Selbstreguliertes Lernen · Informelles Lernen · Training · E-Learning · Motivation · Organisationale Lernkultur · Lernpfad

10.1 Selbstgesteuert in der digitalen Arbeitswelt lernen

Die zunehmende digitale Transformation der Arbeitswelt bringt neue Kompetenzanforderungen für die Beschäftigten mit sich (z. B. Kittel et al. 2021c; Piel et al. 2021). Die Arbeitsprozesse verändern sich und die Beschäftigten müssen andere Tätigkeiten übernehmen. Andere Softwarelösungen und Methoden finden Verwendung, während bisherige Tätigkeiten wegfallen (siehe Kittel et al. 2021c). Deshalb werden neue fachliche und überfachliche Kompetenzen relevant, die im Rahmen des Forschungsprojekts LidA – Lernen in der digitalisierten Arbeitswelt – identifiziert wurden (Kasselmann und Kittel 2021; Kittel et al. 2021c; Piel et al. 2021). Unter diesen Kompetenzen ist insbesondere die Kompetenz, selbstreguliert zu lernen, also die Selbstlernkompetenz, zentral (Kittel und Radi-Pentz 2020, 2021; Kittel et al. 2021a, b, c, d; Piel et al. 2021). Selbstlernkompetenz bedeutet im Arbeitsalltag, die Aneignung von Kompetenzen und Wissen zu planen und gegenzusteuern, wenn es nicht läuft, oder sich selbst zu motivieren (Panadero 2017; Zimmerman 2002). Folglich ermöglicht es die Selbstlernkompetenz, mit den zunehmenden Veränderungen des digitalen Wandels Schritt zu halten und selbstgesteuert relevante Kompetenzen auch beim informellen Arbeitsplatzlernen zu erwerben (Kittel und Seufert 2021).

Allerdings ist das selbstregulierte Lernen bislang vor allem im formellen Bildungskontext wie z. B. in der Schule untersucht worden (Panadero 2017). Deshalb stellt sich die erste Frage: Können die Annahmen des selbstregulierten Lernens auf das informelle Lernen am Arbeitsplatz übertragen werden? Und welche Rolle spielen die kontextuellen Faktoren am Arbeitsplatz, wie z. B. die Lernkultur der Organisation oder Eigenschaften des jeweiligen Jobs, für die Selbstlernkompetenz? Zur Beantwortung dieser Fragen wurde in LidA eine umfassende Fragebogenstudie durchgeführt.

Neben der Frage, was Selbstlernkompetenz beim informellen Arbeitsplatz bedeutet, ist die zweite Frage ihrer Förderung zentral. Können die Beschäftigten unterstützt werden, Strategien der Selbstlernkompetenz bzw. Strategien zum informellen Arbeitsplatzlernen zu erwerben? Um diese Forschungsfrage zu untersuchen, wurden in LidA verschiedene digitale Lernangebote und Fördermaßnahmen zur Selbstlernkompetenz entwickelt und begleitend erforscht.

Zuletzt wurden im Rahmen des LidA-Projekts neben der Selbstlernkompetenz diverse weitere Digitalisierungskompetenzen identifiziert, die durch unterschiedliche digitale Lernangebote gefördert werden sollen (Kasselmann und Kittel 2021; Kittel et al. 2020a, 2021c; Piel et al. 2021). Dementsprechend stellt sich die Frage, wie mehrere Lernangebote zusammen möglichst lernförderlich dargestellt werden könnten. Eine Möglichkeit ist die Darstellung als Lernpfad (Paproth und

Kittel 2019; Schaaff und Kittel 2022). Diese Lernpfade können allerdings unterschiedlich dargestellt werden: Sie können die Lernenden auf verschiedene Weise durch das Lernangebot führen und ihnen unterschiedlich viel Autonomie ermöglichen (Piel et al. 2021). Deshalb wurde in einer weiteren Studie die dritte Frage untersucht, für welche Lernenden welche Art und Weise der Darstellung am optimalsten bezüglich Lernerfolg und Motivation ist.

Zusammenfassend stehen diese drei übergeordneten Forschungsfragen im Mittelpunkt dieses Beitrags. Zu ihrer Erforschung wurden mehrere, aufeinander aufbauende Studien im Rahmen des LidA-Projekts durchgeführt.

10.2 Selbstreguliertes Lernen beim informellen Arbeitslernen

Das *selbstregulierte Lernen* ist eine zentrale Kompetenz für erfolgreiches Lernen (z. B. Panadero 2017). Ein erfolgreicher, selbstregulierter Lerner setzt sich vor dem Lernen Lernziele und plant, mit welchen Lernstrategien er diese erreichen will. Während des Lernens wendet der Lerner Lernstrategien an und überwacht, ob sein Lernprozess noch zielführend ist und reguliert das Lernen, falls notwendig. Abschließend bewertet der Lerner den Lernprozess. Der gesamte Lernprozess stellt einen Prozess dar, der wiederholt stattfindet (Panadero 2017; Zimmerman 2002). Die Lernstrategien, die im Lernprozess angewandt werden, können kognitiv, metakognitiv und ressourcenbezogen sein. Kognitive Strategien beziehen sich auf den konkreten Lerngegenstand, wie z. B. Elaborationsstrategien, bei denen Lernende versuchen, Lerninhalte mit ihrem bisherigen Wissen zu verknüpfen. Metakognitive Strategien beziehen sich auf das Planen, Überwachen und Regulieren des Lernprozesses. Damit nimmt der Lernende nicht den Lerninhalt, sondern sich selbst und seinen Lernprozess in den Fokus. Ressourcenbezogene Strategien sind Strategien, die das Lernen unterstützen sollen, z. B. Regulation der Anstrengung oder das Suchen von Hilfe (Panadero 2017; Zimmerman 2002).

Die Erforschung des selbstregulierten Lernens erfolgt allerdings zumeist in formellen Lernkontexten, wie z. B. in der Schule oder im Studium (z. B. Kittel et al. 2019), aber nicht im primär informellen Lernkontext. Informelles Lernen wird gewöhnlich in Abgrenzung zum formellen Lernen definiert, wobei manche Lernsituationen formelle und informelle Elemente beinhalten können. Informelles Lernen weist wenig Struktur auf, keine externe Validierung, ein Arbeitsplatzsetting, eine hohe Lernerkontrolle und einen internen Lernreiz (Segers et al. 2018). Die angewandten Lernaktivitäten sind diverser und statt in generellem Wissen oder Fähigkeiten resultiert informelles Lernen in situationsspezifischen Fähigkeiten und implizitem Wissen (Tynjälä 2013). Weil informelles Lernen stark unter Lernerkontrolle steht, ist anzunehmen, dass selbstreguliertes Lernen zentral für den Lernerfolg ist (Vancouver et al. 2017).

Unterscheidet sich jedoch das selbstregulierte Lernen im informellen Kontext von dem im formellen Kontext? Es besteht zunächst kein Grund zur Annahme, dass der komplette Prozess des selbstregulierten Lernens beim informellen

Arbeitsplatzlernen anders abläuft, allerdings ist es wahrscheinlich, dass weniger Strategien relevant sind und Lernobjekte, Lernkontext und die beteiligten Personen an den informellen Kontext angepasst werden müssen (Kittel et al. 2021d). Gerade kognitive Strategien, die sich direkt auf den formellen Lernkontext beziehen, z. B. Lernen für eine Klausur, sind nicht direkt übertragbar. Auch ist die Relevanz des Kontexts höher, da informelles Lernen stärker auf der Interaktion mit dem Kontext basiert (Kittel et al. 2021d; Tynjälä 2013). Relevante Kontextfaktoren beziehen sich zum einen auf den Job der Beschäftigten, also die Autonomie, Entscheidungsfreiheit oder das erhaltene Feedback, da innerhalb ihres Jobs das informelle Lernen stattfindet. Zum anderen ist die Lernkultur in ihrem Unternehmen relevant, die die Beschäftigten ermutigen könnte, informelle Lernaktivitäten aufzunehmen (Kittel et al. 2021d).

Dementsprechend haben wir untersucht, ob Modelle des selbstregulierten Lernens auf das informelle Arbeitsplatzlernen übertragen werden können, also ob alle Facetten gängiger Selbstregulationsmodelle eine Rolle spielen und wie diese Facetten zusammenhängen. Zum anderen haben wir die Rolle des Kontexts näher untersucht (s. Kittel et al. 2021d).

Dafür haben 170 Beschäftigte (50 % Frauen) aus verschiedenen Unternehmen an einer Fragebogenstudie teilgenommen, in der die Teilnehmenden die Nutzung ihrer Strategien sowie weitere Faktoren, wie ihre Motivation und den Kontext, selbst einschätzen sollten (s. Kittel et al. 2021d für weitere Details). Um die Strategien beim informellen Arbeitsplatzlernen zu erfassen, erstellten wir ausgehend von bisherigen Fragebogeninstrumenten einen Fragebogen, bei dem Anpassungen vorgenommen wurden in Bezug auf den Kontext (z. B. Lernen bei der Arbeit statt in der Klasse), beteiligte Personen (z. B. Kollegen statt Klassenkameraden) und die Materialien (z. B. Arbeitsmittel statt Arbeitsblätter). Schulspezifische Aspekte (z. B. Lernen für Klausuren) wurden nicht übertragen, wohingegen neu erstellte Fragen spezifisch das informelle Arbeitsumfeld und bestimmte Arbeitssituationen, wie z. B. Besprechungen, adressierten (Kittel et al. 2021d).

Strukturgleichungsmodelle zeigten die Relevanz der metakognitiven Strategien Planung, Überwachung, Regulierung und Ressourcenstrategien, Hilfesuchen und Anstrengungsregulation sowie der tiefen Verarbeitungsstrategie Elaboration. Es gab jedoch keine Evidenz für Organisationsstrategien. Die Strategien waren wie erwartet mit der Motivation assoziiert. In Bezug auf den Kontext zeigte sich, dass der Kontext indirekt über die Motivation auf die Selbstlernkompetenz wirkte (s. Abb. 10.1): Erleben Beschäftigte zum Beispiel mehr Autonomie oder Feedback in ihrem Job, empfinden sie sich auch als selbstwirksamer, d. h., sie haben mehr Vertrauen in die eigene Fähigkeit, Aufgaben zu erledigen. Mit der erhöhten Selbstwirksamkeit nutzen die Beschäftigten dann auch vermehrt Strategien des selbstregulierten Lernens. Zudem konnten wir zeigen, dass Beschäftigte, die die Lernkultur in ihrem Unternehmen positiv wahrnehmen, eher lernzielorientiert sind, d. h. sich selbst bestimmte Lernziele setzen. Eine solche verstärkte Lernzielorientierung geht wiederum mit mehr Lernstrategieanwendung einher (Kittel et al. 2021d).

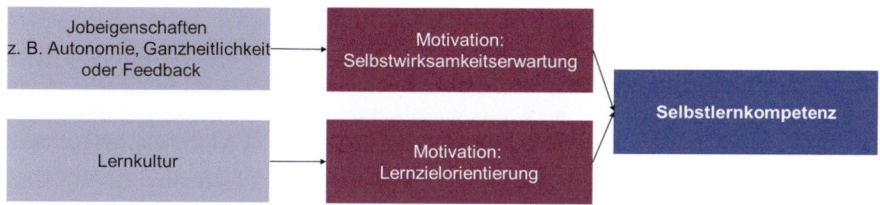

Abb. 10.1 Vereinfachte Darstellung der Ergebnisse der Studie von Kittel et al. (2021d)

Dementsprechend können vorhandene Modelle des selbstregulierten Lernens nur teilweise auf das informelle Lernen übertragen werden. Außerdem zeigt sich die besondere Rolle des Kontexts: Positiv wahrgenommene Jobeigenschaften und eine positiv wahrgenommene Lernkultur können Beschäftigte dazu befähigen, nicht nur ihre Aufgaben zu erfüllen, sondern sich selbst durch die Anwendung von Strategien des selbstregulierten Lernens weiterzuentwickeln und so mit den Anforderungen des digitalen Wandels Schritt zu halten.

10.3 Förderung des selbstregulierten Lernens in der digitalen Arbeitswelt

Angesichts der großen Relevanz des selbstregulierten Lernens, um mit den immer schnelleren Veränderungen durch den digitalen Wandel umzugehen, rückt die Frage in den Mittelpunkt, ob es möglich ist, die Beschäftigten beim selbstregulierten Lernen insbesondere beim informellen Arbeitsplatzlernen zu unterstützen. Dabei ist es naheliegend, Fördermaßnahmen wie Trainings anzubieten, die den Beschäftigten Strategien an die Hand geben. Hierbei ist die Gestaltung eines Trainings auf verschiedene Art und Weise möglich, um mögliche Defizite der Strategienutzung der Beschäftigten zu kompensieren. Beispielsweise könnten die Beschäftigten zu wenig über Strategien wissen, oder zwar Strategien kennen, aber diese nur selten anwenden, oder Strategien zwar anwenden, aber auf ineffiziente Art und Weise (Bannert et al. 2009; Hasselhorn 1995; Veenman 2005). Zu wenig Strategiewissen würde durch Vermittlung von Informationen über Strategien kompensiert werden, während zu wenig Strategieanwendung durch Prompts kompensiert werden könnte (Kittel & Seufert 2021). Prompts zielen auf kognitive und metakognitive Prozesse ab und erinnern an die Strategienutzung, indem sie Lernende erkennen lassen, dass sie diese Strategie häufiger anwenden könnten (Bell 2017).

Bei der Gestaltung einer solchen Fördermaßnahme ist zunächst zentral, dass diese nicht zu kurz ist, da Veränderungen der Lernstrategienutzung eine längere Zeit benötigen. Eine vorteilhafte Dauer ist vier bis sechs Wochen (Zheng 2016). Eine digitale Darstellung eines Trainings hätte den Vorteil, dass Beschäftigte dieses zeitunabhängig in ihren Arbeitsalltag integrieren könnten, wobei dies ebenso effektiv wie konventionellere Lernformate ist (Kittel et al. 2020b; z. B.

Lahti et al. 2014). Eine aktuelle Instruktionsmethode ist dabei das Micro-Learning, das sich durch die Darstellung der Lerninhalte in wiederholten, kurzen fünf- bis zehnminütigen Einheiten kennzeichnet (De Gagne et al. 2019). Diese Art der Darstellung erhöht die Wahrscheinlichkeit, dass Beschäftigte die Inhalte flexibel in ihren Arbeitsalltag integrieren. Dies ist aber noch wenig erforscht.

Um die Förderung des selbstregulierten Lernens beim informellen Arbeitsplatzlernen zu untersuchen, wurden in LidA in zwei Studien Lernangebote entwickelt und wissenschaftlich evaluiert.

10.3.1 E-Learning zur Förderung des selbstregulierten Lernens

Bei der ersten Studie stand die *Förderung des vollständigen Prozesses des selbstregulierten Lernens mittels eines E-Learning* im Mittelpunkt, mit einem besonderen Fokus auf das Setzen von Zielen (Kittel et al. 2021a). Ziele sind ein zentraler Ausgangspunkt des selbstregulierten Lernens (Zimmerman 2002). Insbesondere beim informellen Lernen sind sie relevant, da Lernende keine Zielvorgaben wie in formellen Lernsettings haben, z. B. alles zu lernen, was für die Klausur relevant ist.

Dabei nahmen 87 Beschäftigte ($MW_{Alter} = 39$ Jahre, 48 % Frauen) an einem digitalen Lernangebot auf dem ILIAS Learning Management System teil. Das Training umfasste vier Einheiten, zwischen denen jeweils vier Tage lagen (s. Abb. 10.2). Diese vier Einheiten waren analog zu der in Abschn. 10.1 dargestellten Definition von selbstreguliertem Lernen sowie unter Beachtung der vorher dargestellten Studienergebnisse von Kittel et al. (2021d) aufgebaut. Didaktisch

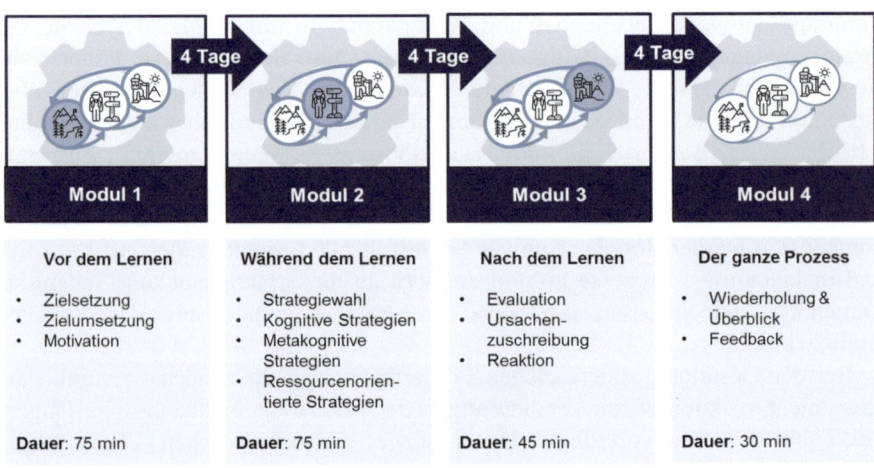

Abb. 10.2 Aufbau der vier Module des Selbstlernkompetenztrainings in LidA. (s. Kittel et al. 2021a)

wurde die Darstellung anhand von vorher erstellten Personas von Servicetechnikern an berufliche Lernende angepasst (s. Kittel et al. 2021a). Ein Beispiel ist, dass die Komplexität der Sprache reduziert wurde, indem z. B. eher Verben anstelle von Substantiven verwendet wurden sowie sämtliche Fachbegriffe, wie z. B. „metakognitiv", durch beschreibende Begriffe ersetzt wurden. Zudem wurde durchgängig zum einfacheren Verständnis der dargestellten Prozesse der Prozess des selbstregulierten Lernens anhand einer Bergsteigermetapher dargestellt. So wie man beispielsweise beim Wandern die Karte im Blick behält, um zu überprüfen, ob man noch den Gipfel als Ziel weiterhin erreichen könnte, kann man beim Lernen überprüfen, ob man weiterhin sein Lernziel erreichen kann. Allgemein wurde der Inhalt sehr interaktiv dargestellt und beinhaltete durchgängig Anregungen zur Reflexion, z. B. welche Strategien die Lernenden bereits verwenden oder inwiefern sie das Gelernte umsetzen können. Für weitere Details zum Vorgehen und der Methode insbesondere zum Thema Ziele s. Kittel et al. (2021a).

Die Ergebnisse zeigen, dass die Teilnehmenden des Lernangebots deutlich mehr Wissen über das selbstregulierte Lernen erworben hatten und auch signifikant mehr Strategien anwenden, wobei die Strategienutzung nach dem ersten Modul zunächst abnahm (Kittel et al. 2021a). Eine mögliche Begründung ist, dass die Beschäftigten zunächst ihre Strategienutzung überschätzen und dann ihre Wahrnehmung anpassen (für weitere Ergebnisse s. Kittel et al. 2021a). Insgesamt zeigten die Ergebnisse des Trainings, dass die Beschäftigten bei der Entwicklung ihres selbstregulierten Lernens durch ein längerfristiges E-Learning unterstützt werden können.

10.3.2 Micro-Learning zur Förderung von Lernstrategien des informellen Lernens

Obwohl die Lerninhalte beim ersten Training zur Förderung der Selbstlernkompetenz didaktisch auf das Lernen am Arbeitsplatz zugeschnitten wurden, hatten einige Teilnehmenden Schwierigkeiten, die Inhalte in ihrem Arbeitsalltag einzuordnen und anzuwenden oder das Training tatsächlich in einem Monat durchzulernen. Deshalb wurde in LidA ein zweites Lernangebot entwickelt. Damit der Transfer vereinfacht wird, wurde das Lernangebot zum einen ausgehend von Prozessen des informellen Arbeitsplatzlernen und nicht von Modellannahmen des selbstregulierten Lernens konzipiert. Zum anderen war es als Micro-Learning aufgebaut, damit die Lernenden die jeweils deutlich kürzeren Lerneinheiten besser in ihren Arbeitsprozess integrieren (Kittel und Seufert 2021; Kittel und Seufert in Vorbereitung).

Zusammengefasst stand bei der zweiten Studie die *Förderung von Lernstrategien des informellen Lernens in einem Micro-Learning* im Mittelpunkt. Da wie oben bereits erwähnt verschiedene Defizite ineffizientem Lernstrategiegebrauch zugrunde liegen können, wurden unterschiedliche Trainingsansätze verglichen: 1) metakognitives Wissen liefern, um mangelndes Wissen über

Strategien zu kompensieren vs. 2) Prompts bereitstellen, die daran erinnern, Strategien zu nutzen, um mangelnde Nutzung von Strategien zu kompensieren vs. 3) eine kombinierte Intervention von beidem, um ineffiziente Strategienutzung zu kompensieren (Kittel und Seufert 2021; Kittel und Seufert in Vorbereitung).

Dafür nahmen 122 Beschäftigte (55 % weiblich) an einem Training auf SoSci Survey teil. Sie wurden dabei zufällig in vier Gruppen eingeteilt und erhielten nach einer Einführung zehn Mal über einen Monat jeweils ca. 5- bis 10-minütige Trainingsinhalte: Eine Gruppe erhielt Informationen über Strategien als Video oder Audiopodcast, die zweite Gruppe erhielt reflektierende Fragen zu ihrer Strategienutzung, also Prompts, während eine dritte Gruppe eine kombinierte Intervention, also Informationen und Prompts, erhielt. Eine Wartekontrollgruppe erhielt die kombinierte Intervention einen Monat später (Kittel und Seufert 2021). Die Inhalte umfassten jeweils zwei Einheiten zu den Themen: Reflexion, auf dem aktuellen Stand bleiben, Feedback, Wissen teilen und Innovation (Bednall und Sanders 2017). Die Informationen beinhalteten metakognitives Wissen über informelle Lernstrategien sowie Hinweise für spezifische Methoden zu den einzelnen Themen (Abb. 10.3). Um den Lernerfolg zu erfassen, wurden vor dem Training Strategienutzung und das Wissen über Strategien erhoben und nach dem Training erneut erfasst (Abb. 10.4; ausführlicher s. Kittel und Seufert in Vorbereitung).

Die Ergebnisse zeigten, dass die Gruppe, die Informationen erhalten hatte, einen Zuwachs an Wissen über Strategien aufwies, aber im Vergleich zur Wartekontrollgruppe nicht mehr Strategien nutzte. Die Prompt-Gruppe hingegen nutzte mehr Strategien. Zuletzt wies die Gruppe mit der kombinierten Intervention einen Zuwachs an Wissen über Strategien sowie über die Zeit hinweg mehr Strategienutzung auf (s. ausführlicher Kittel & Seufert in Vorbereitung). Als nächsten Schritt könnte man die Lernenden zusätzlich versuchen zu motivieren – idealerweise als Teil der organisationalen Lernkultur, in der z. B. Learning Agents innerhalb der Teams die Beschäftigten bei der Weiterbildung unterstützen. Die Learning Agents oder auch die Führungskräfte könnten zum Beispiel die Wichtigkeit des informellen Lernens für die Leistung der Einzelnen und schlussendlich für den Unternehmenserfolg aufzeigen.

Zusammengefasst zeigen die Ergebnisse, dass ein Micro-Learning erfolgreich das metakognitive Wissen über informelle Lernstrategien oder die Strategienutzung

Abb. 10.3 Die Trainingsinhalte bezogen sich auf Strategien für diese fünf informellen Lernaktivitäten. (Kittel und Seufert 2021)

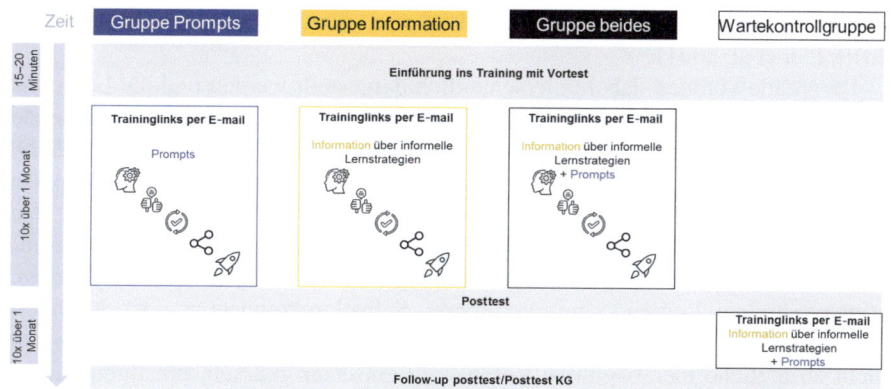

Abb. 10.4 Ablauf des Lernangebots in den vier Gruppen (Kittel und Seufert, 2021).

fördern kann. Um die Beschäftigten zukünftig noch passgenauer beim informellen Lernen zu unterstützen, könnte das Lernangebot anhand ihres vorliegenden Defizits individualisiert werden: (a) wenn die Lernenden wenige Strategien kennen, könnten ihnen zunächst Informationen bereitgestellt werden; (b) wenn die Lernenden Strategien kennen, aber noch nicht anwenden, könnten ihnen Prompts geliefert werden. Allerdings trat bei der Prompts-Gruppe die Schwierigkeit auf, dass einige Lernende vom Design des Lernangebots überrascht waren und es nicht als typisches Lernangebot wahrnahmen, da das Lernangebot keine Informationen bereitstellte, wie viele Lernende es aus Frontalschulungssettings gewohnt sind. Da für die meisten beruflichen Lernenden bereits E-Learning als solches als modern wahrgenommen wird, ist dementsprechend eine zusätzliche Sensibilisierung für derartige digitale Lernangebote notwendig, um Akzeptanz zu schaffen und ein derartiges Lernangebot im Unternehmen zu etablieren (s. Kittel & Seufert in Vorbereitung).

10.4 Lernförderliche Darstellung von Lerninhalten per Lernpfad

Die digitale Transformation erfordert neben der Selbstlernkompetenz auch weitere Kompetenzen, um Beschäftigte für digitalen Wandel zu befähigen (Kittel et al. 2021a, b, c, d). Dabei sind insbesondere überfachliche Kompetenzen relevant, wie die in LidA identifizierten Kompetenzen, Wissen zu teilen, mit Belastung umzugehen, mit Konflikten und dem digitalen Wandel umzugehen (Piel et al. 2021; Kittel et al. 2022). Zur Förderung dieser Kompetenzen spielen digitale Lernangebote eine wesentliche Rolle. Jedoch stellt sich die Frage, wie mehrere unterschiedliche, digitale Lernangebote möglichst lernförderlich dargestellt werden können und wie Lernende beim Lernen unterstützt werden können. Für die Darstellung könnte es vorteilhaft sein, mehrere Module als Lernpfad darzustellen (Paproth und Kittel 2019; Piel et al. 2021).

Lernpfade könnten dabei unterschiedlich dargestellt werden und die Lernenden auf verschiedene Weisen durch das Lernangebot führen. Manche Lernenden könnten eher Self-paced-Lernangebote bevorzugen (Tullis und Benjamin 2011), möglicherweise besonders dann, wenn sie eine hohe Selbstlernkompetenz aufweisen. Diese damit einhergehenden Entscheidungsfreiheiten, um nach individuellem Bedarf zu lernen, könnten motivierend sein, weil es das Grundbedürfnis nach Selbstbestimmung erfüllt (Deci und Ryan 1993). Hingegen könnten andere Lernende mit geringerer Selbstlernkompetenz oder geringerer Arbeitsgedächtniskapazität eher geführte Lernangebote bevorzugen, weil sie dann nicht zusätzliche metakognitive Ressourcen einsetzen müssen, um ihren eigenen Pfad durch das Lernangebot zu planen, überwachen und zu regulieren. Deshalb stellt sich die Frage, für welche Lernende welche Art und Weise der Darstellung optimal ist bezüglich Lernerfolg und Motivation.

Zudem könnten Prompts als Lernhilfen eingebettet in das Lernangebot helfen, Lernende zu unterstützen, das Lernmaterial zu verstehen (Bell 2017). Dementsprechend ist die zweite Fragestellung, ob Prompts, die in das Lernangebot eingebettet sind, Lernende unterstützen können, und ob dies für alle Lernenden gleichermaßen gilt. Zusammengefasst ist es also das Ziel, zu untersuchen, ob mittels Darstellung per Lernpfad und Lernhilfen ein für die Lernenden individuell abgestimmtes Lernerlebnis realisiert werden kann.

Zur Untersuchung dieser Forschungsfragen wurde eine Studie mit 158 Beschäftigten (61 % weiblich) im Rahmen von LidA durchgeführt, in der drei unterschiedliche Lernpfadvarianten unter Beachtung der Eigenschaften und Fähigkeiten der Lernenden systematisch verglichen hat: strenge Führung durch das Lernangebot, freie bzw. autonome Auswahl der Lerninhalte sowie freie Auswahl mit begleitenden Lernhilfen (Kittel et al. 2022). Die Lernenden wurden dafür zufällig einer der drei Varianten des Lernangebots auf dem ILIAS Learning Management System zugewiesen (Abb. 10.5). Beim streng geführten Pfad wurden den Lernenden immer nur das nächste Lernmodul dargestellt. Zudem war ihr Gesamtfortschritt ersichtlich. Beim freien Lernpfad erhielten die Lernenden eine Übersichtsdarstellung mit Informationen zu allen fünf Modulen und konnten diese

Abb. 10.5 Unterschiedliche Darstellung der Lernpfade

dann in einer selbstgewählten Reihenfolge durchlernen. Beim freien Lernpfad mit Lernhilfen erhielten die Lernenden dieselbe Darstellung wie beim freien Lernpfad, die ergänzt wurde durch Prompts, die sich auf den gesamten Prozess des selbstregulierten Lernens bezogen, also z. B. Hinweise zum Planen vorab.

Das Lernangebot beinhaltete, nach einer kurzen Einführung, Lerninhalte zum Umgang mit dem digitalen Wandel, zu der Selbstlernkompetenz, zum Teilen des Wissens, zum Umgang mit Konflikten und Belastung (Abb. 10.6). Die einzelnen Lerninhalte dauerten ca. 20 bis 30 min, wobei Lernende das Lernen pausieren konnten. Der Lernerfolg und die Eigenschaften und Fähigkeiten der Lernenden wurden per Fragebogen vor und nach dem Lernen erfasst (für weitere Details s. Kittel et al. 2022).

Die Ergebnisse zeigten zunächst, dass der Lernerfolg in allen drei Lernpfadvarianten vergleichbar war, wobei der Lernerfolg allgemein bei Personen höher war, die vor dem Training häufiger berichteten, informelle Lernstrategien zu nutzen. Allerdings brachen in der geführten Bedingung weniger Lernende das Lernangebot ab, wobei das Lernangebot generell signifikant seltener von Lernenden abgebrochen wurde, die vor dem Training selbstregulierter lernen. Wie erwartet, gingen beide freien Bedingungen mit mehr Motivation einher und die Lernenden strengten sich mehr an, indem sie mehr Ressourcen einsetzten – insbesondere bei der Prompts-Variante (s. Kittel et al. 2022).

Die Ergebnisse zeigen erneut die Relevanz der Selbstlernkompetenz für erfolgreiches Lernen. Zudem ermöglichen sie praktische Implikationen für die Gestaltung von digitalen Lernangeboten: Je nach Eigenschaften der Lernenden ist eine unterschiedliche Darstellungsform des Lernangebots empfehlenswert: bei Lernenden mit hoher Selbstlernkompetenz eher eine freie Lernpfadform, um die Lernende zu motivieren. Hingegen ist bei Lernenden mit niedrigerer Selbstlernkompetenz eher eine geführte Lernpfadform empfehlenswert, um den möglichen Abbruch zu verhindern. Zudem wäre eine adaptive Darstellung in Zukunft ideal, so könnten beispielsweise je nach Selbstlernkompetenzfähigkeit Lernhilfen angezeigt werden, die an die Anwendung von Lernstrategien erinnern. Folglich könnte ein individuell abgestimmtes Lernerlebnis für die Lernenden ermöglicht werden.

Abb. 10.6 Inhalte des Lernangebots „Kompakt Online-Workshop: Fit für die Digitalisierung 5-in-1"

10.5 Fazit und Schlussfolgerungen

Insgesamt hat dieser Beitrag die Rolle der Selbstlernkompetenz beim informellen Arbeitsplatzlernen, Möglichkeiten der Förderung der Selbstlernkompetenz sowie der Gestaltung von Lernpfaden von diversen Lernmodulen analysiert. Alles in allem zeigen die Ergebnisse die zentrale Rolle des selbstregulierten Lernens, also der Selbstlernkompetenz, für das formelle sowie insbesondere das informelle Lernen am Arbeitsplatz auf. Durch selbstreguliertes Lernen am Arbeitsplatz könnten Beschäftigte mit den Anforderungen durch die digitale Transformation besser Schritt halten.

Zusammengefasst implizieren die wissenschaftlichen Ergebnisse einige Möglichkeiten für Unternehmen, ihre Beschäftigten zu unterstützen, mit der digitalen Transformation Schritt zu halten:

- Schaffung einer *unterstützenden Lernkultur* im Unternehmen: Die wissenschaftlichen Ergebnisse zeigen, dass eine als unterstützend wahrgenommene Lernkultur die Beschäftigten motiviert, selbstreguliert am Arbeitsplatz zu lernen und sich Lernziele zu setzen. Zudem unterstützt wertschätzendes Feedback die Beschäftigten und kann sie ermutigen, ihre Lernaktivitäten zu intensivieren. Eine Möglichkeit, eine solche Lernkultur zu fördern, die in LidA erprobt wurde, ist der Einsatz von Learning Agents, welche Lernbedarfe identifizieren und Beschäftigte beim Lernen unterstützen.
- Schaffung von *Autonomie und Freiräumen beim Job:* Informelles Lernen benötigt eine gewisse Autonomie, damit Beschäftigte Lernaktivitäten überhaupt aufnehmen können und zum Beispiel neue Lösungsansätze ausprobieren können.
- *Förderung von Lernfähigkeiten:* Die beiden in LidA erprobten Trainings zur Förderung von Selbstlernkompetenz und Strategien des informellen Lernens ermöglichen es, die Lernfähigkeiten von Beschäftigten zu erhöhen. Allerdings ist es herausfordernd, Änderungen in der Strategienutzung tatsächlich zu etablieren, sodass längere und wiederholte Trainings empfehlenswert sind. Zudem könnte man ergänzend ganzheitliche Maßnahmen unternehmen zur Motivierung der Lernenden, wie z. B. die Lernkultur motivierender gestalten, um tatsächliche Strategienutzung und somit erfolgreicheres informelleres Lernen zu etablieren.
- *Darstellung von mehreren Lernangeboten als Lernpfad:* Eine zunehmend große Anzahl von Lernangeboten lässt Lernende die Übersicht verlieren. Eine Darstellung als Lernpfad kann die Lernenden entlasten, insbesondere bei niedrigen Selbstlernkompetenzfähigkeiten.
- Integration von *Lernhilfen (Prompts) in Lernangeboten:* Lernhinweise können Beschäftigten helfen, die Lerninhalte tiefer zu verarbeiten und sich zudem mehr beim Lernen anzustrengen.

Förderhinweis Das diesem Beitrag zugrunde liegende Projekt „LidA" wurde mit Mitteln des Bundesministeriums für Bildung und Forschung unter den Förderkennzeichen 02K17A040 – 02K17A048 gefördert. Die Verantwortung für den Inhalt dieser Veröffentlichung liegt bei den Autoren.

Literatur

Bannert M, Hildebrand M, Mengelkamp C (2009) Effects of a metacognitive support device in learning environments. Comput Human Behav 25(4):829–835. https://doi.org/10.1016/j.chb.2008.07.002

Bednall TC, Sanders K (2017) Do opportunities for formal learning stimulate follow-up participation in informal learning? A three-wave study. Human Resour Manag 56(5):803–820. https://doi.org/10.1002/hrm.21800

Bell BS (2017) Strategies for supporting self-regulation during self-directed learning in the workplace. In: Ellingson JE, Noe RA (Hrsg) Autonomous learning in the workplace. Routledge, S 117–134 https://doi.org/10.4324/9781315674131-7

De Gagne JC, Park HK, Hall K, Woodward A, Yamane S, Kim SS (2019) Microlearning in health professions education: scoping review. JMIR medical education 5(2):e13997. https://doi.org/10.2196/13997

Deci EL, Ryan RM (1993) Die Selbstbestimmungstheorie der Motivation und ihre Bedeutung für die Pädagogik. Zeitschrift für Pädagogik 39(2):223–238

Hasselhorn M (1995) Kognitives Training: Grundlagen, Begrifflichkeiten und Desiderate [Cognitive training: Foundations, terms and desiderates]. In: Hager W (Hrsg) Programme zur Förderung des Denkens bei Kindern. Hogrefe, Göttingen, S 14–40

Kasselmann S, Kittel A (2021) LidA – Lernen in der digitalisierten Arbeitswelt: Competence Screening und der Multiplikatorenkurs. Servicetoday 2021(1):66–70

Kittel A, Radi-Pentz A (2020) Selbstlernkompetenz im Projekt LidA. Talk at F4DIA: Fit für die digitalisierte Arbeitswelt TRUMPF Modul, TriCat Virtual Spaces (Germany).

Kittel AFD, Seufert T (2021) How to overcome deficits of informal workplace learning strategies: A training study. Paper presented at the 9th SIG 16 Biennial Conference Metacognition, virtual

Kittel AFD, Nett UE, Respondek L, Seufert T (2019) How do students learn? Learning Strategies and Motivation. Paper presented at the 18th Biennial EARLI Conference, Aachen (Germany).

Kittel, A. F. D., Kasselmann, S. & Scheck, V. (2020a). *Lernen in der digitalisierten Arbeitswelt (LidA): Welche Kompetenzen sind im Zuge der Digitalisierung gefordert und welchen Stellenwert nimmt die Selbstlernkompetenz ein?* Talk at Digitalkompetenz Conference, Schweinfurt (Germany).

Kittel A, Schaaff K, Zenzen E (2020b) ILIAS – Kompetent für die berufliche Weiterbildung. Talk at ILIAS Konferenz, virtual (Germany).

Kittel AFD, Dalpke M, Rommel S, Radi-Pentz A, Seufert T (2021a) Task or Self-Based Goals? A Goal-Setting Intervention Study within a Workplace SRL Training. Paper presented at the 19th Biennial EARLI Conference, virtual in Göteborg (Sweden).

Kittel A, Duffke G, Piel L (2021b). Develop yourself: Selbstlernkompetenz als Digitalisierungskompetenz. Talk at LEARNTEC Kongress, Karlsruhe (Germany).

Kittel AFD, Kasselmann S, Scheck V, Seufert T (2021c) LidA – Lernen in der digitalisierten Arbeitswelt: Welche Kompetenzen sind im Zuge der Digitalisierung gefordert und welche Rolle spielt die Selbstlernkompetenz? In: Wilke W, Lehman L, Engelhardt D (Hrsg) Kompetenzen für die digitale Transformation 2020. Springer Vieweg, S 157–177

Kittel AFD, Kunz RAC, Seufert T (2021d) Self-regulation in informal workplace learning: Influence of organizational learning culture and job characteristics. Front Psychol 12:688. https://doi.org/10.3389/fpsyg.2021.643748

Kittel AFD, Piel L, Seufert T (2022) Geführt oder selbstgesteuert? Wie lassen sich Lernerfolg und Motivation in digitalen Lernpfaden fördern? Berufsbildung in Wissenschaft und Praxis 2:23–27

Kittel AFD, Seufert T (in preparation) Fostering informal learning strategies in the workplace: A training study

Lahti M, Hätönen H, Välimäki M (2014) Impact of e-learning on nurses' and student nurses knowledge, skills, and satisfaction: a systematic review and meta-analysis. Int J Nursing Stud 51(1):136–149. https://doi.org/10.1016/j.ijnurstu.2012.12.017

Panadero E (2017) A review of self-regulated learning: six models and four directions for research. Front Psychology 8:422. https://doi.org/10.3389/fpsyg.2017.00422

Paproth Y, Kittel AFD (2019) Projekt: LidA: Digitalisierung von individuellen Lernpfaden: Mitarbeiterbezogene und bedarfsgerechte Lernpfade für kleine und mittlere Unternehmen in der Industrie 4.0. UdZForschung – Unternehmen der Zukunft 2:32–34

Piel L, Kittel A, Radi-Pentz A (2021) Schlüsselkompetenzen für den digitalen Wandel identifizieren und fördern: Ergebnisse aus dem Projekt LidA. Berufsbildung in Wissenschaft und Praxis 1:29–31

Schaaff K, & Kittel A (2022) Frei zum Erfolg geführt. Wie viel Freiraum braucht das Lernen? Talk at LEARNTEC Kongress, Karlsruhe (Germany).

Segers M, Messmann G, Dochy F (2018) Emergence, theoretical foundation, and conceptualisation of informal learning at work. In: Messmann G, Segers M, Dochy F (Eds.) New perspectives on learning and instruction. Informal learning at work: Triggers, antecedents, and consequences. Routledge Taylor & Francis Group, pp 1–11

Tullis JG, Benjamin AS (2011) On the effectiveness of self-paced learning. J Memory Lang 64(2):109–118. https://doi.org/10.1016/j.jml.2010.11.002

Tynjälä P (2013) Toward a 3-P model of workplace learning: A literature review. Vocations Learning 6(1):11–36. https://doi.org/10.1007/s12186-012-9091-z

Vancouver JB, Halper LR, Bayes KA (2017) Regulating our own learning: Stuff you did not realize you needed to know. In: Ellingson JE, Noe, RA (Eds) Autonomous learning in the workplace. Routledge, pp 95–116. https://doi.org/10.4324/9781315674131-6

Veenman MV (2005) The assessment of metacognitive skills: What can be learned from multi-method designs? In: Artelt C, Moschner B (Eds) Lernstrategien und Metakognition: Implikationen für Forschung und Praxis. Waxmann

Zheng L (2016) The effectiveness of self-regulated learning scaffolds on academic performance in computer-based learning environments: A meta-analysis. Asia Pacific Educ Rev 17(2):187–202. https://doi.org/10.1007/s12564-016-9426-9

Zimmerman BJ (2002) Becoming a self-regulated learner: An overview. Theory Practice 41(2):64–70. https://doi.org/10.1207/s15430421tip4102_2

Teil II
Praktische Erkenntnisse zu personennahen Dienstleistungen

INSELpro – Intelligentes Servicesystem für lokal vernetzte Prosumenten

11

Reinhold Straubmeier

Zusammenfassung

Im Rahmen des Verbundprojekts INSELpro wurde ein Dienstleistungssystem entwickelt, das es ermöglicht, Nachbarschaftshilfe – also gegenseitige Hilfe in einem lokal begrenzten Wohnquartier – in Echtzeit zu vermitteln. Die Teilnehmer im Netzwerk treten dabei als Prosumenten auf, d. h. als Hilfeanbieter (Produzenten) und Hilfesuchende (Konsumenten) gleichzeitig. Der in der INSELpro-App integrierte Zuordnungsalgorithmus bewertet die Eignung der Anbieter auf Basis deren Fähigkeiten und Ressourcen und schlägt dem Hilfesuchenden eine Auswahl der am besten geeigneten Helfer vor. Mit wenigen Klicks wird auf diese Weise Dienstleistung schnellstmöglich unter Berücksichtigung aller relevanten Restriktionen vermittelt.

Schlüsselwörter

Nachbarschaftshilfe · Nachbarschafts-App · Prosumenten · Matchingalgorithmus · Onlinehilfevermittlung · Ressourcen und Fähigkeiten · Dienstleistungskatalog

---

Aus Gründen der besseren Lesbarkeit wird im Text verallgemeinernd das generische Maskulinum verwendet. Diese Formulierungen umfassen gleichermaßen weibliche und männliche Personen; alle sind damit selbstverständlich gleichberechtigt angesprochen.

R. Straubmeier (✉)
SIGMA Gesellschaft für Systementwicklung und Datenverarbeitung GmbH, Erlangen, Deutschland
E-Mail: straubmeier@develop-group.de

11.1 Einleitung

Immer mehr Menschen müssen aufgrund ihrer Lebenssituation bei auftretenden Belastungen Hilfe von Dritten in Anspruch nehmen. Personennahe Dienstleistungen sind in diesem Zusammenhang immer dann gefragt, wenn Hilfe in persönlichen Bereichen, zum Beispiel bei der Betreuung der Kinder oder im Krankheitsfall benötigt wird. Aber auch alltägliche Verrichtungen wie das Einkaufen, Behördengänge oder hauswirtschaftliche Tätigkeiten können in Verbindung mit den übrigen Beanspruchungen der Menschen zu Überlastungen führen. Häufig bleibt in dieser Situation auch nur noch wenig Spielraum für Freizeitaktivitäten, Entspannung und Erholung. Wenn dann noch kurzfristig auftretende Ereignisse die bestehende Tagesplanung zunichtemachen, entsteht Stress, Hektik und Unsicherheit und die Leistungsfähigkeit der Betroffenen sowie ihres sozialen Umfelds kann leicht an ihre Grenzen stoßen. In ländlichen Regionen klingelt man beim Nachbarn, wenn kurzfristig und zeitnah Hilfe benötigt wird. In urbanen Gebieten kennt man seine Nachbarn häufig nicht mehr persönlich. Unter diesen Voraussetzungen im Bedarfsfall die Hemmschwelle zu überwinden und mehr oder weniger unbekannte Personen um Hilfe in persönlichen Lebensbereichen zu bitten, ist – speziell für ältere, behinderte oder neu zugezogene Mitbürger – oft sehr schwierig.

Bei einigen Bevölkerungsgruppen wie Alleinerziehenden, jungen Familien oder beruflich stark eingebundenen Arbeitnehmern ist festzustellen, dass sie bestehende Dienstleistungsangebote gerne in Anspruch nehmen, wenn ihre finanziellen Möglichkeiten dies zulassen. Das Potenzial einer gegenseitigen unentgeltlichen Nachbarschaftshilfe bleibt in diesem Kontext jedoch weitgehend ungenutzt.

Abb. 11.1 skizziert die Ausgangslage von der Idee der Entwicklung eines hybriden Dienstleistungssystems bis zum Lösungsansatz über das Prosumentennetzwerk in INSELpro.

11.2 Motivation

Personennahe Dienstleistungen können vielfältiger Natur sein: Gesundheits-, Reparatur-, Handwerks- oder haushaltsnahe Hilfen erleichtern den Dienstleistungsnehmern das Leben und sichern aufseiten der Dienstleistungsgeber Arbeitsplätze und Beschäftigung. Durch veränderte Lebensmuster, Konsumstile und Arbeitsprozesse wie auch die Alterung und Individualisierung der Gesellschaft steigt die Nachfrage nach bedarfs- und nutzergerecht erbrachten personennahen Dienstleistungen. Diese Entwicklung ist für Dienstleistungskonsumenten und -produzenten erfreulich, birgt aber gleichzeitig nicht zu unterschätzende Herausforderungen auf beiden Seiten.

Seitens der Konsumenten ist die Nachfrage nach personennaher Dienstleistung stark vom verfügbaren Haushaltseinkommen abhängig. Zwar können Leistungen etwa im Sozialbereich über Sozialversicherungen (z. B. Pflege) oder Kommunen

11 INSELpro – Intelligentes Servicesystem ...

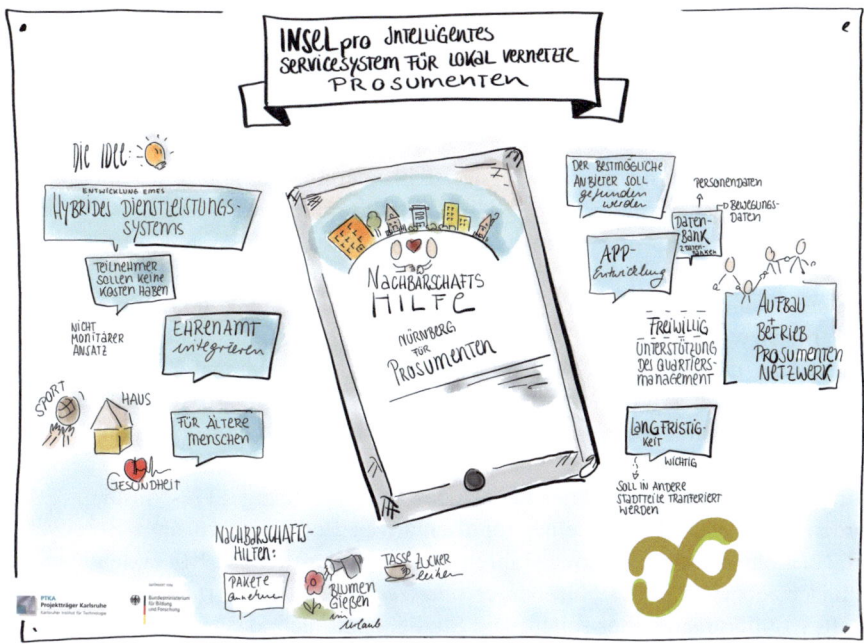

Abb. 11.1 Nachbarschaftshilfe mit INSELpro

(z. B. Kindertagesstätten) abgedeckt werden, über Pflichtleistungen hinausgehende und insbesondere kurzfristige Bedarfe müssen aber weiterhin aus eigener Tasche bezahlt werden. Gerade für einkommensschwache Gruppen sind diese finanziellen Lasten oft kaum zu bewältigen.

Hilfe aus dem Familien- und Freundeskreis oder von Ehrenamtlichen können von den Bedürftigen nicht genutzt werden, wenn die zeitliche Verfügbarkeit oder die räumliche Nähe nicht gegeben sind. An dieser Stelle rückt das nachbarschaftliche Umfeld in den Mittelpunkt der Betrachtung, es kann auch bei kurzfristigen Anliegen mit passgenauer Unterstützung aushelfen.

Ehrenamtliche Hilfe ist häufig starr und regelmäßig organisiert. Pflichttermine dieser Art schrecken deshalb oft potenzielle Helfer ab, insbesondere wenn sie selbst z. B. wegen Schichtdienst oder auswärtiger Tätigkeit nicht immer und überall zur Verfügung stehen können. Auch in diesem Kontext werden somit vorhandene Optionen für personennahe Dienstleistungen nicht genutzt.

Und schließlich bleibt meist auch die Möglichkeit ungenutzt, dass Dienstleistungsnehmer in anderem Zusammenhang auch als Dienstleistungsgeber agieren können. Dieses als „Prosumer" bekannte Konzept (Toffler 1980) kann gerade in einem nachbarschaftlichen Umfeld dabei helfen, das notwendige Gemeinschaftsgefühl zu entwickeln, das die elementare Basis für den Aufbau eines Helfernetzwerks im Stadtteil oder Quartier darstellt.

Die steigende Nachfrage nach personennahen Dienstleistungen stellt auch professionelle Dienstleistungsgeber vor Herausforderungen, da sie entsprechend qualifiziertes Personal vorhalten müssen. Gerade im sozialen Bereich gibt es in diesem Kontext Engpässe. Abhilfe schaffen auch hier ehrenamtliche Helferinnen und Helfer, die bei Tätigkeiten eingesetzt werden, bei denen keine spezielle Fachqualifikation notwendig ist, beispielsweise bei der Begleitung von Senioren oder etwa der Essensverteilung. Diese Hilfen entlasten die Fachkräfte, sie können dadurch mehr Zeit auf ihre Kernaufgaben verwenden.

Im Dienstleistungsbereich, bei der Handwerkerleistung genauso wie bei der Betreuung von Kindern oder Senioren stellt somit der unentgeltliche Austausch von Hilfen zwischen professionellen Anbietern und ehrenamtlichen oder privaten Helfern aus der Nachbarschaft eine organisatorische Herausforderung dar, die einer spezifischen Motivationsstrategie bedarf, wenn sie langfristig gelingen soll. Aber auch im Bereich der nachbarschaftlichen Hilfe zwischen Privatpersonen gibt es ein großes Potenzial, das nachhaltig erschlossen werden sollte.

In einer Studie der Technischen Hochschule Nürnberg (TH Nürnberg 2018) wurden 2000 Einwohner in einer repräsentativen Befragung zu ihrer Bereitschaft zur Nachbarschaftshilfe sowie ihren nachbarschaftlichen Kontakten befragt. Demnach leben 94 % der Nürnberger *sehr gern* oder *eher gern* in ihrer Nachbarschaft; Konflikte sind eher selten. Die Studie zeigt auch, dass in allen Nürnberger Stadtteilen viele Bürger leben, die ihre Nachbarn gern unterstützen würden, aber nicht wissen, wer überhaupt Hilfe braucht. 11 % würden sogar noch mehr tun als bisher. Bürger mit ausländischen Wurzeln zeigen in der Umfrage eine höhere Bereitschaft, vor allem ältere Nachbarn zu unterstützen. Jeder Zweite sagt aber auch, Tür an Tür zu niemandem engen Kontakt zu pflegen und nur einige Nachbarn namentlich zu kennen. Am meisten Hilfe von Nachbarn bekommen ältere Menschen: bei den über 80-Jährigen jeder Dritte.

Vielfach kommt Nachbarschaftshilfe nicht zustande, weil ein Mangel an Gelegenheiten besteht und man sich zu selten sieht. Wer Nachbarschaftshilfe leistet, will den Nachbarn mögen und eher wenig Zeit dafür aufwenden. Wer Hilfe in Anspruch nimmt, möchte dem Nachbarn nicht zur Last fallen und gern eine Gegenleistung liefern. 84 % der Befragten geben an, von der Hilfe der Nachbarn abzusehen, wenn Familie und Freunde im Alltag helfen können. „Je besser Menschen wissen, wie lange die Hilfe dauert und was sie konkret tun sollen, umso eher sind sie bereit, den Nachbarn auch zu helfen", sagen die beiden verantwortlichen Professorinnen, Doris Rosenkranz und Sabine Fromm. Wünschenswert sei auch eine sichere digitale Plattform.

Die Studie zeigt, dass bei eher einfachen Verrichtungen die Bereitschaft zur Nachbarschaftshilfe sehr groß ist. Schwieriger wird die Bereitstellung von Hilfen in Bereichen, in denen die Privatsphäre der Mitmenschen berührt wird oder der zeitliche Aufwand für die Unterstützung ein gewisses Maß überschreitet. Gerade in diesem Sektor liegt aber das Potenzial, das spürbare Entlastung (finanziell und psychisch) bringen kann.

Alleinerziehende und berufstätige Menschen müssen die Kinderbetreuung während ihrer Arbeitszeit organisieren, unterschiedliche zeitliche Rahmenbedingungen in Einklang bringen (z. B. Arbeitszeit und Kita-Öffnungszeiten) und sich natürlich auch in ihrer Freizeit um die Erziehung der Kinder kümmern. In der eigenen Häuslichkeit pflegende Menschen haben ähnliche Herausforderungen in Bezug auf die zu pflegende Person zu meistern. Abstimmungen mit dem ambulanten Pflegedienst, Arztbesuche und plötzlich auftretende Krisensituationen sind mit der eigenen Tagesplanung in Einklang zu bringen. Bei Menschen mit Behinderungen kann der Grad des Unterstützungsbedarfs, abhängig von Art und Schwere der Einschränkung, vom Fahrdienst bis zur Hilfe bei der Nahrungsaufnahme reichen. Neubürger, die in einen Stadtteil ziehen, haben oft Schwierigkeiten, Kontakte zu knüpfen, sich zurechtzufinden und in die bestehende Wohngemeinschaft aufgenommen zu werden. Dies umso mehr, wenn sprachliche oder kulturelle Unterschiede zusätzliche Barrieren darstellen. Hier kommt der Unterstützung bei Behördengängen, der Einladung und Mitnahme zu lokalen Veranstaltungen und auf diesem Weg dem Abbau von Vorurteilen große Bedeutung zu (Byron 2005; Sonnentag et al. 2010).

11.3 Projektziele

Die neuartige Vermittlung von Nachbarschaftshilfe durch INSELpro soll den Aufbau von Helfernetzwerken fördern und unterstützen. Dabei kommt einigen grundlegenden Konzepten besondere Bedeutung zu:

Nichtmonetäres Dienstleistungssystem: Das Dienstleistungssystem beruht auf gegenseitigem Helfen und Unterstützen der Teilnehmer (Anwohner, Ehrenamtliche und professionelle Dienstleister) und ist regional begrenzt durch die Einbettung in einen Stadtteil oder eine Kommune. Eine finanzielle Entlohnung der Prosumenten untereinander ist nicht vorgesehen.

Motivationsstrategie zur Förderung der aktiven Nutzerbeteiligung: Das Helfernetzwerk auf Gegenseitigkeit kann nur dann dauerhaft von Bestand sein, wenn eine ausreichende Anzahl an Teilnehmern motiviert ist, sich aktiv und agil im Netzwerk zu engagieren, sodass die Interaktion in möglichst vielen Situationen gelingt, ein fairer Austausch personennaher Dienstleistungen stattfindet und der Nutzen für alle Beteiligten spürbar wird. Theorien und Methoden zur Teilnehmermotivation aus der Arbeitspsychologie sind als technische Motivationselemente (z. B. spielerische Elemente, Punktesysteme, Auszeichnungen) in der INSELpro-App für die Teilnehmer eingebunden.

Wachsende Vertrauensbasis unter den Bewohnern im Stadtteil: Im Zuge der Sozialraumgestaltung werden vom INSELpro-Quartiermanager Maßnahmen getroffen, die das Vertrauen, die Sicherheit und die Qualität im Dienstleistungssystem sicherstellen. Diese Aspekte sind bei besonders sensiblen Hilfebedarfen (z. B. Kinderbetreuung, Betreten des privaten Wohnraums) in höchstem Maße relevant und bilden die Basis für eine engere Zusammenarbeit im Nachbarschaftsnetzwerk.

Geschäfts- und Finanzierungsmodell: Für den INSELpro-Betrieb wird ein Geschäfts- und Finanzierungsmodell erstellt. Besonderer Wert wird in diesem Zusammenhang auf die nachhaltige Finanzierbarkeit der Betriebskosten des Helfernetzwerks gelegt. Hier ist es entscheidend, dass der Nutzen des Plattformbetreibers in einem akzeptablen Verhältnis zu den Kosten steht. Daneben können aber auch Erträge aus Veranstaltungen, die im Rahmen des Nachbarschaftsnetzwerks organisiert werden (z. B. Stadtteilfest, Musikabend), die Betriebskosten decken helfen.

Unterstützende IT-Infrastruktur: Die Vermittlung der Dienstleistungen wird über die aufgebaute IT-Infrastruktur in Echtzeit orchestriert, was einen besonderen Innovationswert gegenüber anderen vergleichbaren Ansätzen ausmacht. Bei INSELpro werden die Akteure über mobile Endgeräte eingebunden. Zur IT-Infrastruktur gehören eine Prosumenten-App, über die die Teilnehmer des Netzwerks Hilfen und Dienstleistungen sowohl geplant als auch spontan und kurzfristig nachfragen und bereitstellen können, und eine gesicherte Datenbank, in der ein semantisches Modell der Nutzer, Dienstleistungen und Ressourcen zur Optimierung des Abgleichs von Angebot und Nachfrage vorgehalten wird. Das Datenmodell zeichnet sich dadurch aus, dass es die aktuellen und möglichst auch alle zukünftigen Themenbereiche der Nachbarschaftshilfe aufnehmen kann, ohne dass weiterer Programmieraufwand anfällt.

Zuordnungssystem: Ein Alleinstellungsmerkmal von INSELpro stellt der integrierte Matchingalgorithmus (Echtzeitzuordnungskomponente) dar. Alle Hilfe- und Dienstleistungsgesuche können automatisch in Realzeit vermittelt werden. Das mathematische Optimierungsmodell kann zum einen eine hohe Passgenauigkeit von Angebot und Nachfrage gewährleisten und zum anderen eine faire Verteilung der Aufgaben sicherstellen.

Durch INSELpro sollen die Zielgruppen entlastet, Freiräume für Freizeit und Erholung geschaffen und das Selbstbewusstsein der Teilnehmer durch deren eigene Helferrolle gestärkt werden. Ehrenamtliche Helfer sollen möglichst passgenau eingesetzt werden und ihre Hilfe regelmäßig/langfristig oder sporadisch/kurzfristig anbieten können. Die Koordinatoren des Helfernetzwerks (z. B. Quartiermanager) werden durch den IKT-Einsatz bei ihren Aufgaben entlastet und können sich auf die Beratung und Betreuung von Netzwerkteilnehmern sowie die Pflege und den Ausbau des Netzwerks und der selbstgesetzten hohen Qualitätsstandards konzentrieren. In Abb. 11.2 sind wesentliche Bausteine und Ziele des INSELpro-Konzeptes zusammengefasst.

11.4 Partner

Die beteiligten Verbundpartner zählen zu den führenden Innovationstreibern in Ihren jeweiligen Tätigkeitsbereichen und bringen sowohl die nötigen Erfahrungen und Kompetenzen in Mensch-Technik-Interaktionssystemen und im Bereich

11 INSELpro – Intelligentes Servicesystem …

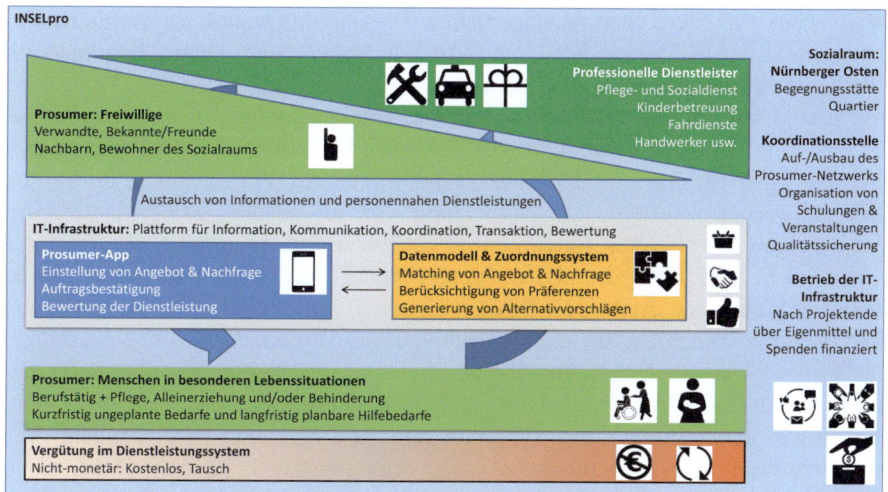

Abb. 11.2 Das Verbundvorhaben INSELpro im Überblick

Datenschutz und Technologiefolgenabschätzung als auch die nötige Infrastruktur und branchenweite Vernetzung mit, um die wissenschaftlichen und technischen Projektziele nachhaltig zu verfolgen und erfolgreich im Markt einzuführen.

Der *Lehrstuhl für Psychologie im Arbeitsleben* der Friedrich-Alexander-Universität Erlangen-Nürnberg unter Leitung von Professor Cornelia Niessen hat langjährige Forschungserfahrung zum Thema Belastungen und Ressourcen im Arbeitsleben und Work-Life-Balance. So zeigte eine Längsschnittstudie, dass eine verbesserte Work-Life-Balance potenziellen Stress durch häufige Dienstreisen (z. B. wegen Problemen bei der Kinderbetreuung) verhindert, bevor er richtig entstehen kann (präventives Coping). Das führt wiederum zu weniger Erschöpfung, mehr Arbeitsengagement und mehr Zufriedenheit in der Partnerschaft. In zwei Tagebuchuntersuchungen mit berufstätigen Paaren konnte u. a. gezeigt werden, dass Personen, die je nach Bedarf ihre Zeit auf den Arbeits- und Privatbereich verteilen, ein besseres Wohlbefinden haben, ihre Ziele stärker verfolgen und mehr Leistung zeigen. In einer weiteren Tagebuchuntersuchung wurden Zusammenhänge zwischen Stressoren bei der Arbeit und Erholung am Abend untersucht. Die Themen Stress, Erholung und Ressourcen wurden in zwei Übersichtsarbeiten ausführlich behandelt. Methodisch liegen langjährige Erfahrungen mit Fragebogen- und Tagebuchuntersuchungen vor (Sonnentag und Niessen 2008; Ohly et al. 2010; Unger et al. 2014, 2015). Im Projekt INSELpro übernimmt der *Lehrstuhl für Psychologie im Arbeitsleben* die Aufgabe „Anforderungsanalyse, Motivation und Begleitung des Prosumenten-Netzwerks und Evaluation des INSELpro Dienstleistungssystems".

Der *Lehrstuhl für Wirtschaftsinformatik, insbesondere im Dienstleistungsbereich* der Friedrich-Alexander-Universität Erlangen-Nürnberg unter Leitung von Professor Freimut Bodendorf besitzt eine interdisziplinäre Ausrichtung, um

Wissen aus den Bereichen Management/BWL und Informatik zu verbinden. Im Mittelpunkt der bisherigen Forschungsarbeiten stehen dabei Dienstleistungen, die durch den Einsatz von IKK potenziell stark verändert werden können. Die Zukunft von Sozialräumen und Quartieren und die Vernetzung von Bewohnern ist hier ein wichtiger Anwendungsfall. In der Vergangenheit wurden bereits Forschungsprojekte zum Einsatz von mobilen Technologien im Pflegebereich im Projekt „Mobile Assistenzsysteme zur Vernetzung von ambulanten Pflegediensten mit Angehörigen und weiteren Akteuren im Pflegewesen" durchgeführt, die zur Unterstützung Pflegebedürftiger und deren Angehörigen dienen. Darüber hinaus wurden weitere Akteure, wie Ärzte oder Sanitätshäuser, über mobile Services angebunden. Der wirtschaftliche Einsatz und Betrieb solcher Vernetzungslösungen wurde in den Projekten ausführlich betrachtet. Der Lehrstuhl verfügt zudem über Erfahrung zu IT-gestützten Motivations- und Belohnungssystemen. Im Projekt „Mobile Persuasive Technology" zur Unterstützung von gesundheitsförderndem Verhalten durch mobile Technologien wurden verhaltenspsychologische Motivationsstrategien entwickelt, technisch umgesetzt und evaluiert. Bei dem Projekt wurde untersucht, wie mobile Anwendungen eine Veränderung des Bewegungsverhaltens erzielen können, indem der Nutzer motiviert, bei der Durchführung begleitet und bei der dauerhaften Aufrechterhaltung des geänderten Verhaltens unterstützt wird. Ein solches Vorhaben kann dabei nur bei einer funktionierenden Interaktion von Mensch und Maschine gelingen, die den Benutzer in den Vordergrund stellt und eine einfache und motivierende Nutzung der Technik erlaubt. Neben Belohnungs- und Incentivierungssystemen sind auch nichtmonetäre Motivationsfaktoren und spielerische Motivationselemente, wie der Einsatz von Abzeichen, Leveln, Punkten und Erfahrungsleveln, Inhalt der Forschung. Im Projekt INSELpro übernimmt der *Lehrstuhl für Wirtschaftsinformatik, insbesondere im Dienstleistungsbereich* die Aufgabe „Entwurf einer spezifischen Motivationsstrategie für Bürger und professionelle Dienstleister sowie eines Geschäftsmodells für das Dienstleistungssystem".

Die *Fraunhofer Arbeitsgruppe für Supply Chain Services SCS* in Nürnberg hat insbesondere in den Bereichen Ressourcen- und Einsatzplanung bereits eine Vielzahl von Projekten durchgeführt. Im BMBF-Verbundprojekt Dynasens wurde untersucht, ob die vom Mitarbeitenden erbrachten Pflegeleistungen automatisch erkannt und die auftretenden Belastungswerte gemessen und somit gerecht verteilt werden können, für eine Fluggesellschaft wurden passgenaue Creweinsatzpläne erstellt, also einer Crew entsprechende Flüge zugeordnet. Ähnliche Probleme wurden auch in der Entsorgungslogistik gelöst, denn dort müssen Wertstoffsammelgebiete entsprechend einer Auswahl von Sortieranlagen zugeordnet werden. In all diesen Projekten musste zunächst ein tiefes Verständnis des zu lösenden Planungsproblems geschaffen werden, um dann einen leistungsfähigen Lösungsalgorithmus zu implementieren. Im Projekt INSELpro übernimmt die *Fraunhofer Arbeitsgruppe für Supply Chain Services SCS* die Aufgabe „Logische Konzeption und Entwicklung eines Optimierungsmodells zur bedarfs- und nutzergerechten Zuordnung von Angebot und Nachfrage".

Der *Evangelische Gemeindeverein Nürnberg-Mögeldorf e. V.* ist mit seinem Diakoniezentrum in Mögeldorf ein Bundesmodellprojekt im Programm der „wohnortnahen Gesundheitsversorgung" und seit 1997 in Betrieb. Seither sind eine lückenlose Angebotspalette und ein umfassendes Hilfenetz in der Versorgung hilfe- und pflegebedürftiger Menschen mitten im Stadtteil/Sozialraum entstanden. Das „Soziale Netz im Nürnberger Osten" bietet vielfältige Dienstleistungen von der Pflege über Kinderbetreuung bis zur ehrenamtlichen Arbeit an. Besondere Schwerpunkte sind das Case Management inklusive Elder Care sowie die ambulante und stationäre Hospizarbeit. Im Projekt INSELpro übernimmt der *Evangelische Gemeindeverein Nürnberg-Mögeldorf e. V.* die Aufgabe „Aufbau und Betrieb des Prosumenten-Netzwerks sowie der zugehörigen Organisationsstruktur und Gestaltung der sozialen Austauschplattform".

Die *Sigma Gesellschaft für Systementwicklung und Datenverarbeitung mbH, ein Unternehmen der develop group* in Erlangen, produziert seit mehr als 25 Jahren Software für den Sozialbereich unter dem Produktnamen SENSO®. Mehr als 1000 Einrichtungen (Seniorenheime, Einrichtungen der Jugend-, Behinderten-, Sucht- und Wohnungslosenhilfe, Flüchtlingshilfe, ambulante Dienste oder betreute Wohnformen) setzen die Software ein für die Abrechnung, die Pflegeplanung und -dokumentation, die Personal- und Einsatzplanung sowie die Tourenplanung in der stationären oder ambulanten Versorgung. Dieser Marktzugang bietet im Kontext des Vorhabens die optimale Voraussetzung für einen langfristigen Projekterfolg. Die Erfahrungen aus den BMBF-Projekten Dynasens, in dem die Möglichkeiten der physischen und psychischen Entlastung ambulanter Pflegekräfte untersucht und teilweise in SENSO® integriert werden konnten, und QuartrBack, bei dem für Menschen mit Demenz – ggf. unter Einsatz von Ortungstechnik – unsichere und potenziell gefährliche Situationen entschärft werden sollen, stellen die Basis für die weiteren Entwicklungen im Bereich der Quartiersentwicklung dar. Im Projekt INSELpro übernimmt die *Sigma Gesellschaft für Systementwicklung und Datenverarbeitung mbH, ein Unternehmen der develop group* die Aufgaben „Projektkoordination" sowie „Entwicklung der INSELpro-App und der Leitstellensoftware für die Quartiermanager:innen".

11.5 Projektablauf

Zu Beginn der Projektphase stand die Erhebung der Bedarfe und Erwartungen der Nachbarn im urbanen Umfeld im Vordergrund. Zu diesem Zweck wurden mehrere Treffen organisiert, bei denen potenzielle Anwender aus dem Stadtteil Nürnberg-Mögeldorf gefragt wurden, welche Punkte ihnen bei der Nutzung der INSELpro-App besonders wichtig sind. Auf Basis der gewonnenen Daten zu Usability, Datenschutz und Funktionalität wurde das Implementierungskonzept aufgesetzt. Parallel zur Bedarfserhebung wurde damit begonnen, Maßnahmen zur Incentivierung und Motivationserhaltung der Teilnehmer zu entwickeln und iterativ in die App-Entwicklung einfließen zu lassen.

Im Bereich der Softwareentwicklung wurde zunächst in einem öffentlichen Rechenzentrum eine Betriebs- und Entwicklungsplattform aufgesetzt. Auf dieser Basis konnten die Konsortialpartner die Verwaltungssoftware, den Zuordnungsalgorithmus und die Prosumenten-App entwickeln und – etwa zur Hälfte der Projektlaufzeit – einer ersten qualitativen Zwischenevaluierung unterziehen (s. Abb. 11.3). Die Anregungen und Rückmeldungen aus den Usability-Tests wurden gemeinsam priorisiert und in die weitere Softwareentwicklung übernommen.

Parallel zur Entwicklung der Software wurden in Zusammenarbeit mit Psychologen der Katalog der Hilfeleistungen sowie der Katalog von Fähigkeiten und Ressourcen entwickelt, über den die Netzwerkteilnehmer in Absprache mit den Quartiermanagern ihr eigenes Potenzial zur Hilfeleistung möglichst passend beschreiben können. Auf Basis dieses Katalogs sowie der zeitlichen Verfügbarkeit der Helfer wird vom INSELpro-Zuordnungsalgorithmus in weniger als einer Sekunde berechnet, welcher Helfer wie gut geeignet ist, um eine angefragte Hilfeleistung zu erbringen. Möglich wird das dadurch, dass den Hilfeleistungen die benötigten Kompetenzen und Hilfsmittel zugeordnet und bei der Suche der passenden Helfer der Grad der Übereinstimmung ausgewertet werden.

Nach Fertigstellung der INSELpro-Software konnte in einem Feldversuch die Praxistauglichkeit der Lösung evaluiert werden. Dabei wurde ein mehrstufiger und iterativer Ansatz verfolgt. Zunächst wurden das User Interface und die Grundfunktionen mithilfe eines kognitiven Systemdurchgangs beurteilt. Bei diesem Test

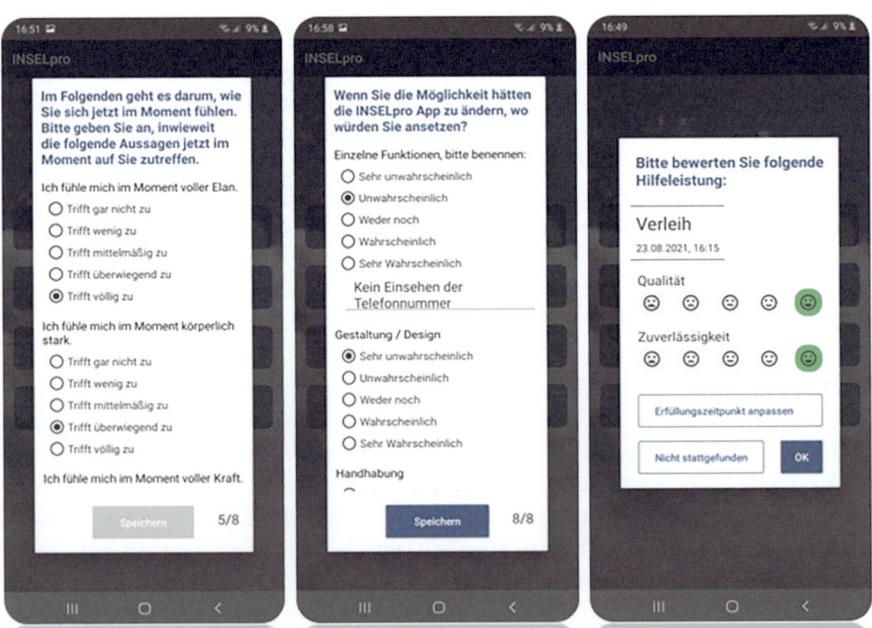

Abb. 11.3 Fragen zur Evaluation der User Experience

hatten die Teilnehmer Aufgaben zu erledigen und konnten beurteilen, wie gut sie das System bei der Erledigung der Aufgaben unterstützt. Zur mittel- und langfristigen Bewertung der Systemkomponenten wurde ein Fragenkatalog entwickelt und in die INSELpro-App integriert. Auf Grundlage dieser Auswertungen ist es möglich, das System sukzessive zu verbessern und für eine langfristige, unter Umständen standortübergreifende Nutzung aufzubereiten.

Aufgrund der Covid-19-Pandemie wurde die Evaluation der INSELpro-App an die Gegebenheiten angepasst, so wurden sämtliche Testungen internetbasiert durchgeführt.

11.6 Ergebnisse

Im Rahmen des Verbundprojekts wurde ein neuartiges, interaktives und nichtmonetäres Dienstleistungssystem für die Vermittlung von Nachbarschaftshilfe entwickelt und evaluiert. Das innovative Konzept unterstützt den Aufbau eines Netzwerks gegenseitiger Hilfe durch Integration von Bürgern mit ehrenamtlichen, gemeinnützigen und professionellen Organisationen über eine völlig neuartige digitale Plattform. Ziel war es, die Menschen in einem Stadtteil zu motivieren, gegenseitige Unterstützung in Anspruch zu nehmen und sie auch selbst anzubieten, kurz: sie als etwas Normales zu empfinden. Dörfliche Grundprinzipien des gegenseitigen Helfens und Vertrauens können so in das städtische Wohnumfeld übertragen werden. Dabei werden die individuellen Fähigkeiten und Qualifikationen des Einzelnen herausgearbeitet und in den Mittelpunkt gerückt. So werden die Menschen im urbanen Lebensraum zu Dienstleistungsgebern und Dienstleistungsnehmern gleichzeitig (Prosumenten).

11.6.1 Die INSELpro-App

Zur Nutzung der INSELpro-Funktionalität ist die Installation der App auf einem mobilen Endgerät erforderlich. Derzeit werden nur Devices mit Android-Betriebssystem unterstützt. Die Registrierung erfolgt über die Erfassung der benötigten personenbezogenen Daten. Nach Freischaltung durch den Netzwerkadministrator kann die Anmeldung im System erfolgen und die eigene zeitliche Verfügbarkeit für Hilfseinsätze parametriert werden. Im Bereich „Grundlagen der Hilfe" werden Kompetenzen und Fähigkeiten erfasst, über die der Matchingalgorithmus die Eignung zur Erbringung angefragter Hilfen qualitativ gewichten kann (s. Abb. 11.4).

Nach der Registrierung und Anmeldung in der INSELpro-App kann eine Suchanfrage (Hilfegesuch) erstellt werden.

Die vom System unterstützten Hilfeleistungen sind nach Kategorien geordnet. Zu einem Hilfegesuch können Datum und Uhrzeit, Ort und geschätzte Dauer vorgegeben werden. Nach dem Start der Suche werden innerhalb von Sekunden die geeigneten Helfer in der Reihenfolge der Passgenauigkeit angezeigt (s. Abb. 11.5).

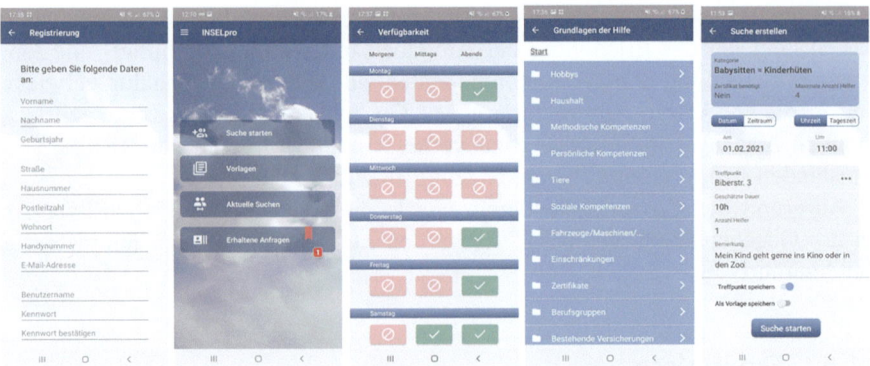

Abb. 11.4 Registrierung und Erfassung von Ressourcen und Kompetenzen

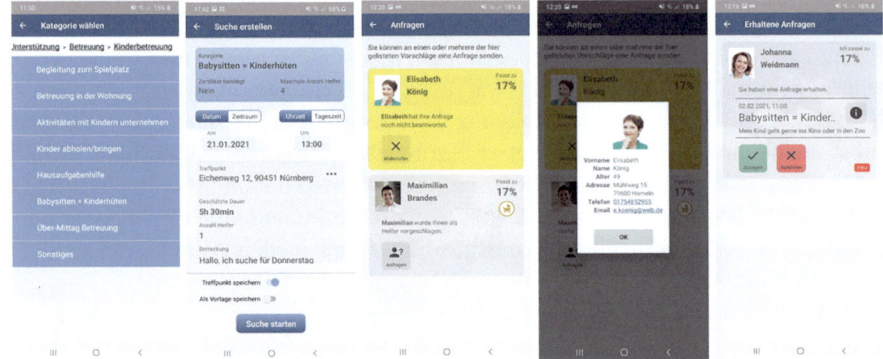

Abb. 11.5 Vermittlung einer Hilfe

Bei Bedarf kann telefonisch oder per Mail Kontakt mit dem Helfenden aufgenommen werden. Entscheidet sich der Hilfesuchende für einen vorgeschlagenen Helfer, dann wird die Anfrage an diesen gesendet. Der Helfende hat immer die Freiheit, ein Hilfegesuch anzunehmen oder abzulehnen. Bei Annahme ist die Vermittlung abgeschlossen, andernfalls kann der Hilfesuchende bei einem anderen geeigneten Helfer anfragen.

11.6.2 Die INSELpro-Verwaltungssoftware

Schnell wurde im Projektverlauf deutlich, dass entgegen der ursprünglichen Planung auch eine Software zur Administration des Netzwerks entwickelt werden musste (s. Abb. 11.6). Diese dient neben der Freischaltung der Prosumenten

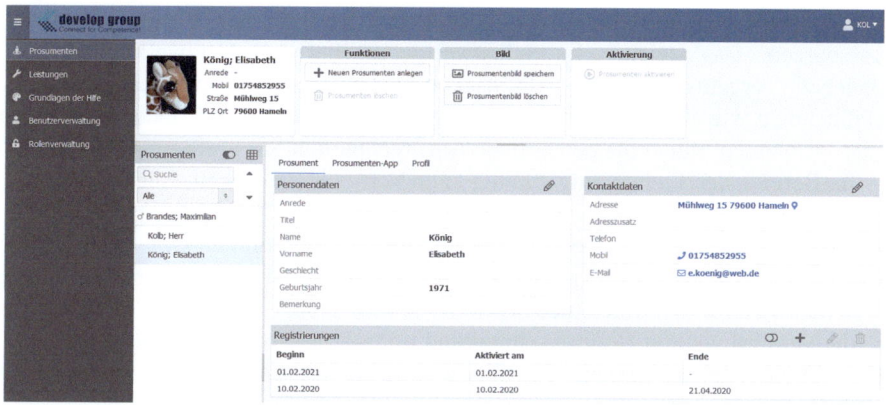

Abb. 11.6 Stammdaten der Prosumenten

insbesondere der Pflege der Kataloge für die Hilfeleistungen und die Grundlagen der Hilfe (Kompetenzen und Fähigkeiten).

Die von INSELpro unterstützten Hilfeleistungen werden über einen Gewichtungsfaktor mit den Grundlagen der Hilfe verknüpft. Auf diese Weise kann der Zuordnungsalgorithmus bestimmen, welcher Helfer in welchem Maß geeignet ist, eine angefragte Unterstützung zu erbringen.

11.6.3 Ergebnisse aus der Evaluation

Die Ergebnisse der Evaluation der App zeigten für Hilfegebende und Hilfesuchende insgesamt, dass zentral für die Motivation, die App zu nutzen, und für den Verbleib im System ein positiver Gesamteindruck ist. Das bedeutet, dass Menschen, die die App positiv wahrnehmen, gleichzeitig auch wahrscheinlicher die App weiterhin nutzen würden und auch zufriedener mit der Hilfevermittlung sind. Wenn die Interaktion für Hilfegebende mit Hilfesuchenden eher unangenehm ist, kann auch das Wohlbefinden der Hilfegebenden dadurch sinken.

Zusätzlich spielen für den Verbleib im System und die Motivation der App-Nutzung demografische Variablen keine Rolle. Es scheint also, dass die INSELpro-App durch ihren Aufbau und ihrer Funktionalität nicht von z. B. Alterseffekten abhängt. Diese Ergebnisse aus der Tagebuchbefragungen stehen im Einklang mit Ergebnissen aus dem kognitiven Systemdurchgang.

Zentrale Bedeutung kommt bei der Idee von gegenseitiger und unentgeltlicher Hilfe im Stadtteil oder in der Kommune dem gegenseitigen Vertrauen der Nachbarn untereinander und dem Vertrauen in die digitalen Helfer zu.

Im direkten zwischenmenschlichen Kontakt kommen wir bei INSELpro deshalb nicht ohne persönliche Ansprechpartner vor Ort aus. Diese sprechen mit Interessierten und fragen zunächst nach deren eigenen Kompetenzen und Ressourcen. Das steigert das Selbstwertgefühl bei den Netzwerkteilnehmern. Daneben organisieren die INSELpro-Quartiermanager vertrauensbildende Maßnahmen wie etwa Stadtteilfeste oder Kennenlerntreffen und stehen bei Fragen oder Problemen immer als persönliche Ansprechpartner zur Verfügung.

Im Bereich der Technikentwicklung kann Vertrauen entstehen, wenn ...

- die App perfekt auf die Bedürfnisse der Nutzer zugeschnitten ist.
- die Entscheidung für den passenden Helfer nicht von der Technik übernommen, sondern nur digital unterstützt wird.
- die Vermittlung von Helfern schnell und transparent vonstattengeht.
- möglichst viel persönliche Interaktion der Beteiligten untereinander ermöglicht wird.

Für den Hilfesuchenden muss immer nachvollziehbar sein, warum die App den einen oder anderen Helfer vorschlägt, und er will darauf vertrauen, dass dieser für die Unterstützung geeignet ist. Dem Vorschlag von *passenden* Helfern über den vollautomatischen Matchingalgorithmus der App kommt in diesem Zusammenhang also eine zentrale Bedeutung zu.

11.7 Nachhaltiger Transfer in die produktive Nutzung

Das INSELpro-System kann ohne große Hürden im Markt bereitgestellt und nachhaltig betrieben werden. Durch den Fokus auf geringe Betriebskosten und die überregionale Verfügbarkeit einer zentralen Installation in einem öffentlich erreichbaren Rechenzentrum, kann der Quartiermanager vor Ort ohne große Vorarbeit damit beginnen, die Nachbarn in seiner Region zu animieren, sich als Prosumenten zu engagieren und auf diese Weise das Zusammenleben in der Nachbarschaft zu verbessern.

Bei entsprechender Beteiligung ist zu erwarten, dass die Hilfsbereitschaft im Quartier gesteigert und so die Lebensqualität der Bewohner erhöht wird. Auf diese Weise werden für alle Netzwerkteilnehmer Kosten reduziert, Stress wird vermieden, Wohlbefinden gestärkt und der Zusammenhalt und die sozialen Interaktionen im Stadtteil oder der Region werden gefördert. Caritative und kommunale Einrichtungen profitieren von den aufgebauten Strukturen und können mit den Bürgern im Betreuungsbereich einfacher kommunizieren und ggf. zusammenarbeiten. Sowohl das Konzept als auch die Softwareentwicklungen können bundesweit auf Stadtteile und Kommunen übertragen werden. Aber auch die wissenschaftlichen Entwicklungen im Bereich der Geschäfts-, Betreiber- und Finanzierungsmodelle können als Grundlage für weitere Forschung in diesem Sektor dienen. Die INSELpro-Bereitstellung ist so konzipiert, dass jedes Quartier und jeder Stadtteil ohne großen technischen und organisatorischen Aufwand die Prosumenten-App etablieren und betreiben kann.

Die Sigma GmbH plant, den Bereich der Quartiersoftware mittel- und langfristig weiterzuentwickeln und die gewonnenen Erfahrungen einzusetzen, um Menschen in besonderen Lebensumständen stärker miteinander zu vernetzen und auf diese Weise deren Lebenssituation zu verbessern. Zum Beispiel können Notruf- und Smart-Home-Systeme an die Prosumentensoftware angebunden werden, um anderen Personengruppen mit Hilfebedarf (z. B. ältere Menschen, Menschen mit Demenz) durch ein angepasstes Unterstützungsmanagement länger ein sicheres Wohnen in der Häuslichkeit zu ermöglichen. Im professionellen Bereich könnte etwa für Rettungsdienste ein intelligentes Hilfesystem bereitgestellt werden, das im Falle eines Notrufes schnellstmöglich entsprechend qualifizierte Helfer zum Unfallort navigiert und die Rettungsmaßnahmen auf diese Weise optimal unterstützt. Die entwickelte Prosumenten-App bildet somit in Verbindung mit bereits erfolgten oder in Zukunft geplanten Entwicklungen die Grundlage für eine „Software zur Organisation von Hilfen im Quartier und in der Region".

Mittel- bis langfristig werden die wirtschaftlichen Erfolgsaussichten für die Projektentwicklungen aus diesen Gründen als sehr gut eingeschätzt. Dies umso mehr, als die Anfangsinvestitionen für Software und Beratung sowie die Kosten für den laufenden Betrieb des Netzwerks sehr niedrig sind und teils von privaten Dienstleistern, teils von gemeinnützigen oder kirchlichen Trägern oder auch über Spendenaufrufe unter Beteiligung der Quartier- und Stadtteilbewohner finanziert werden können.

Da mithilfe der Projektentwicklungen die Lebensqualität und die Teilhabeperspektive der Menschen in einem Stadtteil oder einer Region verbessert werden und gleichzeitig auch noch Nutzen für ehrenamtliche und professionelle Dienstleister generiert wird, dürfte die Motivation für einen dauerhaften Betrieb des Nachbarschaftsnetzwerks auf allen Seiten, insbesondere natürlich bei den betroffenen Kommunen, sehr hoch sein. Wenn darüber hinaus durch den Einsatz von INSELpro Integration besser gelingt und die Hilfsbereitschaft der Menschen untereinander gesteigert wird, dann wird krankmachender Stress reduziert und das Selbstwertgefühl der Betroffenen wird gesteigert. Neben der Entlastung des professionellen und privaten Hilfesystems entfaltet sich dadurch auch ein volkswirtschaftlicher Nutzen, indem Übergänge in kostenpflichtige Betreuungssettings verzögert oder vermieden werden.

11.8 Fazit

Aus Sicht des INSELpro-Konsortiums kann unentgeltliche Nachbarschaftshilfe auf Gegenseitigkeit nachhaltig gelingen, wenn grundlegende Voraussetzungen erfüllt sind:

- Die „Nachbarschaft" im städtischen Umfeld sollte zunächst auf Quartier- oder Stadtteilgröße begrenzt werden, damit Helfende und Hilfesuchende aus demselben vertrauten Wohnumfeld kommen.

- Gegenseitiges Kennenlernen und vertrauensbildende Maßnahmen – orchestriert von QuartiermanagerInnen – begleiten den Aufbau des Nachbarschaftsnetzwerks von Anfang an.
- Die Hilfen basieren auf Freiwilligkeit und Gegenseitigkeit, alle Teilnehmer sollen Hilfen anbieten und anfragen.
- Ehrenamtliche und professionelle Helfernetzwerke können eingebunden und auf diese Weise von Routinetätigkeiten entlastet werden.
- Die Vermittlung und die Erbringung der Hilfen erfolgt kostenlos, der Betrieb der IT-Infrastruktur wird weitgehend durch Spenden finanziert, das Netzwerk wird von ehrenamtlichen oder professionellen Organisationen administriert.
- Hilfesuchende erwarten, dass auf eine Anfrage in Echtzeit eine Liste der geeigneten Helfenden angezeigt wird, sortiert nach dem Grad der Eignung. Der Hilfesuchende fragt per einfacher Auswahl bei einem oder mehreren geeigneten Helfern an, ob diese die Hilfeleistung übernehmen können.
- Der Helfende kann eine Anfrage ganz leicht durch Bestätigung annehmen oder – wenn es gerade nicht passt – auch jederzeit ablehnen; eine Begründung oder Rechtfertigung ist nicht erforderlich.
- Nach der geplanten Erbringung einer Hilfe fragt die App nach, ob diese stattgefunden hat und ob die Teilnehmer mit der Vermittlung zufrieden waren.

Mit dem Forschungsvorhaben INSELpro wurde eine Plattform geschaffen und in mehreren Stufen bewertet, die die Praxis der gegenseitigen Hilfen aus dem Dorf in die Stadt holen kann und so die weitere Vernetzung von Nachbarinnen und Nachbarn, ehrenamtlich Helfenden und professionellen Dienstleistenden ermöglicht. Dabei konnten insbesondere Erkenntnisse hinsichtlich der erwarteten positiven Effekte des Dienstleistungssystems auf die prosoziale Motivation und das Wohlbefinden der Prosumenten gesammelt werden sowie zusätzliche Erkenntnisse, die sich auf potenzielle Prädiktoren von Hilfeverhalten und prosoziale Motivation im Alltag beziehen. Dies führte auch zu einem besseren Verständnis davon, wann Menschen prosozial motiviert sind und anderen Menschen helfen. Die gewonnenen Erkenntnisse sind besonders relevant, da Menschen zunehmend über tägliche Belastungen und Stress bei der Arbeit und im Privatleben klagen. Dabei kann die Beteiligung in einem Dienstleistungssystem wie INSELpro als Form des präventiven Copings angesehen werden mit potenziell positiven Effekten für das Wohlbefinden und die Lebenszufriedenheit der Beteiligten, wobei eine Übertragbarkeit auch auf andere Anwendungskontexte (z. B. die Flüchtlingshilfe) zu erwarten ist.

Die Sigma GmbH plant, die entwickelte Software in einem Rechenzentrum bereitzustellen, sodass deren Nutzung für interessierte Helfernetzwerke in Quartieren, Stadtteilen oder Kommunen angeboten werden kann. Die gewonnenen Daten zum Nutzerverhalten und zur Zufriedenheit der Anwender können dann mittelfristig die Grundlage weiterer wissenschaftlicher Untersuchungen bilden.

Förderhinweis Das diesem Beitrag zugrunde liegende Projekt „INSELpro" wurde mit Mitteln des Bundesministeriums für Bildung und Forschung unter den Förderkennzeichen 02K17A020 – 02K17A023 gefördert. Die Verantwortung für den Inhalt dieser Veröffentlichung liegt bei dem Autor.

Literatur

Byron K (2005) A meta-analytic review of work–family conflict and its antecedents. J Vocat Behav 67:169–198

Ohly S, Sonnentag S, Niessen C, Zapf D (2010) Diary studies in organizational research. J Pers Psychol 9:79–93

Sonnentag S, Niessen C (2008) Staying vigorous until work is over: The role of trait vigour, day-specific work experiences and recovery. J Occup Organ Psychol 81:435–458

Sonnentag S, Niessen C, Kuonath A (2010) Recovery: Non-work experiences that promote positive states. In: The Oxford Handbook of Positive Organizational Scholarship. Oxford University Press

TH Nürnberg (2018) Hilfsbereite Nachbarn – das ist Nürnberg. Große empirische Studie der Stadt Nürnberg in Kooperation mit der TH Nürnberg zeigt: 90% der Nürnbergerinnen und Nürnberger leben gerne in ihrer Nachbarschaft. Pressemitteilung vom 09.02.2018. Online unter: https://www.th-nuernberg.de/fileadmin/newsdaten/Pressemitteilungen/2018/2018_02_Februar/PM_06_TH_N%C3%BCrnberg_Hilfsbereite_Nachbarn_%E2%80%93_das_ist_N%C3%BCrnberg_pdf.pdf

Toffler A (1980) The third wave. Bantam Books, New York

Unger D, Niessen C, Sonnentag S, Neff A (2014) A question of time: Daily time allocation between work and private life. J Occup Organ Psychol 87:158–176

Unger D, Sonnentag S, Niessen C, Kuonath A (2015) The longer your work hours, the worse your relationship? The role of selective optimization with compensation in the associations of working time with relationship satisfaction and self-disclosure in dual-career couples. Human Relations 68:1889–1912

LivingSmart: Wohnquartiere neu gedacht – Service-gesteuert: lebensnah, integrativ, intelligent, innovativ

12

Cletus Brauer, Petra Dinkelacker, Marco Eichelberg, Patrick Elfert, Manuela Ferdinand, Andreas Hein, Alexandra Kolozis, Philipp Kullmann, Linda Reinicke, Carsten Schultz und Sophia Zwiener

Zusammenfassung

Das Verbundprojekt LivingSmart verfolgt das Ziel, eine digitale Quartiersplattform für Bewohner*innen zu entwickeln. Auf dieser Plattform sollen vor allem soziale Dienstleistungen sowie regionale Angebote gebündelt und bedarfsgerecht zur Verfügung gestellt werden. Hierfür wurde die bereits bestehende Plattform von ANIMUS zu einer Dienstleistungsplattform weiterentwickelt und um Dienstleistungen der Johanniter-Unfall-Hilfe e. V., des pme Familienservices, des OFFIS-Instituts sowie des BFE Oldenburg ergänzt. Zudem wird mithilfe der digitalen Vernetzung der soziale Austausch, die Nachbarschaftshilfe sowie die Teilhabe im Quartier gestärkt. Die auf der Plattform

---

C. Brauer (✉)
Johanniter-Unfall-Hilfe e. V., Forschung und Entwicklung, Oldenburg, Deutschland
E-Mail: cletus.brauer@johanniter.de

P. Dinkelacker
pme Familienservice, Projektmanagement, Berlin, Deutschland
E-Mail: petra.dinkelacker@familienservice.de

M. Eichelberg · P. Elfert
OFFIS-Institut für Informatik, Oldenburg, Deutschland
E-Mail: eichelberg@offis.de

P. Elfert
E-Mail: patrick.elfert@offis.de

M. Ferdinand · C. Schultz
Christian-Albrechts-Universität zu Kiel, Wissenschaftliche Mitarbeiterin, Kiel, Deutschland
E-Mail: m.ferdinand@bwl.uni-kiel.de

C. Schultz
E-Mail: schultz@bwl.uni-kiel.de

© Der/die Autor(en), exklusiv lizenziert an Springer Fachmedien Wiesbaden GmbH, ein Teil von Springer Nature 2023
C. Lattemann und S. Robra-Bissantz (Hrsg.), *Personennahe Dienstleistungen der Zukunft*, Edition HMD, https://doi.org/10.1007/978-3-658-38813-3_12

angebotenen Services zielen darauf ab, Einzelpersonen, Familien, Alleinerziehende, Pflegende und vor allem Risikogruppen, die durch die Covid-19-Pandemie besonders betroffen sind, zu unterstützen.

12.1 Einleitung

Das Projekt „LivingSmart" verfolgt das Ziel, personennahe Dienstleistungen rund um das Thema Ökosystem der Wohnung bis hin zum Wohnquartier in Zeiten der Digitalisierung zu erforschen. Im Folgenden wurden potenzieller Nutzer*innen u. a. durch qualitative Befragungen identifiziert, daraus individualisierte Prozesse entwickelt und entsprechende Dienstleistungsangebote über die entwickelte Web-Applikation, der LivingSmart-Plattform (LSP), bereitgestellt. Dadurch entstehen sowohl für Dienstleistungsbringer und -empfänger Vorteile bei der Nutzung, wie z. B. die Zeitersparnis bei der Suche nach individuellen Dienstleistungsangeboten. Vor allem die Kontrolle von Nutzer*innen und Dienstleister*innen durch die Plattform kann zu einer Vertrauensbasis führen, was die Grundlage einer erfolgreichen Positionierung der LSP auf dem Markt darstellt. Neben der Funktion der Plattform als digitaler Marktplatz zur Vernetzung von Nutzer*innen und Dienstleister*innen ist es ein weiteres Ziel der LSP, die Nutzer*innen über den Social-Bereich mithilfe einer Chatfunktion und einer Timeline analog zu Facebook in Kontakt zu bringen. Neben dem Social-Bereich finden sich unter „Services" weitere Online- und Vor-Ort-Angebote, die den sozialen Austausch und die Kommunikation der Bewohner*innen untereinander fördern und den negativen physischen und psychischen Auswirkungen der Covid-19-Pandemie, auf die sich das Projekt während seiner Laufzeit stärker fokussiert hat, entgegenwirken.

A. Hein
Department für Versorgungsforschung, Carl von Ossietzky Universität Oldenburg, Oldenburg, Deutschland
E-Mail: hein@offis.de

A. Kolozis
Johanniter-Unfall-Hilfe e. V., Quartiersmanagement, Ahlhorn, Deutschland
E-Mail: alexandra.kolozis@johanniter.de

P. Kullmann
ANIMUS GmbH, Ratingen, Deutschland
E-Mail: p.kullmann@animus.de

L. Reinicke
pme Familienservice, Projektmanagement, Berlin, Deutschland
E-Mail: linda.reinicke@familienservice.de

S. Zwiener
pme Familienservice, Projektmanagement, Berlin, Deutschland
E-Mail: sophia.zwiener@familienservice.de

Hierzu hat das interdisziplinäre Konsortium, bestehend aus Partnern im Bereich Praxis, Wirtschaft und Wissenschaft, sowohl die eigentliche LSP als zentrales Element als auch Dienstleistungsangebote an sich weiterentwickelt. Dabei sollen z. B. Dienstleistungen wie Fahr- und Betreuungsdienste, aber auch Beratungs- und Schulungsangebote mithilfe eines digitalen, generationenübergreifenden und ganzheitlichen Ansatzes, der sogenannten All-in-One-Lösung von der Information bis zur Buchung der Dienstleistung, angeboten werden.

Diese Entwicklungen wurden durch die Forschungspartner begleitend ergänzt und weiter evaluiert.

ANIMUS entwickelt bereits seit 2014 eine individuelle digitale Quartierssoftware für Unternehmen der Immobilienbranche. Die Software vernetzt Entwickler*innen, Eigentümer*innen, Mieter*innen, Verwalter*innen und Dienstleister*innen einer Immobilie in einem digitalen Ökosystem. Durch den Einsatz der LSP in den Distrikten können Verwaltungsprozesse digitalisiert, die Kommunikation zwischen Verwaltern und Nutzern einer Immobilie vereinfacht und zusätzliche immobiliennahe Services angeboten werden. Die All-in-One-Plattform wird individuell an den jeweiligen Kunden angepasst und unterscheidet sich daher vom eigentlichen Funktionsumfang und Design.

Im Rahmen des LivingSmart-Projekts entwickelt ANIMUS die Quartierssoftware weiter zu einer Dienstleistungsplattform. Hierzu wurden die Dienstleistungen der Partner Johanniter-Unfall-Hilfe, pme Familienservice, und OFFIS in die Plattform integriert. Ein erster Rollout der LSP wurde genutzt, um Anforderungen der Nutzer*innen in die Weiterentwicklung der Plattform mit einzubeziehen. Gemeinsam mit den Partnern wurde dieses Dienstleistungsangebot stetig weiterentwickelt, um darauf aufbauend zum Ende der Projektlaufzeit ein technisch realisierbares Geschäftsmodell anbieten zu können.

Die **Johanniter-Unfall-Hilfe e. V. (JUH)** ist mit ca. 25.500 Mitarbeiter*innen einer der größten Anbieter sozialer Dienstleistungen in Deutschland. Dazu gehören unter anderem Dienstleistungen aus den Bereichen Altenhilfe, Fahr- und Betreuungsdienste, Kindertagesstätten und Wohnkonzepte.

Im Rahmen des LivingSmart-Projekts sollen die Prozesse rund um das Thema Wohnquartier optimiert, vorhandener und neuer zusätzlicher Bedarf in diesem Umfeld identifiziert und individualisierte Dienstleistungsangebote geschaffen bzw. besser abgestimmt zur Verfügung gestellt werden. Ein zu entwickelndes Casemanagement sorgt dafür, dass Dienstleistungen von der Beratung und Vermittlung bis hin zur Bereitstellung besser abgestimmt zur Verfügung gestellt werden können. Um möglichst schnell auf die aktuelle Corona-Situation reagieren zu können, bilden Dienstleistungsangebote wie Beratungs- und Pflegeleistungen sowie haushaltsnahe Dienstleistungen der JUH die Basis für das sogenannte „Rollout". Das Rollout findet in ausgewählten Quartieren der JUH statt, in denen ein Quartiersmanagement der JUH etabliert ist. Das Angebot des Quartiersmanagements verfolgt das Ziel, allen Bewohnern im Quartier die Teilhabe am gesellschaftlichen, geistigen und kulturellen Leben zu ermöglichen. Zusätzlich dient das Quartiersmanagement als eine Anlauf- und Beratungsstelle, über die soziale Dienstleistungen und ehrenamtliche Helfer*innen vermittelt werden, zum

Beispiel für Besuche, Spaziergänge, Einkäufe oder der Betreuung von nachbarschaftlichen Aktivitäten. Zusätzlich findet eine enge Zusammenarbeit zwischen Institutionen, Vereinen, Verbänden und Behörden statt, um eine quartiersbezogene Versorgungssicherheit gewährleisten zu können. Das Quartiersmanagements soll zusätzlich zur Arbeit vor Ort auch über die LSP abgebildet werden.

Die **pme Familienservice GmbH (pme)** ist seit 1991 bundesweiter Dienstleister in Sachen Vereinbarkeit von Beruf und Privatleben und wird von Unternehmen unterschiedlicher Branchen und Größen beauftragt, den entsprechenden Service für ihre Mitarbeiter zu leisten. Damit bietet pme eine umfassende Expertise in den Feldern Beratung und Vermittlung von Dienstleistungen aus den Bereichen Haus- und Altenpflege, Gesundheitsmanagement, Kinderbetreuung, Lebenslagencoaching und vielem mehr an. Im Rahmen des Projekts LivingSmart unterstützt pme schwerpunktmäßig die Konzeption, exemplarische Erstellung und Umsetzung sowie Erprobung von E-Learning-Angeboten und Erklärvideos im Bereich Wissen, Schulung und Empowerment. Dabei wird u. a. die Unterstützung von Personen auf die Themen Work-Life-Balance, Entlastungsangebote und Finanzierungsmöglichkeiten fokussiert. Aufgrund des aus der Covid-19-Pandemie abgeleiteten Bedarfs wurde gemeinsam mit der JUH ein All-in-One-Dienstleistungskonzept, von der Beratung und Vermittlung bis hin zur Versorgung von wohnortnahen und Onlinedienstleistungen, entwickelt und daraus resultierend ein Geschäftsmodell abgeleitet.

Das **Bundestechnologiezentrum für Elektro- und Informationstechnik (BFE)** ist eine um 1947 im Niedersächsischen Oldenburg gegründete Meisterschule für Elektrohandwerk.

Heute bildet das BFE als einzige Bildungsstätte in Deutschland alle fünf Meisterprofile in der Elektro- und Informationstechnik aus. Die hauptberuflichen Dozierenden kommen alle aus der Praxis, um für die Praxis auszubildet zu werden. Das umfangreiche Weiterbildungsangebot wird von den hauptberuflichen Dozierenden entwickelt und bundesweit durchgeführt. Das BFE hat ein Standardwerk von multimedialen Lernmedien bis heute entwickelt, mit dem die grundlegenden Kenntnisse im Bereich Elektro- und Informationstechnik im Selbststudium erlernt werden können.

Im Rahmen des Projekts LivingSmart unterstützt das BFE schwerpunktmäßig die Konzeption, exemplarische Erstellung und Umsetzung von Weiterbildungsangeboten speziell für das elektro- und informationstechnische Handwerk. Darüber hinaus werden Hilfeleistungen für die Bewohner*innen von Smarten Quartieren für die „Hilfe zur Selbsthilfe" in Form von Erklärvideos entwickelt. Diese Erklärvideos sollen zusätzlich für das Elektrohandwerk zur Marktöffnung und Marktschließung für das Geschäftsfeld „Smarte Quartiere" eingesetzt werden.

Der FuE-Bereich Gesundheit des **OFFIS-Instituts für Informatik (OFFIS)** beschäftigt sich seit vielen Jahren mit Integrationsfragen rund um die integrierte Versorgung von Patient*innen. Diese umfasst die technologische Integration aller an der Versorgung beteiligten Institutionen sowie des heimischen Patientenumfelds. Weiterhin beschäftigt sich das OFFIS seit 15 Jahren mit der Erforschung und Nutzung von

IT-basierten Assistenzsystemen für die häusliche Umgebung. Im Projekt LivingSmart unterstützen sie das OFFIS bei der Erhebung der Anforderungen sowie bei der darauf aufbauenden Entwicklung der Systemarchitektur. Weiterhin ist das OFFIS für die Entwicklung der intelligenten LivingSmart-Auswertemodule (ILAs) und der intelligenten LivingSmart-Informationsmodule (ILIs) verantwortlich gewesen.

Die **Christian-Albrechts-Universität zu Kiel (CAU)** bringt die Kompetenzen des Lehrstuhls für Technologiemanagement und des Lehrstuhls für Marketing mit ein. Der Lehrstuhl für Technologiemanagement am Institut für Innovationsforschung der Christian-Albrechts-Universität zu Kiel unter der Leitung von Prof. Dr. Carsten Schultz fokussiert sich auf die Entstehung, Förderung und Verbreitung von Dienstleistungs- und Produktinnovationen. Der Lehrstuhl bringt dabei seine Erfahrungen in die Analyse von Bedarf und Anforderung an Produkt-Service-Systeme, die Entwicklung von Geschäftsmodellen und die Evaluation der entwickelten Instrumente mit ein.

12.2 LivingSmart-Plattform

Als Grundlage für die LSP diente zu Beginn des Projekts die bereits entwickelte Quartierssoftware von ANIMUS, welche im Zuge der Projektarbeit für einen initialen Rollout um diverse Dienstleistungen erweitert und kontinuierlich weiterentwickelt wurde.

12.2.1 Initialer Rollout

Im Folgenden wird das zum initialen Rollout vorhandene Dienstleistungsportfolio aufgeführt. Dieses besteht dabei aus der Schnittmenge der Dienstleistungsangebote der Projektpartner.

12.2.1.1 Dienstleistungen ANIMUS
Die Quartierssoftware gliedert sich bei ANIMUS in vier verschiedene Module ein: Verwaltung, Social, Services und Urban Living. Die bereits entwickelten Funktionen der Plattform konnten am Anfang durch kleine Anpassungen in die LSP integriert werden. Hierzu gehörten Funktionen wie ein Echtzeitchat, der es den Nutzer*innen der Plattform erlaubt, untereinander zu kommunizieren und sich an das Quartiersmanagement als persönlichen Ansprechpartner vor Ort zu wenden. Des Weiteren können durch den*die Verwalter*in oder Dienstleister*in, wie zum Beispiel JUH und pme, Termine ausgemacht werden, an denen die Nutzer*innen digital oder physisch teilnehmen können. Anfangs wurden sowohl die Dienstleistungen der JUH als auch von pme in die LSP integriert, wie z. B. der Notrufdienst, die Pflegeberatung oder die von pme eigens entwickelte Learn-Management-Plattform „Mein Familienservice". Die Integration dieser Dienstleistungen erfolgte über die Funktion „Serviceangebote". Nutzende haben die Möglichkeit, diese Services dann über die Plattform zu buchen und mit dem

Dienstleister auszumachen. Als Basis für die Funktion „Serviceangebote" stand zu Beginn der von ANIMUS entwickelte Service Engine. Darüber können externe Dienstleister ihre Dienstleistungen individuell anlegen und buchbar machen. Der Service Engine ermöglicht die Abwicklung von Buchungen, Bestätigungen, Stornierungen, Absagen, Rabattaktionen und das Erstellen von Abrechnungen sowie eine Ressourcenverwaltung. In Zusammenarbeit mit dem OFFIS-Institut wurden dann während der Covid-19-Pandemie weitere Services in die LSP integriert. Die von den OFFIS konzipierten Ernährungs-, Bewegungs- und Covid-19-Module können von der nutzenden Person über die LSP abgerufen werden. Die entwickelte Schnittstelle zwischen ANIMUS und OFFIS ermöglicht die Weiterleitung in die integrierte Website, auf der die Nutzer*innen Informationen rund um die drei genannten Themenblöcke abrufen können (Abb. 12.1 und 12.2).

12.2.1.2 Dienstleistungen pme Familienservice

Die Dienstleistungen von pme auf der LSP konzentrieren sich auf Angebote in digitaler Form, die somit online erbracht werden können. Der Fokus liegt hierbei auf der „Hilfe zur Selbsthilfe". Dafür wurde das Serviceportal *Mein Familienservice* integriert, welches quartiersübergreifend für die Bewohner*innen kostenlos während des Projektzeitraums über die LSP zur Verfügung stand. Hierzu wurden entsprechend Dienstleistungen aus dem bereits bestehenden Portfolio extrahiert und auf die LSP und die vorliegende Pandemiesituation ausgerichtet sowie neue Dienstleistungen konzipiert. Das Serviceportal beinhaltet praxisnahe Informationen und Unterstützungsangebote für unterschiedlichste Lebenslagen in den Bereichen Lebenslagencoaching (Informationsangebote zu den Themen Einsamkeit, Balance am Arbeitsplatz, Trauer in Corona-Zeiten, Psychische Belastungen, Partnerschaft & Familie, Sucht und Abhängigkeit etc.), Haus- und Altenpflege (Selbstständigkeit und Wohnen, Gesetze und Regelungen, pme-Pflegetutor, Vorsorge und Rente, Tipps für die Wahl einer passenden Pflegeeinrichtung und -betreuung etc.), Kinderbetreuung (Elternberatung, Erziehung und Schule, Kinderbetreuung im Privathaushalt etc.), Haushaltshilfe & Concierge (Hilfe im Haushalt, Tiersitting, Besorgungen & Botengänge etc.) und Relokation (Unterstützung und Hilfe bei Umzügen).

Anlässlich der Covid-19-Pandemie gab es eine virtuelle Einführungsveranstaltung zur Vorstellung der LSP Ende 2020 mit den Projektpartner*innen und Quartiersmanager*innen der teilnehmenden Quartiere, in welcher das Serviceportal eingeführt wurde.

12.2.1.3 Dienstleistungen JUH

Um möglichst schnell auf die aktuelle Situation der Covid-19-Pandemie und die sich daraus ergebenden Erkenntnisse in Bezug auf den Dienstleistungsbedarf reagieren zu können, wurde die LSP unmittelbar in den Quartieren der JUH eingesetzt und bestehende Dienstleistungsangebote, wie Beratungs-, Betreuungs- und Pflegeangebote, Menüservice, Hausnotrufangebote, Corona-Hilfen, Einkaufservice, integriert.

Abb. 12.1 Echtzeitchat für die digitale Kommunikation

Dabei richten sich die Dienstleistungen an alle Quartiersbewohner*innen mit einem individuellen Unterstützungsbedarf (Folgen der Covid-19-Pandemie), für die die JUH als zentraler Ansprechpartner fungiert (z. B. im Rahmen des Quartiersmanagements, der Begegnungsstätten, Pflegeeinrichtungen, Kitas, Horte).

Mithilfe einer Stakeholderanalyse in den ausgewählten Testquartieren wurden zu Beginn des Rollouts weitere Interessensgruppen wie Vereine, Institutionen oder Kirchengemeinden erfasst und deren regionale als auch Onlineangebote ebenfalls in der LSP eingebunden (Abb. 12.3 und 12.4).

12.2.1.4 Dienstleistungen BFE
Die Dienstleistungen vom BFE auf der LSP teilen sich in zwei Zielgruppen auf:

*Bewohner*innen von smarten Quartieren*
Einfache Erklärvideos zeigen die erreichbaren technischen Dienstleistungen für die Bewohner*innen eines smarten Quartiers für unterschiedliche Lebenslagen

Abb. 12.2 Übersicht aller Nutzer in der App zur Kontaktaufnahme

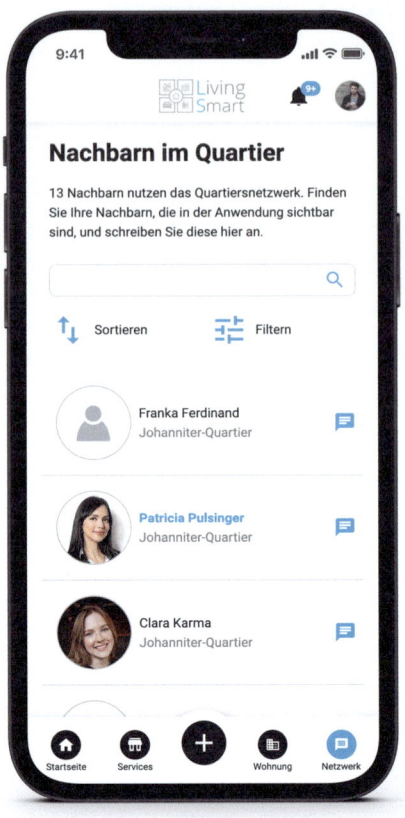

und geben Handlungsempfehlungen für die Umsetzung in der eigenen Wohnumgebung.

Elektro- und informationstechnisches Handwerk
Aufbauend auf den oben genannten Erklärvideos sind Schulungskonzepte für das elektro- und informationstechnische Handwerk entstanden. Die Schulungskonzepte richten sich sowohl an die Inhaber*innen von Elektrohandwerksbetrieben zur Geschäftsweltentwicklung als auch an die Fachkräfte des Elektrohandwerks.

12.2.2 Kontinuierliche Erweiterung

Im Folgenden werden die Anforderungen und erweiterten Dienstleistungsangebote vorgestellt, welche während der kontinuierlichen Weiterentwicklung der LSP konzipiert und umgesetzt wurden.

Abb. 12.3 Dienstleistungen der JUH und des pme-Familienservices

12.2.2.1 Anforderungen aus der Dienstleistungsforschung

Durch die kontinuierlich begleitende Evaluation der CAU konnten einige theoretische Ansätze praktisch umgesetzt und in die LSP integriert werden. Erste Befragungen der CAU zeigten, dass potenzielle Nutzer*innen digitale Plattformen oftmals als komplex erleben und Defizite in der Sicherheit, vorwiegend die ihrer persönlichen Daten, wahrnehmen. Ein ausschließlich digitales Angebot, ohne die Möglichkeit, bei Fragen und Problemen eine Person kontaktieren zu können, stellt eine erhebliche Barriere dar, vor allem für ältere Nutzergruppen. Aus diesem Grund wurde seitens ANIMUS ein persönlicher Ansprechpartner der JUH auf der Plattform bereitgestellt. So wird das digitale Angebot als persönlicher und sicherer empfunden. Auch wurde der Aspekt der wahrgenommenen Komplexität der Plattform seitens ANIMUS aufgegriffen. Es wurde den Nutzer*innen ermöglicht, selbst zu entscheiden, in welchem Umfang sie ihre persönlichen Daten auf der Plattform hinterlegen möchten und wann diese wieder gelöscht werden sollen. Durch diese Maßnahmen kann davon ausgegangen werden, dass das Vertrauen der potenziellen Nutzer*innen der LSP, welches seitens der Forschung der CAU maßgebliche Einflussgröße auf die Nutzungsintention digitaler Plattformen

Abb. 12.4 Persönliche Ansprechpartner in der App

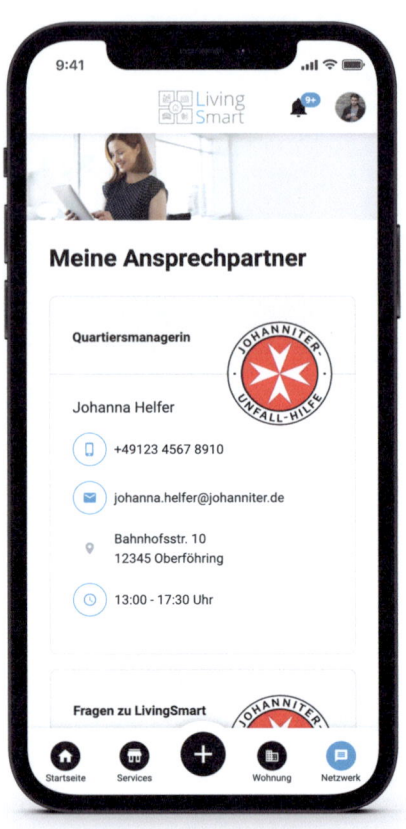

ist (s. wissenschaftlicher Bericht der CAU), gestärkt wird und die Plattform dementsprechend an Attraktivität gewinnt. Des Weiteren wurde es den Nutzer*innen ermöglicht, sich für die LSP selbst zu registrieren. So bedarf es keiner dritten Person, die sich um die Registrierung und Datenpflege der Nutzer*innen kümmert. Durch die Entwicklung der Selbstregistrierung ist die Barriere für den Eintritt in die LSP verringert worden, was fortlaufend einen Anstieg der Nutzerzahlen bedeutet.

12.2.2.2 Dienstleistungen: E-Learning-Modul

Resilienz (innere Widerstandsfähigkeit) ist besonders in Krisenzeiten eine wichtige Ressource, um mental und körperlich gesund zu bleiben. Im Rahmen des Projekts wurden dafür E-Learning-Inhalte für den Bereich „Umgang mit Krisensituationen" zum Thema Resilienz entwickelt, um diese für den Alltag zu stärken. Zur Zielgruppe gehören alle Personengruppen, insbesondere aber Menschen mit zu pflegenden Angehörigen. Das E-Learning-Format bietet den Vorteil, dass es online im Selbststudium bearbeitbar ist, also unabhängig von Ort und Zeit. Der Kurs macht demnach ein niedrigschwelliges Angebot, das auch während des Gebots zur Minimierung persönlicher Kontakte nutzbar ist. Mit dem E-Learning werden in sechs Lektionen sowohl Inhalte als auch Übungen und praktische Tipps vermittelt. Zur Einführung des E-Learnings gab es ein Webinar für die Quartiere, in welchem die Teilnehmer*innen einen beispielhaften Einblick in die Inhalte und Oberfläche der LSP erhielten.

12.2.2.3 Dienstleistungen: OFFIS-Info-Module

Die vom OFFIS entwickelten ILIs konzentrieren sich auf den Aufbau eines Services in Form einer in die LSP integrierten Webseite als Informationsquelle zu den Themen Ernährung, Bewegung und Covid-19. Ausgerichtet ist dieses Angebot dabei auf die gefährdete Gruppe der älteren Personen, welche durch die aktuelle Lage bzgl. der Covid-19-Pandemie einen besonderen Unterstützungs- und Informationsbedarf haben. Eine detaillierte Beschreibung der Module ist dem wissenschaftlichen Abschlussbericht des OFFIS-Instituts für Informatik zu entnehmen (Abb. 12.5).

12.2.2.4 Dienstleistungen: BFE

Das elektro- und informationstechnische Handwerk ist einer hohen Innovationsgeschwindigkeit bezüglich der eingesetzten Technologien ausgesetzt. Ständig müssen die Inhaber der Elektrohandwerksbetriebe sowohl sich selbst als auch ihren Betrieb weiterentwickeln. Parallel zum Projektverlauf LivingSmart hat sich die Wirtschaftsinitiative Smart Living gebildet.

Die Wirtschaftsinitiative Smart Living ist am 14. März 2017 im Rahmen der Weltleitmesse Erlebniswelt Bad, Gebäude-, Energie-, Klimatechnik, Erneuerbare Energien (ISH) gegründet worden. Ziel ist, gemeinsam innerhalb deutscher Unternehmen so vorzugehen, dass der Transfer von Innovationen im Markt beschleunigt und die bestehenden Hemmnisse beseitigen werden. In der Zukunft sollen des Weiteren geeignete, zukunftsfähige Marktstrategien entwickelt werden.

Der Zentralverband des deutschen elektro- und informationstechnischen Handwerks (ZVEH) ist Mitbegründer der Initiative, während das BFE seither für den ZVEH im Arbeitskreis Qualifizierung unterstützend mitarbeitet.

Das BFE ist das verbindende Element der Wirtschaftsinitiative Smart Living und dem Forschungsprojekt LivingSmart. Dadurch sind Synergien und ein hoher Verbreitungsgrad der Thematik in Deutschland möglich.

Folgendes ist entstanden:

Erklärvideos für Endanwender*innen
Die Wirtschaftsinitiative Smart Living hat eine Serie von fünf einfachen Erklärvideos für Endanwender*innen entwickelt, in der die fiktive Familie Fuchs unterschiedliche Anwendungsfälle im Kontext Smart Living erlebt. Schwerpunkte sind dabei die Themen Komfort, Energie, Mobilität, Sicherheit und Gesundheit.

Im Forschungsprojekt LivingSmart wird die Serie mit ergänzenden Filmen fortgeführt. Die Familie Fuchs blickt dabei aus dem Jahr 2040 auf die vergangenen

Abb. 12.5 Integrierte OFFIS-Module für Bewegung, Ernährung und Covid-19

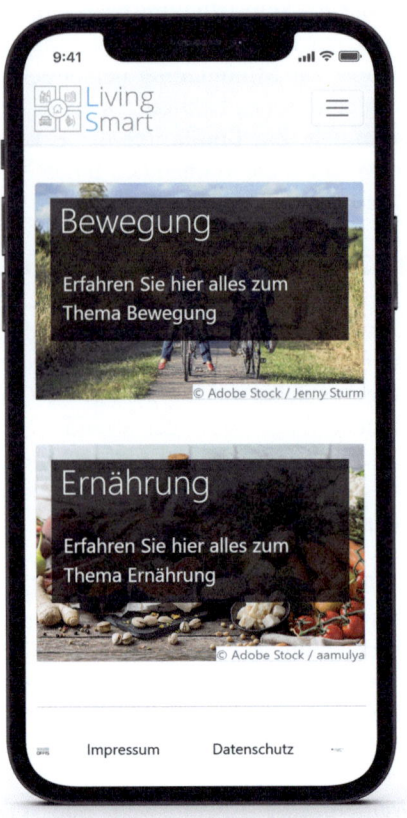

zwanzig Jahre zurück. Indem sie über ihre Erlebnisse berichten, werden die Vorzüge smarten Wohnens aufgezeigt, und wie sich Dienstleistungen des Gebäudes in einer Quartiers-App zusammenführen lassen. Dabei sind die Kernbotschaften: „Wie gut, dass wir rechtzeitig unser Gebäude auf smarte Technologien vorbereitet haben" und „Unser smartes Quartier passt auf uns auf".

Beide Serien sind in der LSP integriert. Mit diesen Animationsfilmen soll sowohl eine Breitenwirkung bei Endanwender*innen, aber auch Architekt*innen, E-Handwerker*innen, Wohnungsbaugesellschaften etc. erreicht werden. Um die unterschiedlichen Zielgruppen bestmöglich zu adressieren, wurden die Videos in Zusammenarbeit von BFE als Experten für Elektro- und Informationstechnik, und dem pme Familienservice als sozialem Dienstleister konzipiert.

Showroom Finder
Damit die Sensibilisierung der Bewohner*innen im Smarten Quartier für die Erweiterung weiterer Dienstleistungen ihres Gebäudes nicht verloren geht, können sich die Bewohner*innen auf der LSP bundesweit einen Showroom suchen, den

sie dann besuchen können, um sich die möglichen Technologien und Dienstleistungen vorführen zu lassen. Diese Showroom-Landkarte wurde von der Wirtschaftsinitiative entwickelt und in der LSP integriert.

E-Handwerksfinder
Darüber hinaus kann über den E-Handwerksbetriebfinder bundesweit nach geeigneten Elektrohandwerksbetrieben gesucht werden, die die notwendigen Installationen kompetent durchführen können. Der E-Handwerksfinder wurde vom ZVEH entwickelt und ist im LSP integriert.

Interdisziplinäres Schulungskonzept für das Elektrohandwerk
Das Schulungskonzept richtet sich an zwei Zielgruppen:

A. Impulsvortrag
Aufgrund der technologischen Komplexität sollen Betriebsinhaber*innen von E-Handwerksbetrieben die Möglichkeit erhalten, das neue Geschäftsfeld für sich zu entdecken und ggf. in ihren Betrieb zu integrieren.

B. Fachkräfte
In diesem Seminar wird anhand von unterschiedlichsten Fallbeispielen das interdisziplinäre Zusammenspiel der smarten Technologien gemeinsam erlernt. Praxis steht hier im Vordergrund, da das Zusammenbringen unterschiedlichster Systeme die Schlüsselkompetenz der zukünftigen Fachkräfte bedeutet. Das Schulungskonzept besteht hierbei aus fünf Präsenzblöcken von je zwei Tagen, die von einer geschlossenen Teilnehmergruppe vollständig durchlaufen wird.

12.2.2.5 Angebote: Soziales und Netzwerk
Zusätzlich zu den professionellen Dienstleistungs- und E-Learningangeboten wurde von der JUH ebenfalls ein Redaktionsplan für die teilnehmenden Quartiere erstellt. Hierzu wurden Inhalte zur Förderung des nachbarschaftlichen Zusammenlebens geschaffen, soziale Aktivitäten wie Nachbarschaftswettbewerbe, Veranstaltungen und Feste organisiert sowie Empfehlungen und regionale Angebote verbreitet. Der Redaktionsplan diente dem strukturierten Veröffentlichen von Beiträgen, um die Community in den Quartieren auf dem Laufenden zu halten und einen Anreiz zu schaffen, die LSP neben der Information und Buchung von Dienstleistungen für das Social Networking zu nutzen und den sozialen Zusammenhalt im Quartier zu stärken.

12.2.3 Status quo

Für die Verbreitung der LSP wurde der gesamte Bundesverband der JUH mit einbezogen und das Projekt in Informationsveranstaltungen näher vorgestellt. Somit wurde die LSP über neun Landesverbände an mehr als 200 Regional-, Kreis- und Ortsverbände implementiert.

Von zwölf Quartieren, die ihr näheres Interesse bekundeten, haben sich mittlerweile drei Quartiere registriert (Stand 10/2021). Neben einer Kick-off-Veranstaltung fanden auch regelmäßige überregionale Austauschtreffen statt, um die Quartiersmanager*innen vor Ort zu begleiten, technisch zu schulen und sie dazu zu befähigen, die LSP als Arbeitstool zu nutzen. Die Größe der Quartiere umfasste Wohngebiete rund um Mehrgenerationenhäuser und Begegnungsstätten der JUH, dessen Grenzen stark nach dem Empfinden der Bewohnerschaft und der Quartiersmanager*innen von wenigen Straßen bis hin zu einem ganzen Ortsteil variierten.

Die Rekrutierung der Bewohner*innen wurde über die Mitarbeitenden, die Ehrenamtlichen der JUH und die zuvor identifizierten Stakeholder und Interessensgruppen im Quartier gesteuert. Letztere schließen u. a. Vereine, soziale sowie Kinder- und Jugendeinrichtungen, medizinische und therapeutische Einrichtungen, Bildungs-, Kultur-, und Freizeitstätten, Kirchengemeinden, Cafés, Restaurants und Supermärkte mit ein. Neben analogen Werbematerialien, wie Flyern und Postern, wurden sowohl Informationen an die regionale Presse gegeben als auch online Aufrufe auf Facebook, Instagram und in WhatsApp-Gruppen gestartet, um für die LSP zu werben. Zudem wurden durch die Anlaufstellen im Quartier, darunter die Begegnungsstätten der JUH, die Bewohner*innen direkt angesprochen.

Neben den Quartiersmanager*innen als persönliche Ansprechpartner*innen vor Ort wurden zusätzlich die Mitarbeiter:innen des Kundenservicecenters der JUH involviert, die sowohl für Fragen rund um die Plattform und die Teilnahme an der Testung als auch zu JUH-Services bereitstanden (Abb. 12.6).

12.3 Handlungsempfehlungen für die Anwendung des Projekts in der Wirtschaft

12.3.1 Geschäftsmodellentwicklung

Mit der Vielfalt der Bedürfnisse einer Nachbarschaft und der unterschiedlichen Funktionen steigt gleichzeitig die Zahl an Digitalisierungstools, um diesen gerecht zu werden (Schreiber et al. 2017). Dabei geht es in erster Linie um die lokale Vernetzung sowie das Stärken der nachbarschaftlichen Beziehungen. In den letzten Jahren ist sowohl die Zahl an digitalen Vernetzungsangeboten vor Ort als auch die Zahl der Nutzer*innen von Nachbarschaftsplattformen gestiegen. Letzteres ist in Deutschland seit dem Markteintritt 2015 von der Plattform „nebenan.de" und seit 2017 mit der Plattform „nextdoor" zu beobachten (Ritter und Hampe 2019). Während Plattformen wie „nachbarschaft.net" und „webWohnen" sich auf Freizeit- und soziale Angebote fokussieren, geht es bei „pumpipumpe" um Alltagsunterstützung und bei „Digitale Dörfer" um die Informationsverbreitung, während „nebenan.de" alle Schwerpunkte berücksichtigt. Im Vergleich zu den bisherigen Plattformen hebt sich LivingSmart vor allem durch die ‚All-in-One'-Lösung ab, in dem, neben dem sozialen Austausch und der Informationsverbreitung, auch personennahe Dienstleistungen gebucht werden können. Zudem besteht die

Abb. 12.6 Homefeed/ Timeline zur Veröffentlichung von Beiträgen und Informationen im Quartier

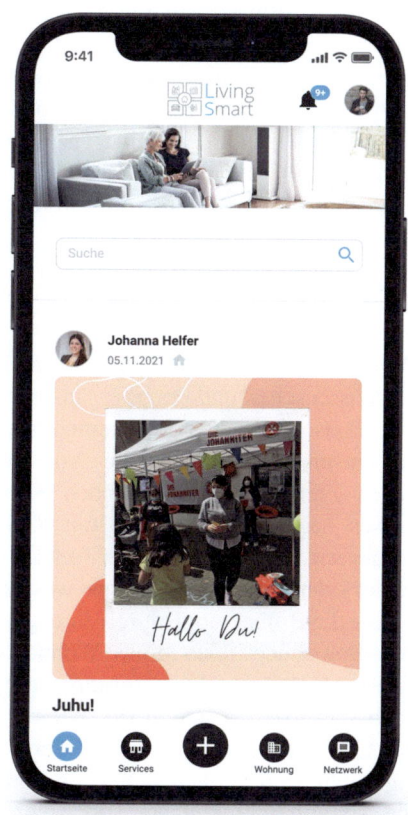

Möglichkeit, durch die Verknüpfung mit der Wohnungsbaugesellschaft relevante Daten (z. B. Abrechnungen) für Mieter*innen einzusehen.

Mit dem Hintergrund der demografischen Entwicklungen und gleichzeitig steigenden Zahl Alleinerziehender und Singlehaushalte steigt die Bedeutung der Nachbarschaft sowie der Unterstützungsnetzwerke (Schreiber et al. 2017). Aus diesem Grund hat die LSP bereits während der Entwicklungsphase eine hohe Anerkennung innerhalb der JUH, in den Kommunen sowie in der Wohnungswirtschaft erfahren, und es fanden laufende Gespräche zwischen den Beteiligten statt, um eine Verwertung auch nach Abschluss des Forschungsprojekts sicherstellen zu können.

Um die LSP zukünftig zu finanzieren, wird das Betreiben über Abos (Nutzungsgebühren) mit zusätzlich kaufbaren Modulen im Projekt angedacht. Hierzu werden vor allem Anbieter wie die Wohnungswirtschaft, Gemeinden oder auch lokale Unternehmen als Träger anvisiert. Refinanziert können die monatlichen Gebühren bspw. über die Nebenkosten von Mieter*innen der Wohnungswirtschaft. Insbesondere vor dem Hintergrund einer instabilen Plattformnutzer*innenbasis eignet sich dieses Erlösmodell für die LSP im Vergleich zu anderen Geschäftsmodellen wie Spendenfinanzierte-, Affiliate- oder Freemiummodelle, in denen die Einnahmen von den Nutzer*innen abhängen.

Auch zeigen die bisherigen Projektergebnisse, dass eine Kooperation mit der Wohnungswirtschaft zu einer großen Nutzer*innenbasis verhelfen würde. Dies stärkt wiederum den Aufbau einer Community im Vergleich zu einer Kommstruktur, in der Nutzer*innen selbst aktiv werden müssen.

12.4 Fazit

Die Besonderheit des Projekts LivingSmart ist sein interdisziplinärer Ansatz. Nicht nur Wissenschaft und Praxis ergänzen sich in ihren Herangehensweisen, sondern auch die Praxispartner an sich stammen aus unterschiedlichsten Branchen und verfolgten dementsprechend individuelle Projektziele. Dieser Herausforderung in unterschiedlichen Zielsetzungen, fachlichen Kompetenzen und methodischen Herangehensweisen begegneten wir stets mit Kollegialität und einer offenen Kommunikation, sodass wir nun zum Ende des Projekts eine gemeinsame Plattform entwickelt haben, zu der jeder Projektpartner einen wesentlichen Bestandteil geleistet hat.

Die LSP überzeugt durch ihre ganzheitliche Ausrichtung auf die Bedürfnisse von Bewohner*innen eines Wohnquartiers. Sie ist sowohl gegenwartsorientiert und bietet diversen Nutzergruppen die Möglichkeit, ihren Alltag zu erleichtern, als auch krisensicher, indem sie speziell für die Risikogruppe der Senioren im Zuge der Coronapandemie geeignete Services zur Verfügung stellt, damit sie weiterhin eigenständig und auch sicher am alltäglichen Leben teilzunehmen können. Auch die Zukunftsfähigkeit der LSP steht außer Frage, wenn man sich den aktuellen gesellschaftlichen Wandel, geleitet durch Globalisierung und Digitalisierung, betrachtet.

Die größte Herausforderung, der wir im Projekt begegnet sind, ist das Erreichen einer kritischen Masse an Nutzer*innen. Das wir dieser Herausforderung nicht alleine gegenüberstehen, berichten zahlreiche wissenschaftliche Studien (u. a. Graumann 1993). Digitale Serviceangebote stellen Netzprodukte dar, deren Funktionsfähigkeit von der Größe des Nutzernetzwerks abhängt. Um die LSP also erfolgreich auf dem Markt etablieren zu können, bedarf es möglichst vieler Nutzer*innen. Eine weitere Hürde ist die große Anzahl an bestehenden Plattformen und die dadurch entstehende Konkurrenz. Dies führte bereits in den letzten Jahren sowohl zu Verdrängungen von Mitbewerbern als auch zu Zusammenschlüssen von Unternehmen (u. a. Ayerle 2018; Räth 2017).

Hierzu empfehlen wir im Projekt frühzeitig institutionelle Träger wie Wohnungswirtschaftsunternehmen oder auch Kommunen einzubinden, um die Verbreitung der Plattform voranzutreiben. Neben dem sozialen Austausch und der Dienstleistungsservices, spielen dann auch Funktionen, wie die Kommunikation mit der Hausverwaltung, sowie die Mieterdokumentenverwaltung eine wichtige Rolle, die schon heute im ANIMUS-Portfolio angeboten werden.

Auch sollte zu Beginn des Projekts ein Marketingkonzept erstellt werden, um online die Menschen jüngeren bis mittleren Alters zu erreichen, die zum jetzigen Zeitpunkt Informationen, Freizeitangebote etc. über soziale Medien organisieren und einen Großteil der aktuellen Internetnutzer*innen darstellen (Kammer et al. 2016).

Da es sich bei der LSP um eine digitale Plattform für Wohnquartiere handelt, kann letztlich gesagt werden, dass die Einbindung lokaler Anbieter maßgeblich zum Erfolg der Plattform beiträgt. Da nicht alle Anbieter und Interessensgruppen im Quartier eine Affinität gegenüber digitalen Plattformen besitzen, ist es wichtig, diese hinreichend zu schulen und fortlaufend bei der Nutzung zu unterstützen. Das Gleiche gilt für Nutzergruppen, die im Umgang mit neuen Technologien verunsichert sind. Das Quartiersmanagement kann an dieser Stelle mit der persönlichen Ansprache zur Bewohnerschaft einen weiteren Erfolgsfaktor bei der Einführung neuer Plattformen darstellen.

Danksagung

Ein besonderer Dank gilt dem Bundesministerium für Bildung und Forschung für die Förderung des Projekts im Rahmen der Förderlinie „Innovationen für die Produktion, Dienstleistung und Arbeit von morgen". Auch danken wir dem Projektträger Karlsruhe für die Betreuung des Projekts am Karlsruher Institut für Technologie. Darüber hinaus danken wir allen Proband*innen und Quartieren für die Teilnahme an Befragungen und Testungen sowie zahlreichen Bachelor- und Masterabsolvent*innen, die ihre Abschlussarbeiten im Rahmen des Projekts erfolgreich absolviert haben.

Förderhinweis

Diese Arbeit wurde im Rahmen des Projekts LivingSmart (http://www.livingsmart-projekt.de/) durchgeführt, welches vom Bundesministerium für Bildung und Forschung (BMBF) unter dem Förderkennzeichen 02K17A051 gefördert wurde.

Literatur

Ayerle, N (2018) „Deine Straße"-App ist gescheitert. Stuttgarter Zeitung. https://www.stuttgarter-zeitung.de/inhalt.soziales-start-up-ausdem-sueden-gruenderinnen-haben-deine-strasse-eingestellt.2dec868c-d9f7-4943-b4eb-2ec688c5b2b4.html, zuletzt aktualisiert am 03.05.2018, zuletzt geprüft am 30.10.2021

Graumann, M. (1993) Die Ökonomie von Netzprodukten. In: Zeitschrift für Betriebswirtschaft, 63. Jg. (1993), H. 12, S 1331–1355

Kammer M, Schmölz J, Otternberg M (2016) DIVSI InternetMilieus 2016. Die digitalisierte Gesellschaft in Bewegung. Eine Grundlagenstudie des SINUS-Instituts Heidelberg im Auftrag des Deutschen Instituts für Vertrauen und Sicherheit im Internet (DIVSI)

Räth, G (2017) Christian Vollmanns Nachbarschafts-Startup übernimmt WirNachbarn. Gründerszene. https://www.gruenderszene.de/allgemein/nebenan-de-wirnachbarn-uebernahme, zuletzt aktualisiert am 15.06.2017, zuletzt geprüft am 30.10.2021

Ritter M, Hampe M (2019) Lokal und Digital. Geschäftsmodellentwicklung von Nachbarschaftsplattformen und -apps im deutschsprachigen Markt. Ein Working Paper im Rahmen des Projektes „Soziale Nachbarschaft und Technik (SoNaTe)"

Schreiber F Becker A, Göppert H, Schnur Olaf (2017) Digital vernetzt und lokal verbunden? Nachbarschaftsplattformen als Potenzial für sozialen Zusammenhalt und Engagement – ein Werkstattbericht. In: Stadtentwicklung, S 211–216

Cletus Brauer ist Fachbereichsleiter der Abteilung Forschung und Entwicklung bei der Johanniter-Unfall-Hilfe e. V.

Petra Dinkelacker ist Sozialpädagogin, Gesundheitswissenschaftlerin und Projektleitung im betrieblichen Gesundheitsmanagement bei pme Familienservice.

Marco Eichelberg ist Principal Scientist und Gruppenleiter im FuE-Bereich Gesundheit des OFFIS-Instituts für Informatik, Oldenburg.

Patrick Elfert ist Senior Researcher im FuE-Bereich Gesundheit des OFFIS-Instituts für Informatik in Oldenburg.

Manuela Ferdinand ist wissenschaftliche Mitarbeiterin und Doktorandin am Lehrstuhl für Technologiemanagement an der Christian-Albrechts-Universität zu Kiel.

Andreas Hein ist Professor für Automatisierungs- und Messtechnik an der Universität Oldenburg und Mitglied des Vorstands des OFFIS – Institut für Informatik und Sprecher des FuE-Bereiches Gesundheit.

Alexandra Kolozis ist Quartiersmanagerin bei der Johanniter-Unfall-Hilfe e. V.

Philipp Kullmann ist Vertriebsleiter bei der ANIMUS GmbH in Ratingen.

Linda Reinicke ist Psychologin und Projektmanagerin im betrieblichen Gesundheitsmanagement bei pme Familienservice.

Carsten Schultz ist Inhaber der Professur für Technologiemanagement an der Christian-Albrechts-Universität zu Kiel.

Sophia Zwiener ist Projektmanagerin im Bereich Lernmanagementsysteme in der Entwicklung von E-Learnings bei pme Familienservice.

Projekt KUSTOMA – Kinderbetreuung und andere personennahe Dienstleistungen unterstützt durch Onlineplattformen

Pascal Mehrwald, Michaela Ranner, Ludwig Eisgruber und Angela Schmidt

Zusammenfassung

Dienstleistungen im personennahen Umfeld beschreiben Tätigkeiten, die meist alltagsunterstützend wirken und beispielsweise in die Bereiche Kinderbetreuung, Umzugs-, Haushalts- oder Gartenarbeitshilfe fallen. Im dreiphasigen Projekt KUSTOMA haben wir untersucht, wie man die Nutzung und den Nutzen von personennahen Dienstleistungen mithilfe einer Onlineplattform erhöhen kann. Zusammen mit Praxis- und Entwicklungspartnern wurden als Erstes der deutsche Markt und potenzielle Nutzer von Dienstleistungen analysiert. Im zweiten Schritt wurde ein Plattformkonzept erarbeitet. Drittens wurde iterativ praxisnah eine Plattformlösung entwickelt. Die Plattformlösung vereint Forschung mit Praxis und unterstützt die Nutzung von personennahen Dienstleistungen über den gesamten Wertschöpfungsprozess. Vertrauen kann damit erhöht werden, Bürokratie vereinfacht und die Digitalisierung von KMUs in der Dienstleistungsbranche gesteigert werden. Die Verstetigung des Projekts

---

P. Mehrwald (✉)
Technische Universität München, München, Deutschland
E-Mail: pascal.mehrwald@tum.de

M. Ranner · L. Eisgruber
yathos GmbH, München, Deutschland
E-Mail: Michaela.Ranner@yathos.de

L. Eisgruber
E-Mail: Ludwig.Eisgruber@yathos.de

A. Schmidt
Notfallmamas GmbH, Hamburg, Deutschland
E-Mail: angela.schmidt@notfallmamas.de

© Der/die Autor(en), exklusiv lizenziert an Springer Fachmedien Wiesbaden GmbH, ein Teil von Springer Nature 2023
C. Lattemann und S. Robra-Bissantz (Hrsg.), *Personennahe Dienstleistungen der Zukunft,* Edition HMD, https://doi.org/10.1007/978-3-658-38813-3_13

wird vorangetrieben, indem eine White-Label-Lösung die Software leicht anpassbar macht und das geschaffene „Netzwerk Kinderbetreuung" KMU auf einer Plattform zusammenbringen soll.

Schlüsselwörter

Personennahe Dienstleistungen · Onlineplattform · KMU · Forschungsprojekt · Vertrauen

13.1 Einleitung

Durch die zunehmende Anzahl an Doppelverdienerhaushalten in Deutschland sowie durch den gegenwärtigen gesellschaftlichen, strukturellen und unternehmerischen Wandel wächst auch der Bedarf an flexiblen und individuellen Alltagsunterstützungen. Bekannte Beispiele hierfür sind Haushaltshilfen, Umzugshilfen, Kinderbetreuung, Nachhilfe oder ähnliche Tätigkeiten, die Zeit kosten und oft eine gewisse Qualifikation seitens der anbietenden Person erfordern. Solche Dienstleistungen werden zunehmend auf digitalen Plattformen angeboten, wie zum Beispiel auf betreut.de oder TaskRabbit. Jedoch fehlt bisher ein einfacher, vertrauenswürdiger und unbürokratischer Weg, welcher den gesamten Prozess digital unterstützt. Hier setzt das Forschungsprojekt KUSTOMA an, welches seit dem 1. Oktober 2018 durch das Bundesministerium für Bildung und Forschung (BMBF) im Rahmen der Förderlinie „Personennahe Dienstleistungen" gefördert wurde.

13.1.1 Motivation, Projektinhalt und Projektziel

Der Gegensatz von einem theoretisch hohen Nutzungspotenzial von alltagsunterstützenden Dienstleistungen und einer geringen tatsächlichen Nachfrage eröffnet die Frage, woher die Diskrepanz zwischen dem derzeitigen Dienstleistungsangebot und den Kundenbedürfnissen sowie -wünschen kommt. Ziel des Projekts war es letzten Endes, das Angebot für personennahe Alltagsunterstützungen vertrauenswürdig und bürokratisch einfach zu gestalten; gleichermaßen für Nachfrager und Anbieter. Das sollte in der Form einer Onlineplattform passieren, welche den Prozess ganzheitlich digital unterstützt und dabei insbesondere die Bedürfnisse der Nachfrager und Anbieter von Alltagsunterstützungen deckt (s. Abb. 13.1).

Die Onlineplattform wurde um eine mobile Anwendung für Smartphones ergänzt und bringt Dienstleistungsnehmer und Dienstleistungsgeber durch praxiserprobte, administrative und vertrauensbildende Funktionen zusammen. Die Anwendung sollte Funktionen bereitstellen, die den Prozess über die reine Vermittlung hinaus unterstützen – somit wird der Ablauf für beide Seiten vereinfacht: von der Suche des passenden Anbieters über die Detailabsprache

13 Projekt KUSTOMA – Kinderbetreuung und andere …

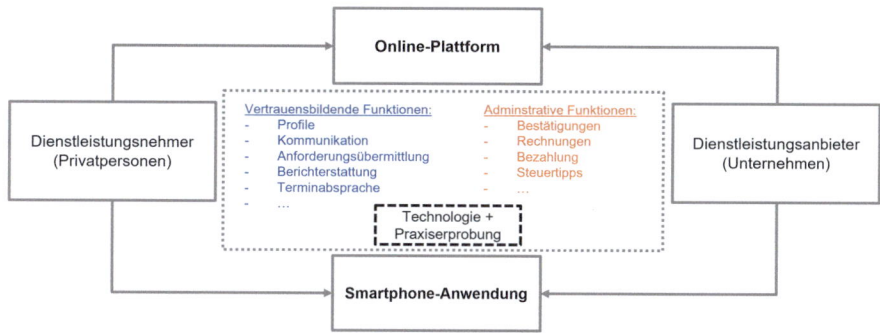

Abb. 13.1 Konzeptionelle Darstellung des Projektziels zu Beginn. (Eigene Darstellung)

und Durchführung sowie die Zeiterfassung und abschließende Rechnungsstellung (Abb. 13.2). Bisher gibt es nur Lösungen für einzelne Prozessschritte, die oft teuer sowie umständlich zu implementieren sind. Gleichzeitig schaffen sie wenig Vertrauen zwischen Anbietern und Nachfragern. Kleinen und mittelständigen Unternehmen sowie Organisationen, Vereinen und Privatpersonen bieten wir die Möglichkeit, personennahe Dienstleistungen anzubieten und wahrzunehmen. Unsere Lösung vereinfacht den administrativen Aufwand und hat dabei vertrauensbildende Maßnahmen integriert. Wir lösen mit einer praxiserprobten digitalen Plattform konkrete Probleme von Anbietern und Nachfragern von personennahen Dienstleistungen. Wissenschaftliche Erkenntnisse zum Umgang mit und zur gewünschten Nutzung von Technologie sollen die Nutzungswahrscheinlichkeit der Plattform erhöhen.

Während des Projektverlaufs sollten auch, wo möglich, neue innovative Technologien, beispielsweise Blockchain Technologie und Chatbots, sowie darauf basierende neue Geschäftsmodelle auf Anwendbarkeit und Chancen analysiert werden. Bedingt durch unseren Praxispartner hatte Kinderbetreuung den primären Fokus der zu entwickelnden Lösung. Gleichzeitig hatte die Übertragbarkeit der Projektlösung auf viele verschiedene Alltagsunterstützungen, Unternehmen und Privatnutzer einen hohen Stellenwert, um eine möglichst breite Anwendergruppe zu erreichen.

Abb. 13.2 Konzeptionelle Darstellung der Wertschöpfungsfunktionen. (Eigene Darstellung)

Um dieses Ziel zu erreichen, sind an dem Forschungsprojekt unterschiedliche Projektpartner beteiligt. Der Lehrstuhl für Strategie und Organisation der Technischen Universität München ist der Forschungspartner, Die Notfallmamas GmbH begleitet das Projekt aus der Praxissicht und die yathos GmbH bringt das technische Wissen mit ein. In den nächsten Abschnitten stellen wir die Projektpartner genauer vor.

13.2 Partner und Aufgaben

13.2.1 Vorstellung Lehrstuhl für Strategie und Organisation der TUM

Der Lehrstuhl für Strategie und Organisation an der Technischen Universität München (TUM) wird von Prof. Isabell M. Welpe geleitet. Der Lehrstuhl ist auf Forschung mit Wirkung ausgerichtet. Das heißt, wir wollen nicht alte Ideen wiederholen und unsere Forschung nicht ausschließlich auf die Forschung von vor zehn Jahren stützen. Stattdessen versuchen wir, Themen zu erforschen, die die Zukunft prägen werden. Dazu gehören Themen wie agile Organisationen und digitale Disruption, Plattformorganisationen, Blockchain-Technologie, Kreativität und Innovation, digitale Transformation und Geschäftsmodellinnovation, Diversität, Bildung: Bildungstechnologie und Performance Management, HR-Tech, Leadership und Teams. Wir erkennen Trends immer frühzeitig. Technologien, Strategien und Organisationen, die die Zukunft gestalten und auch ihre Höhen und Tiefen hat. Unser Hauptfokus sitzt aktuell auf Themen rund um den Erfolg von Start-ups, Blockchain-Technologie mit Decentralized Finance und Metaverse sowie Diversität.

13.2.2 Aufgabe im Projektverlauf

Die Aufgaben des Lehrstuhls für Strategie und Organisation waren während des Projektverlaufs primär auf die Analyse- und Konzeptionsphase sowie organisatorisch, administrativ fokussiert. Die Aufgaben waren unter anderem folgende:

- Verbundkoordination und Projektleitung,
- Detailanalyse der Dienstleistungsnehmer, Dienstleistungsanbieter und eine umfassende Analyse bereits existierender Plattformen,
- Analyse von Geschäftsmodellen zur Vermittlung und Durchführung von Kinderbetreuung,
- konzeptionelle Übertragung der Projektlösung auf weitere Alltagsunterstützungen,
- Öffentlichkeitsarbeit, Verbreitung der Projektergebnisse und Vernetzung.

13.2.3 Vorstellung yathos GmbH

yathos hat sich im Jahr 2012 als Start-up aus einem universitären Forschungsprojekt in Kooperation mit dem Flughafen München gegründet und ist heute mit einem wachsenden Team aus derzeit fünf Mitarbeiter*innen im Bereich Softwareentwicklung und Beratung tätig. yathos bedient dabei alle Prozesse von der Konzeption über Design und Entwicklung bis hin zum Betrieb der Anwendungen.

Ihre Kunden betrauen die yathos GmbH mit der Umsetzung von Customer Touch Points (z. B. mobile Apps oder Webplattformen), der kompletten Business Application sowie der digitalen Bezahlung und Rechnungslegung. Dabei legt yathos ein besonderes Augenmerk auf Skalierbarkeit, Ausfallsicherheit und Datenschutz sowie auf das Design und die Funktionalität der entwickelten Produkte.

13.2.4 Aufgabe im Projektverlauf

Im Rahmen von KUSTOMA war yathos für die Konzipierung und Umsetzung der digitalen Lösungen sowie beratend zuständig. Des Weiteren brachte sich yathos während des gesamten Projekts mit seiner Expertise im Bereich Informations- und Kommunikationstechnologie sowie Digitalisierung von Prozessen ein. Die Aufgaben waren unter anderem folgende:

- Mithilfe bei der Konzeptionierung und Evaluation der Umsetzbarkeit der angestrebten Web- und Smartphonelösung,
- federführende Entwicklung einer modularen Plattformanwendung samt Smartphoneanwendung,
- Konzeptionierung und Bereitstellung der benötigten Hardware- und Softwareinfrastruktur,
- Beratungstätigkeit zu Chancen und Risiken sowie Möglichkeiten der Digitalisierung in enger Zusammenarbeit mit unserem Praxispartner,
- Leitung der Entwicklung, Erprobung und Iteration mittels Praxistest der Anwendung,
- Übertragung der Anwendung auf andere Branchen durch Anwendung eines modularisierten White-Label-Ansatzes.

13.2.5 Vorstellung Die Notfallmamas GmbH

„Die Notfallmamas" wurden im Juni 2012 in Hamburg gegründet als Kindernotfallbetreuung im Krankheitsfall oder wenn die Regelbetreuung ausfällt und berufliche dringende Termine eine Anwesenheit der Eltern am Arbeitsplatz erfordern. Weitere betriebliche Kinderbetreuungsangebote umfassen die Ferienbetreuung, Veranstaltungsbetreuung, Überbrückungsbetreuung sowie seit Corona auch eine digitale Kinderbetreuung. Professionell, kurzfristig und unkompliziert bietet Die Notfallmamas GmbH den Notfallmamas-Service für arbeitgebende Unternehmen im Raum Berlin, Bremen, Düsseldorf, Frankfurt, Hamburg, München und Stuttgart an.

„Die Notfallmamas" haben seit der Gründung einen breiten Kundenkreis gewonnen, der sich aus Unternehmen verschiedenster Branchen zusammensetzt. Sie sind mit den Bedürfnissen und Wünschen zum Thema Vereinbarkeit von Familie und Beruf sowohl vonseiten der arbeitgebenden Unternehmen als auch vonseiten der berufstätigen Eltern vertraut. Die Notfallmamas leisten einen wichtigen Beitrag zur Vereinbarkeit von Familie und Beruf und setzen sich für die Gleichstellung von Müttern und Vätern in Unternehmen ein.

13.2.6 Aufgabe im Projektverlauf

Im Projekt KUSTOMA übernahm die Die Notfallmamas GmbH die Rolle des Praxispartners. Die Mitarbeit von Die Notfallmamas in den verschiedenen Arbeitspaketen erstreckte sich mitunter auf folgende Aufgaben:

- Bereitstellung von Praxiswissen auf Anbieter und Nachfragerseite,
- Einblicke in interne Prozesse einer Kinderbetreuung und in operative Details,
- Konzipierung, Praxisevaluation und Iteration von optimalen digitalen Prozessen bei personennahen Dienstleistungen,
- qualitative Interviews mit Kinderbetreuungskräften der Notfallmamas zu Bedarf und Anforderungen an 1) technologiebasierte Kundeneinbindung und 2) vertrauensfördernden Maßnahmen sowie 3) bürokratischen Hindernissen,
- Herausarbeitung einer für die privaten Haushalte möglichst optimalen Lösung zur technologiebasierten Einbindung in personennahe Dienstleistungen,
- Ableitung eines Anforderungskatalogs der Unternehmen aus dem Bereich der Kinderbetreuung an technologiegestützte Kundeneinbindung und an ein Geschäftsmodell,
- Evaluation eines neuen Geschäftsmodells,
- Herausarbeitung einer für die Unternehmen, das Kinderbetreuungspersonal und die weiteren Haushaltshilfen möglichst optimalen Lösung zur technologiebasierten Kundeneinbindung, ggf. mit innovativen Technologien.

13.3 Projektverlauf

13.3.1 Überblick

Nachdem das Projekt aufgrund von personellen Engpässen etwas verzögert startete, wurde daraufhin eine überarbeitete Version des Rahmenplans ausgearbeitet und mit dem hier präsentierten Verlauf begonnen. Im Verlauf des Projekts erschwerten die Auswirkungen der Pandemie die Entwicklung und Iteration der angestrebten Plattform, jedoch konnten wir unsere Zielsetzung so anpassen, dass sie 1) im Rahmen des Projekts durchführbar war und 2) möglichst gute Chancen für eine Verstetigung nach Projektende hat. Das Forschungsprojekt war in drei übergreifende Phasen und mehrere Arbeitspakete eingeteilt. Den ersten Abschnitt bildete eine *Analysephase*. In der Analysephase erfolgte zunächst eine Bedarfsanalyse aus Nutzersicht; deutsche Haushalte als Nachfrager sowie dienstleistende Personen als Anbieter. Gleichzeitig erfolgte eine Marktanalyse von existierenden Plattformen. Die zweite Phase diente zur *Konzipierung und Entwicklungsvorbereitung*. Aufbauend auf den Ergebnissen der Analysephase wurden ein möglichst optimales Plattformkonzept entworfen und Mockups (visuelle Darstellungen) entworfen. Die dritte Phase war eine *iterierende, praxisnahe Testung und fortlaufende Entwicklung* der Plattform. In einer parallel verlaufenden Phase wurden immer wieder mögliche Ideen zur *Verstetigung* erarbeitet und hinterfragt.

13.3.2 Analysephase

Die Analysephase hatte das Ziel, Anforderungen und Wünsche von (potenziellen) Nutzern von Dienstleistungsplattformen auf der Anbieter- und Nachfragerseite herauszuarbeiten. Hierfür wurden von den Projektpartnern mehrere Methoden eingesetzt, um ein möglichst umfassendes Bild zu bekommen: Experteninterviews, Design-Thinking-Workshop, repräsentative Umfrage und umfassende Sekundärdatenrecherchen. Es wurden wissenschaftliche Literatur und auch praxisnahe Berichte berücksichtigt. Der Fokus lag auf a) Vertrauen allgemein in die Nutzung einer Plattform für personennahe Dienstleistungen sowie b) technologie- und c) bürokratiebedingte Nutzungshürden. Weiterhin sollten Empfehlungen erarbeitet werden zur Senkung oder Eliminierung dieser Nutzungshürden und zur Förderung des Vertrauens. Es folgen Einblicke in den Verlauf der unterschiedlichen genutzten Methoden.

Es wurden >20 leitfadengestützte Interviews mit Plattformunternehmen geführt, um über deren Kundengewinnung und -bindung zu sprechen: Beispielsweise mit HalloBabysitter.de (Mitarbeiter), Stressfrei (Geschäftsführer des Unternehmens), Jeffrey GmbH (zwei Geschäftsführern des Unternehmens), TaskRabbit (Mitarbeiter). Gleichzeitig wurden erfahrene Anbieter auf Plattformen zu ihren Erfahrungen, Bedürfnissen und Hindernissen interviewt, um auch deren Sichtweise in unser Plattformkonzept einzubringen. Die Nähe zum Praxispartner Die Notfallmamas hat dabei sehr geholfen. In einem fünftägigen Design-Thinking-Workshop mit potenziellen Nutzern wurden konkrete Ideen als auch User Journeys entwickelt und prototypisch anfassbar umgesetzt. Hieraus konnten wertvolle Details entnommen werden, die wir in der repräsentativen Umfrage weiter hinterfragen konnten. Basierend auf den Erkenntnissen aus den vorangegangenen Analysen und wissenschaftlicher Literatur wurde eine repräsentative Endnutzerumfrage von privaten Haushalten in Deutschland durchgeführt. Die Umfrage wurde zuvor durch eine Pilotumfrage validiert und final von >2500 Personen ausgefüllt. Ergänzend wurden 215 Unternehmen mit personennahen Dienstleistungen in Deutschland und international anhand von Sekundärdaten analysiert. Hierbei wurden die Internetseiten angesehen, Anmeldungen auf den Seiten, wenn möglich, durchgeführt und Rezensionen gelesen. Die Analyse umfasste, neben Basisinformationen über die Unternehmen, die von den Unternehmen abgedeckten Dienstleistungen, primäre Prozessschritte (wie z. B. Suche, Vermittlung, Durchführung, Abwicklung) und sekundäre Prozessschritte (administrative Unterstützung zu Steuern, Versicherung, Dokumentation), vertrauensbildende Maßnahmen, Qualitätssicherungsmaßnahmen und deren Geschäftsmodelle.

Um explizit auch potenziell hilfreiche technologische Neuerungen zu identifizieren wurden 60 innovative Technologien und Start-ups zusammengetragen, die unterschiedlich starke Potenziale hatten, existierende bürokratische oder vertrauensbasierte Hindernisse zu überwinden und aktuelle Prozessschritte effizienter zu gestalten. Die Einschätzung erfolgte mittels einer Expertenrunde bestehend aus Mitarbeitern der Technischen Universität München und potenziellen Nutzern (Studenten) sowie mittels eines Austauschs mit den Projektpartnern. In der Analysephase wurden Synergien des universitären sowie praxisnahen Umfelds deutlich, da hier auch Studierende im Rahmen von Abschlussarbeiten und Seminararbeiten eingebunden werden konnten und auch die Praxisnähe zur yathos GmbH und zu Die Notfallmamas äußerst hilfreich war.

13.3.3 Konzipierung und Entwicklungsvorbereitung

Aus der Analysephase konnten explizite Anforderungen an digitale Plattformen sowie mehr als 50 vertrauensbildende Maßnahmen und viele prozessuale, teils technologisch begründete Optimierungen identifiziert werden. Diese Erkenntnisse wurden in gemeinsamen Workshops der Verbundpartner in ein Plattformkonzept gebracht und in Mockups abgebildet. Abb. 13.3 zeigt ausschnittsweise Mockups in der Software Figma.

Hierbei wurde auch auf die Gestaltung von User Experience Design, im Hinblick auf die Führung des Nutzers durch Prozessschritte, geachtet. Dabei wurden vier Betreuungsplattformen (Betreut.de, Hallobabysitter.de, Erstkinderbetreuung.de, Babysitter.de) und drei marktführende Plattformen (Uber/Lyft, TaskRabbit, Airbnb) zur Orientierung für innovative User Interfaces genutzt. Die Analysen haben gezeigt, dass eine Kombination von imperativen und deklarativen Prozessen verwendet wird, um Nutzer auf der Plattform zu führen. Das heißt, manche Entscheidungen möchte ein Nutzer detailliert mitentscheiden (imperativ), wohingegen bei anderen nur das gewünschte Ziel vom Nutzer vorgegeben wird und der Rest automatisch passiert (deklarativ). Während der Konzeptionsphase wurde klar, dass das Ziel des Projekts eine Anpassung zugunsten einer vom Umfang her umsetzbaren Lösung bedarf. Daher wurde in Diskussionsrunden mit Experten und Endnutzern das Konzept angepasst und verschlankt. Im zweitägigen Workshop zum UX-Design und Plattformkonzept sind viele Elemente und Funktionen daher einzeln oder als Ganzes diskutiert worden. Hierbei hat die Expertise der yathos

13 Projekt KUSTOMA – Kinderbetreuung und andere …

Abb. 13.3 Schematische Darstellung der Konzepte und Mockups. (Eigene Darstellung)

GmbH und Der Notfallmamas geholfen, realitätsnähe zu bewahren und tatsächlich nutzenstiftende Teile zu priorisieren.

13.3.4 Testung und Entwicklung

Um ausgewählt und individuell Teile der zu entwickelnden Lösung verwenden zu können, sollte modular gestaltet sein. Dadurch wird es zudem möglich, einzelne abgedeckte Prozessschritte, wie beispielsweise den Buchungsprozess oder die Abrechnung, mit minimalem Aufwand hinzuzunehmen oder den Prozess zu verschlanken. Als Software wurde zudem eine White-Label-Lösung angestrebt von identifizierten, wichtigen Prozessschritten, sodass die Projektergebnisse nach dem Projektende weiterhin für KMU anwendbar und auch vom Design, bis zu einem gewissen Grad, an die Unternehmensidentität anpassbar ist. Dies geschieht insbesondere vor dem Hintergrund einer Einbindung von KMU in eine Plattformgemeinschaft und die damit verbundene Möglichkeit der eigenen Verwaltung von Mitarbeitenden des KMU. Eine Einbindung von existierenden KMU in eine solche Plattform ist erwünscht, damit der initiale Netzwerkeffekt geschmälert werden könnte und nach außen ein heterogenes Angebot mit unterschiedlichen Qualitäten angeboten werden kann. Die Infrastruktur für Entwicklung, Testung und Bereitstellung wurde von yathos GmbH eingerichtet. Hauptsächlich wurde hier als Projektsoftware mit Jira und Confluence gearbeitet. Die Entwicklungsphase wurde paketweise und in Sprints durchgeführt. Somit war die Möglichkeit vorhanden, regelmäßig bereits entwickelte Module zu begutachten, zu testen und zu optimieren. Die Notfallmamas GmbH übernahm den wesentlichen Teil der Praxistest und lieferte somit wichtige Hinweise, die die zu entwickelnde Software alltagstauglich werden ließen. Die Notfallmamas prüften die Software aus Sicht des Betreuungsunternehmens und des Endkunden und lieferten einen detaillierten Bericht über ihre Tests. Diese Ergebnisse flossen in die Planung der nächsten umzusetzenden Funktionen ein.

13.3.5 Verstetigung

Wichtiger Bestandteil der Ziele eines solchen Forschungsprojekts ist auch, dass Ergebnisse so gut wie möglich aus der Forschungswelt in die Praxiswelt transferiert werden. Nicht zuletzt soll es KMU in Deutschland durch Forschung ermöglicht werden, ihre Wettbewerbsfähigkeit zu halten oder zu verbessern. Daher haben wir uns im Projektverlauf stets überlegt, wie wir Ergebnisse erarbeiten und verbreiten können, die nach Möglichkeit über den Projektzeitraum hinaus Nutzen schaffen. Unsere Überlegungen sollen kurz dargelegt werden. Zunächst war das Ziel, eine umfassende Onlineplattform zu entwerfen, auf der nahezu alle alltagsunterstützenden Leistungen angeboten und nachgefragt werden können. Der gesamte Wertschöpfungsprozess sollte dabei digital unterstützt werden, sodass Vertrauen gestärkt, Bürokratie abgebaut und insgesamt die Nutzung gesteigert werden konnte. Durch die getätigte Schmälerung und Fokussierung der angestrebten Softwarelösung hatten wir den Vorteil, dass wir durch unseren Praxispartner sehr detailliert Einblicke in die Kinderbetreuungsbranche sowie deren Bedürfnisse bekommen konnten. Daraus wurden zwei Dinge ersichtlich, die auch im Rahmen des Machbaren waren. Erstens wurde klar, dass ein simpler, günstiger digitaler End-to-End-Prozess und eine zentralisierte Plattform für viele kinderbetreuungsanbietenden Organisationen, Gemeinden und Städte starke Effizienzen bedeuten würde. Zweitens war dazu passender Beratungsbedarf vorhanden, um Kinderbetreuungsangebote überhaupt möglich zu machen, da in diesem Bereich schlicht fachliches, rechtliches und prozessuales Wissen fehlte, aber ein entsprechender Wille und Interesse bereits oft vorhanden war.

13.4 Ergebnisse

Die Ergebnisse des Projekts sind im Folgenden auszugsweise dargestellt und kombinieren die Erkenntnisse der bisher beschriebenen Projektphasen. Zunächst gehen wir auf allgemeine Ergebnisse ein und anschließend auf einzelne Bereiche, wie beispielsweise Maßnahmen, um online Vertrauen aufzubauen.

13.4.1 Allgemeine Ergebnisse

Eine übergreifende Analyse, welche softwareseitigen Unterstützungen es bereits für kleine Dienstleistungsunternehmen entlang der Wertschöpfungskette gibt, hat ergeben, dass für einzelne Abschnitte der Wertschöpfung bereits komplexe und spezialisierte Softwarelösungen angeboten werden. Eine einfache übergreifende Lösung, die insbesondere für kleine Unternehmen relevant wäre, konnte nicht gefunden werden. Hier scheinen die meisten kleineren Betreuungsorganisationen noch auf wenig spezialisierte Software, wie MS Office, zurückzugreifen. Insgesamt ist die Technologieunterstützung in der Betreuungsbranche sowie in der erweiterten Branche der Dienstleistungen als niedrig einzuschätzen. Wir konnten auch erkennen, dass es viele Start-ups und innovative Technologien oder Ideen gibt, die Potenzial haben, einzelne Prozessschritte innerhalb einer Plattform zu optimieren; insbesondere bei der Durchführung, bei der Vertrauensbildung und bei bürokratischen Belangen (z. B. Chatbot zur Kundenbetreuung und Abwicklungsunterstützung).

13.4.2 Förderung von Vertrauen online

Als Ergebnis kann festgehalten werden, dass vertrauensbildende Maßnahmen und bürokratische Unterstützung sehr relevant sind und insbesondere die großen Marktführer hier meist Vorreiter sind bei der Anwendung von neuen Maßnahmen, wie beispielsweise einem Notfallknopf oder GPS-Tracking bei Uber. Insgesamt wird Vertrauen nicht durch eine Maßnahme erreicht, sondern durch eine

Kombination vieler kleine Maßnahmen, wie beispielsweise Profilbilder und eine möglichst große Informationstransparenz.

Es konnte u. a. erkannt werden, dass Informationsdefizite zwischen Anbieter und Nachfrager bestehen. Das ist der Fall trotz beiderseitiger positiver Tendenzen, Informationen miteinander auszutauschen. Anbieter müssen oft flexibel sein aufgrund der ungenauen Informationen. Informationen sollten daher möglichst umfassend sein. Wir haben festgestellt, dass die Bereitschaft der Informationsweitergabe oft sehr groß ist und Plattformen hier viele Möglichkeiten geben sollten, um Informationen anzugeben oder zu teilen. Eine weitere Erkenntnis hierbei ist, dass der Informationsfluss von drei wichtigen Quellen ausgeht: Die Anbieterseite und auch die Nachfragerseite müssen Informationen über sich teilen. Drittens sollten auch detaillierte Informationen zur gewünschten Dienstleistung angegeben werden können. Eine auszugsweise Auflistung weiterer vertrauensfördernder Maßnahmen, die wir identifizieren konnten, sei hier wiedergegeben:

- Click-Through-Guides für den einfachen Einstieg und eine gute User Experience,
- Nutzung von Social-Media-Kanälen,
- kurze, einfache FAQ-Sektion und Blog-Artikel zum Austausch für Nutzer,
- Darstellung von Rezensionen: Statistiken, Zitate von Nutzern, Presse oder anderen Institutionen,
- ein Abschnitt, der explizit vertrauensbildende Maßnahmen erklärt,
- Überprüfungen der Anbieter (Personalien),
- Gamification Elemente werden genutzt: Vertrauensscore, Abzeichen, Nutzersegmente (Viel- und Wenignutzer),
- Darstellung der Nutzer mittels unterschiedlicher Formate (Text, Bild, Ton, Video – asynchron und synchron).

13.4.3 Unternehmenseinbindung

Hinsichtlich der Anforderungen an die technologiebasierte Einbindung von Unternehmen wurde erkannt, dass eine gewisse Integration in eine Plattform und somit auch eine homogene Plattformdarstellung von Vorteil wäre. Unsere Lösung sieht daher vor, ein Netzwerk zu schaffen, das einen exklusiven Fokus auf Kinderbetreuungsangebote für KMUs hat. Eine genauere Beschreibung erfolgt im nächsten Abschnitt. Insbesondere prozessuale, bürokratische Vorteile und der Netzwerkeffekt sind für Unternehmen interessant, aber auch das größte Problem. Für ein nachhaltiges Plattformgeschäftsmodell ist es wichtig, dass Nutzer auf der Plattform bleiben. Sie sollten davon absehen, die Plattform zu verlassen, wenn sie einen passenden Anbieter gefunden haben, um private Vereinbarungen zu treffen. Das kann erreicht werden, indem Wechselkosten des Kunden erhöht werden. Wechselkosten können sein: prozessbedingt (ein aufwendiger Anmelde- oder Kündigungsprozess); finanziell bedingt (Kosten, die entstehen, wie beispielsweise: Anmeldegebühr, aktuelle Vertragslaufzeiten) oder relational bedingt (emotionale

Beziehung zur Plattform oder deren Community). Um den Netzwerkeffekt zu erreichen, können explizite Nutzungsanreize für eine oder beide Nutzungsgruppen (Anbieter und Nachfrager) einer Plattform gesetzt werden. Die qualitative Analyse des Problems der Abwanderung von Kunden von Dienstleistungsplattformen hat ergeben, dass gegenseitiges Vertrauen und Qualitätssicherung essenziell sind. Dadurch kann Loyalität gegenüber der Marke und den Nutzern (Anbieter und Nachfrager) aufgebaut und folglich die Nutzung der Plattform unterstützt werden. Diese Ergebnisse sprechen für eine integrative Darstellung von Unternehmen in der Plattform, um eine einheitliche Community darzustellen.

13.4.4 Entwicklungsergebnisse

Der Aufbau eines Communitygefühls für die Nutzer wird als wichtig angesehen. Daher soll auf der Plattform zwar eine Unterscheidung zwischen Peeranbieter und Unternehmensanbieter möglich sein, aber ein Plattformgefühl beibehalten werden. Hierdurch wird KMU die Möglichkeit geboten, die Infrastruktur der Plattform zu nutzen und gleichzeitig ein Communitygefühl zu erzeugen. Basierend auf den Erfahrungen der Praxispartner sowie dem Ziel, eine Anwendung zu entwickeln, die tatsächlich mehrwertschaffend eingesetzt werden kann, wurde eine White-Label-Lösung entwickelt. Eine White-Label-Lösung kann mit wenig Aufwand an das jeweilige Unternehmen hinsichtlich Markenerscheinung angepasst werden. Dadurch wird zwar einerseits eine Unterscheidung der Anbieter unterstützt durch stärkere Individualisierung, aber andererseits das Erscheinungsbild noch homogen gehalten, sodass der Community- und Plattformgedanke ersichtlich ist. Unsere Lösung unterstützt Unternehmen dabei, von End-to-End den Dienstleistungsprozess digital abzudecken. Die durchführende Person kann auch mobil während der Durchführung unterstützende Hinweise bekommen.

13.5 Handlungsempfehlungen für die Anwendung in der Wirtschaft

13.5.1 Konkreter direkter Nutzen des Projekts

Um das Projekt nun in der Wirtschaft anzuwenden und mittel- sowie langfristig die Verstetigung zu erreichen, haben wir zwei wesentliche Möglichkeiten. Die Anwendung in unserem Praxispartner Die Notfallmamas und eine projektübergreifende Nutzung von KMU durch den Aufbau von Netzwerk Kinderbetreuung.

13.5.2 Nutzung durch Praxispartner des Projekts

Die entwickelte Softwareanwendung wurde in enger Zusammenarbeit mit unserem Praxispartner Die Notfallmamas getestet und entwickelt. Dadurch haben

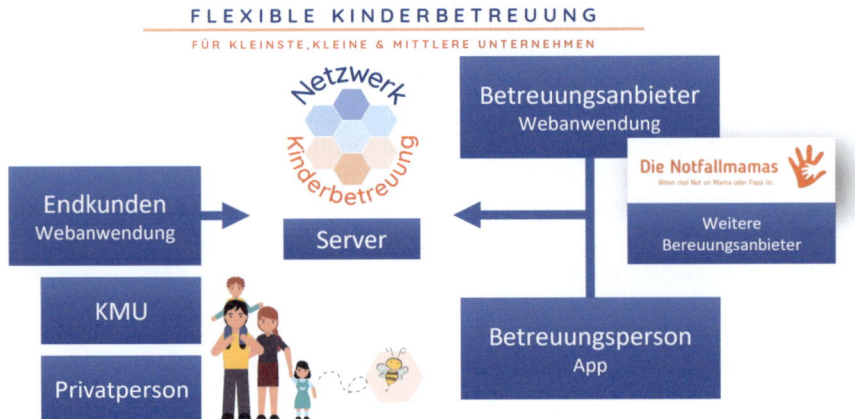

Abb. 13.4 Schematische Darstellung der Plattformnutzer. (Eigene Darstellung, Bild: Netzwerk Kinderbetreuung 2022)

Die Notfallmamas bereits einen sehr guten Einblick in den Funktionsumfang und die abgedeckten Prozessschritte sind zu einem großen Teil fast unmittelbar durch Die Notfallmamas nutzbar. Die Notfallmamas werden daher darauf vorbereitet, die Software in den Live-Betrieb zu übernehmen, wodurch die Projektergebnisse in der Wirtschaft Anwendung finden.

13.5.3 Projektübergreifender Nutzen für KMU durch das Netzwerk Kundenbetreuung

Unsere White-Label-Lösung soll durch eine Zusammenarbeit der Forschungspartner weitergetragen werden und in dem Netzwerk Kinderbetreuung angeboten werden. Hierfür wurde auch bereits ein Internetauftritt entworfen, um zu informieren und erste potenzielle Nutzer zu überzeugen: www.netzwerkkinderbetreuung.de. Das Netzwerk Kinderbetreuung versteht sich als Plattform, um Endkunden und Betreuungsanbieter zusammenzubringen. Betreuungsanbieter erhalten dabei die Möglichkeit, Betreuungspersonal über die White-Label-Softwarelösung auf der Plattform zu verwalten und darüber End-to-End den Betreuungsprozess abzubilden. So entsteht einerseits ein Communitygefühl für Anbieter und Nutzer, aber andererseits können Betreuungsanbieter einen digitalen Prozess zur Verwaltung einsetzten und auch ihr Betreuungspersonal digital mit einer App unterstützen bei unterschiedlichen Prozessschritten, wie Abstimmung, Durchführung oder Dokumentation und Abrechnung. Abb. 13.4 zeigt eine grundlegende Darstellung der Plattform.

13.6 Fazit

Zusammenfassend betrachtet hatte das Projekt KUSTOMA viele Höhen und Tiefen, die unterschiedliche Ursachen hatten. Es gab Änderungen an den Teilzielen des Projekts und es war teils herausfordernd, den Forschungscharakter damit zu vereinen, dass Ergebnisse nach Möglichkeit direkt oder mittelfristig eine Verwendung in der Wirtschaft haben. Insgesamt war die Kombination aus Praxispartner, Entwicklungspartner und Forschungspartner sehr zielführend und hat sich gut ergänzt. Die entstandene Lösung und die Verstetigungsabsichten sind im Projekt zunehmend wichtiger und konkreter geworden. Wir wünschen uns, dass unsere Forschungsergebnisse dadurch für die KMU in Deutschland zugänglicher werden.

Danksagung
Im Namen der Projektpartner des Projekts KUSTOMA bedanken wir uns bei dem Bundesministerium für Bildung und Forschung und dem Projektträger Karlsruhe für die Förderung, die administrative Unterstützung und die Möglichkeit, dieses Projekt zu bearbeiten. Auch ein herzliches Dankeschön geht an die weiteren Projekte der Förderlinie sowie insbesondere an das exzellente Projekt BeDien für die helfenden Hände und den informativen Austausch. Ein besonderer Dank gilt auch den Teilnehmenden an unseren Studien sowie den Studierenden, die ihre Abschlussarbeiten im Rahmen des Projekts geschrieben haben. Vielen Dank!

Förderhinweis
Das diesem Beitrag zugrunde liegende Projekt „KUSTOMA" wurde mit Mitteln des Bundesministeriums für Bildung und Forschung unter den Förderkennzeichen 02K17A030 – 02K17A032 gefördert. Die Verantwortung für den Inhalt dieser Veröffentlichung liegt bei den Autoren.

Literatur

Netzwerk Kinderbetreuung (2022) https://netzwerkkinderbetreuung.de

Pascal Mehrwald ist wissenschaftlicher Mitarbeiter am Chair for Strategy and Organization der Technische Universität München.

Michaela Ranner ist Prokuristin der yathos GmbH mit Hauptsitz in München.

Ludwig Eisgruber ist Geschäftsführer der yathos GmbH mit Hauptsitz in München.

Angela Schmidt ist Geschäftsführerin der Die Notfallmamas GmbH mit Hauptsitz in Hamburg.

ARBAY – Augmented Reality-basierte Beratungs- und Verkaufsplattform für hochvariante und individualisierbare Güter

14

Gordon George Brown und Michael Prilla

Zusammenfassung

Im Laufe des Projekts ARBAY wurde eine Lösung für den Einzelhandel entwickelt, welcher bedingt durch das Angebot hochindividualisierbarer Güter eine bisher nur eingeschränkte Onlinepräsenz vorweisen kann. Die entstandene Plattform bietet eine Möglichkeit für Onlineberatungen im Beispielszenario der Möbelverkäufe, gestützt durch „Augmented Reality" und interaktive Dialogmaschinen. Das Projekt befasste sich mit der Konzeptionierung, Implementierung und Testung einer solchen Plattform und konnte größtenteils erfolgreich abgeschlossen werden.

Schlüsselwörter

Augmented Reality · Chatbots · KI · Onlinedienstleistungen · 3D-Scans · Evaluation

14.1 Einleitung

In den jüngst vergangenen Jahren hat sich weltweit ein immer häufiger zu beobachtender Trend abgezeichnet, welcher auf viele Zweige der Industrie einen starken Einfluss ausgeübt hat: das Umschwenken auf den Onlinehandel. Die

---

G. G. Brown (✉)
Human-Centered Information Systems, Clausthal University of Technology, Clausthal-Zellerfeld, Deutschland
E-Mail: gordon.brown@tu-clausthal.de

M. Prilla
Interaktive Systeme, Universität Duisburg-Essen, Duisburg, Deutschland
E-Mail: michael.prilla@uni-due.de

© Der/die Autor(en), exklusiv lizenziert an Springer Fachmedien Wiesbaden GmbH, ein Teil von Springer Nature 2023
C. Lattemann und S. Robra-Bissantz (Hrsg.), *Personennahe Dienstleistungen der Zukunft*, Edition HMD, https://doi.org/10.1007/978-3-658-38813-3_14

Verfügbarkeit von sämtlichen Produkten auf Plattformen, welche Einkäufe über nur wenige Klicks ermöglichen, hat es Konsumenten ermöglicht, selbst Vergleiche anzustellen, um das beste Angebot auszuwählen und dieses ohne erheblichen Aufwand bis an ihre Haustür liefern zu lassen. Für den Einzelhandel bedeutete dies einen starken Rückgang in den Verkaufszahlen, sofern neben dem Verkauf in der Filiale nicht auch ein Onlineportal angeboten wird, was auch am Anteil des Onlineumsatzes am gesamten Einzelhandelsumsatz ersichtlich wird (Anteil des interaktiven Handels am Einzelhandelsumsatz in Deutschland 2017, n. d.). In diesem Zuge sind viele Branchen, von Elektronikhändlern über Baumärkte bis hin zu Blumengeschäften, nun auch mit einer Onlinepräsenz vertreten und haben somit die Chance, von den größeren Aggregatoren (wie z. B. Amazon B2C-E-Commerce, n. d.) nicht verdrängt zu werden.

Die Ausnahme für diesen Umstand stellen Branchen dar, welche in der Vergangenheit stark personalisierte Dienstleistungen in ihren Filialen angeboten haben, wie zum Beispiel persönliche Beratungen vor einem kostspieligen Einkauf von Gütern, welche hochvariant und individualisierbar sind. Branchen wie diese sind zurzeit nur eingeschränkt mit einer Onlinepräsenz für Onlineeinkäufe vertreten, was aus der Abwesenheit dieser Branchen in den Top-Warengruppen im Onlinehandel schnell ersichtlich wird (Infografik, n. d.). Die Gründe hierfür können zahlreich sein und unterscheiden sich von Branche zu Branche. Meist steht aber eine Wissensasymmetrie zwischen Kunden und Beratern im Vordergrund, welche sich online nicht optimal decken lässt: Die Kunden könnten sich bei hochvarianten Gütern mit der teils immensen Auswahlmöglichkeit überfordert fühlen und benötigen externe Hilfe, um ein ihren Wünschen, Bedürfnissen und aktuellen Trends (falls anwendbar) entsprechendes Gut zu finden. Zur gleichen Zeit benötigt das hierfür zurate gezogene Beratungspersonal Informationen über den Geschmack, die Bedürfnisse und die Wohnumgebung (falls anwendbar) der Kunden, um eine optimale, auf die Kunden angepasste Beratung bieten zu können. Eine derart umfangreiche Beratung wird auf dem Großteil der Verkaufsplattformen noch nicht angeboten, was dem betroffenen Einzelhandel den Einstieg in selbigen stark erschwert. Somit sind diese Unternehmen immer noch an ihre lokalen Standorte gebunden und benötigen meist immens große Verkaufsflächen zur Präsentation ihrer Waren, wenn eine digitale Lösung hierfür viel kleinere (und somit günstigere) Verkaufsflächen zulassen würde. Die Kombination aus teuren Verkaufsflächen und zurückgehenden Verkäufen im Einzelhandel führt zu einer fragwürdigen Rentabilität bis hin zu Existenzgefährdungen. Projekt ARBAY hat sich der Lösung dieses Problems anhand des Beispiels des stationären Möbelhandels angenommen, welcher im Onlinehandel bis dato noch besonders gering vertreten ist (Möbelhandel, n. d.).

14.2 Motivation

Der Erwerb eines hochvarianten und individualisierbaren Möbelstücks ist meist mit einem erheblichen finanziellen Risiko verbunden, was eine vorangegangene Beratung für die Kundschaft umso wichtiger macht. Für die Kunden besteht das Risiko, dass ein Möbelstück optisch nicht zu der aktuell gewählten Einrichtung passt, da die Vorstellungskraft der Kunden nicht ausreicht, um sich das neue Möbelstück vor dem tatsächlichen Erwerb am gewünschten Stellplatz vorstellen zu können. Die Mitgabe von Stoffmustern aus der Möbelfiliale oder die Verwendung von Katalogbildern schaffen hier nur bedingt Abhilfe. Auch die Verwendung von z. B. Augmented-Reality-Lösungen (Schmalstieg und Höllerer 2016), welche es Kunden ermöglichen, Möbelstücke mithilfe ihrer Smartphones an den gewünschten Stellplatz zu projizieren (Amazon AR View, n. d.; Augmented Reality mit der IKEA-Place-App, n. d.), machen es den Kunden nur schwer möglich, die tatsächlichen Dimensionen und die Wirkung des besagten Möbelstücks einschätzen zu können. Dies entstammt der eingeschränkten räumlichen Darstellung von 3d-Inhalten über monokulare Peripherie wie z. B. Smartphones. Der Kunde muss an dieser Stelle also auf die Fachkenntnis eines Beraters setzen können, um die oben genannte Problematik anzugehen. Für den Kunden bedeutet dies eine Erarbeitung eines Termins mit dem Berater, was zu Stoßzeiten zusätzlich noch erschwert werden kann, eine teils mehrfache Anreise in die Filiale des Beraters zum Wahrnehmen des Termins und die Gefahr, dass gewünschte Möbelstücke in der Filiale gar nicht vorrätig sind.

Gleichzeitig stehen Berater vor der Herausforderung, keinen direkten Einblick in die wohnliche Umgebung ihrer Kunden zu erhalten. Berater müssen sich auf verbale Beschreibungen der Kunden sowie mitgebrachte Messungen, Raum-Farb-Kompositionen und Raumlayouts verlassen. Eventuell mitgebrachte Messungen können fehlerhaft sein, und mitgebrachte Fotos bergen unter Umständen Farbverfälschungen oder bieten einen unzureichenden Überblick.

Zusammenfassend kann gesagt werden, dass durch diese fehlenden Informationen eine bilaterale Abhängigkeit zwischen dem Berater und dem Kunden entsteht. Der Kunde ist Experte im Bezug auf seine eigene Wohnung und Bedürfnisse, vermag aber nicht, diese Information ausreichend zu übermitteln, und ist ebenfalls nicht in der Lage, selbstständig einen Überblick über ihm mögliche Auswahlmöglichkeiten zu erhalten, geschweige denn, sich seine Auswahl in seiner Wohnumgebung vorzustellen. Der Berater wiederum ist Experte in der Übermittlung genau dieser Belange, allerdings fehlen ihm wiederum Möglichkeiten zum Sichten der ihm von der Kundenseite fehlenden Informationen. Dieser **bilaterale Informationsmangel** sollte im Zuge von Projekt ARBAY behoben werden.

14.3 Projektziele

Das Hauptziel von Projekt ARBAY war die Entwicklung einer Plattform, welche es Kunden, welche ein hochvariantes Verkaufsgut in der Pilotanwendung des Möbelhandels erstehen wollten, ermöglicht, dies mit vollumfänglicher Beratung auch von zu Hause zu tun. Dies sollte durch die Nutzung von **Augmented Reality (AR)** (Schmalstieg und Höllerer 2016), vornehmlich über **Head-Mounted Devices (HMDs)**, bewerkstelligt werden, um Kunden die Möglichkeit zu geben, aus-

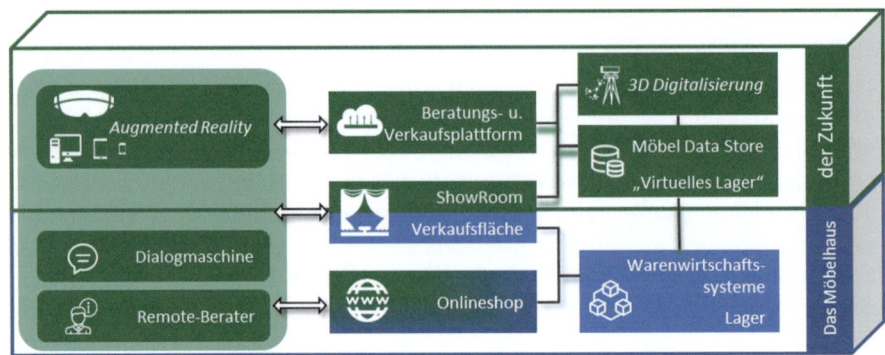

Abb. 14.1 Aufbau der ARBAY-Verkaufsplattform

gesuchte Möbelstücke entweder zu Hause oder in einem Showroom bereits vor dem Kauf am gewünschten Stellplatz betrachten zu können. Dabei sollten sie bei Bedarf Unterstützung durch einen Berater erhalten, welcher selbst die Möglichkeit hat, die Wohnumgebung über das HMD des Kunden zu sichten. Sollte kein Berater verfügbar sein (Zeitgründe oder z. B. bei Anbietern, welche keine eigenen Berater haben, aber gerne eine Beratung anbieten wollen), sollte zudem die Möglichkeit bestehen, die Beratung durch eine Dialogmaschine übernehmen zu lassen. Die Kombination aus Erstberatung durch Dialogmaschine mit anschließender Beratung durch einen echten Berater wurde ebenfalls ins Auge gefasst.

Der gesamte Beratungs- und Verkaufsprozess sollte in mehrere Teilkomponenten unterteilt werden, welche zusammen die gesamte Verkaufsplattform bilden sollten (Abb. 14.1). Hier sollte ein Zusammenschluss aus Showroom mit AR, Beratung zu Hause mit AR, „virtuellem Lager" für 3D-Modelle, Dialogmaschine und Onlineshop zum Einsatz kommen. Die Plattform selbst sollte als Schnittstelle zwischen diesen Komponenten fungieren. Die ARBAY-Lösung sollte sich über die Verfügbarkeit von Onlineberatungen, welche das Anzeigen von 3D-Möbelstücken zu Hause oder im Showroom unterstützen, die Einbettung in existierende Warenwirtschaftssysteme und die Möglichkeit für Berater und Kunden, effizienter Daten miteinander auszutauschen, abheben. Die Möglichkeit für Kunden und Berater, gemeinsam eine Lösung für den Kunden zu finden unter Zuhilfenahme des direkten Einblicks in die Kundenräumlichkeiten durch den Berater und das unmittelbare Feedback durch sofort verfügbare 3D-Vorschaumodelle, standen hier im Mittelpunkt und stellen eine wertvolle Ergänzung für den stationären Einzelhandel dar.

14.4 Partner

Um die verschiedenen Aufgabenbereiche und Spezialgebiete der Digitalisierung des Einzelhandels abdecken zu können, haben sich Firmen und Forschungseinrichtungen eines sehr breiten Spezialisierungsspektrums beteiligt. Dabei waren die Aufgaben wie folgt verteilt:

- MAXXEO GmbH: Als Anbieter zur Vernetzung von Kunden und Lieferanten und Beschaffungsprozessen bot MAXXEO Erfahrung im Betrieb von kundenorientierten Onlineplattformen. Basierend auf diesen Erfahrungen war MAXXEO im Projekt u. a. (mit-)verantwortlich für das Erarbeiten von Kunden- und Berateranforderungen an System- und Dialogmaschine, der periodischen Evaluierung von Prototypen, Einbringung von Erfahrung in der Erstellung und Pflege von Geschäftsmodellen und dem geplanten Betrieb der Plattform.
- USU GmbH: Mit tiefreichender Erfahrung im Bereich der Entwicklung von Social- und Service-Bots übernahm USU im Projekt u. a. die Aufgabe der Entwicklung der intelligenten Dialogmaschine sowie deren Anbindung an bestehende Geschäftsprozesse und Warensysteme.
- Technische Universität Clausthal, Institut für Informatik, Abteilung für Software Systems Engineering: Das Fachgebiet des von Prof. Andreas Rausch geleiteten Lehrstuhls befasst sich u. a. mit der semantischen Vernetzung von Daten und Komponenten für offene Marktplätze. Selbiges stellte im Projekt auch die Hauptaufgabe dieses Lehrstuhls dar: die Konzeptionierung und Einbindung der Gesamtsystemarchitektur, Datenvernetzung und -management sowie später auch die Beschaffung neuer Möbeldatenlieferanten und die Anbindung dieser in das bestehende System.
- Technische Universität Clausthal, Institut für Informatik, Abteilung für Human-Centered Information Systems: Der von Prof. Prilla geleitete HCIS-Lehrstuhl befasst sich u. a. mit der Arbeit an AR-Systemen und genereller Mensch-Maschine-Interaktion. Hier gewonnene Erfahrungen sollten in die Entwicklung der für ARBAY zu verwendende AR-Software sowie ihrer Konzeptionierung und ihres Prototypings und des Gesamtsystems einfließen. Auch übernahm der Lehrstuhl zusammen mit der Arbeitsgruppe für Software Systems Engineering die Federführung bei der Projektkoordination.
- Hahn-Schickard-Gesellschaft für angewandte Forschung e. V. (HSG): Als Experten in der Erfassung von Umgebungsdaten als 3D-Modelle sowie der Positionsbestimmung von Objekten innerhalb dieser Aufzeichnungen im virtuellen Raum war es die Aufgabe von HSG, eben diese Expertise für ARBAY anzuwenden. HSG befasste sich hiermit vor allem mit dem Sichten alternativer 3D-Scan-Optionen neben der Option der internen Funktionalität der Microsoft HoloLens sowie auch mit dem Auswerten der Scans für die effizientere Nutzung im Beratungsgespräch.
- Universität Mannheim, Institut für Enterprise Systems (UMA): Die UMA war im frühen Zuge des Projekts, basierend auf der dargebotenen Expertise, vor allem federführend im Bereich der Anwenderszenarienentwicklung. Später wurde dann zusammen mit USU an der Grundlagenforschung zu Natural-Language-Processing (NLP) gearbeitet. Für die eigentliche Implementierung war die UMA in Zusammenarbeit mit USU verantwortlich.
- immersight GmbH (IMM): Als Autoren der immersight® 3D-Showroom-Software war der Anwendungsbereich des digitalen Möbelshowrooms dem Start-up schon gut bekannt. Die Erfahrungen, die hier gesammelt wurden, sollten

vor allem durch Konzeptausarbeitung, Anforderungsdefinition und direkte Implementierungsarbeiten in die UI-Gestaltung der neuen AR-Software einfließen. Auch an der Evaluation und Erprobung sollte immersight beteiligt sein.
- Tejo Möbel Management Holding GmbH & Co. KG (tejo): Als Anwendungspartner des Projekts war tejo hauptsächlich für die anwendungsnahe Gestaltung verantwortlich. So sollte sie einen Einblick in den Ablauf von Möbelberatungen und -verkäufen im Einzelhandel geben, bei der Konzeptionierung unterstützen, bei der Prototypisierung Fachwissen einfließen lassen und zu guter Letzt den zentralen Punkt der Evaluierung in Form einer hierfür geeigneten Möbelhandelsfiliale bereitstellen.

14.5 Projektablauf

Zu Beginn der Projektphase stand vor allem im Vordergrund, einen Überblick über die gängigen Abläufe in den Beratungs- und Verkaufsprozessen im Möbeleinzelhandel zu gewinnen. Zu diesem Zweck wurden initial Feldforschungen vor Ort durchgeführt, bei denen Berater von Anfang des Beratungsprozesses über teils mehrfach wiederholende Beratungssitzungen hinweg bis hin zum Verkaufsabschluss beobachtet und anschließend befragt wurden. Auch ein Einblick in das noch gängige Warenwirtschaftssystem wurde so gewonnen. Zusätzlich nahmen Forscher des Projekts an Schulungen teil, welche angehenden Beratern Verkaufsstrategien und gängige Gepflogenheiten beim Umgang mit Kunden beibringen sollten. Aus diesen Beobachtungen wurden die Anforderungen an eine digitalisierte Lösung mit AR angefertigt.

Aus den Anforderungen entstand anschließend eine Reihe erster Prototypen, welche vor allem der Grundlagenforschung dienen sollte. Diese befasste sich u. a. mit der Erforschung gut geeigneter Eingabemöglichkeiten für Berater, um optimal mit Kunden interagieren zu können, oder geeigneter Eingabegeräte im Direktvergleich. Auch die Seite des Kunden wurde erforscht. Hier wurden z. B. Vergleiche von Darstellungsformen des Beraters als Avatar in der Wohnumgebung des Kunden durchgeführt. Zeitgleich wurde die Entwicklung der Plattform vorangetrieben, indem semantische Produktmodelle aufgestellt und in die Plattform integriert wurden, die unterliegende Systemstruktur implementiert und der iterativ getestete AR-Prototyp entwickelt wurde. Auch die Dialogmaschine und die für die Auswertung der von der AR-Brille angefertigten 3D-Scans der Kundenräumlichkeiten verwendeten Algorithmen wurden iterativ implementiert. Die o. g. Entwicklungen liefen von Q2 bis Q11 des Projekts in mehreren Iterationen. Aus Wegwerfprototypen gewonnene Erkenntnisse flossen in das Gesamtsystem ein. Die Erprobung des Gesamtsystems kam wegen der Covid-19-Krise leider zum Stocken und sämtliche weiteren Ergebnisse mussten größtenteils mit Laborversuchen verifiziert werden. Zu diesem Zweck wurde ein Wohnzimmer in einem Labor nachgebildet, um hierfür optimale Voraussetzungen zu schaffen

Abb. 14.2 Das für Laborversuche aufgebaute „Möbellabor"

(s. Abb. 14.2). Die Feldversuche für den Test der Gesamtplattform wurden in einer Projektverlängerungsphase nachgeholt.

14.6 Ergebnisse

Die im Projekt entstandenen Ergebnisse werden zunächst in die Teilkomponenten der Plattform gegliedert. Anschließend werden Erkenntnisse aus dem Projekt genannt, welche für eine eventuelle Weiternutzung der Ergebnisse oder Ausgründung relevant sind. Ausgenommen hiervon sind wissenschaftliche Ergebnisse, welche im wissenschaftlichen Beitrag detailliert ausgeführt werden.

14.6.1 Plattform

Die Plattform übernimmt eine Reihe verwaltungstechnischer Aufgaben, beginnend mit der Verwaltung der Kundendaten und assoziierter Beratungsgespräche. Für jeden Kunden können Kontakt- und Bedarfsdaten sowie Favoriten hinterlegt werden, welche für den weiteren Beratungsprozess hilfreich bzw. nötig sind. Diese können sowohl von Kunden als auch von Beratern angelegt und aktualisiert werden und sind für Anschlussberatungsgespräche synchron oder asynchron abrufbar.

Viele Hersteller bieten ihre Möbeldaten und assoziierte 3D-Modelle über eigens gefertigte APIs oder Datenbanken an. Dementsprechend wurde eine Schnittstelle implementiert, über welche Möbeldaten und Konfigurationsschritte von Drittanbietern in das in der ARBAY-Plattform intern verwendete Daten- und Konfigurationsschema übersetzt werden kann. Hier genügt es für jeden

Abb. 14.3 Onlineportal der ARBAY-Plattform

interessierten Hersteller und Anbieter, einen Endpunkt (intern: „Connector") zu implementieren, was für einen exemplarischen Möbellieferanten während der Projektphase geschehen ist, um das Verfahren zu testen. Somit wird der Implementierungsaufwand für weitere Hersteller/Anbieter minimiert. Zu guter Letzt bietet die Plattform ein klassisches, über gängige Peripheriegeräte (z. B. PCs) nutzbares Onlineportal (Abb. 14.3).

14.6.2 Beraterseite

Der Berater erhält eine steuerbare Ansicht der Kundenräumlichkeiten in 3D, in welcher auch der Kunde live als Modell zu sehen ist. Möbelstücke können wie aus dem Möbelhaus zuvor bekannt ausgewählt werden und anschließend frei im Raum des Kunden für diesen sichtbar platziert und angepasst werden. Auch eine Steuerung mit der Nutzung von VR, um direkt „beim Kunden im Wohnzimmer stehen zu können" wurde erforscht, aber aufgrund des frühen Forschungsstands noch nicht in die Endversion integriert. Um dem Berater einen Einblick in die Kundenräumlichkeiten geben zu können, wird von selbigen ein 3D-Scan benötigt. Hier wurden im Zuge des Projekts umfangreiche Ergebnisse erarbeitet.

14.6.2.1 Raumscanalgorithmen: Texturierung

Da die im Projekt verwendete HoloLens 2 bereits in der Lage ist, rudimentäre Raumscans anzulegen, wurde auf dieser Funktionalität aufgebaut, um ein Ergebnis für den gegebenen Anwendungsfall zu erzeugen. Eine Einschränkung der durch die HoloLens erzeugten Raumscans stellt die Abwesenheit von Texturierung dar. Diese ist ohne Videospeisung vonnöten, damit sich Berater einen vollständigen Überblick über die Farb- und Lichteigenschaften der Räumlichkeiten verschaffen kann. Ein Algorithmus, welcher über die Kamera der HoloLens Bilddaten sammelt und diese korrekt rotiert, skaliert und positioniert auf das 3D-Modell des Kundenraumes projiziert, wurde im Laufe des Projekts eingearbeitet. Abb. 14.4 (beide Abbildungen) zeigt einen mit diesem Verfahren angelegten Raumscan.

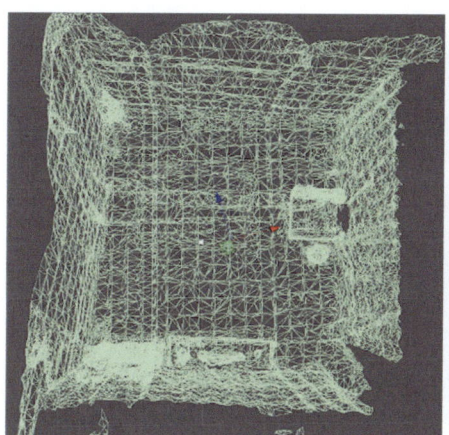 

Abb. 14.4 Von HoloLens angelegter 3D-Scan (beide Abbildungen), mit ARBAY-Verfahren texturiertes Modell (Abbildung links) und algorithmisch segmentierter Raum (Abbildung recht) mit farblich eindeutig markierten Flächen, Objekten etc

14.6.2.2 Raumscanalgorithmen: Objekterkennung

Für rudimentäre Eingaben reicht solch ein Raummodell bereits aus, allerdings ist der Berater noch in seiner Interaktionsmöglichkeit eingeschränkt. So können Hindernisse wie z. B. die Decke des Raumes oder im Raum aufgehängte Lampen o. Ä. die Sicht des Beraters verdecken. Auch eine komplette Umplanung des Raumes (falls vom Kunden gewünscht) ist noch nicht möglich, da der Kunde eventuell noch Möbelstücke im Raum aufgestellt hat, welche hier im Wege wären. Hier wäre es natürlich besonders vorteilhaft, wenn Decken, Möbelstücke, Böden usw. selektiv ausgeblendet oder verschoben werden könnten. Zu diesem Zweck wurde für ARBAY ein Algorithmus entworfen, welcher gescannte Räume entsprechend segmentiert. Abb. 14.4 (c) zeigt eine exemplarische Darstellung eines algorithmisch segmentierten Raumes.

14.6.3 Kundenseite

Auf der Kundenseite standen vor allem Nutzbarkeit, Nützlichkeit, die Förderung des Vertrauens des Kunden in den Berater bzw. das Möbelhaus und die hiermit verbundene verringerte Unsicherheit des Kunden beim Kauf im Vordergrund. Die Ergebnisse aus dieser Sparte lassen sich im Wesentlichen in technische Errungenschaften und Feedback bei unserem Feldtest unterteilen.

14.6.3.1 Darstellung und Konfiguration von Möbelstücken

Da die Möbelwahl für den Kunden natürlich im Vordergrund steht, wurde der Nutzbarkeit und Nützlichkeit dieses Aspekts in der Entwicklungsphase viel Aufmerksamkeit geschenkt. Mit unserem Testdatensatz vermag der Kunde, ähnlich

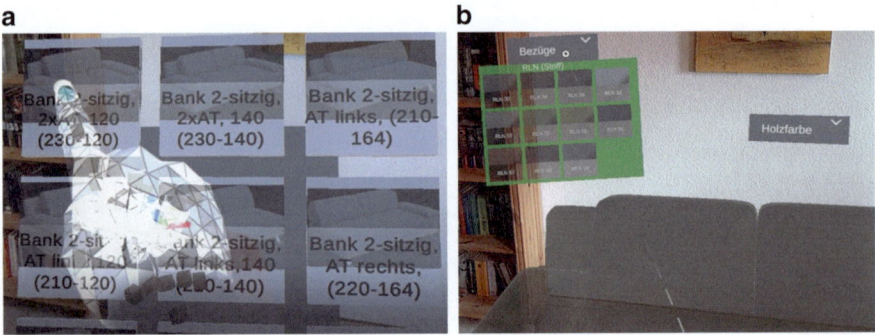

Abb. 14.5 Auswahl eines Möbelstücks in der gewünschten Größe (**a, links**) und Auswahl einer Bezugsfarbe für ein aufgestelltes, virtuelles Möbelstück (**b, rechts**)

wie der Berater, auf der AR-Brille aus einer Liste an Herstellern, welche Polstermöbel anbieten, auszuwählen und sich ein Modell auszusuchen, welches ihm zusagt. Dies erfolgt über ein frei vor ihm schwebenden Menü, welches über Direktauswahl mit der Hand bedient werden kann (Abb. 14.5).

Das Möbelstück kann mit ein oder zwei Händen anschließend frei und gedreht verschoben werden. Um das Möbelstück herum werden nach der Platzierung Konfigurationsoptionen eingeblendet, die für das gewählte Möbelstück zur Verfügung stehen. Eine Auswahl hat jedes Mal die sofortige Anpassung des Möbelstücks entsprechend der Auswahl des Kunden zur Folge. Sollte ein Berater verbunden sein, sind dessen Änderungen natürlich auch für den Kunden sichtbar. Der Berater selbst wird als virtueller „Avatar" im Raum des Kunden angezeigt, welcher als Bezugspunkt für den Kunden fungieren soll, wenn dieser ein Anliegen an den Berater richten möchte.

14.6.3.2 Darstellung von Berateravatar

Der Avatar des Beraters wird, basierend auf Ergebnissen aus den Studien, welche zur Laufzeit von ARBAY durchgeführt wurden, als realistischer Humanoide dargestellt, welcher ein zur Stimme des aus der Ferne agierenden Beraters passendes Aussehen vorweist. Der Avatar bewegt sich entsprechend der Kamerabewegungen oder direkten Steuereingaben des Beraters durch die Räumlichkeiten des Kunden, repräsentiert die Blickrichtung des Beraters, falls dieser aus einer Ich-Ansicht agiert, und vermag es, auf Gegenstände oder Stellen im Raum zu zeigen, um die Aufmerksamkeit des Kunden lenken zu können. Der Berateravatar soll einen Mehrwert gegenüber einem klassischen Telefongespräch bieten, indem er dem Kunden gegenüber Präsenz und Vertrauen ausstrahlt. Beide Umstände wurden im Projekt umfangreich erforscht und sind im wissenschaftlichen Bericht wiederzufinden.

14.6.3.3 Dialogmaschine

Sollte kein Berater verbunden sein, steht dem Kunden wie bereits erwähnt als Alternative die automatisierte Dialogmaschine des Projekts zur Verfügung. Diese antwortet unter der Nutzung des gleichen, oben bereits erwähnten Avatars auf Anfragen des Kunden, um die gleichen Mehrwerte nutzen zu können, als würde der Avatar durch einen Menschen kontrolliert werden. Die Dialogmaschine funktioniert in einem mehrstufigen Verfahren: Anfragen werden zunächst durch einen „Lead-Bot" entgegengenommen, welcher die Anfrage des Kunden interpretiert und einem korrekten Thema zuordnet. Daraufhin erfolgt die Weiterleitung der Anfrage an einen geeigneten Themen-Bot, welcher über ein geeignetes NLP-Protokoll verfügt, um die Kundenanfrage beantworten zu können (Abb. 14.6b). Die generierte Antwort der Dialogmaschine wird anschließend über künstliche Sprachausgabe wieder ausgelesen und von dem Avatar ausgesprochen. So kann der Kunde mit einem natürlichen Gesprächsfluss schnell zu ersten Möbelvorschlägen gelangen, welche er dann im Detail mit einem echten Berater besprechen kann.

14.6.3.4 Feldtestergebnisse

Die Kombination aus den in den vorangegangenen Bereichen beschriebenen Teilkomponenten der ARBAY-Plattform konnten, wie bereits erwähnt, zunächst nur gesondert in Laborversuchen evaluiert werden, da durch die Covid-19-Krise der Einzelhandel geschlossen oder nur stark eingeschränkt geöffnet war. In der Verlängerungsphase des Projekts konnte allerdings ein Feldtest im Möbelhaus des Anwendungspartners durchgeführt werden, welcher das Ziel hatte, die Annahme

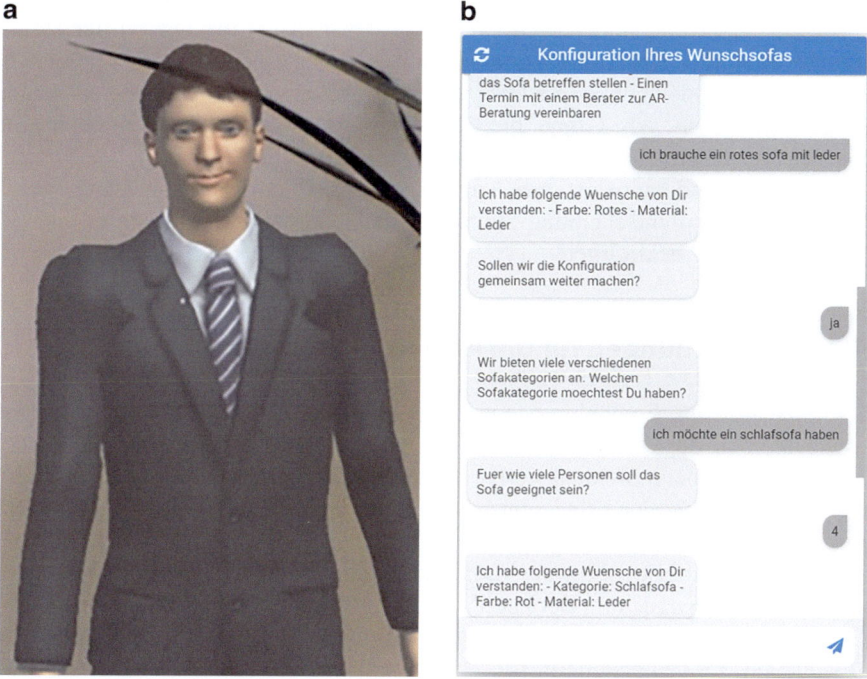

Abb. 14.6 Beispielhafter Berateravatar (**a**, Abbildung links) und Dialogmaschine (**b**, Abbildung rechts)

Abb. 14.7 Aufbau Showroom für Feldtest mit Kunden, welche den ARBAY-Prototypen ausprobieren

der Plattform durch echte Kunden zu bestimmen. Auch die Nutzbarkeit und Nützlichkeit sollte hier gemessen werden. In einem Showroomsetting (s. Abb. 14.7) erhielten Kunden die Möglichkeit, die Plattform vollumfänglich auszuprobieren und in anschließenden Fragebögen und Interviews zu bewerten. Die Ergebnisse befinden sich zurzeit noch in der wissenschaftlichen Auswertung, sie eigenen sich aber bereits für erste Bewertungen des Gesamtsystems und seiner künftigen Nutzung. Die Annahmequote durch die Kunden kann zusammenfassend als hoch beschrieben werden, viele befragte Kunden würden eine Plattform wie ARBAY künftig für Möbeleinkäufe nutzen, wenn verfügbar. Auch die Option der Heimberatung stieß auf eine hohe Annahmequote. Das größte Interesse zeigten vor allem Kunden, welche entweder kurz vor einem Kauf standen oder diesen gerade erst getätigt hatten. Als Grund hierfür gaben die meisten dieser Kunden eine generelle Unsicherheit beim Kauf eines hochpreisigen, individuell zusammengestellten und sonderangefertigten Artikels an. Eine Plattform wie ARBAY würde ihnen in ihrer Kaufentscheidung ein wenig mehr Sicherheit verschaffen und die Kaufentscheidung bekräftigen.

14.7 Empfehlungen für die Anwendung in der Wirtschaft

Basierend auf den Ergebnissen aus dem Feldtest konnte ein Bedarf für eine Lösung ähnlich der ARBAY-Plattform festgestellt werden. Die Möglichkeit der Vorschau eines hochindividualisierbaren Produkts an seinem künftigen Einsatzort wird zur Minderung der Kundenunsicherheit als immens wertvoll eingestuft. Das Ermöglichen eines Beratungsgesprächs aus der Ferne mithilfe der in ARBAY entwickelten Hilfsmittel wird für die Verminderung der bidirektionalen Wissensasymmetrie zwischen Kunde und Berater als unabdingbar eingestuft.

Die Plattform selbst kann, nach geringfügiger Aufarbeitung, entweder von individuellen Möbelherstellern für den Direktvertrieb oder vom Einzelhandel für das Darbieten eines aus mehreren Herstellern zusammengestellten Angebots eingesetzt werden. Es wird empfohlen, die Plattform ergänzend, nicht ersetzend zum Angebot im Einzelhandel anzubieten. Denkbar wäre eine Reduzierung der Verkaufsfläche auf einen Showroom und genügend Platz für genau ein Beispielmodell der angebotenen Modelle. Für den Verkauf von Sitzmöbeln könnten z. B. je ein Muster der verschiedenen Sitzformen und -polster der individuellen Hersteller angeboten werden, um ein Probesitzen weiterhin zu ermöglichen. Farbliche und oberflächenmaterialbezogene Eindrücke könnten mithilfe der Plattform in AR gewonnen werden. Aufbauend auf diesem Modell könnten die im Showroom verwendeten AR-Brillen wegen der noch zu hohen Anschaffungskosten für Endkunden zum Verleih angeboten zu werden, um die initiale oder weiterführende Beratung auch von zu Hause zuzulassen. Unabhängig von dem Einsatzzweck wird eine an die Forschungsergebnisse des Projekts angepasste Implementierung der Gesamtplattform oder der einzelnen Teilaspekte der Plattform empfohlen. Bei Nichteinhaltung, wie zum Beispiel zu den Designempfehlungen von Avataren, ist ein Vertrauensbruch oder sogar ein Entmutigen von Kunden wahrscheinlich.

Zudem wird empfohlen, weitere Energie in die Erforschung möglicher Werkzeuge für Berater und Kunden zu investieren, da hier noch zahlreiche weitere Möglichkeiten bestehen, welche aber aus Zeit- bzw. Ressourcenmangel zur Projektlaufzeit nicht aufgegriffen werden konnten. Diese Annahme basiert vor allem auf Werkzeugwünschen, welche in den Interviews der einzelnen Experimente des Projekts gesammelt wurden und sich von Person zu Person teils überschnitten haben. Auch das Einbinden weiterer Möbelhersteller bzw. Anbieter von Möbeldatenbanken unter der Verwendung der im Projekt implementierten Schnittstelle wird empfohlen. Zu guter Letzt wird empfohlen, die Plattform auf weiterer AR-Hardware zu testen, besonders solcher, welche eine farbechtere Darstellung zulässt.

14.8 Fazit

Das Projekt ARBAY wurde erfolgreich abgeschlossen und bietet einen Einblick in die Möglichkeiten der Digitalisierung von Beratungen und Einkäufen von hochindividualisierbaren Produkten. Während der Evaluierung der Teilaspekte der Plattform sowie der Plattform in ihrer Gesamtheit wurde ein subjektiver Bedarf bei Kunden festgestellt, weswegen ein Einsatz der AR-Plattform oder einer ähnlichen AR-Lösung empfohlen wird. Die im Forschungsbericht beschriebenen Forschungsergebnisse zu Interaktions- und Avatardesign bieten hierfür eine für die Weiternutzung der Ergebnisse gut geeignete Grundlage.

Förderhinweis

Das diesem Beitrag zugrunde liegende Projekt „ARBAY" wurde mit Mitteln des Bundesministeriums für Bildung und Forschung unter den Förderkennzeichen 02K17A000-02K17A006 gefördert. Die Verantwortung für den Inhalt dieser Veröffentlichung liegt bei den Autoren.

Literatur

Amazon AR View [WWW Document], n. d. https://www.amazon.com/adlp/arview. Zugegriffen: 02. Sept. 2022

Anteil des interaktiven Handels am Einzelhandelsumsatz in Deutschland 2017 [WWW Document], n. d. Statista.https://de.statista.com/statistik/daten/studie/201859/umfrage/anteil-des-e-commerce-am-einzelhandelsumsatz/. Zugegriffen: 02. Sept. 2022

Augmented Reality mit der IKEA Place App [WWW Document], n. d. https://www.ikea.com/de/de/this-is-ikea/corporate-blog/ikea-place-app-augmented-reality-puba55c67c0. Zugegriffen: 02. Sept. 2022

B2C-E-Commerce: Top 100 Online Shops [WWW Document], n. d. Statista. https://de.statista.com/statistik/daten/studie/170530/umfrage/umsatz-der-groessten-online-shops-in-deutschland/. Zugegriffen: 02. Sept. 2022

Infografik: Die Top 10 Warengruppen im Onlinehandel [WWW Document], n. d. Statista Infografiken.https://de.statista.com/infografik/8211/die-top-10-warengruppen-im-deutschen-onlinehandel/. Zugegriffen: 02. Sept. 2022

Möbelhandel: Umsatzanteil des E-Commerce bis 2019 [WWW Document], n. d. Statista. https://de.statista.com/statistik/daten/studie/260586/umfrage/umsatzanteil-des-ecommerce-im-moebelhandel-in-deutschland/. Zugegriffen: 02. Sept. 2022

Schmalstieg D, Höllerer, T (2016) Augmented reality: principles and practice, Addison-Wesley usability and HCI series. Addison-Wesley, Boston

Gordon Brown ist wissenschaftlicher Mitarbeiter am Lehrstuhl für Human-Centered Information Systems an der Technischen Universität Clausthal.

Michael Prilla ist Leiter des Lehrstuhls für Human-Centered Information Systems an der Technischen Universität Clausthal.

Entwicklung personalisierter Wearables mit der MYOW-Plattform

15

Rolf Fricke, Friederike Fröbel, Tim Bibow, Patrick Stadler, Beate Prelle, Tobias Albert, Esther Zahn, Fabian Jaenicke, Clara Gleiß, Florian Krebs, Norbert Reithinger, Ido Klimovsky, Andreas Mischke und Dirk Werth

Zusammenfassung

Nachdem in Kap. 6 die Konzeption und Entwicklung der Plattform des Verbundprojekts „MYOW – Make Your Own Wearables" beschrieben wurde, wird nachfolgend dargestellt, wie damit ein Team kollaborativ personalisierte Wearables erstellen kann. Dazu unterstützt eine MYOW-Web-Anwendung die Zusammenstellung von Teams aus Designenden, Makern, Dienstleistenden und Herstellenden, die über alle Fertigkeiten zur Entwicklung eines konkreten Wearables verfügen. Diese können dann Textilien auswählen und darauf Input- und Output-Elemente aus einem vorgegebenen Elektronikbaukasten

---

R. Fricke (✉) · B. Prelle · I. Klimovsky · A. Mischke
Condat AG, Berlin, Deutschland
E-Mail: rolf.fricke@condat.de

B. Prelle
E-Mail: beate.prelle@condat.de

I. Klimovsky
E-Mail: Ido.Klimovsk@condat.de

A. Mischke
E-Mail: Andreas.Mischke@condat.de

F. Fröbel · P. Stadler · E. Zahn · C. Gleiß · N. Reithinger
DFKI GmbH, Berlin, Deutschland
E-Mail: friederike.froebel@dfki.de

P. Stadler
E-Mail: patrick.stadler@dfki.de

E. Zahn
E-Mail: esther.zahn@dfki.de

© Der/die Autor(en), exklusiv lizenziert an Springer Fachmedien Wiesbaden GmbH, ein Teil von Springer Nature 2023
C. Lattemann und S. Robra-Bissantz (Hrsg.), *Personennahe Dienstleistungen der Zukunft*, Edition HMD, https://doi.org/10.1007/978-3-658-38813-3_15

platzieren. Die Positionierung erfolgt per Drag and Drop und wird durch ein Recommendersystem unterstützt. Nach der Programmierung des Ablaufverhaltens für die Input- und Output-Elemente generiert die Web-Anwendung ein Manual und den Programmcode für einen Controller, sodass das Team ein physisch funktionales Wearable herstellen kann. Die im Forschungsvorhaben erarbeiteten Geschäftsmodelle und ELSI-Richtlinien regeln nicht nur die Koproduktionen, sie unterstützen auch die Erweiterung der Dienstleistungspalette der Anbietenden und ermöglichen so die Entstehung neuer Produkte sowie den Sprung vom privaten „DIY-Making" zur Firmengründung.

Schlüsselwörter

Dienstleistung · Do-It-Yourself · Wearables · e-Textiles · Smart Textiles · Visuelle Programmierung

15.1 Einführung

15.1.1 Projektablauf

Das MYOW-Projekt hatte eine Laufzeit von 36 Monaten und begann im Oktober 2018 mit der Aufnahme von Anforderungen, Planung und Design der neuen Plattform. Hierzu wurden auf Basis eines partizipativen Designansatzes mehrere Workshops mit Makern aus den Bereichen Design, Textil und Elektronik durchgeführt. Aus den Anforderungen, Randbedingungen und Zielsetzungen wurden Konzepte für UX-Design, Systemfunktionen und Workflows der zu entwickelnden Web-Anwendung erarbeitet. In den folgenden zwei Jahren wurden von den MYOW-Partnern die verschiedenen Komponenten der Web-Lösung ent-

---

C. Gleiß
E-Mail: clara_elisabeth.gleiss@dfki.de

N. Reithinger
E-Mail: Norbert.Reithinger@dfki.de

T. Bibow · F. Krebs
Spontaneous Order GmbH, Berlin, Deutschland
E-Mail: tim@stilnest.com

F. Krebs
E-Mail: florian@stilnest.comT. Albert · D. Werth
AWSi, Saarbrücken, Deutschland
E-Mail: Tobias.Albert@aws-institut.de

D. Werth
E-Mail: Dirk.Werth@aws-institut.de

F. Jaenicke
Freyer & Siegel, Mühlenbeck, Deutschland
E-Mail: Fabian.Jaenicke@freyersiegel.de

wickelt (Condat) sowie eine Konzeption für die Schnittmuster und Formate der bereitzustellenden Textilien und ein Baukasten mit elektronischen Sensoren und Aktoren erstellt (DFKI InTex). Dazu wurden Empfehlungen zur Erleichterung der Bedienung (AWSi), eine visuelle Programmierung der Ablauflogik (DFKI Cos) und ein dynamisches Schmuckadapterkonzept für Sensoren und Aktoren (Stilnest) erarbeitet. Im Bereich der Elektronik wurde von Freyer & Siegel eine innovative Lösung zur Erweiterung der bisher stark eingeschränkten Anzahl von I/O-Bausteinen entwickelt. Des Weiteren ist ein Pop-up-Lab (DFKI InTex, Stilnest) zur mobilen Demonstration der MYOW-Lösung entstanden. Alle diese Systemkomponenten wurden in mehreren Zyklen mit Nutzertests, der Begleitforschung BeDien und dem Projektträger PTKA validiert und durch das gesammelte Feedback schrittweise verbessert. Im Rahmen der Nutzertests sind fünf Wearables zur Demonstration entstanden, von denen der AI-Hoodie und das Operator Jacket nachfolgend zur Veranschaulichung verwendet werden. Das MYOW-Projekt hat gezeigt, dass die Web-Anwendung das DIY individualisierter Wearables erheblich erleichtern kann und somit der „Proof of Concept" erfolgreich war. Die Lösung wurde im Rahmen des Projekts für geschlossene Nutzergruppen eingesetzt. Um sie frei zugänglich im Web anzubieten, werden noch Erweiterungen hinsichtlich Sicherheitsmechanismen, Mandantenfähigkeit, und Multi-User-Betrieb erforderlich.

15.1.2 Ausgangssituation und Begrifflichkeiten

Noch immer stehen DIY-Maker vor der Situation, dass das Umfeld für die kooperative Entwicklung von Wearables wenig fortgeschritten ist. Nachfolgend ist der aktuelle Stand zusammengefasst, der in Kapitel 6 „Design und Entwicklung der MYOW-Plattform" detaillierter für die verschiedenen Bereiche dargestellt wird:

- Das **Do-it-yourself(DIY)**-Business erfreut sich zunehmender Beliebtheit. Das ist u. a. am wachsenden Angebot an Internetplattformen, die Anleitungen, DIY-Kits oder -Kurse anbieten, erkennbar. Auch für den Kauf von Wearables als DIY-Kits existieren am Markt bereits Portale. Diesen mangelt es allerdings an einem systematischen Austausch zwischen Kunden und Herstellenden, sodass kein einheitlicher Ablauf von der Konfiguration smarter Produkte bis zu ihrer qualitätsgesicherten Auslieferung als DIY-Kit oder Prototyp besteht.
- Textile **Wearables,** auch als eTextiles, Smart Fashion, Smart Clothing bezeichnet, sind Kleidungsstücke, die mit Aktoren, Sensoren, Batterie und Mikrocontroller (s. Abb. 15.1) ausgestattet sind, sodass sie äußere Bedingungen oder Reize erkennen, darauf reagieren und sich auf intelligente Weise anpassen können. Diese Kleidung (engl. Garments) wird beispielsweise in den Bereichen Health, Fitness, Freizeit oder Work von unterschiedlichen Anwendergruppen genutzt.

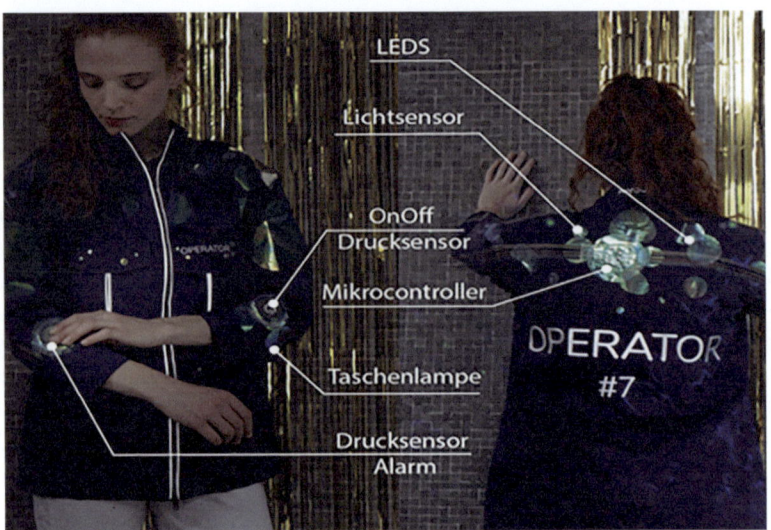

Abb. 15.1 Darstellung eines textilen Wearables mit seinen einzelnen elektronischen Komponenten

- **I/O-Elemente** eines Wearables werden auch als Input- und Output-Elemente bezeichnet, wobei Input für Sensoren und Output für Aktoren steht.
- **eTextile-Toolkits,** oder auch Baukästen, umfassen einen Satz von elektronischen Bauteilen, d. h. I/O-Elemente und Mikrocontroller, Stecker, Kabel und ggf. weitere Bauteile und Hilfsmittel zur Erstellung von Wearables. Es gibt bereits eine Reihe von Toolkits, mit denen Maker durch Aufnähen oder Auflöten elektronische Komponenten auf Textilien aufbringen können. Viele dieser Systeme, wie auch das MYOW-Toolkit, verwenden das I^2C-Bussystem, um alle elektronischen Komponenten und den Mikrocontroller zusammenzuschließen.
  Ziel dieser Toolkits bzw. Systeme ist es, den Einstieg für die entsprechende Nutzergruppe in die interdisziplinäre Sphäre der (textilen) Wearabletechnologien zu erleichtern.
- **DIY-Kooperationsplattformen** unterstützen bereits häufig die Entwicklung von Wearables, meist unter Verwendung von (eTextile-)Toolkits. Sie beinhalten oft Features, wie die Beschaffung von Bauteilen und die Bildung einer Community. Zusätzlich gibt es Anleitungen für die Programmierung und Herstellung der physischen Textilien. Jedoch fehlt es an weiterer Unterstützung zur Konfiguration und Programmierung, was ein umfangreiches Fachwissen der Nutzenden erfordert. Eine eingehendere Betrachtung der DIY-Kooperationsplattformen erfolgte in Kapitel 6 „Design und Entwicklung der MYOW-Plattform".
- **Partizipatives Design/Design Thinking** ist eine methodische Herangehensweise für die Identifizierung und Konzeptualisierung des erforderlichen Wissens zur Entwicklung von Artefakten.

15.1.3 Defizite und Anforderungen

Bei der Analyse der aktuellen Situation hat sich gezeigt, dass Maker vor einer Reihe von Herausforderungen stehen, wenn sie mit den vorhandenen Toolkits und Kooperationsplattformen individuelle Wearables erstellen möchten:

- Es gibt kaum Unterstützung hinsichtlich fehlender Kompetenzen, denn DIY-Plattformen bieten keine durchgängige und kompetenzbasierte Kollaborationsangebote an.
- Alle Toolkits bieten nur eine eingeschränkte Auswahl von I/O-Elementen und ermöglichen keine Anbindung eigener elektronischer Bauteile.
- Es gibt hohe Hürden zur Einbindung elektrischer Komponenten und Mikrocontroller, da es verschiedene, inkompatible Standards für Anschluss und Stromversorgung gibt.
- Die Programmierung der Mikrocontroller, einschließlich eventueller Fehlerbehebung, erfordert bereits für einfache Funktionsabläufe umfangreiches Fachwissen.
- Die Anfertigung von elektrischen Verbindungen zwischen starren Bauteilen auf weichen Textilien ist aufwendig.

15.2 Web-Anwendung zur kollaborativen Entwicklung von Wearables

Um qualitative Wearables zu konzipieren, ist es notwendig, dass Maker mit verschiedenen Kompetenzen über den ganzen Entstehungsprozess hinweg für die Entwurfs- und Konstruktionsprobleme kollaborativ eine Lösung erarbeiten. Angesichts dieser Anforderungen war das Ziel von MYOW, eine Web-Anwendung zu entwickeln, die auch Maker ohne große Vorkenntnisse möglichst umfassend bei der Entwicklung von Wearables unterstützen kann. Folgende Konzepte sollten aufgegriffen werden, um einen effizienten Entwicklungsprozess zu ermöglichen:

- interaktive, visuelle Bedienoberflächen (UIs),
- schnelles Prototyping zur iterativen Validierung und Verbesserung von Entwürfen,
- Empfehlungen zur optimalen Platzierung von I/O-Elementen,
- flexibles Positionieren von I/O-Elementen zum Ausprobieren verschiedener Ideen,
- einfache, visuelle Programmierung des Wearableverhaltens und
- flexible Zusammenarbeit mehrerer Maker mit verschiedenen Kompetenzen.

Projekte
Mit der Web-Anwendung (s. Abb. 15.2) können DIY-Maker Projekte anlegen, um die kollaborative Erstellung eines Wearables zu initiieren. Nachdem der Maker seine Projektidee mit Beschreibung und Skizzen angelegt hat, kann er je nach

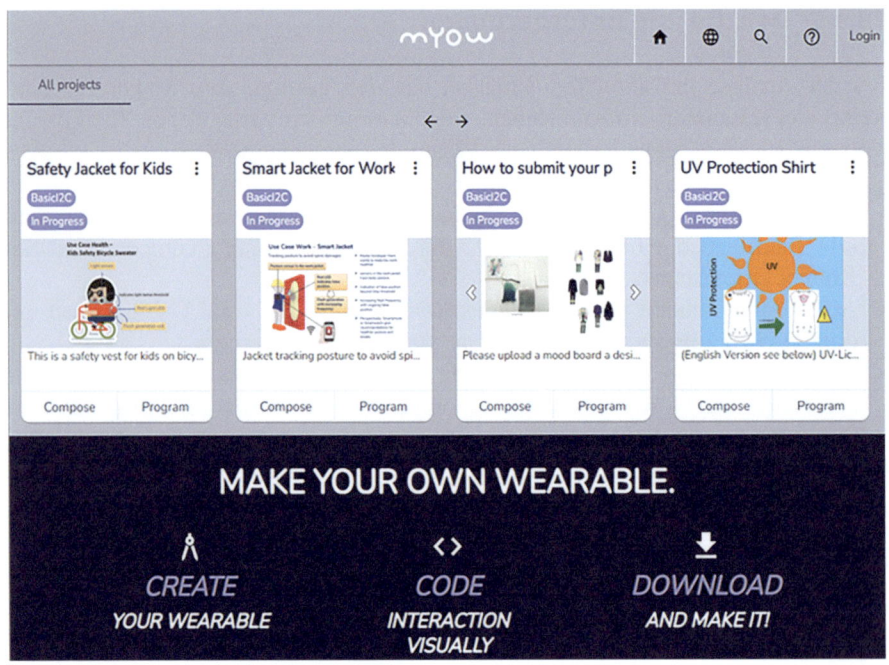

Abb. 15.2 Eingangsseite der MYOW-Web-Anwendung

Bedarf weitere Partner mit geeigneten Kompetenzen in das Team aufnehmen. Anschließend wird im Createbereich für das Wearable ein Kleidungsstück ausgewählt, das mit I/O-Elementen bestückt und gestaltet wird. Danach wird mittels der Codefunktionen das Verhalten der elektronischen Elemente programmiert, sodass letztlich auf Basis eines Manuals und dem von der Web-Anwendung generierten Code das physische Wearable hergestellt werden kann.

Kollaboration
Eine wesentliche Herausforderung bei der Entwicklung von Wearables besteht darin, dass viele unterschiedliche Fachkenntnisse benötigt werden, z. B. für das Design, die Verarbeitung der Kleidung oder für das Anschließen der elektronischen Elemente. Darüber hinaus ist zur Definition der Ablauflogik eine gute Kenntnis der Bauteile und deren Programmierung erforderlich. Die Vielfalt der benötigten Kompetenzen kann für einzelne DIY-Maker, aber auch kleine Betriebe ein Problem sein, zumal die meisten Maker auf einen bestimmten Bereich, wie z. B. Textil oder Elektronik, fokussiert, sind. Aus diesen Gründen ist i. d. R. eine Zusammenarbeit verschiedener Fachleute erforderlich, zumal bei vielen Aufgabenstellungen gleich mehrere Skills benötigt werden, z. B. wenn zur Integration eines Orientierungssensors am besten ein Design-, ein Textil- und ein Elektronikexperte oder eine entsprechende Expertin eine optimale Lösung erarbeiten. Vor diesem Hintergrund ermöglicht MYOW den DIY-Makern, sich

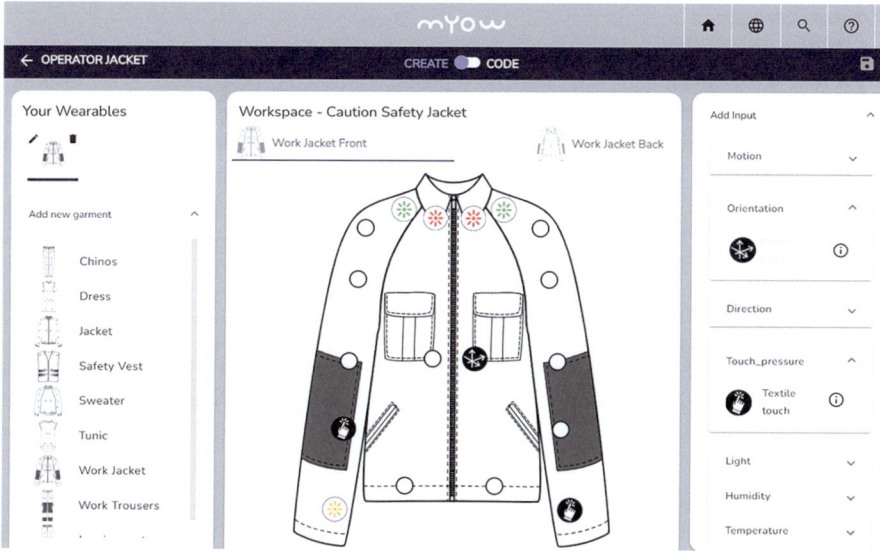

Abb. 15.3 Create/Compose UI der MYOW Web-Anwendung

in einer Community zu vernetzen und gegenseitig zu unterstützen. Dazu verwaltet die Web-Anwendung Nutzende mit Rollen und Skills und bietet mehrere Verfahren, mit denen Projektinitiatoren geeignete Fachleute finden und Teams zusammenstellen können. Die Skills werden von den Nutzenden bei ihrer Anmeldung selbst eingegeben, indem sie das Level ihrer Kompetenz hinsichtlich Software, Hardware und Textilien angeben. Die Teambildung erfolgt durch die Projektinitiatoren, die darauf achten, dass alle für ein Projekt benötigten Kompetenzen abgedeckt werden. Darüber hinaus ist auch während der Wearableentwicklung noch eine Supportanfrage von außerhalb des Teams durch eine Ask-the-Expert- Funktion möglich.

Create/Compose
Im Composebereich wird zunächst aus einer vorgegebenen Liste von Kleidungsstücken das gewünschte ausgewählt (s. Abb. 15.3). Dazu werden aus dem Baukasten (s. Abb. 15.3) die Input/Output-Elemente (oder auch I/O-Elemente) ausgewählt, die für die Funktionen des Wearables benötigt werden, wie z. B. Bewegungssensoren oder farbige LEDs. Die Elemente werden per Drag and Drop frei auf den vorgegebenen Hotspots (Anbringungspunkten) der Kleidungsstücke platziert. Dabei wird der Maker durch Empfehlungen für besser oder weniger geeignete Platzierungen für die Elemente unterstützt (s. u. Abschn. 15.2.4 „Nutzerorientierter Recommender"). Die ca. 40 Aktoren und Sensoren des Baukastens sind aufeinander abgestimmt, sodass sie ohne Fachkenntnisse frei kombinierbar platziert werden können. Falls Restriktionen zu beachten sind, weist das System die Nutzenden darauf hin, z. B. wenn aus technischen Gründen kein weiterer Sensor eines bestimmten Typs mehr angeschlossen werden kann.

Programmierung
Im Programmierungs- oder auch Codingbereich wird das Verhalten, d. h. die Ablauflogik der elektronischen Bauelemente, programmiert. Damit kann z. B. definiert werden, dass eine LED leuchtet, wenn ein Bewegungssensor eine Bewegung erkennt. Die visuelle Programmierung erlaubt auch eine Programmierung durch Laien, jedoch sind eine Einarbeitung und einige Kenntnisse über die elektronischen Bauteile erforderlich. Ziel der Programmierung ist es, einen lauffähigen Code für einen konkreten Controller zu generieren, der auf das Wearable heruntergeladen wird.

Herstellung
Nach der Komposition und der Programmierung stellt das System eine Stückliste aller definierten Textilien, I/O-Komponenten und den Programmcode bereit, sodass sich die Nutzenden auf Basis eines Manuals die benötigten Textilien und Bauteile besorgen können, um das physische Wearable zu erstellen.

Einbringen weiterer Kleidungsstücke und Bauelemente in die Web-Anwendung
Die Web-Anwendung bietet einen vorgegebenen Umfang an Kleidungsstücken und einen Baukasten an, aus denen sich die Nutzenden frei bedienen können, um ihr Wearable zusammen zu stellen. Damit wird es möglich, dass Nutzende ohne Vorwissen Wearables herstellen, denn alle Kleidungsstücke mit ihren Schnitten liegen in den benötigten Formaten vor und die elektronischen Bauteile sind aufeinander abgestimmt. Perspektivisch ist vorgesehen, dass diese Grundausstattung vom Nutzenden oder Drittanbietern erweitert werden kann. Das kann z. B. der Fall sein, wenn Nutzende eigene Kleidungsstücke einbringen möchten oder weitere elektronische Elemente, wie spezielle Sensoren oder Aktoren (z. B. in Form von Schmuck, s. Abb. 15.7), integrieren wollen. Dazu ist geplant, ein Verfahren und Anleitungen zu entwickeln, auf deren Basis die MYOW-Plattform dynamisch erweitert werden kann. Weitere elektronische Geräte, wie z. B. Smartwatches, Smart Glasses oder Smartphones, können jedoch nur als individuelle Lösung mit entsprechender Fachkenntnis über ihre Schnittstellen integriert werden.

15.2.1 MYOW-Kleidungsvorlagen

Die Nutzenden der Web-Anwendung verwenden als Basis ihrer Wearables Kleidungsstücke, die vorher im PDF-Format auf der Plattform abgelegt wurden. Um möglichst viele ansprechende Kleidungsstücke flexibel bereitzustellen, wurden neun schlichte Unisexbekleidungsteile entwickelt (s. Abb. 15.4). Diese werden in Form von technischen Zeichnungen des Vorder- und Rückteils auf dem Composer-Screen dargestellt (s. Abb. 15.4). Empfohlene Hotspots für die Platzierung von I/O-Elementen werden in Form von Kreisen auf den Bekleidungsteilen repräsentiert. Rechts in Abb. 15.4 ist der fertige Bekleidungsschnitt des Sweaters mit Hotspots dargestellt. Das Schnittbild liegt in gradierter Form für die Größen XS bis XL vor und wird als PDF über die Plattform heruntergeladen.

Abb. 15.4 Links: Darstellung der Auswahl der Unisexkleidungsstücke; Mitte: Repräsentation der Kleidungsstücke als technische Zeichnung mit Hotspots; Rechts: Schnittbild des Kleidungsstücks mit Hotspots

Der Bekleidungsschnitt wird dann auf Papier ausgedruckt und auf Textil für den Zuschnitt der Bekleidung übertragen. Mithilfe des Manuals werden I/O-Elemente in der Realisierung des Wearables auf den entsprechenden Hotspots positioniert.

15.2.2 Elektronischer Baukasten von MYOW

Der elektronische MYOW-Baukasten basiert größtenteils auf I/O-Komponenten von kommerziell erhältlichen elektronischen Baukästen. Bei den Komponenten handelt es sich um handelsübliche kostengünstige Hardware, die speziell für die Anwendung in (textilen) Wearables entwickelt wurde. Im Fokus steht eine intuitive und einfache Handhabung. Die Leiterplatten, PCBs (Printed Circuit Boards), werden durch ein textiles Leiterbahnensystem miteinander verbunden. Der Anschluss der PCBs an das Leiterbahnensystem erfolgt über eigens entwickelte Adaptermodule. Sie kommunizieren über das I^2C-Bussystem und I/O-Kommunikation mit dem Mikrocontroller. Auf die detaillierte Entwicklung des I^2C-I/O-Adaptermoduls wird in Abschn. 15.2.7 eingegangen. Die wichtigsten Anforderungen an die elektronischen Elemente sind:

- Kommerzielle Verfügbarkeit
- Einfache Handhabung
- Kompatibilität mit der Arduino-Plattform
- Konnektivität zum I^2C -Bussystem oder I/O-Kommunikation

Für den initialen MYOW-Baukasten wurde eine Auswahl der I/O-Komponenten vorgenommen, die ein möglichst breites Spektrum abdeckt. Da die speziellen Namen der elektronischen Komponenten für unerfahrene Nutzende wenig aussagekräftig sind, wurde für die MYOW-Plattform eine verständliche Darstellung erarbeitet. Dazu erfolgte zunächst eine Klassifizierung auf Grundlage einer Liste, erstellt von Jeong und Yoo (2009), die Sensoren und dazu gemessene Werte im Kontext der Kleidung darstellt. Zum anderen wurde die Klassifizierung der Komponenten der Adafruit-Plattform[1] herangezogen. Die daraus resultierende Einteilung wurde in verschiedenen User-Workshops hinsichtlich der Verständlichkeit und des Aufbaus eruiert und die resultierenden Kategorien für das MYOW-Baukastensystems entwickelt.

In Abb. 15.5 sind die Input-Elemente, die Sensoren, dargestellt. Diese werden unterteilt in zehn verschiedene Anwendungsbereiche, von Bewegungs- über Licht- bis hin zur Berührungsmessung. Den Bereichen wurde im Folgenden mindestens ein Input-Element zugeordnet. Darüber hinaus wird der Verwendungszweck aller I/O-Elemente durch Icons illustriert.

Für die Kategorisierung der Output-Elemente (s. Abb. 15.6), der Aktoren, wurden die fünf menschlichen Sinne herangezogen: Sehen, Hören, Riechen, Schmecken und Fühlen. Diese Sinne des Nutzenden werden über Rückmeldungen des Wearables angesprochen. Der Geruchs-/Geschmackssinn wurde außen vor gelassen, da zum aktuellen Zeitpunkt keine kommerziell zu einem tragbaren Preis verfügbaren Komponenten angeboten werden. Der Sehsinn wird über Licht, der Hörsinn über Buzzer/Summer und der Fühlsinn über Vibration und Wärme/Kälte angesprochen.

15.2.3 Modulares Konzept zur Einbindung von Accessoires oder Schmuck

Da die manuelle Erstellung und Integration von Accessoires und Schmuck in Wearables sehr aufwendig ist, können Maker meist nur Einzelstücke anbieten, aber Kleinserien sind kaum wirtschaftlich herzustellen. Deshalb sollte ein Konzept entwickelt werden, mit dem Halbzeuge mit I/O-Elementen und elektrischem Anschluss bereitstellbar sind (s. Abb. 15.7), aus denen dann konkrete Schmuckelemente gefertigt werden können. Aus diesen smarten Halbzeugen aus Kunststoff oder Metall können dann durch Bearbeitung mit Werkzeugen und dem Aufsetzen vorhandener Elemente vollständiger Schmuck oder Accessoires entstehen (s. Abb. 15.7). Damit können Maker oder Kleinunternehmer mit wirtschaftlich und zeitlich akzeptablen Aufwand individualisierte Accessoires für ihre Wearables in kleineren Auflagen anbieten. Ziel war dabei, einen hohen Grad an

---

[1] Adafruit Industries, Unique & fun DIY electronics and kits. https://www.adafruit.com/. Zugegriffen 01.12.2021.

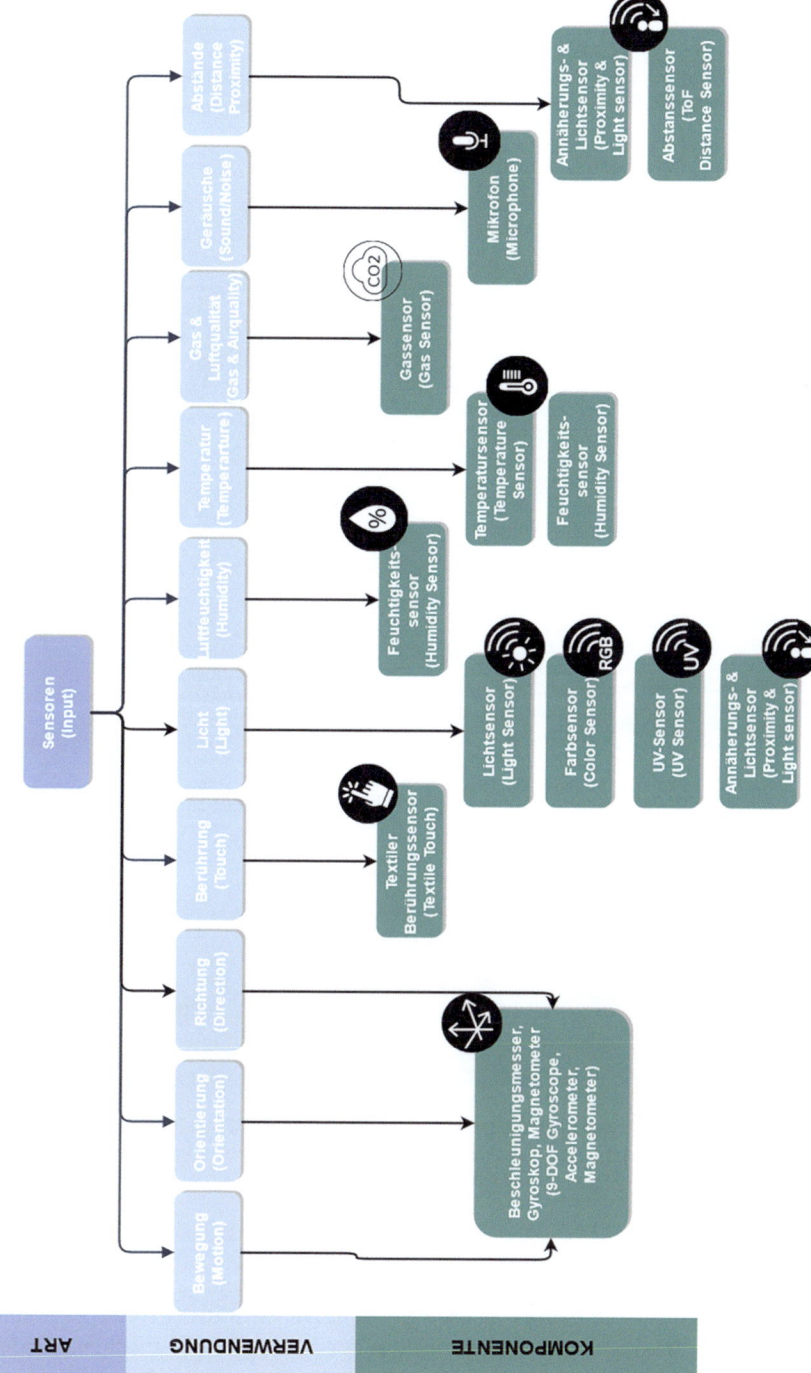

Abb. 15.5 Übersicht der MYOW-Input-Komponenten geordnet nach Verwendung

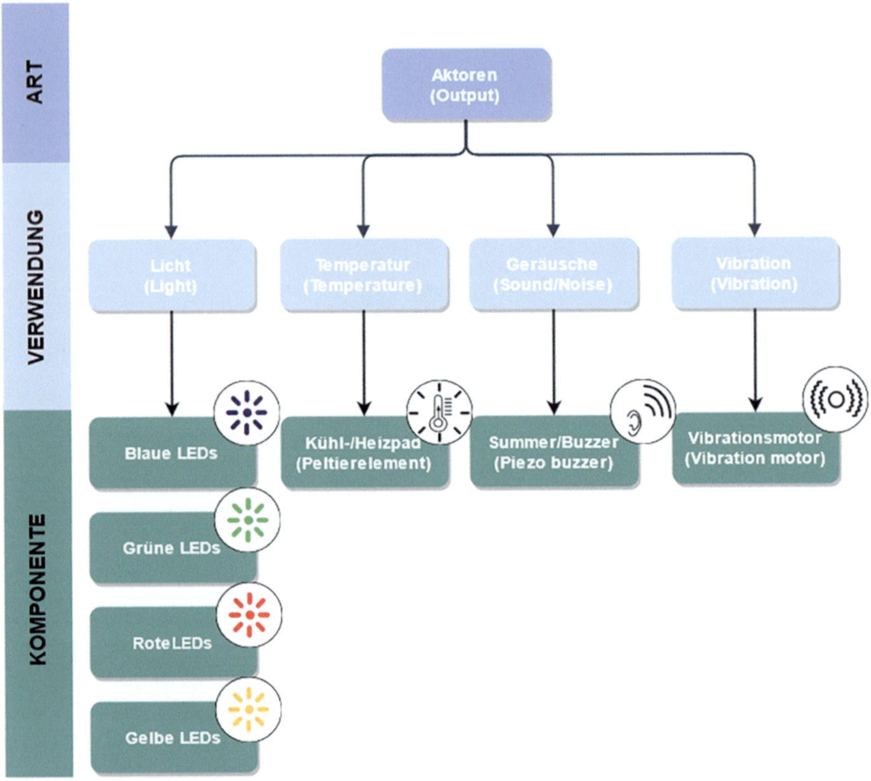

Abb. 15.6 Übersicht der MYOW-Output-Komponenten geordnet nach Verwendung

Abb. 15.7 Links: NFC-Ohrstecker aus zwei Halbzeugen; Mitte: 3D-gedruckter Prototyp zum Test der Output-Komponente und elektronischen Verbindung; Rechts: Prototyp zum Test der Integration von NFC-Komponenten und metallischen Materialien

Individualisierung der physischen Form bei gleichzeitiger Sicherstellung der Kompatibilität zu I/O-Elementen zu ermöglichen. Die Anwender sollen sich keine Gedanken über die elektrische Kompatibilität der Komponenten machen, sondern sich komplett auf die Formgebung konzentrieren können. Dieser Konzeptgedanke im Segment Schmuck könnte niedrigschwellige Individualisierungsmöglichkeiten in den Bereichen Lifestyle und Expression eröffnen. Um dieses Ziel zu erreichen, wurden unterschiedliche Elemente aus Kunststoff konstruiert, gebaut und getestet. Diese sind auf bestimmte I/O-Elemente (z. B. LEDs) abgestimmt und garantieren einen sicheren Halt bei gleichzeitiger Isolierung des Metalls (Schmuck/Abdeckung), damit eine Berührung von Metall und Leiterbahn ausgeschlossen werden kann und ein Kurzschluss verhindert wird. Es wurden insgesamt drei Arten dieser Halbzeuge aus den Materialien Wachs, Metall und Kunststoff entwickelt und getestet und für den Einsatz im MYOW-Projekt zur Verfügung gestellt.

15.2.4 Nutzerorientierter Recommender

Um die Nutzung der MYOW-Plattform benutzerfreundlich zu gestalten und die Teams bei der Erstellung von Projekten zu unterstützen, wurden im Rahmen des Projekts durch das AWSi zwei unterschiedliche Recommender entwickelt (Leiner et al. 2019). Zum einen ein Recommender, der dem Nutzenden ähnliche bereits vorhandene Projekte vorschlägt und zum anderen ein Hotspot-Recommender, der die optimalen Hotspots für I/O-Komponenten an den Kleidungsstücken empfiehlt.

Recommender für ähnliche Projekte
Dieser Recommender zielt darauf ab, Nutzenden Projekte vorzuschlagen, die Ähnlichkeiten mit ihrem geplanten Projekt haben. Der Recommender basiert auf Natural Language Processing (NLP) (dt. natürliche Sprachverarbeitung) und nutzt Collaborative Filtering (CF). Wenn die Nutzenden ein neues Projekt anlegen möchten, wird diesem zunächst ein Titel gegeben, eine passende Kategorie sowie mindestens ein passendes Merkmal des Projekts ausgewählt und zum Schluss eine kurze Beschreibung der Projektidee eingegeben (s. Abb. 15.8). Diese Informationen (basierend auf NLP) werden analysiert, um Merkmale abzuleiten und mit den Merkmalen der vorhandenen Projekte in der Datenbank zu

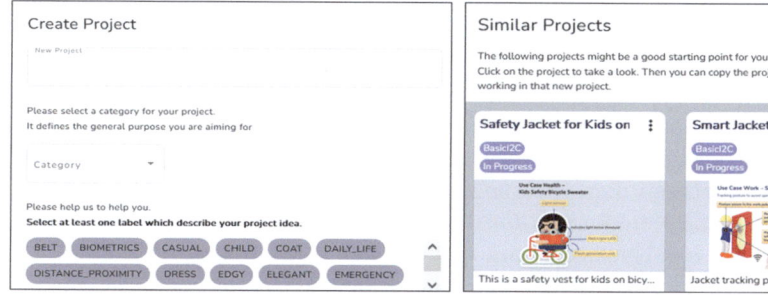

Abb. 15.8 Links: UI zur Anlage neuer Projekte mit Kategorisierung und Merkmalen und Rechts: Vorschlag für ähnliche Projekte

Abb. 15.9 Darstellung der Hotspots für die Positionierung auf einer Jacke von Licht als für die Nutzenden sichtbares Feedback

vergleichen. Es wird eine Similarity Matrix (dt. Ähnlichkeitsmatrix) erstellt und eine Gewichtung vorgenommen, um den Nutzenden schlussendlich eine sortierte Liste mit den relevantesten bzw. den ähnlichsten Projekten anzuzeigen (hier: Projekte aus dem Bereich „Jacket", s. Abb. 15.8). Mit diesem Recommender erhalten die Nutzenden die Möglichkeit, sich Inspiration und Hilfestellung von anderen Projekten zu holen. Zudem haben die Nutzenden die Chance zu überprüfen, ob zu ihrem geplanten Projekt bereits ein ähnliches besteht. In diesem Fall haben sie ggf. die Möglichkeit, sich diesen Projekten anzuschließen und ihre Ideen bzw. ihre Fähigkeiten einzubringen, um das Projekt weiter voranzutreiben und umzusetzen.

Hotspot-Recommender
Ziel des Hotspot-Recommender ist es, geeignete Anbringungspunkte (Hotspots) von I/O-Komponenten auf dem gewählten Kleidungsstück zu empfehlen. Die optimalen Hotspots auf dem Kleidungsstück färben sich automatisch ein, sobald die Nutzenden eine Komponente für das Kleidungsstück auswählen. In unserem Beispiel möchte ein Nutzender eine gelbe LED platzieren (s. Abb. 15.9). Der Recommender schlägt eine Platzierung am rechten Ärmel vor, da diese Position im Sichtfeld des Nutzenden ist und möglicherweise andere Nutzende dort bereits eine LED platziert haben. Um dem Nutzenden eine passende Empfehlung

15 Entwicklung personalisierter Wearables mit der MYOW-Plattform

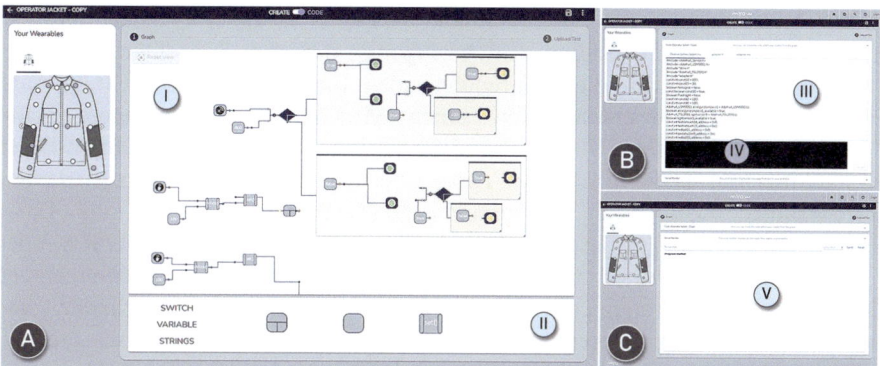

Abb. 15.10 Programmierung der Ablauflogik eines Wearables

zu geben, nutzt der Recommender vorhandene Körperkarten (Bodymaps) zu geeigneten Hotspots und Collaborative Filtering. Dabei werden Parameter, wie funktionelle, technische und soziale Anforderungen der entsprechenden körperlichen Zone, zur Bewertung der Hotspots und Bauteile verwendet. Mit den Empfehlungen sollen Nutzende bei der komplexen Komposition von Wearables unterstützt werden, denn es wird davon ausgegangen, dass viele künftige Nutzende der Plattform wenig Expertise in diesem Bereich haben.

15.2.5 Programmierung der Ablauflogik von Wearables

Zur Programmierung der im Composer verwendeten I/O-Elemente bietet MYOW eine visuelle Programmierumgebung an. Nachdem die benötigten Sensoren und Aktoren auf dem Textil bzw. den Textilien platziert wurden, wird in die visuelle Programmierumgebung („Code") gewechselt. Diese lässt sich, wie in Abb. 15.10 dargestellt, anhand von drei Arbeitsschritten (A–C) unterteilen: dem Graphen (A), der Code-Ansicht (B) und der Debug-Ansicht (C). Jeder Arbeitsschritt ist aufgeteilt in weitere Unterbereiche (römische Ziffern). Die Abb. 15.10 (Arbeitsschritt A, Bereich I.) ist die Arbeitsfläche für I/O-Komponenten (Logik). Zu Beginn ist diese leer, lediglich die im Composer ausgewählten Sensoren und Aktoren sind bereits vorplatziert. Um Logikelemente einzufügen, können Elemente aus dem Menü (Arbeitsschritt A, Region II.) per Drag and Drop auf den Flussdiagrammen in der Abbildung platziert werden. Die Auswahl der Logikelemente ist in sieben Kategorien gruppiert (Switch, Variable, Strings, Communication, ML (Machine Learning), Time, Math) und umfasst insgesamt 19 Elemente. Um Verzweigungen zu erstellen, wird die Switch-Komponente (if-else) verwendet, die zwei Container erzeugt. Durch Platzieren der nachfolgenden Elemente innerhalb der Container kann der weitere Programmfluss gesteuert werden. Variablen und Konstanten können für komplexere Logik und Ablaufsteuerung genutzt werden, für die der „normale" Sensor-Aktor-Programmfluss nicht ausreichend ist.

Für Anwendungen, bei denen zeitliche Parameter in die Ablaufsteuerung eingehen, stehen Timerbausteine zur Verfügung, die wie Scheduler verwendet werden können. Neben diesen grundlegenden Elementen bietet MYOW auch eine Komponente für maschinelles Lernen (ML) an, die einen Support-Vector-Machine (SVM)-Ansatz (Steinwart und Christmann 2008) nutzt, um Input-Daten zu klassifizieren. Die Auswahl und Anzahl der Daten sind dabei vom Nutzenden frei wählbar. Damit die ML-Komponente funktioniert, müssen die Daten zusammen mit den gewünschten Kategorien zunächst einmal angelernt werden – dies geschieht ebenfalls vollständig über die MYOW-Programmierumgebung. Die visuelle Programmierumgebung ermöglicht Laien die schnelle und unkomplizierte Programmierung und Umsetzung der Wearables. Durch die Verwendung von grafischen Symbolen können sich Nutzende voll auf den Programmablauf konzentrieren, denn bei visueller Programmierung ist die Komplexität der textuellen Programmierung weitestgehend abstrahiert. Für erfahrene Nutzende und zur Kontrolle bietet MYOW eine Möglichkeit, den erzeugten Programmcode jederzeit einzusehen (Arbeitsschritt B, Region III.). Zusätzlich unterstützt die Code-Ansicht beim Erlernen von Programmierkonzepten und beim Verbessern der notwendigen logischen Fähigkeiten (s. Kapitel 6 „Design und Entwicklung der MYOW-Plattform"). Ferner werden alle Meldungen, die vom Mikrocontroller generiert werden, in der visuellen Programmierumgebung dargestellt (Arbeitsschritt 2, Region IV.). Mit den Bausteinen zur seriellen Kommunikation gibt es eine Möglichkeit, Informationen zwischen Computer und dem Wearable auszutauschen (Arbeitsschritt C, Region V.). Der Austausch ist dabei bidirektional möglich, d. h. Daten können sowohl vom Computer an das Wearable übertragen werden als auch umgekehrt. Damit können kurze Textnachrichten an den Computer geschickt werden, die während der Programmierung als Rückmeldung über die korrekte Funktionsweise dienlich sind. Durch die visuelle Programmierumgebung können Nutzende auch ohne Vorkenntnisse lauffähige und funktionale Programme erzeugen, die per Knopfdruck in C++/Arduino-Code umgewandelt und über die Web-Anwendung auf den Arduino-Mikrocontroller übertragen werden. Dazu muss zu keinem Zeitpunkt die MYOW-Web-Anwendung verlassen werden, wodurch zum einen effektiv und schnell auch komplexere Ideen verwirklicht, und zum anderen durch die Abstraktion viele technische Hürden umgangen werden können.

15.2.6 Physische Realisierung des Wearables

Nach der Komposition (s. Abb. 15.11) (1) und Programmierung (2) stellen die Nutzenden ihr Wearable her (3). Dazu werden Schnittmuster des Bekleidungsteils von der MYOW-Plattform heruntergeladen (B). Die Komponenten des elektrischen Schaltkreises, wie Mikrocontroller, textile Leiterbahnen und Adaptermodule, sind spezielle Anfertigungen des MYOW-Toolkits (A) und müssen dementsprechend über die MYOW-Plattform erworben werden. Alle weiteren elektronischen Komponenten und I/O-Elemente werden über Elektronikdis-

15 Entwicklung personalisierter Wearables mit der MYOW-Plattform

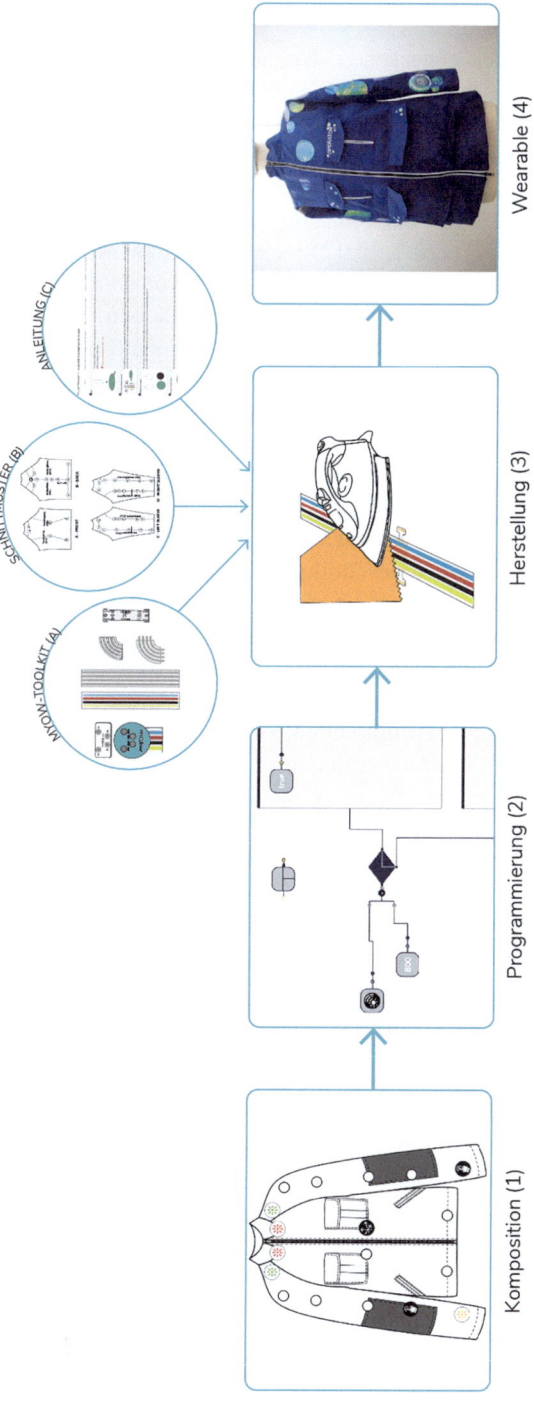

Abb. 15.11 Darstellung des Entwicklungsprozesses eines Wearables mit Unterstützung der MYOW-Plattform

tributoren erworben. Die Beschaffung kann perspektivisch auch durch die Plattform vermittelt werden.

Zur Herstellung des physischen Wearables wird von der Web-Anwendung ein auf das aktuell konzipierte Wearable angepasstes Manual, oder auch eine Anleitung, generiert (C) (s. Abb. 15.11). Anschließend folgen die Nutzenden den Anweisungen des Manuals zur Fertigstellung des Wearables, beginnend mit dem Zuschnitt des Textils, der Aufbringung von Leiterbahnen, dem Anbringen der elektronischen Bauteile bis hin zum Hochladen des Codes auf den Mikrocontroller. Das Manual (s. Abb. 15.12) weist zudem auf für die künftige Nutzung zu berücksichtigenden Maßnahmen hin, z. B. dass vor dem Waschen die Batterien herauszunehmen sind oder wie Funktionsfehler behoben werden können. Nachdem diese Schritte durchlaufen sind, haben die Nutzenden ihr individuelles Wearable fertig umgesetzt.

Das textile Leiterbahnensystem
Zur elektrischen Verbindung und Datenkommunikation der auf dem Wearable platzierten Komponenten wurde ein textilbasiertes Leiterbahnensystem entwickelt. Das MYOW-Toolkit unterscheidet sich in diesem Aspekt von anderen auf dem Markt erhältlichen eTextile-Toolkits (Woop et al. 2020). Die textilen Leiterbahnen weisen aufgrund ihrer Materialität eine hohe Flexibilität auf und sind somit für die adaptive Aufbringung auf textiles Trägermaterial geeignet. Sie bieten ein angenehmes Trageverhalten und passen sich sowohl in Form als auch optisch der Bekleidung an. Durch die Ausführung der modularen Leiterbahnelemente in geraden Strecken sowie Kurvenmodulen, können Nutzende alle Komponenten des Wearables einfach miteinander verbinden.

15.2.7 Adapter für weitere Aktoren und Sensoren

Bei den gängigen Baukästen auf Basis des I^2C-Standards (Inter-Integrated-Circuit-Standard) für serielle Datenübertragung gibt es für I/O-Elemente generell die Einschränkung, dass nur eine begrenzte Anzahl an mitgelieferten I^2C-Sensoren und -Aktoren an den Mikrocontroller angeschlossen werden können. Zudem gibt es viele weitere Module, die nicht mit dem I^2C-Standard kompatibel sind und somit ebenfalls nicht angeschlossen werden können. Die Anzahl an kompatiblen Elementen ist nicht ausreichend, weil in MYOW vorgesehen ist, anspruchsvolle Wearables für die Bereiche Work, Healthcare und Freizeit mit vielfältigen I/O-Elementen zu entwickeln. Das Baukastensystemkonzept enthält daher neben den bereits beschriebenen Standard-I^2C-Modulen eine eigens entwickelte Adapterplatine für die Integration weiterer Sensorik und Aktorik, wie z. B. LEDs, Taster, analoge und textile Sensoren oder kleine Motoren (s. Abb. 15.13). Dadurch werden die Flexibilität und Individualität des MYOW-Baukastens erweitert und neue Anwendungsmöglichkeiten für den Maker geschaffen. Dies ist ein weiterer Vorteil von MYOW gegenüber den bestehenden Systemen. Bei dieser Erweiterung des MYOW-Baukastens darf es jedoch keine Erhöhung der Schnittstellenanzahl

Abb. 15.12 Ausschnitt aus dem Manual zum Aufbringen der textilen Leiterbahnen

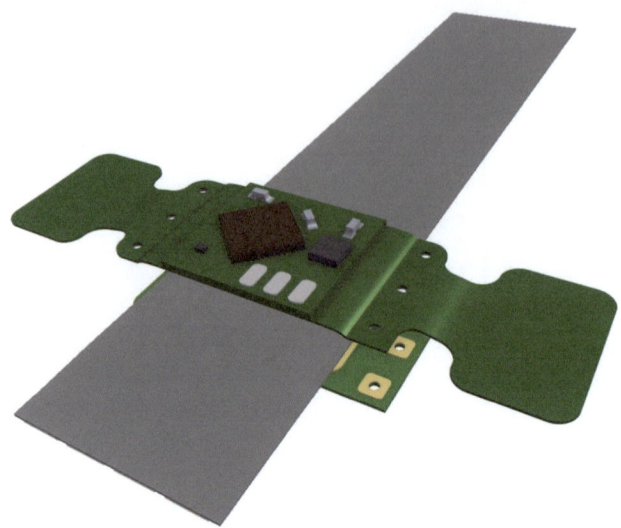

Abb. 15.13 Konzeptdarstellung: Applikation der zweiteiligen Baugruppe auf der textilen Leiterbahn

geben, d. h. die Elektronik wandelt die Signale für die neuen Sensoren und Aktoren von einem vierpoligen I^2C-System in eine zwei- oder dreipolige Datenkommunikation um. Weiterhin soll eine möglichst einfache und intuitive Verwendung durch den Maker sichergestellt werden. Für die Baugruppe ist daher keine zusätzliche Software notwendig.

Der kleine Mikrocontroller auf der Baugruppe wird initial nach der Elektronikproduktion programmiert. Die weitere Ansteuerung erfolgt durch den Hauptcontroller des MYOW-Baukastens, welchen der Maker grafisch über die Web-Anwendung programmiert. Die Elektronik muss zudem für die Verwendung in Textilien optimiert sein. Aus diesem Grund erfolgt das Anbringen der Elektronik mittels Aufbügeln der textilen Leiterbahnen auf die Pads von einer Verbindungsplatine. Auf dieser wird die eigentliche Adapterplatine ebenfalls angelötet. An die zwei flexiblen Verbindungslaschen (links und rechts) werden die gewünschten Sensoren oder Aktoren angelötet.

15.3 Pop-up-Lab

Mit dem Pop-up-Lab wurde eine mobile Werkstatt zur Erstellung von MYOW-Wearables entwickelt, um externe Präsentationen und Workshops durchzuführen. Ausgangspunkt war die aktuelle Werkstatt im Berlin Open Lab (BOL), die als Dreh- und Angelpunkt für den persönlichen Austausch, Wissensvermittlung und in den partizipativen und koproduktiven Workshops mit Partnern, Dienstleistenden und Fachleuten sowie weiteren Veranstaltungen genutzt wird. Auf Basis der

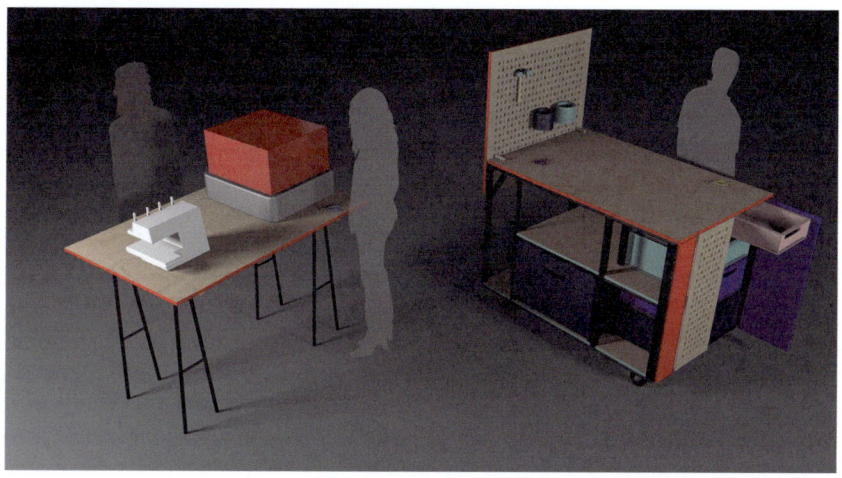

Abb. 15.14 Das Pop-up-Lab ist eine mobile Werkstatt zur Erstellung von MYOW-Wearables

Anforderungen und Abläufe in der Werkstatt wurde ein modulares System entwickelt, das neben der digitalen Web-Anwendung zur Erstellung verschiedener Arten von Wearables mit den jeweils benötigten Textilien, elektronischen Komponenten und Werkzeugen bestückt werden kann. Auf diesem Weg wurde ein flexibler Ort für das „Onboarding" geschaffen, an dem Maker, Dienstleistende, Anbietende und Beratende für eine nachhaltige Produktentwicklung zusammenkommen. Als erste Outreachplattform des Berlin Open Labs dient das Pop-up-Lab als Innovationslabor und Service-Anlaufstelle für Experten oder Expertinnen aus allen Branchen des Dienstleistungsnetzwerks sowie für interessierte Laien (Abb. 15.14).

15.4 Wirtschaftliche Relevanz des Projekts

Da die Entwicklung von Wearables für unterschiedliche Anwendungsbereiche wie Arbeit, Fitness oder Gesundheit eine sehr komplexe Aufgabenstellung ist, war es bisher nicht möglich, diesen Prozess durch eine digitale Lösung zu unterstützen. Der innovative Ansatz, durch den MYOW über den bisher verfügbaren Tool-Support hinausgeht, besteht darin, dass die MYOW-Plattform eine Grundausstattung von Textilien und Elektronikbaukasten anbietet, die für neue Anwendungsbereiche erweiterbar ist. Damit können perspektivisch für die verschiedenen Zielgruppen attraktive Lösungen angeboten werden. Bei mehreren Veranstaltungen und Präsentationen haben sich bereits zahlreiche Interessenten aus den Bereichen Textil, Elektronik, Sport, Fitness, Gesundheit und Mode gemeldet, die innovative Lösungen für ihr Segment benötigen. Die Vision des MYOW-Konsortiums ist es, die MYOW-Plattform zu einem flexiblen, mandantenfähigen

System auszubauen, mit dem Anbietende und Handelnde ihre vorhandenen Produkte um funktionale Elektronik erweitern und online anbieten können. Dabei haben sie die Möglichkeit, verschiedene Geschäftsmodelle mit unterschiedlichen Einnahmequellen zu nutzen.

15.5 Geschäftsmodelle

Ein Geschäftsmodell beinhaltet grundsätzlich drei Komponenten: das Nutzenversprechen, das Ertragsmodell und die Wertschöpfungsarchitektur. Im Zuge des Projekts hat das AWSi mögliche Konzepte für verschiedene Geschäftsmodelle für die MYOW-Plattform erarbeitet. Die entstandene Plattform ist so ausgelegt, dass sie hinsichtlich Nutzender (Maker/Endnutzer, Designende, Produzierende und Lieferanten), Teams, Rechte, Sichtbarkeit für verschiedene Geschäftsmodelle konfiguriert oder angepasst werden kann. Da sich die Plattform an unterschiedliche Zielgruppen richtet, sind verschiedene Geschäftsmodelle anwendbar. Im Nachfolgenden wird ein mögliches Geschäftsmodell für die Zielgruppe „Maker/Endnutzer" aufgezeigt. Das **Nutzenversprechen** der Plattform für Maker/Endnutzer ist ein individuelles (DIY-)Wearable, das mit der Web-Anwendung erstellt wird. Die grundlegende **Wertschöpfungsarchitektur,** also wie der Nutzen erbracht wird, sieht folgendermaßen aus: Die Nutzenden registrieren sich auf der Plattform und konfigurieren mithilfe des Recommender-Systems ihr eigenes (DIY-)Wearable. Nach abgeschlossener Konfiguration können die Nutzenden dieses über die Plattform bestellen. Ein externer Dienstleister stellt das (DIY-)Wearable zusammen und schickt es dem Endnutzer zu. **Ertragsmodell:** Nachdem der Endnutzer die Ware erhalten hat, tätigt er die Zahlung an die Plattform. Der Dienstleistende erhält daraufhin einen anteiligen Gewinn aus dieser Bestellung. Die Kundensegmente der Plattform unterteilen sich in die professionellen Anbietenden sowie die privaten DIY-Maker. Daher sollte eine entsprechende asymmetrische Preisstruktur verfolgt werden, bei der die Anmeldung für die schwieriger zu erreichende Zielgruppe, nämlich die Maker, kostenfrei sein sollte. Einnahmen könnten außerdem durch Werbung auf der Plattform generiert werden. Es wäre auch ein Freemiumansatz denkbar, bei dem ein kostenloses Basispaket zur Verfügung steht, für zusätzliche Leistungen aber eine Premiumversion/-abonnement abgeschlossen und bezahlt werden muss.

15.6 Ethische, rechtliche und soziale Aspekte (ELSI)

Das Akronym ELSI steht für „Ethical, Legal and Social Issues". Dahinter verbirgt sich die Berücksichtigung und Reflexion bei der Entwicklung technischer Artefakte hinsichtlich ethischer, rechtlicher und sozialer Aspekte. Die Auseinandersetzung bei der Entwicklung von Wearables, wie auch mit den zugehörigen Plattformen hinsichtlich dieser Aspekte, ist in der heutigen Gesellschaft von hoher Relevanz. Es werden eine Vielzahl von neuen technischen Gadgets entwickelt deren Sinnhaftigkeit oft fragwürdig ist. Nutzende müssen dafür sensibilisiert werden, welche Wearables sie im Alltag unterstützen können und welche sie lediglich von Technik abhängig machen oder schlichtweg von Anfang an nutzlos sind. Große und namhafte Technikhersteller verkaufen ihre Wearables, wie beispielsweise Smartwatches, als das Tool und Tor zur Freiheit. Inwiefern ist eine Smartwatch jedoch wirklich ein neu erworbenes Stück Freiheit, wenn sie 24/7 die Aufenthaltsorte und Vitalwerte der Nutzenden trackt?

Benötige ich wirklich eine Uhr, die mir sagt, wann ich ins Bett gehen soll und wie viele Schritte ich heute noch gehen muss, oder kann ich das auch selbst einschätzen? Die Frage ist, welche Wearables nur dem Tracking und Monitoring dienen und großen Technikunternehmen noch mehr Big Data liefern und inwiefern die Selbstbestimmtheit und Freiheit der Nutzenden durch ein Wearable (nicht) eingeschränkt wird. Sarah Spiekermann beschreibt in ihrem Buch „Digitale Ethik", dass der Umgang von Unternehmen mit ethischen Werteprinzipien nicht nur als ein lästiger Zwang gesehen werden, sondern vielmehr intrinsisch motiviert sein sollte, um einen menschengerechten Fortschritt durch die Digitalisierung zu erzielen (Spiekermann 2019). Für die Reflexion der ethischen, sozialen und rechtlichen Aspekte von digitalen technischen Anwendungen gibt es sowohl in der Forschung als auch in der Wirtschaft bereits zahlreiche Herangehensweisen. Beispielsweise mit dem Meestar-Modell werden ethische Probleme soziotechnologischer Arrangements aus individueller, organisatorischer und gesellschaftlicher Perspektive betrachtet (Manzeschke 2015). Mit dem Human Design Guide[2] entwickelte das Center for Human Technology[3], gegründet unter anderem von einem ehemaligen Google-Designethiker, ein Arbeitsblatt zur Identifizierung von Möglichkeiten menschzentrierter Technologien, das auf menschliche Befindlichkeiten fokussiert, die durch neue Technologien gefährdet werden könnten.

Für MYOW steht die menschzentrierte Entwicklung von Wearables im Vordergrund. Die ELSI-Workshops innerhalb des MYOW-Projektkonsortiums regten den interdisziplinären Werteaustausch an und eröffneten neue Räume für verantwortbare und innovative Lösungsansätze. Daraus resultieren die MYOW-Wertepostulate, welche sowohl Themen wie Zertifizierung, Rechtliches und Selbstbestimmung, aber auch Aspekte wie Nachhaltigkeit und Verantwortung umfassen. Vor allem der Open-Source-Gedanke, dass sowohl die Plattform als auch die entwickelten Wearables als gemeinsames Gut gesehen werden, was transparent kommuniziert wird, wurde als nachhaltiger Lösungsansatz vorgestellt. Aber auch die Nachhaltigkeit im ökologischen Sinne stand im Fokus, beispielsweise kann das Wearable mehrfach verwendet werden, indem es immer wieder neu programmiert wird und nicht als Einwegprodukt endet. In der abschließenden Evaluation des Projekts reflektierten die Nutzenden der Plattform ihre eingereichten Wearablekonzepte hinsichtlich der MYOW-Wertepostulate, um so den

---

[2] https://www.humanetech.com/designguide.
[3] https://www.humanetech.com.

gesellschaftlichen Mehrwert, den das Wearable erbringen soll, herauszuarbeiten und sicherzustellen. Mithilfe von ELSI wurden die Wearables neu durchdacht und innovative menschzentrierte Ideen entwickelt.

15.7 Förderhinweis

Das diesem Beitrag zugrunde liegende Projekt „MYOW" wurde mit Mitteln des Bundesministeriums für Bildung und Forschung unter den Förderkennzeichen 02K17A060 – 02K17A064 gefördert. Die Verantwortung für den Inhalt dieser Veröffentlichung liegt bei den Autoren.

Literatur

Jeong K, Yoo S (2009) Electro-textile interfaces: textile-based sensors and actuators. In: Cho G (Hrsg) Smart clothing: technology and applications. CRC press, Boca Raton

Leiner P, Ruppert E, Eiletz M, Uhl F, Greff T, Werth D (2019) Do-It-Yourself-Plattformen für individuelle Wearables – Konzeption einer Maker-Plattform und Potenzialanalyse, Springer, Wiesbaden

Manzeschke A (2015) MEESTAR – ein Modell angewandter Ethik im Bereich assistiver Technologien. Technisierung des Alters – Beitrag zu einem guten Leben, S 263–283. Steiner, Stuttgart

Spiekermann S (2019) Digitale Ethik – Ein Wertesystem für das 21. Jahrhundert. Droemer, München

Steinwart I, Christmann A (2008) Support Vector Machines. Springer, New York

Woop E, Zahn E, Flechtner R, Joost G (2020) Demonstrating a modular construction toolkit for interactive textile applications. In: Proceedings of the 11th nordic conference on human-computer interaction: shaping experiences, shaping society (S. 1–4). https://doi.org/10.1145/3419249.3420075

Rolf Fricke ist Leiter F&E bei der Condat AG in Berlin und Koordinator des MYOW Projektes.

Friederike Fröbel ist wissenschaftliche Mitarbeiterin am Deutschen Forschungszentrum für Künstliche Intelligenz (DFKI GmbH).

Tim Bibow ist Geschäftsführer bei der Spontaneous Order GmbH in Berlin.

Patrick Stadler ist wissenschaftlicher Mitarbeiter am Deutschen Forschungszentrum für Künstliche Intelligenz (DFKI GmbH).

Beate Prelle ist Senior Software Entwicklerin und Projektleiterin bei der Condat AG in Berlin.

Tobias Albert ist wissenschaftlicher Mitarbeiter beim AWS-Institut für digitale Produkte und Prozesse gGmbH in Saarbrücken.

Esther Zahn ist wissenschaftliche Mitarbeiterin am Deutschen Forschungszentrum für Künstliche Intelligenz (DFKI GmbH).

Fabian Jaenicke ist Projektleiter bei Freyer & Siegel Elektronik GmbH & Co. KG.

Clara Gleiß ist wissenschaftliche Mitarbeiterin am Deutschen Forschungszentrum für Künstliche Intelligenz (DFKI GmbH).

Florian Krebs ist Leiter der Produktentwicklung bei der Spontaneous Order GmbH in Berlin.

Norbert Reithinger ist leitender Wissenschaftler am Deutschen Forschungszentrum für Künstliche Intelligenz (DFKI GmbH).

Ido Klimovsky ist Software Entwickler bei der Condat AG in Berlin.

Andreas Mischke ist Senior Software Entwickler bei der Condat AG in Berlin.

Dirk Werth ist Geschäftsführer und wissenschaftlicher Direktor beim AWS-Institut für digitale Produkte und Prozesse gGmbH in Saarbrücken.

proDruck 3D-Druck – Technologie der Industrie 4.0 – als Mittel der Inklusion für Menschen mit Behinderungen in die Arbeitswelt

Projektbericht

Anne Kruse, Laura Müller, Manuel Ott, Rainer Koch, Joachim Hügel, Florian Finke, Stephan Winter und Thomas Gust

Zusammenfassung

proDruck „3D-Druck – Technologie der Industrie 4.0 – als Mittel der Inklusion für Menschen mit Behinderungen in die Arbeitswelt" vereinfacht die Teilhabe von Menschen mit Einschränkungen am täglichen Leben. 3D-gedruckte Alltags- und Montagehilfen ermöglichen Hilfe zur Selbsthilfe und können zur Inklusion in die erste Arbeitswelt beitragen. Mit deren Hilfe können gezielt die Bedürfnisse der Menschen mit Behinderungen adressiert werden. Die individuell und spezifisch angepassten Produkte ermöglichen eine vergrößerte Teilhabe im Alltag sowie im Arbeitsleben. Hierzu gehören Alltagshilfen wie angepasste Schreibhilfen für Kinder, um den Schulalltag zu vereinfachen. Ein weiteres Beispiel sind Montagehilfen wie spezielle Stecksysteme für den Zusammenbau von kleineren Montagegruppen. Um eine weite Verteilung der Projektergebnisse zu erreichen und möglichst vielen Menschen die Entwicklungen aus dem Projekt zur Verfügung zu stellen, erfolgte die Entwicklung einer E-Commerce-Seite für den Vertrieb und den Austausch über die entwickelten Produkte.

A. Kruse (✉) · L. Müller · M. Ott · R. Koch
Fakultät Maschinenbau, Fachgruppe für Computeranwendung und Integration in Konstruktion und Planung, Universität Paderborn, Paderborn, Nordrhein-Westfalen, Deutschland
E-Mail: kruse@cik.upb.de

L. Müller
E-Mail: mueller@cik.upb.de

M. Ott
E-Mail: ott@cik.upb.de

R. Koch
E-Mail: r.koch@cik.upb.de

© Der/die Autor(en), exklusiv lizenziert an Springer Fachmedien Wiesbaden GmbH, ein Teil von Springer Nature 2023
C. Lattemann und S. Robra-Bissantz (Hrsg.), *Personennahe Dienstleistungen der Zukunft*, Edition HMD, https://doi.org/10.1007/978-3-658-38813-3_16

Schlüsselwörter

3D-Druck · Alltagshilfen · Montagehilfen · E-Commerce · Konfiguratoren · Hilfe zur Selbsthilfe

16.1 Einleitung und Motivation

Den in Deutschland lebenden Menschen mit Behinderungen fehlte bislang der Zugang zu Elementen der Industrie 4.0 sowie zu innovativen Wertschöpfungstechnologien wie dem 3D-Druck. Hierdurch erfahren sie zusätzliche Benachteiligung in Hinblick auf kreative Arbeit, Jobchancen und Teilhabe an der Gesellschaft. Mit dem Forschungsvorhaben proDruck „3D-Druck – Technologie der Industrie 4.0 – als Mittel der Inklusion für Menschen mit Behinderungen in die Arbeitswelt" startete ein Projekt, welches sich mit der Beseitigung solcher Barrieren beschäftigte und einen Beitrag zu mehr sozialer Gerechtigkeit leistet.

16.2 Projektinhalte und Projektziele

Ziel des dreijährigen Forschungsprojekts war die Erarbeitung eines ganzheitlichen Beschäftigungsmodells für Menschen mit Behinderung. Dabei stand die Entwicklung und der 3D-Druck von individuellen Alltags- und Montagehilfen im Fokus, um so Hilfe zur Selbsthilfe zu ermöglichen. Mit der Entwicklung neuartiger Geschäftsmodelle und eines Schulungskonzepts zur Bedienung der 3D-Drucker wird die Teilhabe an zukunftsfähigen Technologien und deren aktiver Mitgestaltung ermöglicht. Die Abb. 16.1 schematisiert die Gesamtidee des Projekts. Bethel baute eine 3D-Druck-Werkstatt in Bielefeld auf, die auf spezifische Bedürfnisse von Menschen mit Behinderungen ausgerichtet ist. Ergänzt wird diese durch die Entwicklung von Schulungskonzepten, die angepasst an das jeweilige Lernniveau Kenntnisse zu den eingerichteten Arbeitsplätzen und den 3D-Druckern vermitteln. Parallel erfolgte der Aufbau einer 3D-Druck-Online-

---

J. Hügel
Projektkoordination 3D-Druck, proWerk, v. Bodelschwinghsche Stiftungen Bethel,
Bielefeld, Deutschland
E-Mail: joachim.Hugel@bethel.de

F. Finke · S. Winter
LEONEX Internet GmbH, Paderborn, Deutschland
E-Mail: florian.Finke@leonex.de

S. Winter
E-Mail: winter@leonex.de

T. Gust
trinckle 3D GmbH, Berlin, Deutschland
E-Mail: thomas.Gust@trinckle.com

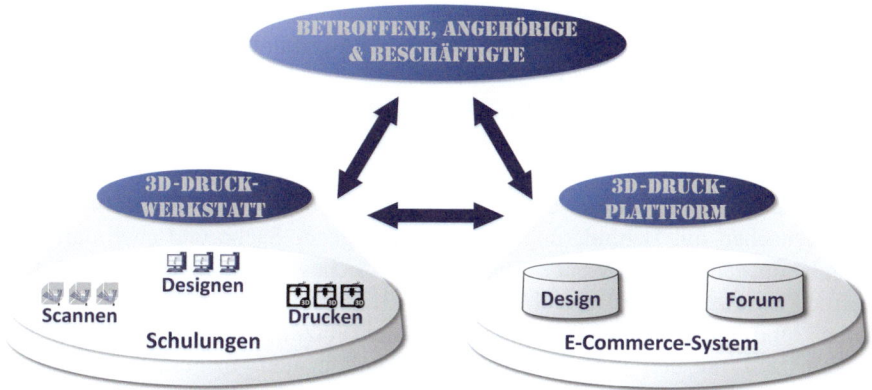

Abb. 16.1 Projektskizze „proDruck"

plattform, die neben dem Verkauf der entwickelten Produkte ein Forum für den Austausch von Anwendern mit Experten bietet. Die Plattform gibt die Möglichkeit, selbst designte Bauteile für andere Anwender zum Kauf zur Verfügung zu stellen. Abhängig von den Bauteilen können die Ideen anderer auch individuell weiterentwickelt werden, um so noch mehr Menschen eine Unterstützung zu bieten. Ein spezielles Qualitätsprogramm überprüft die Druckbarkeit und gibt den 3D-Druck in der 3D-Druck-Werkstatt bei Bethel in Auftrag. Durch die erfolgreiche Umsetzung des Projekts ermöglicht die Onlineplattform den nationalen Transfer der Produktideen eines Einzelnen. Des Weiteren dienen die konstruierten Montagehilfen als Vorbild für die Industrie, um Menschen mit Behinderungen den bislang fehlenden Zugang zu vielen Wirtschaftssektoren zu ermöglichen. Dadurch können in Zukunft Inklusion gefördert und weitere Arbeitsplätze für Betroffene geschaffen werden.

16.3 Partner und Aufgabenverteilung

16.3.1 von Bodelschwinghsche Stiftungen (vBS) Bethel

Als diakonischer Träger mit 150-jähriger Tradition bieten die von Bodelschwinghschen Stiftungen Bethel (vBS Bethel) an über 250 Standorten in acht Bundesländern mit knapp 20.000 Mitarbeitenden Unterstützung und Betreuung in unterschiedlichsten Arbeitsfeldern des Sozial- und Gesundheitswesens. Die vBS Bethel sind als gemeinnütziges, mildtätiges und kirchlichen Zwecken dienendes Unternehmen anerkannt. Der zur Stiftung Bethel gehörende Stiftungsbereich proWerk hat den Auftrag, Menschen mit Behinderung oder Benachteiligung, die nicht oder noch nicht auf dem allgemeinen Arbeitsmarkt tätig sein können, die berufliche Teilhabe zu ermöglichen. Zur Realisierung dieses Auftrags hält die Stiftung Bethel-proWerk in der Werkstatt für behinderte Menschen (WfbM) an über 30 Standorten für 2400 Menschen umfangreiche Beschäftigungsangebote in den Bereichen Industriedienstleistungen, handwerkliche und sonstige Dienstleistungen und Kunsthandwerk vor.

Zu Beginn des Projekts fehlte der Zugang für Menschen mit kognitiven Einschränkungen zur 3D-Druck-Technologie. Dabei hat vor allem der Respekt vor der anscheinenden Komplexität, die mit der Herstellung von 3D-gedruckten Alltagshilfen einhergeht, zur Zurückhaltung geführt. Jedoch sind Menschen mit Behinderung Experten in eigener Sache und auch darin, die Komplexität auf ein passendes und verständliches Maß zu reduzieren. Dies eröffnet zusätzliches Potenzial, um eine 3D-Druck-Onlineplattform, Bauteildesigns und entsprechende Schulungen für die Nutzung der 3D-Drucker zu entwickeln und für den individuellen Bedarf aufzubauen. Insgesamt besteht ein großer Bedarf an Alltags- und Montagehilfen für Menschen mit körperlichen Behinderungen, um Einschränkungen auszugleichen bzw. zu mildern und somit Barrieren in allen Bereichen des alltäglichen Lebens und der Arbeitswelt abzubauen. Genau dieser Zugang zu technologischen Innovationen ist aber für die berufliche Teilhabe von Menschen mit Behinderung am Arbeitsleben eine wichtige Voraussetzung. Der Aufbau einer 3D-Druck-Werkstatt und ein entsprechendes Geschäftsmodell ist für die vBS Bethel eine Chance, an diese zukunftsfähige Technologie anzuknüpfen und dadurch die Chancen der Inklusion in den Arbeitsmarkt zu erhöhen.

Ziele waren dabei die Entwicklung eines tragfähigen Geschäftsmodells und der Aufbau einer 3D-Druck-Werkstatt. Es besteht hinsichtlich des Zugangs für Menschen mit Behinderung im gesamten Stiftungsbereich und darüber hinaus über die Onlineplattform ein großes Potenzial und Bedarf für die Entwicklung und Bereitstellung von individuellen Alltags- und Montagehilfen.

Die Aufgabe war vor allem, für die Evaluation und die Entwicklung der Onlineplattform als Experten in eigener Sache zu dienen, die vorhandenen Kompetenzen zu nutzen und eine entsprechende pädagogische Begleitung sicherzustellen.

16.3.2 LEONEX Internet GmbH

Die LEONEX Internet GmbH ist eine Internetagentur mit den Entwicklungsschwerpunkten Web-Individualsoftware sowie E-Commerce. Zu den Kunden der LEONEX gehört der Mittelstand mit Onlineshops wie namenhafte Modemarke, Fußballvereine oder andere bekannte Marken aus diversen Industrien. Weiterhin betreut die LEONEX viele Portale, darunter auch ein selbstbetriebenes Portal unter www.streamplus.de (in einer separaten Schwesterfirma). Die LEONEX hat bereits ein erfolgreiches Kooperationsprojekt (ALUSIM) mit der Universität Paderborn abgeschlossen (testbasiertes Lernen) und ebenfalls mit sozialen Einrichtungen Web-Frontends für Menschen mit Einschränkungen konzipiert. Die 30 Mitarbeiter der LEONEX haben ihre Stärken somit nicht nur in der Konzeption von Portallösungen, sondern auch in der Usability sowie im User Experience Design.

Zum Zeitpunkt des Starts des Projekts existierte keine Onlineplattform, die alle von den Projektpartnern gewünschten Funktionen hervorbrachte. Besonders die fehlenden Möglichkeiten für den Austausch von Betroffenen in Foren war ein wichtiger Punkt, der durch das Projekt behoben werden sollte. Betroffene sollen die Möglichkeit erhalten, sich in einem sicheren und geschützten Umfeld auszutauschen. Dabei stand bei der Entwicklung vor allem die Usabilityoptimierung für die speziellen Anforderungen von Betroffenen im Vordergrund. Besondere Herausforderung war dabei, dass der Funktionsumfang nicht vollständig bekannt war, da dieser abhängig von den Fähigkeiten und dem Einsatz der Betroffenen ist.

Ziel war somit die Entwicklung eines E-Commerce-Geschäftsmodells, welches den Einschränkungen der Betroffenen gerecht wird. Es erfolgt die Entwicklung eines zielgruppenspezifischen Nutzerkonzepts (Nutzer, Designer, Experte etc.) und die Weiterentwicklung eines Open-Source-E-Commerce-Systems für die individuellen Anforderungen des Projekts. Dafür wurde eine 3D-Druck-Onlineplattform inklusive eines Austauschforums implementiert. Dabei wurden auch etablierte Payment- und Abwicklungsplattformen so integriert, dass diese den besonderen Ansprüchen der Plattform gerecht werden.

16.3.3 trinckle 3D GmbH

trinckle wurde 2013 als erster deutscher Online-3D-Druckservice gegründet. Seitdem baut trinckle seine Expertise im Bereich des 3D-Drucks sowie die Position eines führenden 3D-Druck-Fulfillment-Anbieters aus. Der Schwerpunkt liegt in der Entwicklung von 3D-Druck-Software, die beim Design, Handling und der Fertigung von gedruckten Objekten unterstützt. Das Kernprodukt paramate ermöglicht die automatisierte Konfiguration von Produktmodellen jeglicher Art. trinckle ermöglicht seinen Partnern 3D-Druck-Potenziale auszuschöpfen und innovative Geschäftsmodelle umzusetzen. Die Technologien von trinckle finden in verschiedensten Industrien Anwendung wie Augenoptik, medizinische Produkte oder industrielle Robotik.

Die 3D-Drucktechnologie als Produktionsverfahren birgt generell das unerkannte Potenzial Menschen einen einfacheren Zugang zu individuellen Produkten abseits der industriellen Massenfertigung zu gewähren. Diese Individualisierung kann u. a. ergonomische, funktionale, emotionale oder ästhetische Mehrwerte mit sich bringen. Bevor aber ebendiese individuellen Produkte mittels 3D-Druck gefertigt werden können, müssen die entsprechenden 3D-Modelldesigns individuell in einem CAD-Programm modelliert werden. Menschen ohne entsprechende berufliche Vorbildung, zusätzlich erschwert durch eine Behinderung, benötigen Unterstützung bei der Erstellung von Designs, um ihre individuellen Anforderungen einzubringen.

Ziel war es hier, möglichst vielen Menschen den Zugang zum 3D-Druck zu ermöglichen. Dabei können mittels geeigneter Softwaretools Menschen mit Behinderungen in die Lage versetzt werden, ihre Anforderungen und Wünsche in druckbare 3D-Modelldesigns zu übertragen, die letztlich per 3D-Druck produziert werden können. Für diejenigen, die selbst in der Lage sind, einfache 3D-Modelldesigns in CAD-Programmen zu erstellen, werden unterstützende Funktionen bereitgestellt. Diese prüfen letztlich die Druckbarkeit der 3D-Modelle, da ein 3D-Modell bestimmte Designregeln einhalten muss, um von einem 3D-Drucker erfolgreich produziert zu werden.

Des Weiteren soll auch denjenigen Anwendern ohne Kenntnisse im CAD-Design der Zugang zu individuell optimierten Produkten gegeben werden. Zielstellung hierbei ist es, konfigurierbare Produkte auf der Onlineplattform anzubieten, die jeder Anwender selbstständig in einer intuitiven und benutzerfreundlichen Web-Oberfläche nach seinen eigenen Bedürfnissen und Vorzügen adaptieren kann. Die besondere Herausforderung lag darin, für die entsprechenden Anwenderzielgruppen einen adäquaten Mix aus Individualisierungsmöglichkeiten und Komplexität zu realisieren.

16.3.4 Universität Paderborn

Der 3D-Druck wird an der Universität Paderborn durch das Direct Manufacturing Research Center (DMRC) abgebildet. Dieses Zentrum führt gemeinschaftliche und vorwettbewerbliche Forschung entlang der Wertschöpfungskette der additiven Fertigung (3D-Druck) durch. Dazu arbeiten zwölf verschiedene Lehrstühle und 22 industrielle Partner zusammen. Diese Struktur erlaubt den Zugriff auf das interdisziplinäre Fachwissen der beteiligten Lehrstühle und Projektpartner.

Ausgangspunkt für die Forschung an der Universität Paderborn zu diesem Themenfeld war das mangelnde Inklusionsverhalten in Deutschland. Dies führt immer noch zu einer hohen Arbeitslosenquote bei Menschen mit körperlichen, geistigen oder psychischen Behinderungen, obwohl gerade für diese Menschen die Revolution „Industrie 4.0", die Digitalisierung und besonders die Verfahren der additiven Fertigung erhebliche Möglichkeiten zur Einbindung in die allgemeine Arbeitswelt bieten.

Durch das Projekt wird die Konstruktion und Beauftragung individueller Alltagshilfen zur Fertigung mittels des 3D-Drucks angestrebt. Wichtig war hierbei, dass aus ethischer und rechtlicher Sicht die Beauftragung von Medizinprodukten über die Plattform nicht möglich ist, da an diese Produktgruppe weitreichende Anforderungen gestellt werden und nicht sichergestellt werden kann, dass diese über die Plattform und von beliebigen Anwendern berücksichtigt werden. Die Universität Paderborn war dabei vor allem für die Anforderungsanalyse und die iterativ durchgeführte Evaluation der E-Commerce-Seite und des implementierten Forums verantwortlich.

Des Weiteren hat die Universität Paderborn vor allem bei der Entwicklung, Konstruktion und dem 3D-Druck der Alltags- und Montagehilfen mitgearbeitet. Durch diese Beispielprodukte kann aufgezeigt werden, wie Betroffene in Zukunft bessere Chancen auf dem ersten Arbeitsmarkt erhalten können. Es wird aufgezeigt, dass durch den 3D-Druck eine einfachere Einbindung von Menschen mit Behinderungen in den allgemeinen Arbeitsalltag möglich ist, beispielsweise durch individuelle angefertigte Montagehilfen, die in jedem Industriezweig zum Einsatz kommen können.

Neben der Koordinierung des Projekts hatte die Universität Paderborn zum Ziel, die vBS Bethel dazu zu befähigen, eigenständig Alltags- und Montagehilfen zu konstruieren und diese mithilfe eines erarbeiteten Geschäftsmodells deutschlandweit zu vertreiben.

16.4 Ablauf des Projekts

Das Projekt startete in allen Bereichen mit der Analyse von Anforderungen. Gerade bei der Arbeit mit Menschen mit Behinderungen ist es von besonderer Bedeutung, auf deren spezielle Bedürfnisse einzugehen. In diesem Projekt betraf das vor allem die Anforderungen an die Arbeit in der 3D-Druck-Werkstatt und die Nutzung des Forums. Die Analysen beinhalteten vor allem, welche besonderen Voraussetzungen erfüllt sein müssen, damit möglichst viele Betroffene den Zugang zum Forum sowie zur E-Commerce-Seite inklusive der vorhandenen Konfiguratoren erhalten. Hierzu gehören Themen wie:

- Leichte bzw. einfache Sprache
- Einfache Erklärungen über zum Beispiel Icons
- Anpassung für Sehbeeinträchtigte
- Änderung der Schriftgröße
- Anpassung der Kontraste

In der Werkstatt kann man diese Anforderungen vor allem für den Bereich der Schulungen der Betroffenen übernehmen. Alle Erklärungen sollten leicht verständlich sein, sodass eine Einarbeitung in gewissen Punkten selbstständig oder durch andere Betroffene ablaufen kann.

Ein schwieriger und im Projekt viel diskutierter Punkt war das Konzept zur Trennung von Alltagshilfen und Medizinprodukten. Hierbei ist wichtig zu erwähnen, dass von Beginn des Projekts an klar war, dass Medizinprodukte aufgrund der besonderen Anforderungen nicht Teil des Projekts sein würden. Zunächst war angedacht, diese Produkte komplett von der Plattform und somit auch aus dem Forum zu streichen. Allerdings wurde über den Verlauf des Projekts deutlich, dass ein generelles Ausschließen dieses Themas im Forum nicht zielführend ist. Die Menschen sollen sich im Forum sicher fühlen und auch bei Fragen, die über die Kompetenz der 3D-Druck-Werkstatt hinausgehen, nicht alleine gelassen werden. Für den Anwender kann es durchaus problematisch sein, eindeutig zwischen Alltagshilfen und Medizinprodukten zu differenzieren. Daher wird besonders hier die Moderation des Forums von Bedeutung sein. Andere Betroffene können dann über ihre Erfahrungen berichten. Bei Fragen zu Produkten, die eindeutig in den medizinischen Bereich einzuordnen sind, kann eine Weiterleitung an passende Ansprechpartner von Sanitätshäusern erfolgen, um so eine professionelle Beratung zu gewährleisten.

Eine besondere Wertschätzung fand vor allem die ethikbewusste und sozialgerechte Erfüllung der Ziele innerhalb des gesamten Projekts. Für die ethisch gerechte Nutzung sind vor allem die Arbeitsbedingungen der Menschen betrachtet worden. Die Bedingungen an den Arbeitsplätzen müssen auf die jeweiligen Bedürfnisse der Menschen mit Behinderungen abgestimmt werden, um ein angenehmes und damit erfolgreiches Arbeiten zu gewährleisten. Die rechtskonforme Nutzung bezieht sich insbesondere auf die angebotenen Produkte. Dabei müssen parametrisierte und personalisierte Produkte besondere Beachtung erhalten, vor allem im Bereich der Haftung und der Möglichkeiten des Umtausches. Ebenso die Frage, wer verantwortlich ist, wenn es zu Problemen oder Defekten in der Nutzung des Produktes kommt, ist zu klären, bevor ein Produkt in Umlauf gebracht wird. Die sozial gerechte Nutzung liegt insbesondere in der fairen Preisgestaltung der Produkte unter Berücksichtigung der Bezahlung der Mitarbeiter. Die Produkte sollten für jeden Betroffenen zu einem erschwinglichen Preis zur Verfügung gestellt werden. Hier stellte sich dem Konsortium somit die Herausforderung, ein optimales Finanzierungskonzept für Werkstatt und Onlineplattform zu finden und gleichzeitig die Beschäftigten sowie die Kunden der Alltagshilfen fair zu behandeln.

Um die ersten Bauteile für die 3D-Druck-Werkstatt zu filtern, wurden Workshops in den Werkstätten von Bethel abgehalten. So wurde das Projekt in den verschiedenen Bereichen Bethels bekannt gemacht und die Betroffenen konnten sich von Beginn an mit eigenen Ideen beteiligen. Mit der Verbreitung des Projekts kamen auch Anfragen zu Produkten außerhalb der Werkstätten und Institutionen von Bethel. Einige dieser entwickelten Bauteile werden im Folgenden aufgezeigt. Durch die Bauteile wird verdeutlicht, wie der 3D-Druck dazu beitragen kann, die Inklusion in den Aufgaben des täglichen Lebens und der Arbeitswelt zu fördern. Im Anschluss an die Vorstellung der Bauteile erfolgt auch ein kurzer Einblick in die aufgebaute 3D-Druck-Werkstatt sowie die Vorstellung der E-Commerce-Seite inklusive Forum und der integrierten Konfiguratoren.

Zum Abschluss des Projekts stand vor allem die Evaluation der E-Commerce-Seite mit all ihren Funktionen im Fokus. Nur wenn die angedachten Herausforderungen bei der Bedienung einer solchen Seite wirklich behoben werden, kann die Seite zu einem Erfolg werden und so die Inklusion von Menschen mit Behinderungen in die erste Arbeitswelt unterstützen.

16.5 Ergebnisse des Projekts

Im Folgenden sind die Ergebnisse des Forschungsprojekts dargestellt. Dazu gehört neben den im Projekt entwickelten Alltags- und Montagehilfen auch die Vorstellung der 3D-Druck-Werkstatt, die innerhalb des Projekts aufgebaut wurde und in der die Bauteile gefertigt werden. Des Weiteren erfolgt die Darstellung der E-Commerce-Seite, die ebenfalls während der Projektlaufzeit vom Projektpartner LEONEX nach den Vorgaben von Bethel implementiert wurde.

16.5.1 Vorstellung von Alltags- und Montagehilfen

An dieser Stelle werden ausgewählte Alltags- und Montagehilfen vorgestellt, die sowohl die allgemeine positive Resonanz von Externen als auch die projektinternen Ideen und Bauteilbeispiele der Projektpartner widerspiegelt.

16.5.1.1 Schreibhilfe für Kinder mit Spastiken

Der erste Anwendungsfall, der das Projekt über eine externe Anfrage erreicht hat, bezieht sich insbesondere auf Menschen mit Spastiken. Ein bekanntes Bild von Menschen mit Spastiken kann Abb. 16.2a entnommen werden. Um Kindern mit einer derartigen Einschränkung die Möglichkeit zu geben, beispielsweise am Unterricht in der Schule teilzunehmen, wurden Schreibhilfen entwickelt, welche die Finger an einem Stift zentrieren, ohne dass die Kraft für das Halten des Stiftes aufgebracht werden muss (Abb. 16.2b). Durch diese Maßnahme ist es bereits möglich, ein gewisses Maß an schulischer Teilhabe an die Kinder heranzutragen, was wiederum dem gesamten Ziel der Inklusionsförderung durch den 3D-Druck zu Gute kommt. Die Hilfe ist derart gestaltet, dass durch den Kontakt mit zwei Fingern, im Regelfall Daumen und Zeigefinger, bereits ein Schreiben möglich ist. Der Stift wird in der Mitte der Halterung fixiert (Abb. 16.2c). Dies ist Dank des Druckens des flexiblen thermoplastischen Polyurethan (TPU)-Materials ohne weitere Fixierelemente möglich. Gleichzeitig sorgt das TPU dafür, dass die Kinder keine Druckstellen an den Fingern davontragen und zusätzlich ein gewisses Maß an Spiel durch die Flexibilität des Materials gegeben ist. Die Schreibhilfen wurden bereits an einer Schule für Schülerinnen und Schüler mit motorischen und geistigen Einschränkungen eingesetzt und werden dort zur stetigen Verbesserung validiert.

Spastiken führen dabei nicht nur zu den beschriebenen Problemen in der Ausbildung von Kindern. Es gibt viele Aufgaben im alltäglichen Leben, die ohne entsprechende Hilfe nur schwer bis gar nicht bewerkstelligt werden können. Ein großes Anwendungsgebiet bedienen hier unter anderem die individuellen Besteckaufnahmen (vgl. wiss. Artikel).

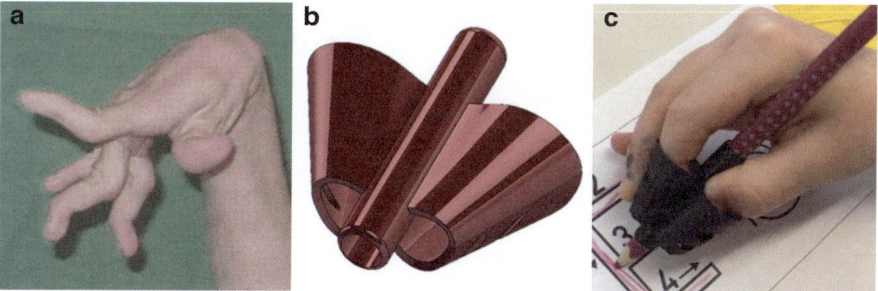

Abb. 16.2 Entwicklung einer Schreibhilfe für Kinder mit Spastiken; **a** Spastisch-dystone Hand (Reichel 2008); **b** CAD-Modell der Schreibhilfe; **c** Entwickelte Schreibhilfe in der Anwendung

Neben den Hilfen für den Alltag hat sich das Projekt auch intensiv mit Hilfen für die Arbeitswelt beschäftigt. Nachfolgend wird das Beispiel einer Montagehilfe aufgezeigt, die unterschiedliche Montagearbeiten für Menschen mit diversen Einschränkungen ermöglicht. Hierbei werden nicht nur Menschen mit einer Spastik adressiert, sondern auch Menschen, die Arbeiten mit zum Beispiel nur einem Arm ausführen können.

16.5.1.2 Montagehilfen zur Unterstützung der Werkstätten für Menschen mit Behinderungen

Innerhalb des Projekts wurden zusammen mit der vBS Bethel Werkstätten identifiziert, die eine hohe Nachfrage an individuellen Montagehilfen aufweisen. Hier erfolgt dann die Erarbeitung von Lösungen und die Validierung der Produkte. In einem ersten Schritt sind Montagehilfen für eine Arbeit mit erheblicher Feinmotorik entwickelt worden. Im Rahmen ihres Arbeitsalltags montieren die Beschäftigten beispielsweise eine Schneidringverschraubung in einer Vormontage, hierbei wird besonders die Feinmotorik gefordert. Gerade deshalb können diese Arbeiten bislang nur von wenigen betroffenen Mitarbeitern der Bethel Werkstätten ausgeführt werden, um das geforderte Maß an Qualität zu erhalten. Um dieser Problematik zu begegnen, wurden Studien zu möglichen additiv gefertigten Montagehilfen durchgeführt, welche die Arbeiten erleichtern und die Qualität der Montage sicherstellen sollen. Eine erste Iterationsschleife ergab eine Konstruktion, die die Kontur der Mutter mit einer entsprechenden Größe abbildete (Abb. 16.3a und b), um so ein Verkeilen in der Montagevorrichtung zu vermeiden.

Da die Auftragslage eine große Flexibilität der Werkstätten voraussetzt, muss ein System geschaffen werden, welches schnell anpassbar ist. Da die Adapterplatten über die vorgesehenen Löcher auf dem Werktisch fixiert werden sollen, um ein Wegrutschen zu verhindern, wurden in einem nächsten Iterationsschritt die Einsätze als Modul gestaltet. Zusätzliche Vorteile bringt die Modullösung zudem im Bereich der flexiblen Auftragsabwicklung. Abb. 16.4a zeigt hier den Aufsatz für die Montage einer Federeinheit eines Möbelbeschlags, welcher in die Adapterplatte eingesetzt werden kann. Dies führt zu einem schnellen und flexiblen Wechsel bei den Montagehilfen. So können sich die Mitarbeiter der Werkstätten

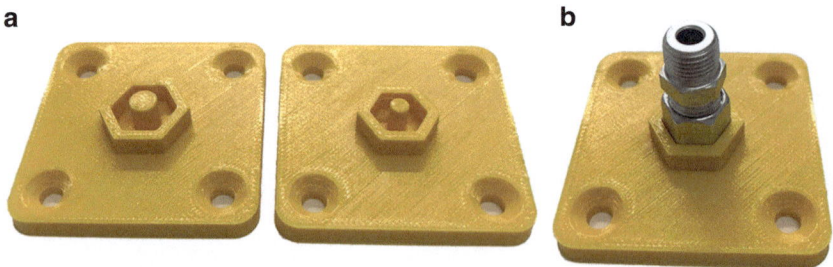

Abb. 16.3 Individuelle additiv gefertigte Montagehilfen; **a** Montagehilfe für die Schraubverbindung; **b** Montagehilfe im Einsatz

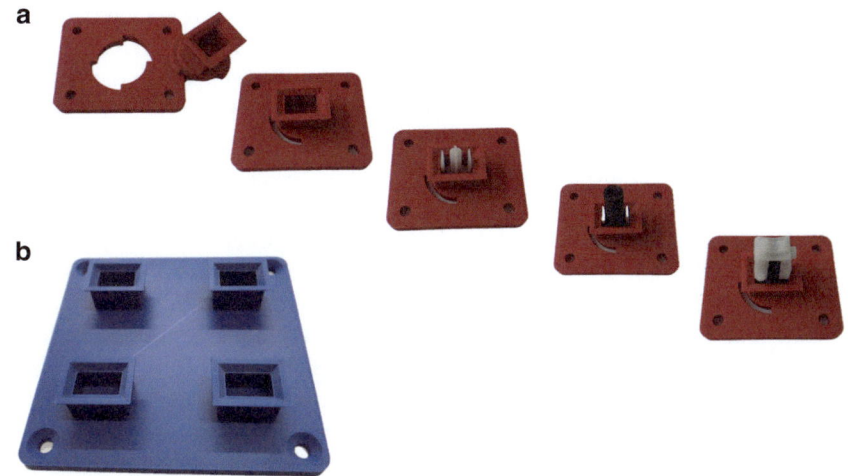

Abb. 16.4 a Montagehilfe zur Baugruppenmontage der Federeinheit eines Möbelbeschlags; b Montagehilfe 4er-Steckplatz

langsam an neue Montagehilfen gewöhnen, ohne dass ein großes Umgestalten der Arbeitsplätze nötig wird. Ein weiteres Feature zur Individualisierung der Montagehilfen ist eine frei gestaltbare Adapterplatte. Erste Versuche zeigten, dass einige Beschäftigte es bevorzugen, wenn mehrere Montageplätze nebeneinander vorhanden sind (Abb. 16.4b), andere arbeiten vorzugsweise mit einzelnen Steckplätzen. Gleichzeitig können die Anordnungen der Steckplätze in Form und Lage variiert werden, um angepasst auf den Bewegungsradius agieren zu können, der zum Beispiel durch bereits erwähnte Spastiken eingeschränkt sein kann.

Die beiden bisher vorgestellten Anwendungsbeispiele zeigen den Mehrwert auf, den eine Alltags- bzw. eine Montagehilfe im Leben von mehreren Menschen mit einer Beeinträchtigung bieten kann. Über die Projektlaufzeit wurden in diesen beiden Bereichen noch weitere Hilfen konstruiert, gedruckt und in Umlauf gebracht. Dazu gehören unter anderem eine Schere, die mit nur einer Hand bedient werden kann, eine Klebehilfe, mit der Versandetiketten passgenau aufgebracht werden können oder auch weitere einfache Zählhilfen. Im Folgenden soll nun ein Produkt vorgestellt werden, welches aufzeigt, in welcher Individualität der 3D-Druck helfen kann.

16.5.1.3 Belohnungsspender für eine Assistenzhündin

Als eine weitere externe Anfrage kam die Bitte einer Mutter für eine gedruckte Hilfe für ihren kleinen Sohn, der an einer schweren Behinderung leidet. Er ist nicht in der Lage, sich aktiv am Leben zu beteiligen, und kann nur seine rechte Hand mehr oder minder koordiniert bewegen. Zusätzlich erleidet der Junge häufig Anfälle, welche entweder bei extrem aufregenden Situationen oder aber in der Nacht auftreten können. Aus diesem Grund besitzt er eine Assistenzhündin, welche diese Situationen erkennt und aktiv anzeigt. Durch den Kontakt zwischen Hündin und Mensch sollen Fluchtwege aus einem Anfall erfolgen. Allerdings bedeutet diese enge Bindung eine besondere Art des Trainings. Für den Hund ist es schwer, ohne gelungene Interaktion in Form einer Anerkennung (Streicheln, Leckerli etc.) diese genannte Bindung aufrechtzuerhalten. Aus diesem Grund wurde in Zusammenarbeit mit der Familie ein Futterspender entwickelt, der vom Rollstuhl heraus eigenständig zu bedienen ist, um Belohnungen auszugeben, sodass die Beziehung zwischen den beiden nachhaltig gestärkt wird.

Die eingeschränkte Beweglichkeit und somit die alleinige Nutzbarkeit der rechten Hand bedingt eine einhändige Bedienung der Hilfe. Bereits jetzt ist am Rollstuhl eine Art „Buzzer" integriert, der bei Betätigung einen Ton abspielt. In Anlehnung daran ist der Taster des Spenders gestaltet und soll so einen leichten Transfer zu der Aktion der Betätigung für den Auswurf des Futters ermöglichen. Erst der 3D-Druck ermöglicht in diesem Zusammenhang die Individualisierung. Insgesamt ist die Konstruktion so ausgelegt, dass durch einfache Parametervariation eine Anpassung möglich ist. In Abb. 16.5a ist der entwickelte Futterspender dargestellt. Die Befestigung des Spenders an einen Rollstuhl kann ohne sonstige konstruktive Änderungen entsprechend der individuellen Gegebenheiten variieren und somit an unterschiedliche Rollstühle oder andere Gehhilfen angebracht werden. Die Schnittdarstellung (Abb. 16.5b) verdeutlicht, wie die innenliegenden Strukturen montiert werden. Diese sind einfach gehalten, um eine schnelle Reinigung des Spenders zu ermöglichen, da sich anderenfalls Futterreste in den Zwischenräumen anhäufen und die Funktion beeinträchtigen können.

Nachdem erste Ergebnisse in Form der Bauteile aufgezeigt wurden, erfolgt nun die Vorstellung der 3D-Druck-Werkstatt, die während des Projekts aufgebaut wurde.

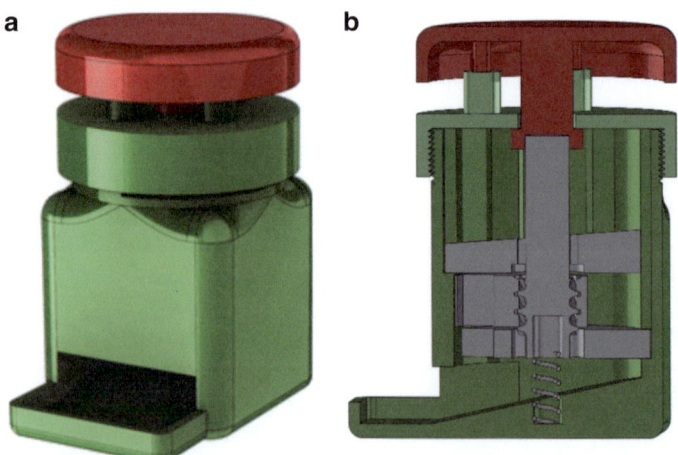

Abb. 16.5 Belohnungsspender für eine Assistenzhündin; **a** Entwickelter Futtermittelspender; **b** Verdeutlichung der Funktion durch Schnittansicht

16.5.2 Vorstellung der 3D-Druck-Werkstatt

Der Aufbau der 3D-Druck-Werkstatt hat mit der Suche nach passenden Räumlichkeiten begonnen. Ein erster Standort wurde in der Nähe des Bahnhofs aufgebaut, welcher aufgrund der guten Anbindungsmöglichkeiten ausgewählt wurde. Hier wurde die Werkstatt als eigenständige Einheit aufgebaut. Dafür erfolgt als einer der ersten Schritte die Beschaffung von zwei 3D-Druckern über Spendenanträge. Dabei wurden folgende Modelle aufgrund ihrer einfachen und leicht verständlichen Handhabbarkeit ausgewählt:

- Ultimaker S. 3 der Firma Ultimaker
- Ultimaker S. 5 der Firma Ultimaker

Da die Auslastung der Druckaufträge zu Beginn des Projekts noch nicht so hoch war, wurde einer der beiden 3D-Drucker im Vorrichtungsbau, direkt in Bethel verortet. Auf diese Weise konnten zwei zentrale Anlaufstellen mit guter Erreichbarkeit aufgebaut werden. Wobei sich der Vorrichtungsbau vorwiegend um die Herstellung von Montagehilfen kümmert.

Für die sichere Inbetriebnahme der Hard- und Softwarekomponenten wurde ein umfangreiches IT-Betriebskonzept in Bethel erstellt. Die benötigte 3D-Drucker-Software Cura konnte somit in Bethel installiert werden und eine Einarbeitung durch die Universität Paderborn erfolgen. Gemeinsam mit Fachkräften und Beschäftigten in der IT-Abteilung im Leinenmeisterhaus und dem Vorrichtungsbau wurden neue Ideen für Alltags- und Montagehilfen entwickelt, konstruiert und gedruckt.

Nach der Installation der 3D-Drucker sowie der zugehörigen Peripherie (Computer inklusive benötigter Software) bei Bethel konnte die erste Evaluation vorgenommen werden. Sowohl die Hardwareschulungen (zu den 3D-Druckern) als auch die Softwareschulung (Cura-Software) wurden auf Basis des Feedbacks der Bethel-Mitarbeiter überarbeitet und werden nun zur Einarbeitung neuer Mitarbeiter genutzt.

Im Rahmen der Evaluation wurde auch das Geschäftsmodell inklusive der Kalkulation der 3D-Druck-Werkstatt geprüft. Dabei hat sich herausgestellt, dass eine eigenständige Werkstatt wirtschaftlich nicht tragfähig ist. Auf dieser Grundlage erfolgt die Prüfung nach einer Angliederungsmöglichkeit an bereits bestehende Arbeitsbereiche. In diesem Zusammenhang wurde eine Verlagerung der 3D-Druck-Abteilung geprüft. Es wurde eine bestehende Werkstatt gefunden, an die die 3D-Druck-Werkstatt angegliedert werden konnte. Auf diese Weise lassen sich bereits bestehende Infrastrukturen nutzen, um die monatlichen Ausgaben zu reduzieren. Ein weiterer Vorteil der Angliederung besteht in der Auslastung der Beschäftigten. Durch die Andockung an einen bestehenden Arbeitsbereich können Beschäftigte Aufgaben aus verschiedenen Bereichen ausführen und eventuelle Wartezeiten bei Druckaufträgen überbrückt werden.

16.5.3 Vorstellung der E-Commerce-Seite

Um die aufgezeigten Produkte auch für Menschen außerhalb des Projekts zugänglich zu machen, wurde eine E-Commerce-Seite entwickelt. Diese wird die konstruierten Produkte für andere zur individuellen Weiterentwicklung und zum Kauf anbieten. Beim Aufbau der Website wurde vor allem darauf geachtet, eine leichte Zugänglichkeit zu ermöglichen. Zur Veranschaulichung zeigt Abb. 16.6 die Homepage der entwickelten E-Commerce-Seite.

Die verwendeten Texte wurden in einfacher Sprache verfasst. Icons zum Anklicken sind möglichst groß und selbsterklärend gewählt und farblich ruhig gehalten. Zur weiteren Zugänglichkeit kann der farbliche Kontrast der Seite und die Schriftgröße der Texte verändert werden, um beispielsweise bei Einschränkungen des Sehvermögens Einstellungsmöglichkeiten für die Lesbarkeit anbieten zu können.

Neben der Möglichkeit, im Shop der E-Commerce-Seite die Alltags- sowie Produktionshilfen käuflich zu erwerben, können Kunden eigens konstruierte Bauteile drucken lassen. Hierfür werden die entsprechenden Dateien der Bauteile von den Kunden auf der Website hochgeladen. Diese werden auf ihre Druckbarkeit geprüft und können im Anschluss in der Werkstatt bei Bethel in Auftrag gegeben werden. Darüber hinaus können die Auftraggebenden entscheiden, ihre Produkte

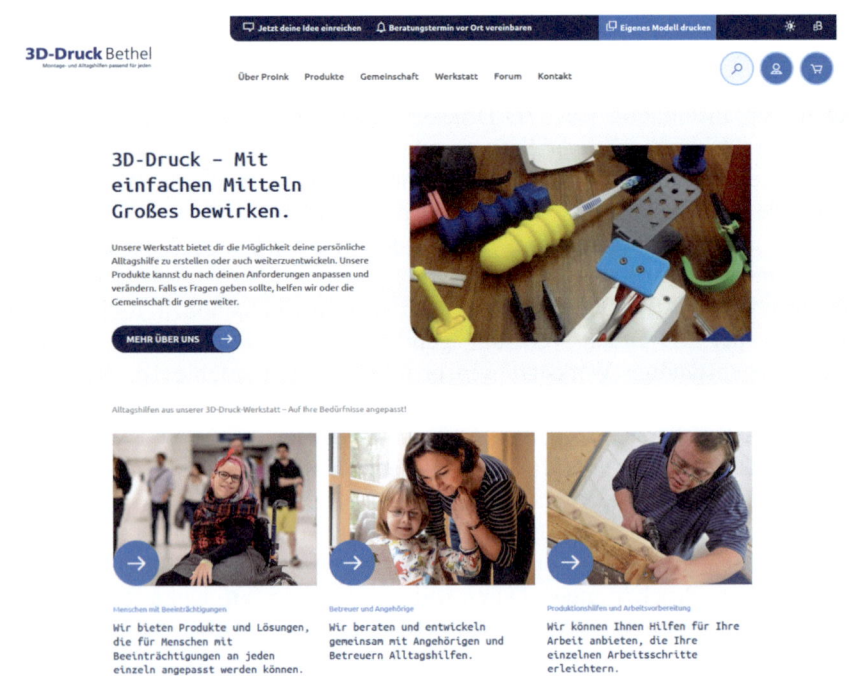

Abb. 16.6 Homepage der E-Commerce-Seite

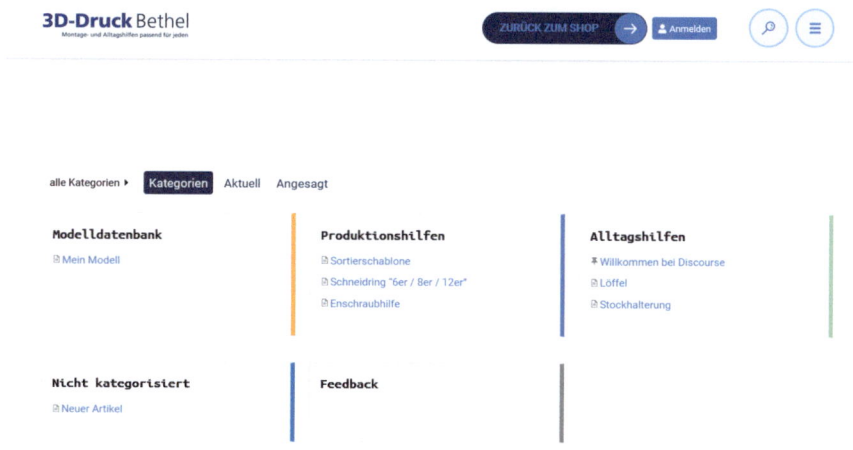

Abb. 16.7 Austauschmöglichkeit mittels des Forums auf der E-Commerce-Seite

auf der Seite veröffentlichen zu lassen. So kann die Idee eines Einzelnen weiterverbreitet werden und auch anderen Menschen den Alltag oder das Arbeitsleben erleichtern.

Damit der rege Austausch über die Produkte und Alltagshilfen weiter gefördert wird und möglichst viele Personen erreicht, bietet die Website ein Forum wie in Abb. 16.7 dargestellt. Hier können sich Hobbybastler und -konstrukteure austauschen und ihre Ideen diskutieren.

Das Forum ist für jeden zugänglich, Beiträge sind grundsätzlich einsehbar. Um an diesen aktiv teilzunehmen und Beiträge zu den Bauteilen zu erstellen oder an Diskussionen teilzunehmen, ist zunächst eine Registrierung im Webshop notwendig. Durch den offenen Austausch unterstützen sich die Nutzer gegenseitig und finden gemeinsam Problemlösungen. Ebenso können stetig Anregungen gefunden werden, um Änderungswünsche oder Verbesserungsvorschläge in die Produkte einfließen zu lassen.

Des Weiteren enthält die E-Commerce-Seite viele weitere Informationen über die Werkstatt und das Projekt im Allgemeinen, um das gesamte Vorhaben so einsichtig wie möglich zu gestalten. Mithilfe vieler Austauschmöglichkeiten gelingt es, den Kunden einzubeziehen und eine Bindung aufzubauen. Zur einfachen Kontaktaufnahme kann das Kontaktformular ausgefüllt oder direkt ein Beratungstermin angefragt werden. Weitere Veranschaulichungen für die Interaktionsmöglichkeiten bietet der Shop mittels verschiedener Icons unterhalb der Produkte, die auf die diversen Beiträge zum Produkt innerhalb des Forums oder auch auf ähnliche Produkte hinweisen (s. Abb. 16.8). Jedes Objekt kann im Forum bewertet und kommentiert werden. Kunden können hier ihre Erfahrungen mit dem Produkt teilen, indem sie einen Betrag zu dem entsprechenden Produkt verfassen und zu diesem auch Bilder hochladen, welche die Nutzung des Produkts veranschaulichen. Die Icons unterhalb der Produktbilder veranschaulichen die Anzahl der

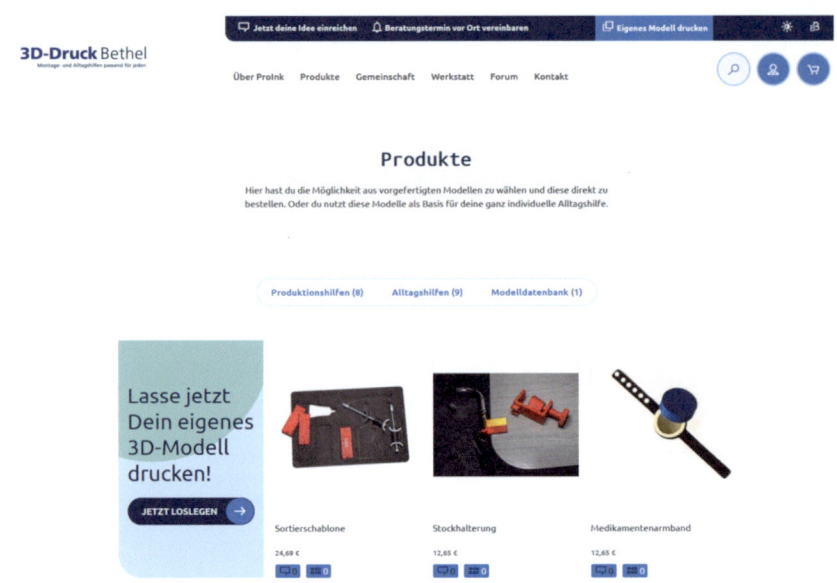

Abb. 16.8 Beispiele der Produktdarstellung auf der E-Commerce-Seite

produktbezogenen Beiträge. Die Sprechblase verweist dabei direkt auf die Beiträge zum Produkt, die kleine Liste auf Beiträge, die sich mit ähnlichen Themen beschäftigen.

16.6 Handlungsempfehlungen für die Anwender

Für die Anwender gilt, dass vor allem die Inklusion in vielen Industrien gefördert werden kann. Der Austausch von bereits existierenden Montagehilfen kann dazu beitragen, dass mehr Menschen mit einer Beeinträchtigung zur ersten Arbeitswelt Zugang erhalten und dadurch finanziell unabhängiger Leben können. Neben den Montagehilfen können auch die Aufgabengebiete zusammenhängend mit dem 3D-Druck innerhalb der Firmen für Betroffene ausgelegt werden wie die einfache Handhabung der 3D-Drucker.

Im speziellen Fall von Bethel als Anwender ist die Umsetzung und Weiterführung des Geschäftsmodells zu erzielen, um die 3D-Druck-Werkstatt über die Laufzeit des Projekts hinaus erfolgreich weiterführen zu können. Ein Hauptaugenmerk liegt dabei auf dem stetigen Ausbau des Zusammenspiels aus der 3D-Druck-Plattform, der 3D-Druck-Werkstatt sowie den Betroffenen, Angehörigen und Betreuern. Hierfür wurde die E-Commerce-Seite zukunftsfähig und anwenderfreundlich implementiert. Erstrebenswert sind Ideen für neue Produkte, die von den Betroffenen einerseits aus der Werkstatt, andererseits von der E-Commerce-

Seite eingereicht werden. Durch den stetigen Austausch, der durch die 3D-Druck-Plattform gefördert wird, ergeben sich vielseitige sowie neue Aufgabenbereiche, welche die 3D-Druck-Werkstatt auf Dauer bereichern. Um eine große Reichweite zu erzielen, empfiehlt es sich, zukünftig alles gezielt zu vermarkten. Hier können auch bereits vorhandene Kanäle Bethels genutzt werden, um auf die 3D-Druck-Werkstatt aufmerksam zu machen.

Externe Anwender, welche online über die 3D-Druck-Plattform auf die Thematik der 3D-Druck-Werkstatt gestoßen sind, gelten besonders über die Laufzeit des Projekts hinaus als erstrebenswert. Diese Zielgruppe umfasst über Betroffene, Angehörige oder Betreuer hinaus auch z. B. Hobbykonstrukteure, die Freude daran finden, sich im Forum über Produkte auszutauschen und ihr Wissen mit anderen zu teilen. Somit können sich nicht nur Personen beteiligen, die eine direkte Verbindung zu Menschen mit Behinderungen haben, sondern auch diejenigen, welche die Thematik des 3D-Drucks interessiert und helfen oder sich austauschen möchten. Handlungsempfehlung ist hierbei die aktive Nutzung der Kommunikationsmöglichkeiten innerhalb der Plattform, um einen größtmöglichen Nutzen sowie Hilfestellungen erhalten zu können.

16.7 Fazit: Steigerung der Teilhabe durch den 3D-Druck

Die Teilhabe von Menschen mit Behinderungen an der Arbeits- und Alltagswelt kann in vielen Fällen als reduziert beschrieben werden. Gerade in der Eigenständigkeit bei Spastiken wird ein Manko gesehen, welches ein hohes Maß an Individualisierungsmöglichkeiten erfordert. Die im Rahmen dieses Beitrags vorgestellten Beispiele geben einen Einblick, wie der 3D-Druck diese Probleme lösen kann.

Die Wertschöpfung, die aus dem ersten Beispiel der Schreibhilfe hervorgeht, besitzt eine Langzeitauswirkung, da sie zum einen primär auf die aktuelle Bildungsmöglichkeit von Betroffenen einwirkt und sekundär den Weg in die erste Arbeitswelt ebnet. Die Fähigkeit, zu schreiben und sich damit eine **Kommunikation** aufzubauen, ist eine grundlegende Anforderung, um im Arbeitsleben langfristig erfolgreich zu sein. Da Menschen mit Spastiken oft auch an weiteren Erkrankungen leiden, welche sie sprachunfähig machen, ist dies oftmals die einzige Art zu kommunizieren.

Ein weiterer Weg, diese Nutzbarkeit zu gewährleisten, sind die im zweiten Beispiel beschriebenen Montagehilfen. Die Befähigung, Aufgaben auszuführen, die ohne weitere Hilfsmittel nicht möglich sind, öffnen gänzlich **neue Einsatzmöglichkeiten** für die entsprechenden Mitarbeiter.

Der beschriebene Futterspender ermöglicht einen **Bindungsaufbau** zwischen dem Betroffenen und seiner Umwelt, hier seiner Assistenzhündin. Die angesprochenen **Individualisierungen** wie die Montage am Rollstuhl und das Design des „Buzzers" sind weitere wichtige Aspekte, die für den Einsatz des 3D-Drucks sprechen.

Die zum aktuellen Zeitpunkt vorliegenden Forschungsergebnisse zeigen somit eine sofortige Einsatzmöglichkeit des 3D-Drucks als Technologie zur Teilhabe, allein durch die entstehenden Produkte, die eine Hilfe zur Selbsthilfe ermöglichen.

Ein weiterer Forschungsaspekt ist die Einbindung von Menschen mit Beeinträchtigungen in den Produktionsprozess selbst. In diesem Zusammenhang erfolgt der Aufbau einer 3D-Druck-Werkstatt, welche den Umgang mit den 3D-Druckern ermöglicht. Die Arbeitsbereiche sind dabei in der Konstruktion, in der Bedienung des 3D-Druckers oder im Postprocessing angegliedert und bilden die Grundlage, um einen eventuellen Transfer zur ersten Arbeitswelt zu gewährleisten. Bereits jetzt sind erste **Schulungskonzepte** für Menschen mit Beeinträchtigungen entwickelt worden, um das stetige Wachstum der Werkstatt zu unterstützen.

Um die Verbreitung der Anwendung zu fördern, ist eine Wissens- und Austauschplattform generiert worden, welche gerade von Menschen mit Behinderungen selbst oder deren Angehörigen oder Betreuern genutzt werden kann. Diese besitzen durch ihren alltäglichen Umgang das Wissen, um vorhandene Probleme zu lösen, für die eine vielversprechende und oft individuelle Lösung gesucht wird. Durch den interaktiven Austausch können so Erfahrungswerte und Synergien bestmöglich genutzt werden.

Förderhinweis

Das diesem Beitrag zugrunde liegende Projekt „proDruck" wurde mit Mitteln des Bundesministeriums für Bildung und Forschung unter den Förderkennzeichen 02K17A070- 02K17A073 gefördert. Die Verantwortung für den Inhalt dieser Veröffentlichung liegt bei den Autoren.

Danksagung Wir möchten allen mitwirkenden Personen danken, die uns dabei geholfen haben, das Projekt zu einem Erfolg zu machen.

Literatur

Reichel G (2008) Spastik – ein Leitfaden für die Praxis. UNI-MED, Bremen

Anne Kruse ist wissenschaftliche Mitarbeiterin in der Fachgruppe für Computeranwendung und Integration in Konstruktion und Planung an der Universität Paderborn.

Laura Müller ist wissenschaftliche Mitarbeiterin in der Fachgruppe für Computeranwendung und Integration in Konstruktion und Planung an der Universität Paderborn

Manuel Ott ist wissenschaftlicher Mitarbeiter in der Fachgruppe für Computeranwendung und Integration in Konstruktion und Planung an der Universität Paderborn.

Prof. Dr.-Ing. Rainer Koch ist Leiter der Fachgruppe für Computeranwendung und Integration in Konstruktion und Planung an der Universität Paderborn.

Joachim Hügel ist der Projektkoordinator im Bereich „3D-Druck" bei der v. Bodelschwinghsche Stiftungen Bethel, im Stiftungsbereich „proWerk".

Florian Finke ist Mitarbeiter im Bereich „Web-Entwicklung" bei der LEONEX Internet GmbH.

Stephan Winter ist der Geschäftsführer der LEONEX Internet GmbH

Thomas Gust ist Senior Lead Developer bei der trinckle 3D GmbH.

Athene 4.0: Konzeption, Entwicklung und Erprobung einer Softwarelösung zur Digitalisierung kleiner Handwerksbetriebe

Michael Lücke und Maik Hausmann

Zusammenfassung

Zahlreiche Klein- und Kleinstunternehmen des Handwerks hinken dem Trend der digitalen Transformation hinterher; Stift, Papier und Telefon sind nach wie vor die vorherrschenden Medien. Konkurrenz durch Onlineplattformen und der steigende Anspruch von Kunden und Geschäftspartnern an digitale Angebote erleichtert es der vom Fachkräftemangel gezeichneten Branche nicht, den digitalen Anschluss zu finden. Doch sind die Chancen groß – durch digitale Maßnahmen kann die Kommunikation, Dokumentation und Steuerung im betrieblichen Alltag erheblich erleichtert werden. Das wirkt sich positiv auf die Kundenzufriedenheit aus und erlaubt es Handwerksbetrieben, sich auf das Kerngeschäft zu fokussieren. Wie Digitalisierung im Handwerk praxistauglich und beschäftigtengerecht gestaltet werden kann, welche Formen der Kompetenzentwicklung für Kleinbetriebe geeignet sind und wie ein geeignetes Geschäfts- und Betreibermodell für eine solche Lösung aussehen könnte, wurde im Rahmen des Forschungsprojekts Athene 4.0 erforscht. Gemeinsam mit Partnern aus Maler-, Elektro- und Haustechnikbetrieben wurde so die Handwerkssoftware „Athene" entwickelt und in der Praxis erprobt.

Schlüsselwörter

Handwerk · Digitale Transformation · Geschäftsmodell · Softwareentwicklung

M. Lücke (✉) · M. Hausmann
Fraunhofer-Institut für Materialfluss und Logistik IML, Dortmund, Deutschland
E-Mail: michael.luecke@iml.fraunhofer.de

M. Hausmann
E-Mail: maik.hausmann@iml.fraunhofer.de

17.1 Ausgangslage und Zielsetzung

Im Handwerk hält die allgegenwärtige Digitalisierung zwar langsam Einzug, doch viele Handwerksbetriebe beklagen Schwierigkeiten, eine Strategie zur Digitalisierung zu entwickeln oder umzusetzen: Auch wenn 66 % der Handwerksbetriebe in der Digitalisierung eine Chance sehen, verwenden bislang erst knapp die Hälfte der Handwerksbetriebe digitale Technologien und Anwendungen. Neben der fehlenden Strategie werden Datensicherheit, mangelnde Digitalkompetenz der Mitarbeitenden und eine unzureichende Internetversorgung als Hauptgründe genannt (ZDH 2020).

Derzeit nutzen ca. ein Viertel der Handwerksbetriebe das Cloud Computing, jedoch nur 13 % eine smarte Software, die Arbeitszeiten automatisch einem Projektstatus zuteilt. Während Trackingsysteme und eine vorausschauende Wartung von ca. jedem zehnten Handwerkbetrieb genutzt werden, finden 3D-Technologien, Drohnen und Roboter bislang kaum Anwendung (ZDH 2020). Die Internetpräsenz von Handwerksbetrieben ist insgesamt gestiegen: 97 % haben eine eigene Homepage, 84 % haben sich in Onlineverzeichnissen registrieren lassen und immerhin 30 % sind in sozialen Netzwerken aktiv (ZDH 2020; Bertram und Schaarschmidt 2019). Doch auch wenn knapp die Hälfte der Unternehmen ihre Aufträge mit einem CRM-Programm verwalten, haben Kunden, die mit ihrem Handwerksbetrieb mittels neuer Medien Materialvarianten oder technische Ausführungsdetails erörtern wollen, noch wenig Chancen, ihre Wünsche interaktiv in den Prozess einzubringen. Auch innerhalb der Handwerksbetriebe ist der Informationsfluss oft mühsam. So nutzen nur 31 % ein Enterprise-Content-Management bzw. entsprechende ECM-Software zur digitalen Organisation von Dokumenten (ZDH 2020). Die Abstimmung zwischen Kunden und den Betrieben, innerhalb der Handwerksunternehmen oder zwischen verschiedenen Betrieben, die in Kundenprojekten zusammenarbeiten, ist traditionell geprägt durch das persönliche Gespräch. Neue Möglichkeiten flexibler, informationsreicher und fehlerloser Abstimmung werden selten genutzt.

Ziel des Forschungsvorhabens Athene 4.0 war es, eine Serviceplattform für Handwerksbetriebe zu entwickeln. Neben der durchgehenden Digitalisierung des Auftragsabwicklungsprozesses sollte auch die Kommunikation mit Externen und zwischen verschiedenen Handwerksbetrieben ermöglicht werden. Die Softwareplattform „Athene 4.0" sollte Prozesse von der Auftragserfassung über die Auftrags- und Kapazitätsplanung, den Dokumenten auf der Baustelle (Rapportzettel, Bautagebuch, Gefährdungsbeurteilung etc.) bis hin zum Abschluss und der Archivierung von Aufträgen umfassen. Insbesondere sollte hier auch der Informationsaustausch mit den Beschäftigten vor Ort auf der Baustelle erleichtert werden. Die Handwerksbetriebe sollten sich wieder auf ihre Kernaufgaben konzentrieren, ohne eine Vielzahl an Papierdokumenten ausfüllen zu müssen. Athene 4.0 sollte sich dabei in mehreren Punkten von bestehenden Branchenlösungen abheben. So sollten hohe Einstiegshürden, wie Anschaffungskosten und Integrationsaufwand, durch die Entwicklung einer niederschwelligen Lösung vermieden werden. Offene Schnittstellen sollten die Kompatibilität zu anderen Softwarelösungen des Betriebs ermöglichen, anstatt sie zu ersetzen, und die einfache Bedienbarkeit sollte Effizienzgewinne ohne umfangreiche Schulungen und technisches Knowhow ermöglichen. Damit die Plattform von jedem Handwerksbetrieb unkompliziert und ohne neue Belastungen genutzt werden kann, sollte ein „digitaler Coach" integriert werden, der online Hilfestellung und Erklärungen im laufenden Betrieb geben kann. Ein weiterer Kernaspekt des Forschungsvorhabens war die Frage nach einem geeigneten Geschäfts- und Betreibermodell für die Handwerksbranche, um die nachhaltige Verbreitung der Plattform zu sichern.

17.2 Projektorganisation

17.2.1 Projektpartner

Das Projekt Athene 4.0 wurde als Konsortialprojekt durchgeführt. Zum Forschungskonsortium zählten drei verschiedene Kategorien von Partnern:

Wissenschaftliche Institute: Das Fraunhofer IML hatte die Projektleitung und verantwortete die Konzepterstellung. Aufgabe der Sozialforschungsstelle der TU Dortmund (sfs) war die Erforschung der Auswirkungen der Digitalisierung auf die Beschäftigten im Handwerk und die Erstellung von Kompetenzprofilen sowie daraus abgeleitet Qualifizierungs- und Schulungsmaßnahmen. Details zu den Kontaktpersonen der Institute sowie deren Verwertungsabsichten können Tab. 17.1 entnommen werden.

Entwicklungspartner: Für die softwareseitige Umsetzung war die Cobago GmbH verantwortlich. Neben den eigentlichen Programmierarbeiten waren auch Drittsysteme zu integrieren und Schnittstellen zu gestalten. Eine genauere Beschreibung des Entwicklungspartners findet sich in Tab. 17.2.

Umsetzungspartner: Um die geschaffene Software im betrieblichen Alltag einzusetzen und umfangreiche Tests durchzuführen, waren drei Handwerksbetriebe in das Projekt eingebunden. Diese hatten entsprechend der untenstehenden Tab. 17.3 verschiedene Schwerpunkte und garantierten in Summe die generelle Einsatzfähigkeit der Software. Die Betriebe waren: Goertz e.K., Elektro J. Organista GmbH und Malermeister Massmann.

17.2.1.1 Wissenschaftliche Institute

Tab. 17.1 Wissenschaftliche Institute

Firma/Institut	Firmen-/Institutsdarstellung
Institution/Anschrift	**Fraunhofer Gesellschaft für anwendungsorientierten Forschung e. V.;** Institut Materialfluss & Logistik; Joseph-von-Fraunhofer-Str. 2–4; 44.227 Dortmund
Ansprechpartner	Michael Lücke, Projektleiter, luecke@iml.fraunhofer.de
Produkte/Qualifikation	Div. durchgeführte Forschungsvorhaben und Entwicklungen, 2,7 Mio. €; 400 Projekte der anwendungsorientierten Forschung jährlich, Potenzialstudien Digitalisierung & Industrie 4.0, Beteiligung am Kompetenzzentrum Mittelstand 4.0
Verwertung der Ergebnisse	Erkenntnisse über den nachhaltigen Einsatz digitaler Plattformen im Handwerk werden für eine Übertragbarkeit in der gesamten Wirtschaft genutzt. Übertragung der Ergebnisse in weitere Forschungsfragen und -projekte, Einbringung in die Lehre, Aufbau von Netzwerken zur Digitalisierung; wissenschaftliche Arbeiten und Veröffentlichungen
Institution/Anschrift	**Sozialforschungsstelle,** TU Dortmund; Evinger Platz 17; 44.339 Dortmund
Ansprechpartnerin	Kerstin Guhlemann, kerstin.guhlemann@tu-dortmund.de
Qualifikation	Die Sozialforschungsstelle Dortmund (sfs) ist eines der traditionsreichen deutschen Forschungsinstitute auf dem Gebiet der sozialwissenschaftlichen Arbeitsforschung. Übergreifende Leitthemen sind die sozialwissenschaftliche Innovationsforschung, Arbeitsforschung und die digitale Transformation
Verwertung der Ergebnisse	Einbringung der Ergebnisse in Forschung und Lehre. Weitere Forschungsfragen identifizieren und Handlungsempfehlungen aussprechen

17.2.1.2 Entwicklungspartner

Tab. 17.2 Entwicklungspartner

Firma/Institut	Firmen-/Institutsdarstellung
Institution/Anschrift	**cobago GmbH** Joseph-von-Fraunhofer-Str. 13; 44.227 Dortmund
Ansprechpartner	Dr. Dieter Kramps, gf@cobago.de
Produkte	Vertrieb, Lizensierung, Vermietung und sonstige Vermarktung von IT-Lösungen im Umfeld „Internet der Dinge", die damit zusammenhängende Nutzung von Rechenzentren, die Software- und Systementwicklung, Installation, Inbetriebnahme, Wartung etc.
Mitarbeitende	7 Mitarbeitende
Qualifikation	Diverse Erstellung und Integration digitaler Lösungen in Form von Softwareplattformen
Verwertung der Ergebnisse	Eine passgenaue Serviceplattform für die Bedürfnisse der Handwerksbetriebe, die Lern- und Arbeitsgestaltungselemente integriert, wurde erfolgreich pilotiert. Die Plattformlösung soll für weitere Zielgruppen zugänglich werden und das Unternehmensportfolio erweitern

17.2.1.3 Umsetzungspartner

Tab. 17.3 Umsetzungspartner

Firma/Institut	Firmen-/Institutsdarstellung
Institution/Anschrift	**Elektro J. Organista GmbH;** Aegidistraße 103; 46.240 Bottrop
Kontakt	info@elektro-organista.de
Branche	Elektro-Handwerk
Mitarbeitende	38 Mitarbeitende
Verwertung der Ergebnisse	Kooperations- und Kommunikationsformen mit Kunden, Kollegen und Geschäftspartnern wurden etabliert. Mit der im Projekt entwickelten Plattformlösung konnten das Serviceangebot ausgebaut und die Konkurrenzfähigkeit des Unternehmens gestärkt werden. Darüber hinaus wird diese Softwareplattform bei Organista zukünftig eingesetzt
Institution/Anschrift	**Goertz e.K.**; Kapitän-Lehmann-Straße 17–19; 46.236 Bottrop
Kontakt	info@haustechnik-goertz.de
Branche	Haustechnik, Sanitär, Heizung und Klima
Mitarbeitende	10 Mitarbeitende
Verwertung der Ergebnisse	Die Bündelung lokaler Anbieter und Kunden auf einer Plattform, um umfassende Dienstleistungen im Bereich Haustechnik zukünftig anzubieten. Damit sollten Marktanteile behauptet und weitere dazugewonnen werden. Außerdem können somit Synergieeffekte für effizientere Abläufe sorgen
Institution/Anschrift	**Malermeister Massmann;** Raifeisenstr. 8; 59.348 Lüdinghausen
Kontakt	info@massmann-malerbetrieb.de
Branche	Maler- und Lackierarbeiten, Raumgestaltung
Mitarbeitende	24 Mitarbeitende
Verwertung der Ergebnisse	Die vorhandenen und genutzten digitalen Lösungen für die Prozesse mit externen Akteuren wie Zulieferern, Kunden und anderen Gewerken wurden erweitert. Darüber hinaus wurden beschäftigtengerechte Arbeitsorganisation und -gestaltung mit digitalen Assistenzsystemen erprobt

17.2.2 Projektstruktur

Die Projektstruktur ist Abb. 17.1 zu entnehmen. Es fanden regelmäßige Arbeitstreffen während der gesamten Projektlaufzeit statt. Während der Coronapandemie wurden diese fast ausschließlich per Videokonferenz durchgeführt. Neben den Projekttreffen wurde ein projektbegleitender Ausschuss installiert, der sich aus Vertreter:innen verschiedener Handwerkskammern, dem Handwerk.NRW und Fachverbänden zusammensetzte. Dadurch wurde garantiert, dass die erarbeiteten

17 Athene 4.0: Konzeption, Entwicklung und Erprobung einer …

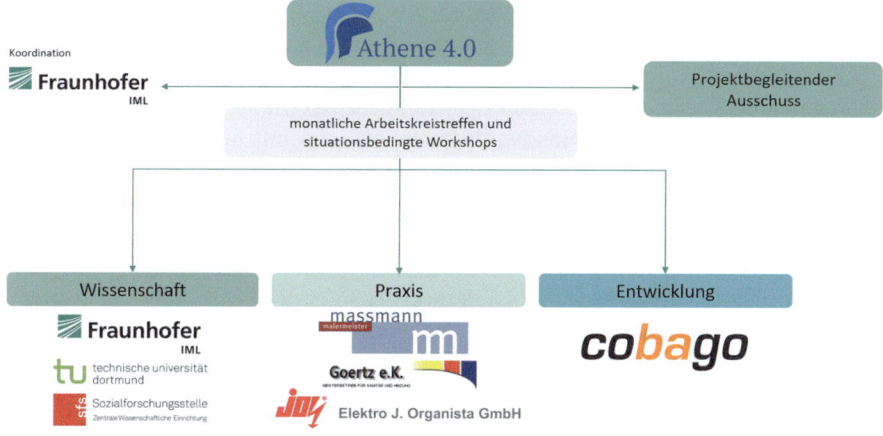

Abb. 17.1 Projektstruktur Athene

Projektergebnisse und die Zielstellung eine breite Anwendung im Handwerk ermöglichten. Zu einzelnen, spezifischen Themen wurden spezielle Thementreffen abgehalten, hierzu wurden bei Bedarf auch weitere, externe Personen bzw. Organisationen hinzugezogen. Speziell zu den Softwaretests wurden Testrunden eingerichtet, in denen spezifische Softwaremodule sukzessive getestet wurden. Danach wurden diese Module in der betrieblichen Praxis weiter validiert. Auffälligkeiten oder Verbesserungsvorschläge wurden in einem Ticketsystem erfasst und seitens des Entwicklungspartners Cobago abgearbeitet.

17.2.3 Einbindung der Handwerksorganisationen in den projektbegleitenden Ausschuss

Dem Projekt war es von Beginn an wichtig, dass verschiedene Handwerksorganisationen eingebunden werden. Einerseits um sicherzustellen, dass die Ergebnisse über die Partnerbetriebe und deren Gewerke hinaus einsetzbar sind (Breitenwirksamkeit), andererseits um eine möglichst umfangreiche Multiplikatorenplattform zu erzeugen. Eingebunden wurden folgende Organisationen: Handwerkskammer (HWK) Dortmund, HWK Münster, HWK Düsseldorf, Handwerk.NRW vertreten durch das Umweltzentrum des Handwerks in Oberhausen, Fachverband Elektro NRW, Maler- und Lackiererinnungsverband Westfalen, Fachverband Tischler NRW, Fachverband Sanität-Heizung-Klima NRW, Baugewerbliche Verbände Nordrhein und Kreishandwerkerschaft Emscher Lippe.

Das Handwerk.NRW vertritt als eingetragener Verein die Gesamtinteressen des Handwerks in NRW und setzt sich zusammen aus den geborenen Mitgliedern des

Westdeutschen Handwerkskammertags (7 HWKs in NRW) und des Unternehmerverbandes des Handwerks NRW (33 Landesinnungs- und Fachverbände).

Die Handwerkskammern sind Körperschaften öffentlichen Rechts und vertreten auf regionaler Ebene die Interessen der Handwerksbetriebe, die Pflichtmitglieder in den Kammern sind. Die Handwerkskammern sind mit hoheitlichen Aufgaben betraut.

Bei den Fach- oder Landesinnungsverbänden handelt es sich nicht um Körperschaften des öffentlichen Rechts, sondern um juristische Personen privaten Rechts. Ein Landesverband nimmt also keinerlei hoheitliche, von staatlichen Organen ihm übertragene Aufgaben wahr, sondern er ist in erster Linie Interessenverband im Sinne des ihm zugrunde liegenden Handwerks. Ein Landesverband vertritt die Interessen eines Gewerkes.

17.3 Der Arbeitsplan

17.3.1 Ursprungsplan

Der Arbeitsplan wurde in fünf Arbeitspakete untergliedert: „Innovieren und Konzipieren", „Umsetzen und Optimieren", „Qualifizieren und Gestalten", „Integrieren und Verbreiten" sowie „Koordinieren und Kommunizieren". Die Bearbeitungsreihenfolge ist der Abb. 17.2 Projektplan zu entnehmen.

Innovieren und Konzipieren: Um eine möglichst große Akzeptanz zu schaffen, stand zu Beginn des Projekts im Arbeitspaket 1 die Integration der späteren Anwender:innen, der Beschäftigten der Betriebe und Externer im Vordergrund. Die Anforderungen an die Plattform wurden in Workshops erarbeitet, wobei sowohl die verstärkte Integration der Kunden in den Leistungserstellungsprozess als auch der Aufbau der Modellunternehmen berücksichtigt wurde. Neben den Anforderungen an die Softwareplattform wurde ein Geschäfts-, Betreiber- und Finanzierungsmodell erarbeitet.

Umsetzen und Optimieren: Im Fokus des zweiten Arbeitspaketes stand die Einführung und Inbetriebnahme der Serviceplattform. Die in der Demonstrationsumgebung ermittelten Bugs und fehlenden Softwareservices wurden nach einer Validierungsphase behoben bzw. implementiert. Die Betriebe wurden während der Einführung unterstützt. Die Einführung wurde durch weitere Validierungsschleifen begleitet, in der die Nutzer ihre Erfahrungen schildern und konkrete Verbesserungsvorschläge äußern konnten.

Qualifizieren und Gestalten: Im Arbeitspaket 3 wurden die Veränderungen der Arbeitsprozesse durch die Einführung der Serviceplattform arbeitswissenschaftlich analysiert. Ziel war es, die Potenziale der Serviceplattform für die Beschäftigten und Betriebe ohne Einschränkungen der Lebens- und Arbeitsqualität nutzbar zu machen. Die für den Kompetenzaufbau der Beschäftigten benötigten

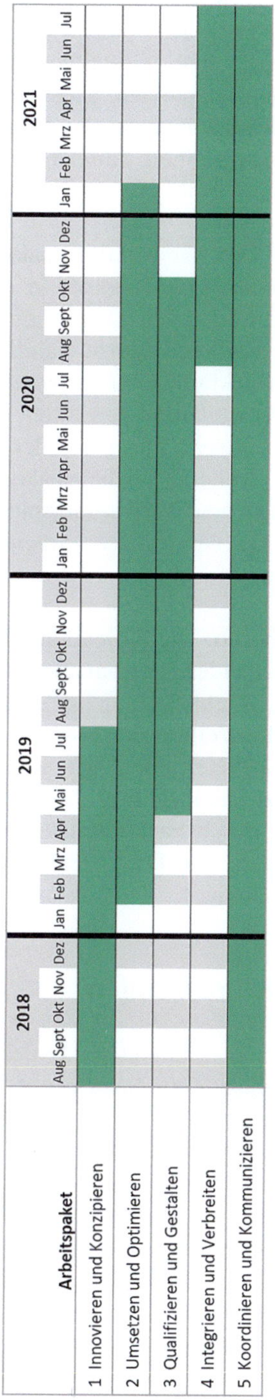

Arbeitspaket	2018					2019												2020												2021						
	Aug	Sept	Okt	Nov	Dez	Jan	Feb	Mrz	Apr	Mai	Jun	Jul	Aug	Sept	Okt	Nov	Dez	Jan	Feb	Mrz	Apr	Mai	Jun	Jul	Aug	Sept	Okt	Nov	Dez	Jan	Feb	Mrz	Apr	Mai	Jun	Jul
1 Innovieren und Konzipieren																																				
2 Umsetzen und Optimieren																																				
3 Qualifizieren und Gestalten																																				
4 Integrieren und Verbreiten																																				
5 Koordinieren und Kommunizieren																																				

Abb. 17.2 Projektplan

Beratungs- und Coachingangebote wurden in diesem Arbeitspaket entwickelt und erprobt. Dazu zählte ein „digitaler Coach", der in die Serviceplattform integriert ist und Qualifizierungselemente und Gestaltungshinweise enthält. Zusätzlich wurden Einführungsseminare angeboten, in denen neben Bedienungs- und Nutzungsmöglichkeiten, Kundengewinnungs- und -bindungspotenzialen neue erforderliche Kompetenzen zur Gesundheit, Kundenkommunikation und Konfliktmanagement vermittelt wurden.

Integrieren und Verbreiten: Das vierte Arbeitspaket diente maßgeblich der intensiven Einbindung der relevanten Stakeholder in die verschiedenen Projektphasen, um die Serviceplattform auf allen Ebenen nutzerorientiert zu gestalten. Neben den Nutzer:innen der Serviceplattform validierten Vertreter:innen ausgewählter Fachverbände die Projektarbeit und trugen so zur Qualitätssicherung bei. Zudem sollte durch diese Konstellation gewährleistet werden, dass die Ergebnisse breite Anwendung im Handwerk finden werden. Die hierbei gewonnenen Erkenntnisse flossen in die weiteren Arbeitspakete ein und dienten der Konkretisierung des Verbreitungs- und Verwertungsplans mit den eingebundenen überregionalen Netzwerken. Leider wurde dieses Arbeitspaket besonders durch die Coronapandemie beeinflusst.

Koordinieren und Kommunizieren: Die Projektleitung stellte die kontinuierliche Abstimmung der Projektpartner, anderer Verbundprojekte, mit dem wissenschaftlichen Begleitprojekt und dem Projektträger sicher und überprüfte fortlaufend die wissenschaftliche Relevanz und Exzellenz des Projekts. Hierzu wurde ein projektbegleitender Ausschuss aus Vertreter:innen der Handwerkskammern und der Fachverbände zusammen gesetzt und installiert. Neben einer projekteigenen Internetpräsenz wurde das Konzept durch Fachvorträge sowie eine Projekt-Kick-off- und Abschlussveranstaltung abgerundet. Die Öffentlichkeitsarbeit wurde ebenfalls durch die Pandemiesituation beeinflusst.

17.3.2 Abweichungen vom Projektplan

Der Ausbruch der Coronapandemie während der Projektlaufzeit hatte erheblichen Einfluss auf die Projektzeitplanung. Zum einen betraf dies die Durchführung der Arbeitsteamtreffen, hier wurde zwar zeitnah auf Onlinemeetings umgestellt, auf welche die Teams jedoch nicht eingespielt waren und so zusätzlichen Zeitbedarf hatten. Zum anderen aber waren die Handwerksbetriebe damit beschäftigt, ihren Betriebsablauf an die Coronabedingungen, die zusätzlichen Auflagen und Dokumentationspflichten und vor allem an die Wünsche der Kunden anzupassen. Dies führte dazu, dass die geplanten Tests und Einsätze der Software nicht wie geplant durchgeführt werden konnten.

Insgesamt führte dieser Umstand dazu, dass eine Projektverlängerung beantragt und gewährt wurde. Das Projekt endete damit am 31.12.2021.

17.4 Die wesentlichen Forschungsfragen

Das Forschungsvorhaben Athene orientierte sich an vier zentralen Forschungsfragen:

Wie lässt sich Digitalisierung im Handwerk lernförderlich und beschäftigtengerecht gestalten?
Unter diese Forschungsfrage fallen mehrere Aspekte, die im Forschungsvorhaben berücksichtigt wurden. Zum einen wurden Barrieren bzgl. Akzeptanz- und Partizipation von digitalen Lösungen in Handwerksbetrieben gemeinsam mit den Partnerbetrieben sowie durch Literaturrecherche und eine Umfrage untersucht. Ziel dieser Untersuchung war es, einen Überblick über die aktuelle Situation und Einstellung von Handwerksbetrieben bzgl. Digitalisierungsmaßnahmen zu erhalten. Zum anderen wurde mit Athene das Ziel verfolgt, eine für Klein- und Kleinstbetriebe zugeschnittene, niederschwellige Softwarelösung zu entwickeln. Technisches Know-how, finanzielle Kapazitäten und die jeweilige bestehende technische Ausstattung der Handwerksbetriebe erzeugen besondere Anforderungen an digitale Lösungen. So wurde in der Entwicklung stets Wert darauf gelegt, eine intuitive Bedienbarkeit zu ermöglichen und die notwendigen Investitionen und Unterhaltskosten für das Produkt möglichst gering zu halten. Des Weiteren erforderten die bestehenden Individuallösungen in den jeweiligen Betrieben, dass Schnittstellen zwischen verschiedenen Softwareprodukten mitgedacht werden mussten.

Welchen Anforderungen muss Athene entsprechen, um Praxistauglichkeit zu erreichen?
Die Sicherstellung der Praxistauglichkeit der Athene-Plattform stellt eine weitere zentrale Forschungsfrage dar. Der vielseitige Einsatz der Software umfasst neben der Nutzung am Desktop im Büro auch Mobilgeräte der Beschäftigten bei Kleinbaustellen von Privatkunden bis hin zu Großbaustellen. Dadurch ergaben sich hier Anforderungen an die Robustheit und Baustellentauglichkeit, die besonders berücksichtigt wurden. Auch die Aufnahme und digitale Abbildung der realen Abläufe der Betriebe sowie die unterschiedlichen Rollen und Funktionen, die benötigt werden, sind hier hervorzuheben.

Welche Formen der Kompetenzentwicklung sind für Klein- und Kleinstbetriebe in personennahen Dienstleistungen geeignet?
Damit die umfangreiche Software auch erfolgreich im Betrieb eingesetzt werden kann, wurden unterschiedliche Formen geeigneter Kompetenzentwicklung für Klein- und Kleinstbetriebe in personennahen Dienstleistungen untersucht. Neben der Erforschung geeigneter Lernunterstützung und Umsetzungskonzepten umfasst diese Frage auch entsprechende Schulungskonzepte für Mitarbeitende der Handwerksbetriebe.

Wie sieht ein geeignetes Geschäfts- und Betreibermodell für Athene aus?
Die Entwicklung eines geeigneten Geschäfts- und Betreibermodells stellt die Grundlage für den erfolgreichen und nachhaltigen Einsatz der Software in der Praxis dar und wurde bereits früh im Projekt mitgedacht. Die Entwicklung orientierte sich vor allem daran, größtmöglichen Mehrwert für und eine hohe Akzeptanz bei Handwerksbetrieben zu erzielen, ohne die ökonomische Tragbarkeit zu verlieren. Dazu wurden die Interessen aller am Ökosystem beteiligten Personen berücksichtigt und die vielversprechendste Lösung identifiziert und ausgestaltet.

17.5 Rahmenbedingungen für eine nachhaltige Umsetzung – Erfahrungen und Konsequenzen

17.5.1 Erfahrungen des Einsatzes in den Betrieben

Die Einsätze von Athene in den Betrieben haben gezeigt, dass das Ziel, eine niederschwellige Lösung zu finden, die handwerksnah einzusetzen ist, erreicht wurde. Trotz der Unterschiede im Digitalisierungsstand und der Spezialisierung der Partnerbetriebe gelang es, dem Feedback der Umsetzungspartner entsprechend eine einheitliche Softwarelösung zu schaffen, die für alle Teilnehmer:innen ohne großen Individualisierungsaufwand eingesetzt werden kann. Die Partnerbetriebe sprachen eine Empfehlung zur Nutzung der Software auch in anderen Gewerken aus. Die Erkenntnisse aus der Softwareentwicklung und den Einsätzen im Arbeitsalltag haben die Betriebe für ihre Prozesse sensibilisiert und die Auseinandersetzung mit Digitalisierungsmaßnahmen gefördert. Dadurch wurden Prozesse betriebsintern kritisch hinterfragt, was zur Verbesserung der Prozessabläufe in den Betrieben beitrug. Außerdem stieg dadurch das Ansehen bei Kunden und die Affinität zu digitalen Lösungen der Mitarbeitenden. Während sich junge Mitarbeitende vom Einsatz der Software besonders begeistert zeigten, wurde die Software von älteren Mitarbeitenden zunächst mit Vorbehalten genutzt. Klappte der Umgang mit Athene nicht sofort, griffen sie im Zweifel lieber zu Papier und Stift. Hier wurde ein höherer Anspruch an die intuitive Bedienbarkeit der Software identifiziert, dem durch Aufnahme von Feedback und iterativem Anpassen der Bedienbarkeit der Software entsprochen wurde. Die Unsicherheit bei der Technikauswahl konnte als Barriere identifiziert werden. Viele Betriebe setzen erst seit kurzer Zeit digitale Endgeräte ein. Fragen zur Baustellentauglichkeit, Leistungsvermögen, Offlinebetrieb etc. sind unzureichend bekannt und erschweren den Auswahlprozess. Daher besteht eine grundsätzliche Scheu bei der Anschaffung solcher Geräte aus Angst vor einer Fehlinvestition. Gerade in der Anfangszeit werden neben der Nutzung der digitalen Lösungen auch weiterhin die papiergebundenen Dokumentationen ausgefüllt. Durch diese „doppelte Buchführung" ergibt sich eine Doppelbelastung, die aber ursächlich der digitalen Lösung zugeschrieben wird. Während des Entwicklungsprozesses und des Einsatzes in der Praxis wurde besonders in der Zusammenarbeit zwischen Betrieben und

Softwareentwickler:innen eine Art Sprachbarriere merkbar. Die Perspektive auf Athene unterschied sich teils drastisch, sodass hier durch klare Kommunikation, die nicht nur bilateral, sondern zwischen allen Projektpartnern stattfinden musste, entgegengewirkt wurde. Hierbei machten sich die Nachteile der digitalen Ausweichtermine aufgrund der Coronapandemie bemerkbar. Die interdisziplinäre Kommunikation fiel den Partnern in Präsenzterminen leichter und führte zu weniger Missverständnissen.

17.5.2 Entwicklung eines Geschäfts- und Betreibermodells

Die Verwertung von Athene wurde von Beginn des Projekts an mitgedacht und das Thema Geschäftsmodellentwicklung entsprechend berücksichtigt. Die Entwicklung des Geschäfts- und Betreibermodells wurde zunächst in Anlehnung an den Business Model Canvas als Grobskizze formuliert. Mit fortschreitendem Entwicklungsstand standen mehr Informationen zu Funktionalitäten der Software sowie den beteiligten Personen, ihren Rollen und Aufgaben zur Verfügung. Auf Basis dieser Erkenntnisse trug eine Stakeholderanalyse zur Schärfung des Geschäftsmodells bei. Letztendlich wurden die vielversprechendsten Alternativen in Workshopformaten diskutiert und durch eine Szenariomethode ausgestaltet. Die Szenarien lassen sich dabei am besten durch die jeweiligen Betreiber unterscheiden. Die Wichtigkeit der Rolle des Betreibers für die Entwicklung eines Geschäftsmodells trat besonders bei der Betrachtung des Marktpotenzials, der Betreiberpflichten und der Wechselwirkungen zwischen Betreiber und den anderen agierenden Personen des Netzwerks hervor. Das theoretische Marktpotenzial liegt bei rund 1.000.000 Handwerksbetrieben in Deutschland. Jeder dieser Handwerksbetriebe hat durchschnittlich sieben Mitarbeitende (Statista 2017). Aufgrund der sich daraus ergebenden zu hohen Anforderungen an die Softwareentwickler:innen des Forschungsprojekts Athene 4.0 wurden andere Akteure für die Rolle des Betreibers sowie die Möglichkeit der Auslagerung nicht erfüllbarer Betreiberpflichten berücksichtigt und evaluiert. Die präferierte Lösung basiert auf der Gründung eines Vereins- oder einer Genossenschaft, bestehend aus Fachverbänden, Innungen, Handwerksinitiativen und -betrieben. Der Vorteil des Modells besteht im gemeinsamen Interesse der Mitglieder, die Bekanntheit untereinander und dem Aufgreifen des bestehenden Vertrauensverhältnisses. Zu Marketingzwecken können hier bestehende Kanäle genutzt werden, was sich positiv auf die Reichweite auswirkt. In einem Verein oder einer Genossenschaft ist es Handwerksbetrieben möglich, aktiv an der Mitgestaltung der Software mitzuwirken und Athene so zu gestalten, dass die Interessen der Handwerksbetriebe bestmöglich vertreten werden. Im Gegensatz zu einer privatwirtschaftlichen Betreiberstruktur wird in dieser Variante der Mehrwert für das Handwerk über die Gewinnabsicht gestellt. Aufgrund der zahlreichen Vorteile und dem starken Fokus auf die Bedürfnisse und Gestaltungsfreiheit der Handwerksbetriebe wurde die Bildung eines Vereins oder einer Genossenschaft als eine favorisierte Realisierungsoption für ein Geschäftsmodell identifiziert und auch über die Projektlaufzeit hinweg weiterverfolgt.

17.6 Fazit und Empfehlung

Mit Athene 4.0 verkürzen sich Kommunikationswege, Kunden können schon bei der Anfrage an den Handwerksbetrieb Zusatzwünsche äußern und das weitere Vorgehen mitgestalten. Auch Informationen über den Stand der Dinge im Projekt können schnell und unkompliziert angefordert und geteilt werden, z. B. mit Echtzeitfotos von der Baustelle oder Produktmustern. Dies führt zu direkten Wettbewerbsvorteilen für Handwerksbetriebe. Der gesamte Prozess von der Kundenanfrage über die Angebotserstellung und den Ablauf auf der Baustelle bis hin zur Rechnungstellung kann in der Plattform abgebildet werden. Für eine gesundheitsförderliche und arbeitsgestalterische Anwendung der Software wird die Einführung und Nutzung durch ein digitales Hilfesystem und eine integrierte Option zur Gefährdungsbeurteilung unterstützt. Dieses gibt den Anwendenden sowohl vor Nutzung des Systems Erklärungen und Hilfestellungen, sodass der Einstieg erleichtert wird, als auch während des laufenden Betriebs für eine lern- und gesundheitsförderliche Optimierung der Arbeitsprozesse.

Die frühzeitige Einbindung von Multiplikatoren, wie Kammern und Verbänden, sowie ein Geschäfts- und Finanzierungsmodell, das auf die Integration der Fachverbände setzt, ermöglichen die Verwertung und Verbreitung der Serviceplattform. Dabei ist die Rolle des Betreibers besonders hervorzuheben. Die favorisierte Betreiberstruktur, auch hinsichtlich einer Startorganisation und einer breit aufgestellten Risikoverteilung, stellt die Gründung eines (Betreiber-)Vereins oder einer Genossenschaft dar. Sollten die Anforderungen an den Betrieb der Software dabei die Kompetenzen des Konsortiums übersteigen, sollen notwendige Leistungen und Ressourcen bedarfsgerecht zugekauft werden, was eine schrittweise Skalierung ermöglicht. Durch die enge Einbindung von Fachverbänden, Innungen, Handwerksinitiativen und Handwerksbetrieben schon bei Gründung der Organisation kann auf bestehenden Beziehungen und Kanälen zu Handwerksbetrieben aufgebaut werden, wodurch Vertrauen und Reichweite geschaffen wird. In der gewählten Organisationsform können sich die beteiligten agierenden Personen, die Interesse am Einsatz einer Plattformlösung haben, zusammenfinden und das Startkapital, und somit das wirtschaftliche Risiko, teilen. Das gewählte Geschäfts- und Betreibermodell stellt somit die Mehrwerte für das Handwerk in den Vordergrund, ermöglicht die schrittweise Skalierung und ebnet dadurch den Weg für den Transfer von Athene in die Praxis.

Förderhinweis

Das diesem Beitrag zugrunde liegende Projekt „Athene 4.0" wurde mit Mitteln des Bundesministeriums für Bildung und Forschung unter den Förderkennzeichen 02K17A010 – 02K17A015 gefördert. Die Verantwortung für den Inhalt dieser Veröffentlichung liegt bei den Autoren.

Literatur

Bertram M, Schaarschmidt M (2019) Digitalisierung und soziale Medien im Handwerk: Ergebnisse einer Studie im Bereich Heizungs-, Sanitär- und Klimatechnik. Schaarschmidt M., Walsh G., von Korflesch H. (eds) Online-Reputationskompetenz von Mitarbeitern. Springer Gabler, Wiesbaden. https://doi.org/10.1007/978-3-658-25487-2_10

Statista (2017) Durchschnittliche Beschäftigtenzahl pro Betrieb im Handwerk, Stand 2017. https://de.statista.com/statistik/daten/studie/5163/umfrage/durchschnittliche-beschaeftigtenzahlpro-betrieb-im-handwerk/. Zugegriffen: 05. Mai. 2021

Zentralverband des Deutschen Handwerks (ZDH) (2020) Jeder zweite Handwerksbetrieb setzt digitale Technologien ein. https://www.zdh.de/ueber-uns/fachbereich-wirtschaft-energie-umwelt/digitalisierung-im-handwerk/aktuelle-meldungen/jeder-zweite-handwerksbetrieb-setzt-digitale-technologien-ein/. Zugegriffen: 22. März 2022

Michael Lücke ist als Senior Engineer in der Abteilung Einkauf & Finanzen im Supply Chain Management am Fraunhofer Institut für Materialfluss und Logistik tätig.

Maik Hausmann ist wissenschaftlicher Mitarbeiter in der Abteilung Supply Chain Development & Strategy am Fraunhofer Institut für Materialfluss und Logistik.

Blaupause BeDien. Die Service Canvas als Vorlage zur Unterstützung von Forschungsverbünden

18

Anna M. Lux und Susanne Robra-Bissantz

Zusammenfassung

Um Innovationen mit hohem gesellschaftlichen und wirtschaftlichen Nutzen hervorzubringen, hat sich kooperative Forschung in Projektverbünden, Netzwerken oder Clustern als Form der Zusammenarbeit von Unternehmen, Organisationen und Forschungseinrichtungen etabliert. Dabei stehen dem Ziel der direkten Nutzung von Ergebnissen durch die Partner komplexe Ansprüche an die Koordination von Forschungsverbünden gegenüber, die sich u. a. in Spezifika von Wissenschaft und Forschung, temporären Projektstrukturen sowie Herausforderungen inter- und transdisziplinärer Zusammenarbeit begründen. Um diesen Ansprüchen zu begegnen, braucht es eine neue Sichtweise auf die Unterstützung von Forschungskooperationen. Der vorliegende Beitrag zeigt am Beispiel einer abgeschlossenen BMBF-Förderlinie auf, wie sich wandelnde Anforderungen von Verbundprojekten mithilfe einer Übertragung aktueller Prinzipien der Dienstleistungsforschung umsetzen lassen. Grundlage bildet dabei die Service Canvas zur Gestaltung personennaher Dienstleistung.

Schlüsselwörter

Personennahe Dienstleistungen · Digitalisierung · Service Logik · Service Canvas · Forschungsverbundmanagement

---

A. M. Lux (✉) · S. Robra-Bissantz
Institut für Wirtschaftsinformatik, Abteilung Informationsmanagement, Technische Universität Braunschweig, Braunschweig, Deutschland
E-Mail: anna.lux@tu-braunschweig.de

S. Robra-Bissantz
E-Mail: s.robra-bissantz@tu-braunschweig.de

© Der/die Autor(en), exklusiv lizenziert an Springer Fachmedien Wiesbaden GmbH, ein Teil von Springer Nature 2023
C. Lattemann und S. Robra-Bissantz (Hrsg.), *Personennahe Dienstleistungen der Zukunft*, Edition HMD, https://doi.org/10.1007/978-3-658-38813-3_18

18.1 Herausforderungen kooperativer Forschung begegnen

Die Rahmenbedingungen für Forschung und Innovation haben sich gewandelt. Für viele Forschungsfragen ebenso wie für die Weiterentwicklung von Produkten, Dienstleistungen und Prozessen ist es erforderlich, verschiedene Aspekte zu betrachten und sowohl Unternehmen als auch Anwender:innen in die Lösung bzw. Gestaltung zu integrieren (vgl. Defila und Di Giulio 2016). Inter- und transdisziplinäre Kooperationen in zeitlich begrenzten Projektstrukturen prägen daher zunehmend den Arbeitsalltag von Forschenden. Gleichzeitig resultieren die damit verbundenen höheren Aufwände, z. B. in Akquise, Administration, Integration und Abstimmung, in neue Unterstützungsbedarfe für Forschende und Konsortien (z. B. Defila et al. 2006; Röhling 2018). Öffentliche Förderprogramme für kooperative Forschungs- und Innovationsprojekte, wie sie in Deutschland u. a. durch das BMBF angeboten werden, versuchen, diesen Bedarfen über die Finanzierung projektinterner Management- und Koordinationsstrukturen zu begegnen. Ergänzend hierzu werden für neue Themenschwerpunkte, wie sie in Förderlinien durch spezifische Bekanntmachungen organisiert sind, wissenschaftliche (Begleit-)Projekte zur Unterstützung der geförderten Verbundvorhaben eingerichtet.

Ein Beispiel hierfür ist die vom Bundesministerium für Bildung und Forschung (BMBF) geförderte „BeDien". Im Fokus der gleichnamigen Bekanntmachung steht die Innovationsentwicklung von besonders nah am Menschen orientierten Dienstleistungen durch den Einsatz neuer Technologien und digitaler Plattformen. Solche personennahen Dienstleistungen (PDL), wie sie in Bildung, Pflege, Gastronomie, Handwerk oder Sozialwesen erbracht werden, sind durch eine hohe individuelle und situierte Ausrichtung charakterisiert und gewinnen in Forschung und Wirtschaft an Bedeutung. Eingebettet in einen Schwerpunkt zur Dienstleistungsforschung setzte sich das BeDien-Projekt mit der Frage auseinander, wie Forschungsverbünde selbst von Dienstleistungen profitieren können. *In welchen Projektphasen wird welche Unterstützung benötigt? Welche forschungsnahen Dienstleistungen lassen sich in temporären Projektstrukturen etablieren? Wie können hierbei Gestaltungsempfehlungen aus den PDL sowie die Potenziale von Digitalisierung genutzt werden?*

Entgegen eines funktionalen Verständnisses des klassischen (Verbund-)Projektmanagements nahm die Unterstützung von BeDien eine Service-Perspektive ein. Im Sinne der PDL wurden individuelle und kollaborative Bedarfe der Forschungsverbünde aufgegriffen und in die gemeinsame Gestaltung von Dienstleistungsangeboten überführt. Aktuelle Trends der Dienstleistungsforschung, wie sie z. B. in der Service-Logik (vgl. Grönroos 2006, 2011) zu finden sind, boten dabei ebenso Orientierung wie die kontinuierliche Einbindung der Stakeholder. Der vorliegende Beitrag fasst Herangehensweise, Erfahrungen und Erkenntnisse des BeDien-Projekts zusammen. Die praxisnahen Beispiele aus der mehrjährigen Zusammenarbeit mit Verbundprojekten laden Koordinator:innen und

Forschungsmanager:innen dazu ein, den Herausforderungen kooperativer Forschung durch den Aufbau von dienstleistungsorientierten Unterstützungsstrukturen zu begegnen.

18.2 Dienstleistung zwischen Forschung und Forschungspraxis

18.2.1 Personennahe Dienstleistungen in der Forschung

Dienstleistungen haben einen hohen Stellenwert und bilden in Deutschland die größte und am schnellst wachsende Branche (Statista 2022). Das Verständnis darüber, was eine gute Dienstleistung ausmacht, unterliegt dem Einfluss gesellschaftlicher Trends und hat sich von produktnahen zu näher an Kund:innen orientierten Angeboten entwickelt. Durch die Möglichkeiten der Digitalisierung verändert sich die Grundlage wirtschaftlichen Handels weit über eine Kundenorientierung hinaus. In der Gestaltung von Angeboten gewinnen enge und langfristige Beziehungen in partnerschaftlichen Netzwerken ebenso an Bedeutung wie die passgenaue Unterstützung von Personen in ihren individuellen Lebenssituationen. Es manifestiert sich eine Veränderung hin zu einer Ausrichtung am Menschen, wie sie durch die Service-Logik beschrieben und durch die *personennahe Dienstleistung (PDL)* realisiert wird (vgl. Lattemann et al. 2019).

Um das Potenzial dieser neuen Ausrichtung nutzbar zu machen, beteiligte das BMBF im Rahmen des Programms „Innovationen für die Produktion, Dienstleistung und Arbeit von morgen" von 2018 bis 2022 mehr als 50 Organisationen aus Wissenschaft und Wirtschaft an Forschungs- und Entwicklungsvorhaben zu PDL. Die Konsortien teilten sich in *acht Verbundprojekte* und *ein wissenschaftliches Projekt* auf und setzten innerhalb der Vorhaben sowohl Teilprojekte als auch gemeinsame Ziele um. Je ein Koordinator oder eine Koordinatorin unterstützte die Einhaltung der Projektausrichtung und stimmte die Arbeiten des Konsortiums ab. Der Auftrag des wissenschaftlichen Projekts war es, das gesamte Themenfeld der PDL zu unterstützen und die Anschlussfähigkeit im wissenschaftlichen, praktischen und gesellschaftlichen Diskurs zu ermöglichen.

Das Team des wissenschaftlichen Projekts *„Begleitforschung Personennahe Dienstleistungen (BeDien)"* teilte sich auf zwei Standorte auf: Aus der TU Braunschweig brachte das Institut für Wirtschaftsinformatik zum einen wissenschaftliche Expertise des Lehrstuhls für Informationsmanagement ein und zum anderen auch die Gesamtprojektleitung, administrativ und koordinativ unterstützt durch das Forschungszentrum für Digitalisierung, Informatik und Informationstechnik (TUBS.digital). Auf wissenschaftlicher Seite ergänzte der Lehrstuhl für Business Administration and Information Management der Jacobs University Bremen das Konsortium. Beide Lehrstühle verbindet eine langjährige wissenschaftliche Zusammenarbeit, die sich in der Projektstruktur von BeDien durch eine enge Verflechtung aller Aufgaben und Aktivitäten widerspiegelte.

Neben dem Zusammenführen und dem Transfer von Erkenntnissen der Förderlinie lag eine zentrale Aufgabe von BeDien darin, die acht Verbundprojekte so zu unterstützen, dass sie selbst möglichst perfekte PDL gestalten. In Verbindung damit ging das BeDien-Projekt Forschungsarbeiten übergreifender Themen der Dienstleistungsforschung nach (dargestellt in Lattemann et al. 2022), wobei die im vorliegenden Beitrag beschriebene serviceorientierte Unterstützung von Forschenden ein eigenständiges Forschungsthema darstellt (vgl. Lux und Robra-Bissantz 2020, 2021).

18.2.2 Der Mensch im Mittelpunkt der Service Canvas

Ein zentrales Forschungsfeld von BeDien setzte sich mit der Frage auseinander, welche Grundsätze in der Entwicklung von PDL Anwendung finden und wie eine Hilfe bei der Gestaltung solcher Angebote aussehen kann. Hier stellt die Service Canvas (vgl. Abb. 18.1) ein Teilergebnis dar und bietet über die Erklärung der neuen Marktgegebenheiten hinaus einen Rahmen zur Gestaltung PDL (vgl. Robra-Bissantz et al. 2021). Grundlegende Konstrukte aus der aktuellen Dienstleistungsforschung bilden drei Gestaltungsbereiche: Das *Service-Ökosystem* fokussiert die Zusammenarbeit innerhalb langfristiger, partnerschaftlicher Netzwerke. Vertrauensvolle Beziehungen zwischen Menschen bilden hierfür die notwendige Basis und werden durch die Qualität von Interaktionen bestimmt, wie sie der *Value-in-Interaction* ausdrückt. Um Angebote zu schaffen, die für die einzelne Person in ihrer Situation wertvoll sind, braucht es eine Betrachtung des *Value-in-Use,* einem individuell und kontextabhängigen Wertekonstrukt. Den Gestaltungsbereichen gegenüber stehen vier wesentliche Entwicklungslinien in der Digitalisierung: Die Anpassung des Dienstleistungsangebots an individuelle

Abb. 18.1 Die Service Canvas zur Gestaltung personennaher Dienstleistungen

Bedürfnisse wird mit der *Adaption* beschrieben. Um diese zu erreichen, bringen Partner des Netzwerkes durch *Integration* ihre Kompetenzen ein. Die gemeinsame Wertschaffung, d. h. die Zusammenarbeit an den gleichen Zielen auf Basis von Verbundenheit und Vertrauen, wird durch die *Kollaboration* ausgedrückt. Im *digitalen Design* werden die Potenziale der Digitalisierung genutzt, um die Dienstleistung, die Beziehungen zwischen den Partnern sowie das gesamte Netzwerk bestmöglich zu unterstützen.

Die Anwendung der Service Canvas bietet Orientierung zur Ausgestaltung von Dienstleistungen, die Menschen in den Mittelpunkt stellen und sie einbeziehen. Dabei spielt es in der Übertragung der Grundsätze keine Rolle, ob es sich bei den Menschen um Privatpersonen handelt oder Unternehmenspartner, um Mitarbeiter:innen oder Vorgesetzte, um Praktiker oder – wie im vorliegenden Beitrag – um Forschende. Die Gestaltungsbereiche und Entwicklungslinien bieten sowohl einzeln betrachtet als auch miteinander verknüpft Inspiration zur Verbesserung von Angeboten auf Basis einer gemeinsamen Wertschaffung (kokreativ) und unter Berücksichtigung von Kontexten, Situationen und individuellen Bedürfnissen. Diesen Ansatz machte sich das BeDien-Projekt zu eigen, um die Verbünde durch ihre Projektphasen (Project Journey) zu begleiten.

18.2.3 Übertragung in die Forschungspraxis

Das Zusammenführen, Auswerten und Verbreiten von Erkenntnissen einer Förderlinie gilt häufig als Kernaufgabe wissenschaftlicher Projekte und kommt im Vorgehen einer klassischen Produktorientierung gleich, die das Ergebnis fokussiert. Im Selbstverständnis eines Dienstleisters ging BeDien über diesen Ansatz hinaus und stellte die Unterstützung der Verbundprojekte in den Vordergrund des eigenen, an den Forschenden ausgerichteten Handelns.

Eine solche Service-Orientierung ist in der Forschungspraxis neues Mindset: Obgleich auch im wissenschaftlichen Alltag ein steigender Bedarf an individueller oder kollaborativer Unterstützung zu verzeichnen ist (vgl. Lux und Robra-Bissantz 2020), nutzen unterstützende Einheiten den Begriff „Service" eher unabhängig von dem, was auf Märkten als Dienstleistung gesehen wird. Hier beschritt BeDien einen neuen Weg und unterzog die eigenen Angebote einer Betrachtung entlang der Service Canvas. So wurde der Gedanke des *Service-Ökosystems* auf das Zusammenspiel mit den Verbundprojekten und Stakeholdern der Förderlinie übertragen und eine partizipative Wertschöpfung fokussiert, die erst durch die Integration aller beteiligten Akteure möglich wurde. Auch die Vernetzung nach außen zur Erweiterung der Kooperationen ist unter diesem Gedanken einzuordnen (vgl. Abschn. 18.3.3). Im Vordergrund der Gestaltung aller Dienstleistungen stand stets die Frage nach dem *Value-in-Use:* „Welcher *Nutzen* kann damit für *wen* erreicht werden?" Die Außendarstellung der Förderlinie, die zielgruppendifferenzierte Kommunikation oder auch die Konzeption von Veranstaltungen profitierten von dieser Betrachtung. Der *Value-in-Interaction* diente für die komplette Zusammenarbeit mit den Verbundprojekten über die verschiedenen

Projektphasen als Orientierung. Ähnlich wie im Konzept der Customer Journey wurde in der Project Journey der Qualität in verschiedenen Kontaktpunkten, respektive Begegnungen, besondere Beachtung geschenkt sowie dem Aufbau guter Beziehungen zu den Vertreter:innen der Projekte. So wurde von Anfang an eine intensive Zusammenarbeit durch eine **Tandembetreuung** aus Mitarbeiter:innen beider BeDien-Standorte umgesetzt. Dadurch standen über die gesamte Projektlaufzeit feste Ansprechpersonen zur Verfügung, welche die Verbundprojekte regelmäßig kontaktierten, in die Konsortialtreffen involviert wurden und methodische bzw. inhaltliche Hilfestellung leisten konnten. Diese enge Begleitung ermöglichte es, projektspezifische Bedarfe zu erkennen, projektübergreifende Interessen auszuloten und passende Unterstützungsangebote zeit- und bedarfsgerecht aufzubauen.

Weitere Impulse für die Angebotsgestaltung konnten auch die *vier Entwicklungslinien* bieten, z. B. spiegelte sich die *Adaption* wider in der projektindividuellen Beratung über verschiedene Phasen der Project Journey, die *Integration* in fachlichen Impulsen aus dem Kreis der Stakeholder und dem partizipativen Anstoß von Forschungsthemen, wie dem Design von Service-Ökosystemen oder der Bedeutung von Vertrauen für elektronische Plattformen. Die *Kollaboration* nahm z. B. Einfluss auf die Wahl von Moderationsmethoden und Umgebungen gemeinsamer Veranstaltungen, um Verbundenheit und Gemeinschaft zu fördern. Die Anreicherung dieser Begegnungen mit digitalen Angeboten, wie z. B. einem kuratierten Newsletter oder einer digitalen Chatumgebung, wurde durch das *digitale Design* inspiriert. Wie die Unterstützungsbedarfe über die Projektlaufzeit variierten und welche analogen und digitalen Formate mit den Verbundprojekten entlang der Service Canvas erarbeitet, konzipiert und angeboten wurden, wird im folgenden Abschnitt beispielhaft beschrieben.

18.3 Unterstützungsbedarfe im Wandel der Förderzeit

18.3.1 Projektbeginn: Get what you need

Ein erstes Konzept des Angebots an begleitenden Dienstleistungen wurde von BeDien zu Beginn der Förderung explorativ auf Basis von Praxisbeispielen, Evaluationen vorangegangener Projekte und Literatur erstellt. Diese Grobfassung sollte frühzeitig durch die *Integration* von Vertreter:innen der Förderlinie für das erste Projektjahr spezifiziert und anschließend bedürfnisorientiert adaptiert werden. Ein entscheidender Grundstein hierfür wurde im Rahmen eines zweitägigen Kick-off gelegt, den BeDien im Februar 2019 ausrichtete und hierfür Ziele (Z) entlang der Service Canvas definierte:

Um die Unterstützungsbedarfe am *Value-in-Use* der Verbundprojekte aufzubauen (Z01), stand für BeDien die *Kollaboration* zu Anfang der Projektlaufzeit im Vordergrund, d. h. das Kennenlernen und Verstehen der acht Forschungsvorhaben, der dazugehörigen Ansprechpartner und der Stakeholder (Z02). Gleichzeitig sollten auch die

Verbundprojekte die Möglichkeit erhalten, Kenntnis über die anderen Projekte des neuen Netzwerkes respektive des *Service-Ökosystems* der Förderlinie zu erhalten (Z03). Da Fokus und Bandbreite der ausgewählten Themen – von Kinderbetreuung, Handwerk und Wohnungsbau über Lifestyle bis hin zur betrieblichen Weiterbildung – auf ein originär sehr unterschiedliches Verständnis von PDL hindeuteten, brauchte es zudem die *kollaborative* Erarbeitung eines gemeinsamen Verständnisses (Z04). Ein solches trägt auch zur thematischen Sichtbarkeit der Förderlinie und damit zum *Nutzwert* der Verbundprojekte bei (Z05). Wie diese Sichtbarkeit gemeinsam, durch *Integration* vorhandener Kompetenzen (Z06), erlangt werden könnte, galt es ebenfalls herauszuarbeiten.

Nachfolgend wird exemplarisch aufgezeigt, wie die Veranstaltungskonzeption zu den Zielen (Z01 – Z06) beigetragen hat: Der Kick-off begann mit einem offenen Workshop am Nachmittag, räumlich bewusst gewählt in der kreativ-lockeren Atmosphäre einer Kunstgalerie (Z02). Unter dem Titel „Get What You Need" startete der Workshop mit einem Brainstorming zur Bedeutung PDL (Z04) und einer Vorstellung des BeDien-Teams und des Projektträgers. Mit einer „soziometrischen Aufstellung im Raum", die u. a. Fragen zur Person und zur Projekterfahrung beinhaltete, wurde ein erstes Auflockern erwirkt. Ein moderiertes Kennenlernen wurde durch ein „Speeddating" mit vorgegebenen Fragen und verteilte Aufgaben an Zweiergruppen für den „Buffet-Talk" gestaltet (Z03). Um das Projektumfeld und die Anspruchsgruppen besser zu verstehen, wurden Arbeitsphasen eingeplant. In Kleingruppen und mit Hilfestellung entstanden „Stakeholder Maps", die durch „Personas" konkretisiert (Z02) wurden. Die Methode „Speed Boat" visualisierte daraufhin Ziele und Herausforderungen der Persona im Projekt und verdeutlichte über „User Stories" Lösungsansätze (Z01, Z02, Z03). Am Folgetag standen nach Kurzpräsentationen von Projektträger, BeDien und allen Verbundprojekten (Z02, Z03) interaktive Arbeits- und Diskussionsrunden mit wechselnder Besetzung der Gruppenmitglieder im Vordergrund. Der lebhafte Austausch von Meinungen zur gemeinsamen Vision, Sichtbarkeit und Zusammenarbeit wurde in einem „World Café" durch die „Schlagzeilenmethode" und der Methodik „Dark Horses/White Horses" getragen (Z06) und mündete in einen „Code of Conduct" (Z06). An der Ausarbeitung dieser Vereinbarung für die Förderlinie und der hierin formulierten gemeinsamen Werte, Regeln für das Miteinander und für die Nutzung von Kommunikationswegen (Z06) waren durch Wahl der partizipativen Methoden alle Teilnehmenden des Kick-off beteiligt.

Die Erkenntnisse des Kick-off hinsichtlich des *Value-in-Use* von Unterstützungsangeboten wurden durch insgesamt 58 beantwortete Fragebögen, die von April bis August 2019 während der Projektbesuche der BeDien-Tandems von Projektpartnern der Verbundprojekte ausgefüllt wurden, erweitert. Allen Konsortien gemeinsam war im ersten Jahr ein Fokus auf den eigenen Projektstart mit dazugehörigen Arbeitsstrukturen, dem Aufbau einer Webpräsenz und der Erarbeitung von technisch-rechtlichen Grundlagenthemen. Entsprechend waren Angebote von BeDien zunächst ausgerichtet auf die Vermittlung allgemeiner Themen (z. B. durch Workshops zu ELSI und DSGVO), Grundlagen der Dienstleistungsforschung (z. B. durch Blogbeiträge zur Service-Logik) und der Einführung PDL in der Community (z. B. durch gemeinsame Panels auf Konferenzen). Im Rahmen des Kick-off wurde *individuell* für jedes Projekt ein Graphic Recording erstellt, d. h. eine Visualisierung der Forschungsidee, die im Anschluss zur Nutzung für Öffentlichkeitsarbeit und Präsentationen zur Verfügung stand.

18.3.2 Halbzeit: Challenge Chats

Im zweiten Jahr der Förderungen änderte sich der Charakter der Bedarfe entsprechend der Project Journey. Ein Netzwerktreffen, ausgerichtet im Dezember 2019, zeigte mit Blick auf die Erfahrungen der Projekte in der Gestaltung PDL erste inhaltliche Synergien auf. Aus der *Integration* dieser „Challenges" ließen sich im Folgejahr sukzessiv projektübergreifende Kernherausforderungen identifizieren, wie z. B. die Entwicklung von Geschäfts- und Betreibermodellen, die Einbindung von Nutzer:innen und die Gestaltung von Plattformen. Die *Kollaboration* innerhalb der Förderlinie gewann für die Konsortien an Bedeutung, ebenso wie die *Adaption* der inhaltlichen bzw. fachlichen Unterstützung. BeDien intensivierte dementsprechende Angebote unter Berücksichtigung der *Interaktionsqualität:* Netzwerktreffen mit Koordinator:innen, Impulsvorträge und gemeinsame Workshops wurden ergänzt durch ein umfangreiches *digitales Design* mit kuratierten Inhalten über einen Newsletter, Blogposts und multimediale Beiträge. Im gemeinsamen Prozess der *Integration* projektübergreifender Herausforderungen („Challenge Chats") kamen Kreativmethoden, Interviewformate und moderiertes Matching ebenso zum Einsatz wie Perspektivwechsel, die Arbeit in Kleingruppen, Diskussionen im Plenum oder die Betrachtung von Fallbeispielen. Mit Beginn der Covid-19-Pandemie bot eine regelmäßige digitale Kaffeepause die Möglichkeit, aktuelle Herausforderungen zu thematisieren und sich gegenseitig Hilfestellung zu leisten. Über zielgerichtet gestaltete Online-Whiteboards, Breakout-Räume und partizipative Moderationsmethoden konnte eine Übertragung von Interaktion und Wissensvermittlung auch im digitalen Raum wertvoll gestaltet werden. Die wegfallenden Reisezeiten wirkten sich hinsichtlich der Teilnahme sogar positiv aus.

Im intensiven und regelmäßigen Kontakt zu den Verbundprojekten, der primär über die Koordinator:innen stattfand, wurde stets der *Value-in-Use* von BeDien-Angeboten für die Projekte in den Vordergrund der Konzeption gestellt. So wurden z. B. im Februar 2020 Wünsche, Anforderungen und Inhalte einer geplanten Halbzeitveranstaltung *kokreativ* und *nutzerzentriert* mit Vertreter:innen der Konsortien und des Projektträgers formuliert. Eine Kernanforderung war die Präsentation der Projektidee auf einer öffentlichen Bühne. Aufgrund der pandemischen Lage und mangels Möglichkeiten einer öffentlichen Ausstellung mit geladenen Gästen wurde nach Durchführung eines hybriden Halbzeittages im Oktober 2020 eine *digitale* Bühne eingerichtet, im Sinne des *digitalen Designs* eine Erweiterung der analogen Situation. Eigens erstellte Kurzvideos mit *individualisierten* Inhalten vermittelten ab März 2021 auf einer gemeinsamen Landingpage die innovativen Dienstleistungskonzepte der Verbundprojekte, angereichert um weitere multimediale Inhalte und Kontaktdaten zu Ansprechpartnern. Die digitale Bühne wurde durch Schulungsangebote zum Pitchen, Präsentieren und Vertonen vorbereitet und durch eine Social-Media-Kampagne begleitet.

Um das Dienstleistungsspektrum von BeDien bis dato zu beurteilen, wurde Mitte der Projektlaufzeit eine Zwischenevaluation durchgeführt. Hierbei wurden die bisherigen Aufgabenbereiche hinsichtlich ihrer Relevanz gewichtet, auf Vollständigkeit geprüft und die Wahrnehmung und Nutzung konkreter Formate eingeordnet. Gleichzeitig fand eine Reflexion der digitalen Unterstützungsmöglichkeiten statt. Die Evaluation erfolgte im Herbst 2020 über eine Onlineumfrage, an der sich 20 Projektvertreter:innen beteiligten. Die Ergebnisse *adaptierten* das Angebot in Richtung Abschlussphase.

18.3.3 Projektabschluss: Service Walk 'n' Talk

Bis zum dritten Projektjahr war das *Service-Ökosystem* der Förderlinie derart ausgestaltet, dass die Verbundprojekte ihre Herausforderungen vertrauensvoll kommunizieren und die *integrierten* Kompetenzen der anderen Partner für Lösungsansätze nutzen konnten. Das *kollaborative* Lernen von- und miteinander, in das BeDien Methodenwissen und fachliches Know-how aus der Forschung einbrachte, wurde wo nötig durch die *Integration* externer Expertise ergänzt. Beispielsweise wurden Gespräche mit externen Beratern ermöglicht oder die nutzerorientierte Gestaltung der Projektdienstleistungen durch Webinare zu User Experience/User Interface – Design, Service Design Thinking oder Nutzergewinnung verbessert. Des Weiteren suchte und gestaltete BeDien aktiv Vernetzungen in wissenschaftliche Bereiche, die zum Forschungsfeld der PDL einen inhaltlichen Beitrag leisten, d. h. fachliche Ressourcen *integrieren* konnten. Ein Beispiel hierfür ist die *Kollaboration* mit dem BMBF-Projekt „Interaktionsarbeit: Wirkungen und Gestaltung des technologischen Wandels (InWiGe)", das die 18 Verbundprojekte der Förderlinie „Arbeiten an und mit Menschen" begleitet. In mehreren Workshops konnten gemeinsame Forschungsschnittstellen identifiziert, in einem virtuellen Forum etabliert und in interdisziplinäre Forschungsarbeiten mit Arbeitswissenschaftler:innen überführt werden, wie bspw. die Entwicklung einer universellen Value-Mapping-Methode für Dienstleistungen und Interaktionsarbeit.

Neue Unterstützungsbedarfe zeigten sich im letzten Projektjahr in der Nachfrage nach projekt*individuellen* Beratungs- und Entwicklungsleistungen. Diese wurde über Workshops abgebildet, die genau auf die Herausforderungen einzelner Verbundprojekte zugeschnitten und überwiegend von BeDien selbst konzipiert waren. Hier fanden insbesondere eigenentwickelte Methoden im Zusammenhang mit der Service Canvas ihre Anwendung und konnten mit den Verbundprojekten getestet und weiterentwickelt werden. Es entstanden z. B. Kartensets zur Gestaltung der Beziehung von Anbieter und Kunde („Collaboration Patterns, „Pre-Service- und Post-Service-Patterns"*),* Kreativmethoden zur Festlegung des Werteversprechens („Tüten-Challenge" oder „from Service to Value") und eine Basismethode zur intuitiven, visuellen Gestaltung des gesamten Service-Ökosystems („Design ES (Ecosystems) wertorientiert").

Besonders charakteristisch für das letzte Projektjahr war eine intensivere Öffnung des *Service-Ökosystems* nach außen: Einerseits begründete sich dies im Wunsch, Anschlusskooperationen zu identifizieren und eine Positionierung des Themenfeldes PDL zu bewirken. Andererseits bedingten Themen der aktuellen Project Journey wie die Gestaltung des Projektabschlusses, die Darstellung der Projektergebnisse sowie Verwertung und Verstetigung, einen höheren *Value-in-Use* der gemeinsamen Öffentlichkeit. Hier gelang es BeDien, das Unterstützungsangebot für die Abschlussphase auszubauen und die genannten Anforderungen durch neue Angebote zu berücksichtigen. Mit einem größeren Fokus auf das *digitale Design* wurden Aktivitäten auf verschiedenen Kanälen sozialer Medien (YouTube, Instagram, LinkedIn) erweitert und ergänzten als digitale Services die bisherige Wissenschaftskommunikation. Diese etablierte sich vorwiegend *kollaborativ* u. a. in Form von Workshops, Community Tracks oder Panels auf Tagungen und wissenschaftlichen Konferenzen sowie gemeinsamen Beiträgen in Zeitschriften. Nach einem bereits umgesetzten Themenschwerpunkt in der Zeitschrift HMD Praxis der Wirtschaftsinformatik zu „Personennahe Dienstleistungen der Zukunft" münden die Berichte der Förderlinie zum Projektabschluss *partizipativ* in einen gemeinsamen Herausgeberband. Zudem erscheinen praxisnah aufbereitete Erfahrungen, Grundlagen und Methoden aus der Gestaltung PDL mit *integrierten* Beispielen der Projekte in einem frei zugänglichen Playbook.

In Kooperation mit dem Projekt DL2030, der Förderlinie „Internetbasierte Dienstleistungen" und dem Projektträger Karlsruhe (PTKA) gelang es, einen wesentlichen Beitrag zur wissenschaftlichen Nachhaltigkeit der Förderlinie PDL zu schaffen und Synergien über verschiedene Förderprogramme nutzbar zu machen. Unter dem Titel „High-Tech meets High-Touch" wurde im November 2021 ein zweitägiger hybrider Dienstleistungskongress ausgerichtet, der verschiedene Strömungen der Dienstleistungsforschung aus Deutschland zusammenbrachte und dadurch Dialog und Vernetzung unterschiedlicher Perspektiven auf Wertschöpfung ermöglichte. Das hybride Format bezog Vertreter:innen aus Wissenschaft, Politik und Praxis ein und bot der Förderlinie PDL eine Öffentlichkeit für den eigenen Abschluss. So konnten z. B. die Projektergebnisse in einer hybriden Führung, dem „Service Walk 'n' Talk", präsentiert oder Erkenntnisse aus der Gestaltung PDL in einem öffentlichen Fishbowlformat gemeinsam mit Onlineteilnehmenden diskutiert werden. Gleichzeitig etablierte sich im Rahmen der Veranstaltung das Deutsche Forum Dienstleistungsforschung (DF)², das auch künftig einen regelmäßigen Austausch über neue Forschungsherausforderungen und zentrale Forschungsergebnisse im Dialog von Wissenschaft und Praxis anbietet und die Perspektive der PDL einbindet.

18.4 Gemeinsame Verstetigung am Beispiel „Service for Good"

Auf Basis verschiedener Entwicklungen zeichnet sich ab, dass PDL in allen sozialen und wirtschaftlichen Bereichen an Bedeutung gewinnen werden und weiterhin Forschungs- und Entwicklungsbedarf im Themenfeld besteht (Robra-Bissantz et al. 2021). Um verfügbares Wissen, Methodenkenntnisse und Erfahrungen zu PDL auch nach Projektbeendigung aufrechtzuerhalten, begann BeDien schon während der Laufzeit der Förderlinie damit, Strukturen zu identifizieren, die nach Ablauf der Förderungen weiterhin Austausch und Vernetzung im Themenbereich ermöglichen. Bereits in der Halbzeitveranstaltung im Oktober 2020 stellte BeDien die Grundidee einer gemeinsamen Community für PDL zur Diskussion, die unter dem Titel „Service for Good" geführt werden sollte. Die Bezeichnung *Service for Good* steht zum einen dafür, dass es die wesentliche Chance für Unternehmen auf digitalen Märkten ist, in ihren Aktivitäten danach zu streben, dass letztendlich personennahe Dienstleistungen für private Kunden angeboten werden. Zum anderen trägt die Bezeichnung „Service for Good" auch in sich, dass das Wohlergehen von Menschen im Zentrum des Interesses steht.

In Folge der positiven Resonanz aus der Diskussion mit den Vertreter:innen der Verbundvorhaben und des Projektträgers wurden erste konzeptionelle Schritte in die Wege geleitet, wie die Formulierung eines Mission Statements, die Eingrenzung von Zielgruppen, der Aufbau eines Corporate Designs und die Umsetzung einer digitalen Plattform mit zugehörigen Social-Media-Kanälen. Im letzten Förderjahr wurde die gemeinsame Öffentlichkeitsarbeit allmählich darauf ausgerichtet, die Community Service for Good einzuführen und in Interviews, Artikeln und Vorträgen vorzustellen. Im Rahmen eines Gründungsworkshops auf dem Service-Kongress „High-Tech meets High-Touch" wurde die Community im November 2021 offiziell initialisiert, innerhalb der Dienstleistungsforschung Deutschlands vorgestellt und als inhaltlicher Schwerpunkt auch im neu gegründeten Deutschen Forum Dienstleistungsforschung (DF^2) positioniert.

Die Community Service for Good steht für einen Perspektivwechsel in der Entwicklung unternehmerischer Angebote durch die Gestaltung zukunftsorientierter PDL, die das Wohlergehen von Menschen in den Vordergrund stellen. Da es sich im Rahmen der dreijährigen Förderung gezeigt hat, dass bestehende Methoden zur Geschäftsmodellentwicklung oder Produktdienstleistungsgestaltung, wie zum Beispiel die Business Modell Canvas oder Methoden des Design Thinking nicht ausreichen, um PDL umfänglich aufzusetzen, unterstützt Service for Good Unternehmen in der praktischen Umsetzung neuer Angebote. Hierzu beschreibt die Community das zugrunde liegende Mindset eines neuen Dienstleistungsverständnisses, erläutert dazugehörige Thesen, bündelt Erkenntnisse aus Literatur und Praxis, zeigt Ansprechpartner und Praxisbeispiele auf, stellt einen anwendungsorientierten Gestaltungsrahmen vor und bietet neue Methoden zur Dienstleistungsentwicklung an. Zudem bietet sie Zutritt zu Unternehmen, Unternehmensvertreter:innen und Wissenschaftler:innen, die dieses Verständnis weiterentwickeln und helfen, es in der täglichen Unternehmenspraxis umzusetzen.

18.5 Blaupause für forschungsnahe Dienstleistungen

Zu Beginn des Projekts stand BeDien vor der Herausforderung des eigenen Anspruchs, die Unterstützung der Förderlinie aus einer Service-Ausrichtung heraus umzusetzen. Im Verständnis der personennahen Dienstleistungen sollten dabei Angebote entstehen, die den Menschen in den Vordergrund stellen und wertvolle Lösungen für Individuen schaffen. Dass diese Individuen Forschende sein können und die Anbieter der Lösungen ebenso, ist eine neue Haltung zu einer Aufgabe des Managements von Forschungsprojekten oder – wie bei BeDien – von Forschungs*verbünden*. Hier wurde bislang ein funktionales Verständnis zugrunde gelegt, das sich aus dem „Führen zweckgerichteter sozialer Systeme" (Defila et al. 2006, S. 9) ableitet. Sich nicht über eine solche Führungsaufgabe zu identifizieren, sondern sich als Dienstleister für die Forschung anderer zu sehen, stellt eine Besonderheit des BeDien-Projekts dar. Im Laufe von mehr als drei Jahren, in denen BeDien diese dienstleistungsorientierte Perspektive in die Unterstützung der Förderlinie einbrachte, bewährte es sich, die Angebote des wissenschaftlichen Projekts systematisch als *personennahe Dienstleistungen* auszugestalten. Im Ergebnis ist es BeDien gelungen, über das Angebot von Dienstleistungen eine positive Resonanz aufseiten der begleiteten Förderlinie zu erzielen. Abhängig von der jeweiligen Projektphase konnten unterschiedliche Bedarfe ermittelt und in eine zeitlich sinnhafte Unterstützung überführt werden, wie in den vorherigen Abschnitten beschrieben wurde und in Abb. 18.2 beispielhaft zusammengefasst wird. Die verwendeten Farbcodes spiegeln Aspekte aus der Service Canvas wider, die hierbei Anwendung fanden.

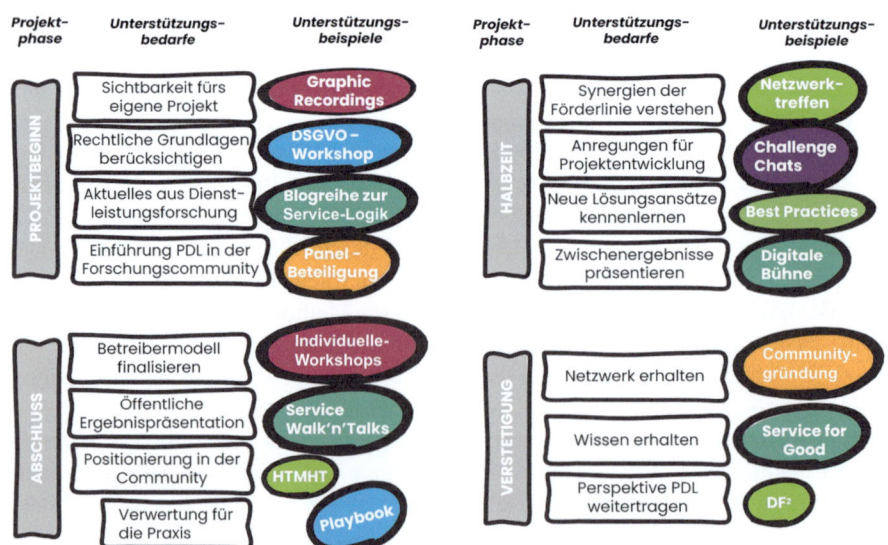

Abb. 18.2 Beispiele der Unterstützung nach Projektphasen

Durch Nutzung der Service Canvas, die im Laufe des Projekts kokreativ mit den Verbundprojekten getestet, überprüft und weiterentwickelt wurde, erlangte das BeDien-Team immer wieder neue Inspiration für die Gestaltung von Unterstützungsangeboten, wie Abb. 18.3 unter Verwendung von Farbcodes für die Gestaltungs- und Entwicklungsbereiche veranschaulicht. Neben den Verbundvorhaben wurden auch weitere Zielgruppen berücksichtigt und durch differenzierte Angebote adressiert, wie z. B. die Wissenschaft durch Publikationen zu PDL, Bürger:innen über einen niedrigschwelligen Zugang zum Themengebiet in Social Media, Wirtschafts- und Praxispartner durch eine Aufbereitung von Empfehlungen, Methoden und Beispielen im Playbook sowie Entscheidungsträger und Politik durch intensive Zusammenarbeit mit dem Projektträger.

Die dargelegten Erfahrungen, Praxisbeispiele und Herangehensweise von BeDien stellen eine Blaupause für die Gestaltung von forschungsnahen Dienstleistungen dar. Sie sind eine Einladung an alle unterstützenden Einrichtungen von kooperativer Forschung – ob in dezentralen Projektstrukturen oder zentralen Servicestellen von Hochschulen oder Fördergebern –, die Perspektive der eigenen Angebote zu erweitern und mithilfe der Service Canvas die Dienstleistung als Grundlage erfolgreicher Zusammenarbeit zu etablieren. Neben der *praktischen* Übertragung von Ansätzen aus der Entwicklung und Gestaltung PDL für die

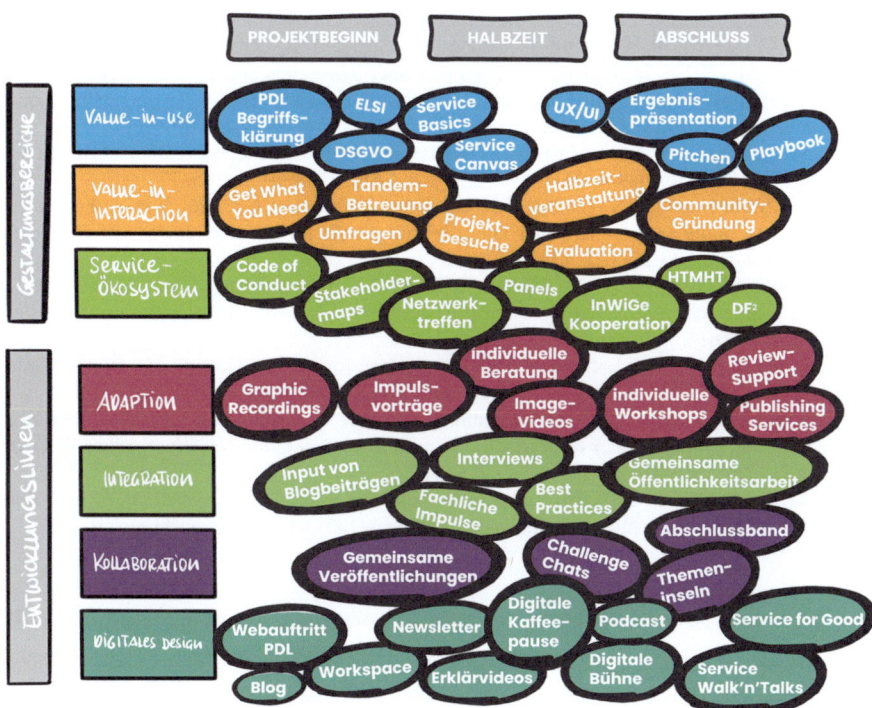

Abb. 18.3 Die Service Canvas als Inspiration für Unterstützungsangebote

Wirtschaft auf die Wissenschaft ist die dienstleistungsorientierte Unterstützung im wissenschaftlichen Alltag auch ein *Forschungs*thema, das im Rahmen des Projekts wissenschaftlich fundiert (vgl. Lux und Robra-Bissantz 2020) und unter Einbindung der Verbundprojekte evaluiert wurde (vgl. Lux und Robra-Bissantz 2021).

18.6 Förderhinweis

Das diesem Beitrag zugrunde liegende Projekt „BeDien" wurde mit Mitteln des Bundesministeriums für Bildung und Forschung unter den Förderkennzeichen 02K17A080–02K17A081gefördert. Die Verantwortung für den Inhalt dieser Veröffentlichung liegt bei den Autoren.

Literatur

Defila R, Di Giulio A, Scheuermann, M (2006) Forschungsverbundmanagement. Handbuch für die Gestaltung inter- und transdisziplinärer Projekte, vdf Hochschulverlag, Zürich

Defila R, Di Giulio A (2016) Transdisziplinär forschen – zwischen Ideal und gelebter Praxis: Hotspots, Geschichten, Wirkungen. Campus Verlag, Frankfurt/New York

Grönroos C (2006) Adopting a service logic for marketing. Marketing Theory, Bd. 6, S. 317–333

Grönroos C (2011) A service perspective on business relationships: the value creation, interaction and marketing interface. Industrial Marketing Management 40(2):240–247

Lattemann C, Ahmad R, Gebbing P, Geiger M, Guerrero R, Kroschewski T, Lohrenz L, Michalke M (2022) Digitalisierung personennaher Dienstleistungen: Die Service Canvas als Gestaltungswerkzeug. In: Lattemann C, Robra-Bissantz S (Hrsg) Personennahe Dienstleistungen der Zukunft, HMD-Edition. Springer, Berlin

Lattemann C, Robra-Bissantz S, Fischer S, Ahmad R (2019) Personennahe Dienstleistungen in der digitalen Transformation. IM+io Fachmagazin, AWSi Publishing, 75–77

Lux AM, Robra-Bissantz S (2020) Des Schusters Schuhe: Über die Notwendigkeit der Betrachtung digitaler personennaher Dienstleistungen für Forschende. *HMD 334 Praxis der Wirtschaftsinformatik* 57(1):1–13

Lux AM, Robra-Bissantz S (2021) #BrillantBeDient – Herausforderungen und Potenziale von Forschungsservices für dezentrale Forschung und Innovation im digitalen Raum. *HMD 340 Praxis der Wirtschaftsinformatik* 58(4):765–777

Robra-Bissantz S, Lux AM, Lattemann C (2021) Service for Good – Grundlagen und Methoden zum Design personennaher Dienstleistungen. *Informatik Spektrum* 44(2021):274–282

Röhling A (2018) Interdisziplinäre Zusammenarbeit im Verbundprojekt: Herausforderungen und kritische Faktoren einer erfolgreichen Forschungskooperation, *Hamburgisches Weltwirtschaftsinstitut (HWWI) Research Paper*, 181:1–29

Statista (2022) Statistiken zur Dienstleistungsbranche auf Statista.com, veröffentlicht von Lena Graefe am 25.01.2022. https://de.statista.com/themen/1434/dienstleistungsbranche/

Anna Maria Lux ist Geschäftsführerin des Forschungsschwerpunktes Stadt der Zukunft der TU Braunschweig und promoviert am Lehrstuhl für Wirtschaftsinformatik.

Prof. Dr. Susanne Robra-Bissantz leitet seit 2007 das Institut für Wirtschaftsinformatik an der Technischen Universität Braunschweig und dort den Lehrstuhl für Informationsmanagement. In ihrer Forschung beschäftigt sie sich mit dem Design nachhaltiger (digitaler) Services und

Service-Ökosysteme sowie mit IT-gestützten Konzepten der Kooperation und Kollaboration, z. B. in der kooperativen Kreativität oder der Partizipation. Entsprechend gestaltungsorientierter Forschungsmethoden, wie dem Design Science Research und dem Action Design Research, trägt das Institut damit, in Praxiskooperationen oder in öffentlich geförderten Projekten, zur Problemlösung in vielen wirtschaftlichen oder gesellschaftlichen Bereichen bei, wie beispielsweise im Design von digitalen Services in Handel, E-Commerce und der personennahen Dienstleistung, in Ansätzen moderner digitaler Arbeit und Führung, in der partizipativen Gestaltung von Lebensräumen, sowie im Lernen und Lehren. Frau Robra-Bissantz ist Mitglied verschiedenen wissenschaftlichen Kommissionen und Mitherausgeberin der Zeitschrift HMD Praxis der Wirtschaftsinformatik.

Lernen in der digitalisierten Arbeitswelt (LidA)

19

Mischa Seiter, Sebastian Kasselmann, Volker Stich, Roman Senderek, Tina Seufert📷, Anne Kittel📷, Anita Radi-Pentz, Alexandra Tödt, Oliver Samoila, Enrico Zenzen, Korhan Zeyrek, Joachim Hutfless, Christian Schupik und Lena Piel

Zusammenfassung

Die Vernetzung von Mitarbeiter*innen und Maschinen sowie die zunehmende Automatisierung, auch von Wissensarbeit, wird die Rolle der Beschäftigten im industriellen Wertschöpfungsprozess fundamental verändern. Aus diesem Grund ist arbeitsbezogene Kompetenzentwicklung aus wirtschaftlicher, gesellschaftlicher sowie sozialer Perspektive ein zentraler Schlüsselaspekt für die mittelfristige Sicherung der Wettbewerbsfähigkeit. Personalabteilungen haben bislang jedoch meist nur bedingt Kenntnisse über die bevorstehenden Veränderungen und die sich daraus ergebenden Kompetenzanforderungen

---

M. Seiter · S. Kasselmann (✉)
IPRI International Performance Research Institute gGmbH, Stuttgart, Deutschland
E-Mail: skasselmann@ipri-institute.com

M. Seiter
E-Mail: mseiter@ipri-institute.com

V. Stich · R. Senderek
FIR e. V, RWTH Aachen, Aachen, Deutschland
E-Mail: volker.stich@fir.rwth-aachen.de

R. Senderek
E-Mail: roman.Senderek@fir.rwth-aachen.de

T. Seufert
Institut für Psychologie und Pädagogik, Abt. Lehr- Lernforschung, Universität Ulm, Ulm, Deutschland
E-Mail: tina.seufert@uni-ulm.de

A. Kittel · A. Radi-Pentz
Institut für Psychologie und Pädagogik, Universität Ulm, Ulm, Deutschland
E-Mail: anne.kittel@uni-ulm.de

© Der/die Autor(en), exklusiv lizenziert an Springer Fachmedien Wiesbaden GmbH, ein Teil von Springer Nature 2023
C. Lattemann und S. Robra-Bissantz (Hrsg.), *Personennahe Dienstleistungen der Zukunft*, Edition HMD, https://doi.org/10.1007/978-3-658-38813-3_19

an die Mitarbeiter*innen. Ziel des Forschungsvorhabens LidA war es, die sich aufgrund der fortschreitenden Digitalisierung verändernden Kompetenzanforderungen entlang definierter Industrie 4.0 Reifegradmodelle, zu spezifizieren. Hierzu wurden Beschäftigte befähigt, indem zum einen ihre Selbstlernkompetenz gefördert wurde und zum anderen individuelle Lernpfade abgleitet worden sind. Anschließend wurden diese mit passender Didaktik in Lehr- und Lernmodule überführt und auf einer bewährten Open-Source-Plattform für eine breite Nutzergruppe verfügbar gemacht. Diese soll einem breiten Nutzerkreis, speziell KMU, eine bedarfsgerechte Schulung der Mitarbeiter*innen im Zeitalter des digitalen Wandels gewährleisten.

Schlüsselwörter

Platform · Re- & Upskilling · Transformation · New Learning

19.1 Einführung

19.1.1 Ausgangslage

„Industrie 4.0 bezeichnet einen tiefgreifenden, ökonomischen Paradigmenwechsel […]. Die vierte industrielle Revolution transformiert aber nicht nur die Prozesse in der Produktion und Wertschöpfung, sondern auch die Arbeitswelt, die Organisationsformen und Strukturen in Unternehmen sowie die Kompetenz- und Qualifikationsanforderungen an die Mitarbeiterinnen und Mitarbeiter" (acatech 2016).

A. Radi-Pentz
E-Mail: anita.radi-pentz@uni-ulm.de

A. Tödt · E. Zenzen
leifos GmbH, Köln, Deutschland
E-Mail: toedt@leifos.de

E. Zenzen
E-Mail: zenzen@leifos.de

O. Samoila
Databay AG, Würselen, Deutschland
E-Mail: oliver.samoila@databay.de

K. Zeyrek
Mauser + Co. Kg, Ditzingen, Deutschland
E-Mail: korhan.zeyrek@mauser-blechtechnik.de

J. Hutfless
Trumpf GmbH + Co. KG, Ditzingen, Deutschland
E-Mail: joachim.hutfless@de.trumpf.com

C. Schupik · L. Piel
VW AG, Wolfsburg, Deutschland
E-Mail: christian.schupik@volkswagen.de

L. Piel
E-Mail: lena.piel1@volkswagen.de

Aufgrund der weiter zunehmenden Digitalisierung und der daraus resultierenden permanenten Vernetzung und Automatisierung von Produktionsprozessen befindet sich sowohl die Industrie als auch die Gesellschaft in einem fundamentalen Wandel (vgl. acatech 2016; Porter und Heppelmann 2014; Koch et al. 2014; Vogel-Heuser et al. 2017). Dieser Wandel hat Branchen wie den Handel und Bankensektor bereits grundlegend transformiert, während der deutsche Maschinen- und Anlagenbau bisher noch nicht so stark betroffen war (vgl. acatech 2016). Die kommenden Veränderungen in den Unternehmen und der Organisation von Arbeitsstrukturen, erfordern auch neue Kompetenzen der Beschäftigten (vgl. acatech 2016; Bogedan und Hoffmann 2015). Die Aufgabenbereiche nahezu aller ca. 1,1 Mio. Beschäftigten im Maschinen- und Anlagenbau sowie ca. 0,8 Mio. Beschäftigte in der Automobilbranche werden sich in den kommenden Jahren fundamental verändern: in modernen Montagelinien müssen Beschäftigte in der Lage sein, neue Informationen und Arbeitsweisen zu erlernen und dabei eigenverantwortlich zu handeln (vgl. Soder 2017; Statista 2017). Beispielsweise werden Werkzeugmaschinen vermehrt mittels interaktiven Assistenzsystemen gesteuert. Außerdem erfordert die zunehmende, prozessübergreifende Kollaboration in Wertschöpfungsnetzwerken prozessorientiertes Denken und Handeln über weite Teile der Wertschöpfungskette hinaus. Dies hat zur Folge, dass sich Beschäftigte neben neuen Fertigkeiten in der Bedienung, auch neues Wissen über vor- und nachgelagerte Arbeitsschritte aneignen müssen. Zur Befähigung der Beschäftigten in dieser neuen Arbeitsumgebung ist die Kompetenzentwicklung in Form personennaher Dienstleistungen ein adäquates zeitgemäßes Mittel. Wie genau jedoch die Anforderungen an Beschäftigte in unterschiedlichen Rollen aussehen werden und wie benötigte Kompetenzen effizient vermittelt werden können, wird sowohl national als auch international kontrovers diskutiert (vgl. Bauer et al. 2017; Brandt et al. 2016; Frey und Osborne 2013).

Aufgrund der zu erwartenden grundlegenden Veränderungen im Maschinen- und Anlagenbau sowie im Automobilbau werden insbesondere dort bedarfsgerechte Lehr- und Lernkonzepte benötigt, um die Wettbewerbsfähigkeit dieser für Deutschland bedeutsamen Branche langfristig zu sichern. Der Wandel lässt sich dabei jedoch nicht auf einzelne Berufsgruppen oder Tätigkeitsfelder begrenzen: operative Führungskräfte entwickeln in der Rolle von Lerncoaches junge Talente und werden so zu Multiplikatoren des digitalen Wandels (vgl. Soder 2017). Diese Lerncoaches müssen in erheblichem Umfang von der Personalentwicklung unterstützt werden. Die Personalentwicklung muss individuelle Lösungen in Form von wandlungsfähigen Curricula anbieten. Lerncoaches sowie Personalentwickler sind ebenso mit dem Wandel eines neuen Rollenverständnisses ihrer Jobprofile konfrontiert. Diese Entwicklung erfolgt in enger Zusammenarbeit mit den Lerncoaches. Aber auch auf der ausführenden Arbeitsebene verändern Technologien Prozesse und Tätigkeiten grundlegend. In allen Bereichen zeigt sich, dass kontinuierliches und lebenslanges Lernen einer der grundlegenden Bausteine für einen erfolgreichen digitalen Wandel ist (vgl. Hoffmann 2017). Allerdings ist die berufliche Weiterbildung heute häufig nach klassischen didaktischen Paradigmen, auf reine Wissensvermittlung oder das Training isolierter Fertigkeiten ausgerichtet. Die Unternehmensführung bzw. Personalentwicklungsabteilung gibt Weiterbildungsmaßnahmen pauschal vor, sodass nutzer- und bedarfsgerechte Entwicklungspfade aufgrund hoher Aufwände und mangelnder Kompetenzbewertung die Ausnahme sind. Auch wenn technologiegestützte Lernformen heute vielfach zur Verfügung stehen, werden ihre Potenziale häufig – wegen fehlender strategischer und didaktischer Konzepte – unzureichend genutzt (vgl. Kauffeld 2016). Des Weiteren scheitert Weiterbildung oftmals an der mangelnden Identifikation mitarbeiterindividueller Kompetenzentwicklungsbedarfe, woraufhin das Wissen der Beschäftigten ungenutzt bleibt. In Bezug auf den digitalen Wandel kommt hinzu, dass Personalabteilungen nur bedingt ein Bild von den benötigten Kompetenzen haben (vgl. Arnold et al. 2016). Eine weitere Herausforderung ist die Verbreitung von Lerninhalten innerhalb eines Unternehmens und über Unternehmensgrenzen hinaus. Nur durch die Verbreitung des Wissensstandes an Lieferant*innen und Kund*innen kann die Leistungsfähigkeit einer Wertschöpfungskette gewährleistet werden.

19.1.2 Projektstruktur

Das Forschungsprojekt LidA legte den Fokus auf die individuelle und kontextsensitive Befähigung der Beschäftigten sowie ihre Entwicklungspfade. Dies wurde im Forschungsprojekt mit drei aufeinander aufbauenden Phasen erreicht. Grundlage der ersten Phase waren Vorarbeiten der Antragssteller zum Thema Reifegrade des digitalen Wandels im Maschinen- und Anlagenbau sowie im Automotive. Entlang dieser definierten Reifegrade konnten die Kompetenzbedarfe verschiedener Mitarbeitendengruppen identifiziert werden. Unter Einbezug der Beschäftigten und gestützt durch eine umfassende, konsensbasierte Expert*innenbefragung in den Zielbranchen, wurden erstmals konkrete Kompetenzanforderungen für definierte Reifegradstufen bestimmt. In der zweiten Phase wurden didaktische Konzepte zum Kompetenzerwerb für die identifizierten Inhaltsbereiche entwickelt sowie in drei Anwendungsfällen umgesetzt und evaluiert. Untersucht wurden insbesondere Web-Based-Trainings, Blended-Learning-Konzepte sowie Micro-Learnings. Die dritte Phase zielte darauf ab, die in der ersten Phase identifizierten Inhalte mittels bedarfsgerechter Lehr- und Lernkonzepte als individualisierte Lernpfade für Beschäftigte der Zielbranchen verfügbar zu machen und eine Fortschrittskontrolle über Entwicklungsstufen zu implementieren. Dieser Lernzugang baute auf einer Open-Source-Lernplattform auf, um die Kompetenzbewertung zu erweitern und die Ergebnisse in der Zielgruppe zu verbreiten.

Im Gegensatz zu herkömmlichen Lehr- und Lernkonzepten, die meist auf die reine standardisierte Vermittlung von Wissen abzielen, adressiert das Forschungsprojekt LidA eine individualisierte, kontextbezogene Kompetenzentwicklung mittels Lernmodulen, die die Beschäftigten proaktiv in Anspruch nehmen können. In diesem Forschungsvorhaben wurden Kompetenzen dabei als „Bereichsspezifische Fähigkeiten und Fertigkeiten, Wissen und Strategien, die notwendig sind, um mit Anforderungen eines Bereichs erfolgreich umgehen zu können" verstanden (Wild und Möller 2015) und nicht als Qualifikationen, welche sich auf die rein formale Bescheinigung über einen Wissenserwerb und weniger auf das eigentliche Können, das dahintersteht, beziehen (Kauffeld und Frerichs 2018, S. 6). Neben der reinen Wissensvermittlung oder dem Training isolierter Fertigkeiten standen deshalb übergeordnete strategische Kompetenzen der Reflexion und der Selbstlernkompetenz im Mittelpunkt. Um diese zu vermitteln, bedarf es einer hohen Eigenaktivierung der Teilnehmer, möglichst im Austausch mit anderen. Hierfür wurden Blended-Learning-Angebote entwickelt, die sich sowohl an eine Allgemeinbildung 4.0 als auch ein on-the-job Training und Best Practices richten. Die Mitarbeitenden wurden dazu befähigt, Umfang und Inhalt ihrer Weiterbildung selbst zu wählen oder sogar zu gestalten. Ihnen wurden operative Führungskräfte zur Seite gestellt, die sich im Rahmen des Projektes Kompetenzen als Multiplikatoren aneigneten. Durch diese Rollen konnten sie Beschäftigte auf ihren individuellen Lernpfaden begleiten. Inhaltlich wurden Themen der digitalen Transformation für die drei Anwendungsfälle und ihre spezifischen Zielgruppen entlang der zuvor definierten Reifegradstufen aufbereitet. Das gesamte Vorgehen von LidA ist in Abb. 19.1 zu sehen.

Das Tempo von Veränderungen in Märkten, Technologien und Kundenverhalten hat sich signifikant erhöht. Gleichzeitig bieten sich hierdurch auch die größten Wachstumschancen für Unternehmen – neue Geschäftsmodelle, zusammenwachsende Märkte, verändertes Kundenverhalten. Diese Zukunftspotenziale zu nutzen, fordert von Unternehmen Veränderungen wirksam und schnell umzusetzen. Diese werden oftmals erst innerhalb der einzelnen Abteilungen sichtbar, lange verborgen vor der Personalabteilung. Zur Lösung dieses Informationsdefizits wird eine Re- und Upskillingmethode benötigt, welche mithilfe von bereits entwickelten aber noch nicht implementierten Multiplikatoren den Wandel frühzeitig aufzeigen soll. Das konkrete Ziel des Multiplikatoren-Konzeptes ist die Ausbildung von Multiplikatoren, die in der Lage sind, in ihrem Arbeitsumfeld digitale Prozesse zu erkennen, auf diese zu reagieren und diese positiv zu begleiten. Multiplikatoren können konkret die veränderten Arbeitsaufgaben der Berufsrollen in ihrem Unternehmen benennen und daraus Kompetenzbedarfe für die Mitarbeitenden ableiten. Darüber hinaus sind sie in der Lage, Kompetenzen zu formulieren und in Ausprägungen zu überführen. Zu den Multiplikatoren zählen die Führungskräfte jeglicher Fachbereiche.

Darüber hinaus wurden in der Projektverlängerung zusätzlich noch weitere Themen erforscht:

- Re- und Upskillingmethode und deren Einbettung in den bestehenden Multiplikatorenkurs.
- Feldexperiment zur Wirkung relativer Performance-Information zur Verbesserung der Lerneffekte.
- Identifikation von Faktoren für die Subjektförderung.
- Untersuchung der tiefen Lernprozesse und Lernmotivation in der digitalen Arbeitswelt.

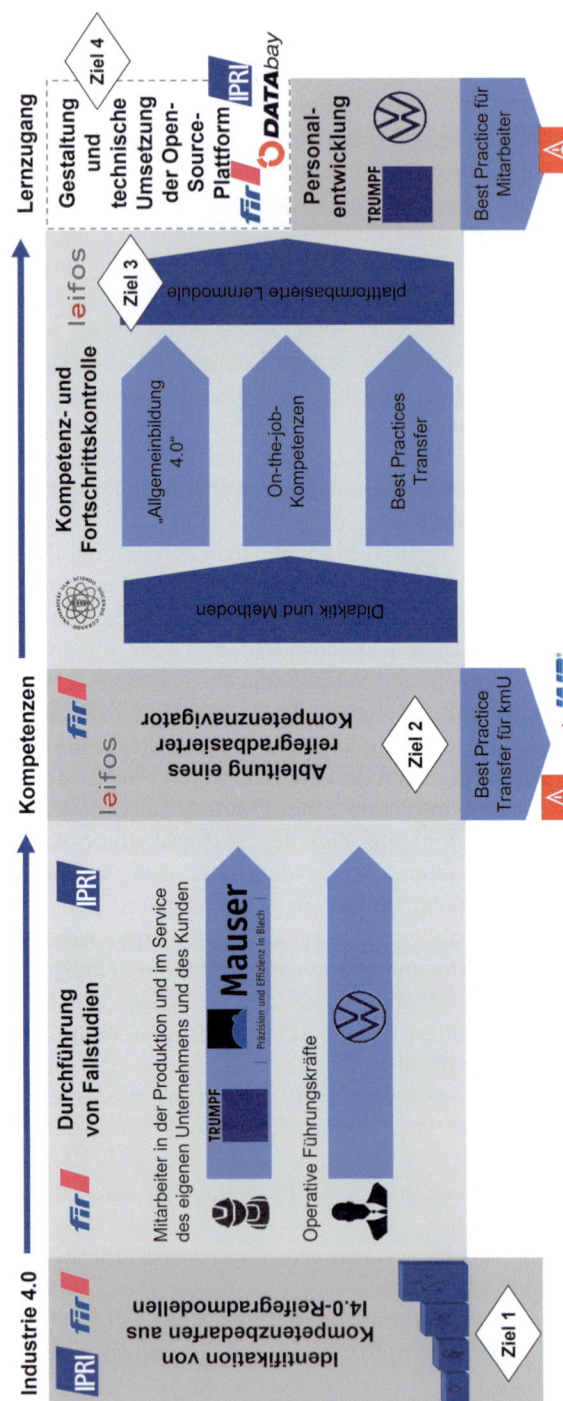

Abb. 19.1 Inhalte und Ziele des Forschungsprojekts LidA

19.1.3 Wesentliche Forschungsfragen

Das Projekt adressierte die folgende Forschungsfrage: „Wie können unternehmens- und mitarbeiterindividuelle Lehr- und Lernmodule als personennahe Dienstleistungen, die Beschäftigten für die Herausforderungen des digitalen Wandels gestaltet werden?". Die Beantwortung der damit zusammenhängenden Unterfragen bezieht sich unmittelbar auf die LidA-Teilziele:

- Wie beeinflusst die aktuelle Technologieentwicklung die Kompetenzbedarfe in der Zukunft? (siehe Teilziel 1)
- Wie können Beschäftigte und Unternehmen auf Basis eines reifegradbasierten Kompetenznavigators individuelle Bildungsbedarfe für den digitalen Wandel bestimmen? (siehe Teilziel 2)
- Wie können digitale Technologien genutzt werden, um Beschäftigte mit selbstorganisierten, arbeitsbezogenen Lernprozessen und individuellen Lernpfaden zu unterstützen? Wie können die Kompetenzen dabei kontinuierlich und zukunftsorientiert vermittelt werden? (siehe Teilziel 3)
- Wie lassen sich die Inhalte in den Anwendungsunternehmen sowie gegenüber Dritten mit bestehenden Open-Source-Plattformen effektiv verbreiten und dabei stetig aktuell halten und welche Funktionen werden dazu auf der Plattform benötigt? (siehe Teilziel 4)

19.1.4 Zielsetzung

Das Gesamtvorhaben gliederte sich in acht Phasen. Diese orientierten sich an den nachfolgend näher beschriebenen Teilzielen. Zur Gewährleistung der Praxistauglichkeit wurden die Ergebnisse im Rahmen von drei Anwendungsfällen erarbeitet und erprobt, bevor sie von den Forschungspartnern in eine breitere universelle Anwendbarkeit überführt wurden.

Teilziel 1 – Identifikation des Kompetenzbedarfs: Die erste Phase befasste sich zum einen mit der Entwicklung von Digitalisierungsszenarien und zum anderen mit der Prognose von Kompetenzbedarfen für die Branchen Maschinen- und Anlagenbau sowie die Automobilindustrie. Die dabei definierten Reifegradstufen des digitalen Wandels für die Zielbranchen gewährleisteten ein strukturiertes und zielgerichtetes Vorgehen. Eine darauf aufbauende, mehrstufige und konsensbasierte Expert*innenbefragung zielte darauf ab, eine Prognose der zu erwartenden Kompetenzbedarfe zu erstellen.

Teilziel 2 – Entwicklung eines Kompetenznavigators für Beschäftigte: Die zweite Phase diente der Erforschung eines Bottom-Up-Ansatzes zur Kompetenzbewertung der Beschäftigten sowie der Entwicklung eines Kompetenznavigators, mit dem individuelle Lernpfade – entsprechend der jeweiligen Vorkenntnisse und Fähigkeiten – zum gezielten Aufbau von im digitalen Wandel benötigten Fertigkeiten und Fachwissen, entwickelt werden können. Am Ende dieser zweiten Phase wurde das Bewertungsmodell im Arbeitsalltag der Anwendungspartner validiert. Durch den Vergleich zweier Branchen sowie unterschiedlicher Tätigkeitsfelder, wurden die Kompetenzen in anwendungsfallübergreifende Basis- und individuelle Spezialkompetenzen kategorisiert, die auch innerhalb der beiden adressierten Branchen von anderen Unternehmen genutzt werden können.

Teilziel 3 – Ausgestaltung relevanter Lehr- und Lernmethoden: Innerhalb der dritten Projektphase wurden die definierten und bereits durch Beschäftigte validierten Kompetenzbedarfe in passende Lehr- und Lernmöglichkeiten überführt. Somit war das dritte Teilziel, die entsprechenden Lehr- und Lernangebote zu erstellen und sie für die Nutzung mittels der Open-Source-Plattform vorzubereiten. Hierzu wurde sichergestellt, dass sich die Lehr- und Lernkonzepte für eine Anwendung im industriellen Kontext eignen. Die Erarbeitung der konkreten Weiterbildungsformate erfolgte in enger Abstimmung mit den beteiligten Anwender*innen, wobei die Forschungspartner sicherstellten, dass die Ergebnisse auch auf andere Unternehmen der Branchen übertragbar sind.

Teilziel 4 – Aktivierung der Open-Source-Plattform und Verbreitung der Projektresultate an Dritte: In der vierten Phase des Projekts wurde die mit den erarbeiteten Lehr- und Lerninhalten ausgestattete Lernplattform in Betrieb genommen und sichergestellt, dass interessierte Unternehmen in den Zielbranchen die Lösungen barrierefrei auf ihren Anwendungsfall übertragen konnten. Als Open-Source Plattform kann sie in- und externen Nachfragenden Informationen liefern, die sie in Form themenspezifischer Module und Pfade abrufen und nutzen können. Die Plattform beinhaltet zudem eine Analysefunktion, die Entwicklungsstufen der Nutzer dokumentiert, sodass diese ihre Fortschritte verfolgen können.

Teilziel 5.1 – Entwicklung einer modular skalierbaren Re- und Upskillingmethode und deren Einbettung in den bestehenden Multiplikatorenkurs: Die Methode des Re- und Upskillings löste das Problem der unerwarteten und dynamischen Veränderungen (Arbeitsumgebung, Anforderungen an Mitarbeitende usw.). Aufbauend auf dem in LidA erprobten Competence Screenings wurden Veränderungen der Mitarbeiter*innenstruktur frühzeitig antizipiert und darauf aufbauend das Re- und Upskilling angesiedelt. Diese Erkenntnisse können für Personalabteilungen eine Hilfestellung für die Weiter- bzw. Fortbildung sein sowie Handlungskompetenz bei unternehmensinternen Änderungen vergrößern.

Teilziel 5.2 – Feldexperiment zur Wirkung relativer Performance-Information zur Verbesserung der Lerneffekte: In dieser Phase wurde ein neuer Ansatz zum Einsatz von relativen Performance-Informationen (RPI) erforscht. Relative Performance-Informationen dienten dazu, Mitarbeiter*innen zu motivieren ihre Anstrengungen und somit Lernleistungen zu steigern. Dazu erhielten sie ein Feedback zu ihrer Lernleistung, in welcher diese mit der der Kolleg*innen verglichen wurde. Es wurde ein Feldexperiment bei dem Lernpfad EMA des Konsortialpartners VW durchgeführt und untersucht, wie sich die Zusammenstellung der Vergleichsgruppe auf die leistungssteigernden Effekte von RPI auswirkte.

Teilziel 5.3 – Identifikation von Faktoren für die Subjektförderung: Im Rahmen von beruflichen Veränderungsprozessen, zu denen auch Re- und Upskillings gehören, werden die subjektiven Ansprüche und Erwartungen der Beschäftigten häufig nicht ausreichend berücksichtigt. Die Identifikation subjektiver Bedarfe ist eine notwendige Voraussetzung zur Integration einer Mitarbeitendenorientierung in Re- und Upskillingprozesse und damit zentral für einen subjektorientierten Ansatz. Daher wurden diese analysiert, um auf dieser Grundlage zugeschnittene Prozesse installieren zu können.

Teilziel 5.4 – Lernprozesse und Lernmotivation in der digitalen Arbeitswelt: Innerhalb der vorhergehenden Projektphasen wurden zur Förderung der identifizierten Kompetenzbedarfe Lehr- und Lernmöglichkeiten entwickelt. Damit sichergestellt wird, dass die Weiterbildung einen bleibenden Mehrwert bringt und in die Tätigkeit transferiert wird, ist es erforderlich, dass die Lernenden den Lerninhalt tief verarbeiten und motiviert sind. Somit war das achte Teilziel, zu untersuchen, wie eine tiefgehende Verarbeitung, die Lernmotivation und der Transfer unterstützt werden kann. Dabei wurden verschiedene Gestaltungsmöglichkeiten der digitalen Lernumgebung auf ILIAS im Rahmen der entwickelten Weiterbildungsformate evaluiert, wie zum Beispiel die Einblendung zusätzlicher Lernhilfen oder Interventionen zur Erhöhung der Motivation. Die Erarbeitung der konkreten Interventionen innerhalb der Weiterbildungsformate erfolgte in enger Abstimmung mit den beteiligten Unternehmen, wobei die Übertragbarkeit auf weitere Unternehmen sichergestellt wurde.

19.1.5 Anwendungspotenzial

Im Rahmen der Projektlaufzeit inkl. Projektverlängerung wurden Ergebnisse erzielt, die einen hohen wissenschaftlichen, wirtschaftlichen und gesellschaftlichen Nutzen für das Thema Kompetenzentwicklung in der Industrie 4.0 schaffen. Nutzenpotenziale auf gesellschaftlich-wirtschaftlicher Ebene ergeben sich insbesondere für Beschäftigte, durch die Möglichkeit zur bedarfsgerechten, arbeitsnahen Weiterbildung und damit auch für Unternehmen, die ihre Wettbewerbsposition durch höherqualifizierte Mitarbeiter*innen sichern oder ausbauen möchten. Durch den Open-Source Charakter der Plattform ist eine breite Übertragbarkeit sichergestellt. Der breitenwirksame Transfer der Projektergebnisse erfolgte im LidA-Projekt über innovative Aktivitäten der Verbundpartner mit Unterstützung durch die assoziierten Partner. Der Fokus wurde neben dem Re- und Upskilling von Mitarbeitenden auch auf die Lernleistung, die Subjektförderung sowie auf die Ausgestaltung der Lernprozesse und der Lernmotivation gelegt. Des Weiteren wurde die Effektivität der Lernumgebung durch den Einsatz von relativen Performance-Informationen erhöht. Durch die spezifischen Vergleichsgruppen wurde die Lernleistung der Mitarbeiter*innen gesteigert, ohne monetäre Anreize zu setzen. Corona-bedingt wurde ein hybrides Konzept mit Vorträgen sowie Workshops in virtuellen Lernumgebungen durchgeführt und durch Publikationen in Wissenschaft und Praxis verbreitet. Darüber hinaus wurde im Rahmen des Projektes ein innovatives Transferkonzept für KMU entwickelt.

Gerade für diese Zielgruppe, welche die Grundlage der deutschen Wirtschaft bildet, stellen individualisierte Lernpfade und neue Lernmethoden eine attraktive Möglichkeit dar, um den Herausforderungen zu begegnen.

19.2 Projektorganisation

Das Projekt LidA wurde als Konsortialprojekt durchgeführt. Zum Forschungskonsortium zählten drei verschiedene Kategorien von Partnern, zudem wurde das Projekt durch assoziierte Partner und Unteraufträge ergänzt. Zunächst werden die Konsortialpartner vorgestellt und ihre Aufgabe im Projekt umrissen (siehe Tab. 19.1, 19.2 und 19.3). Anschließend werden die assoziierten Partner und Unterauftragnehmer skizziert.

19.2.1 Projektpartner

Wissenschaftliche Institute: Die International Performance Research Institute gGmbH (IPRI) hatte die Projektleitung und konzeptionierte die Lehr- und Lernplattform. Aufgabe des FIR e. V. an der RWTH Aachen (FIR) war die Konzeptionierung des prognosefähigen Kompetenzmodells und der Lernpfade. Das Institut für Lehr- und Lernforschung (LLF) der Universität Ulm hat die Lehr- und Lernangebote didaktisch konzeptioniert.

Entwicklungspartner: Für die softwareseitige Umsetzung war die leifos GmbH und die Databay AG verantwortlich. Die leifos GmbH hat die Kompetenzanalyse, -entwicklung und -bewertung realisiert sowie bedarfsgerechte und individuelle Lernpfade entwickelt. Die Databay AG konfigurierte und gestaltete die Open-Source Plattform technisch.

Umsetzungspartner: Um die geschaffene Software im betrieblichen Alltag einzusetzen und umfangreiche Tests durchzuführen waren drei Unternehmen in das Projekt eingebunden. Diese hatten entsprechend der Tab. 19.1 verschiedene Schwerpunkte und garantierten in Summe die generelle Einsatzfähigkeit der Software. Die Betriebe waren: TRUMPF GmbH & Co KG, VOLKSWAGEN AG und Mauser+Co. GmbH.

19.2.1.1 Wissenschaftliche Institute

Tab. 19.1 Wissenschaftliche Institute

Firma/Institut	Firmen-/Institutsdarstellung
Institution/ Anschrift	**IPRI – International Performance Research Institute gGmbH;** Königstraße 5; 70.173 Stuttgart
Ansprechpartner	Prof. Dr. Mischa Seiter; mseiter@ipri-institute.com

(Fortsetzung)

Tab. 19.1 (Fortsetzung)

Firma/Institut	Firmen-/Institutsdarstellung
Verwertung der Ergebnisse	Für das IPRI standen im Rahmen des Verbundvorhabens insbesondere die erfolgskritische Gestaltung der Plattform und deren Inhalte im Mittelpunkt. Das heißt z. B. wie die Plattform skaliert oder die Inhalte effizient aktuell gehalten werden konnten. Durch die IPRI-Forschungsarbeiten wurde sichergestellt, dass die Adressat*innen barrierefreien Zugang zu der mit den erarbeiteten Lehr- und Lerninhalten ausgestatteten Lernplattform hatten. Als Open-Source Plattform konnte mithilfe dieser in- und externen Nachfragenden Informationen geliefert werden, die sie mithilfe themenspezifischer Module und Pfade abrufen und nutzen konnten. Diese Lernpfade wurden derart gestaltet, dass sie auch auf bereits bestehende Plattformen in den Anwendungsunternehmen übertragen werden konnten. Die Lehr- und Lernplattform beinhaltet zudem eine Analysefunktion, die Entwicklung der Nutzer*innen im Projekt dokumentierte, sodass diese ihre Fortschritte verfolgen konnten. Es wurden Mechanismen getestet und durchgesetzt, die sowohl eine inhaltliche wie auch technische Funktionalität dauerhaft gewährleisten. Des Weiteren erweiterte IPRI im Rahmen des Projektes die Fähigkeiten Bildung und Technologien, die hinsichtlich des Industrie 4.0 Fortschritts bedeutsam sind, zu unterstützen.
Institution/ Anschrift	**FIR e. V. an der RWTH Aachen;** Campus-Boulevard 55; 52.074 Aachen
Ansprechpartner	Roman Senderek; roman.senderek@fir.rwth-aachen.de
Verwertung der Ergebnisse	Das FIR war maßgeblich an der Schätzung von Kompetenzbedarfen im digitalen Wandel beteiligt. Der Arbeitsplan orientierte sich dabei an der Methode einer konsensbasierten Expert*innenbefragung (Delphi-Studie). Unter der Leitung des FIR wurde der Kompetenznavigator als prognosefähiges Werkzeug entwickelt, mit dem Kompetenzbedarfe frühzeitig definiert und individuelle Entwicklungspfade für die Beschäftigten aufgezeigt werden konnten. Dies wurde anhand der Anwendungsfälle der beteiligten Großunternehmen erprobt und durch eine iterative Rückspiegelung weiterer Großunternehmen, aber hauptsächlich KMU der beteiligten Branchen, stetig weiterentwickelt. Der Kompetenznavigator wurde in Form eines Softwaretools umgesetzt und in einer frei verfügbaren Version KMU zur Verfügung gestellt. Grundsätzlich wurde die Zielsetzung verfolgt aus den beiden Anwendungsfällen der beteiligten Großunternehmen eine auch für KMU geeignete Vorgehensweise zu entwickeln und diese im Rahmen des Projekts mit den assoziierten Partnern und KMU zu validieren. Das FIR hat außerdem Lehr- und Lernkonzepte sowie Instrumente zur Selbsttestung von Lernfähigkeiten entwickelt und plattformbasierte Lernmodule sowie Webinare erstellt. Ein einsatzfähiges Gesamtkonzept und tragfähiges Geschäftsmodell wurde zusammenfassend entwickelt, um die Ergebnisse über den Projektverlauf hinaus zu sichern. Vorbereitend dazu strukturierte und systematisierte das FIR durch Projektmanagement und kontinuierliches Monitoring den Projektprozess.
Institution/ Anschrift	**Institut für Lehr- und Lernforschung (LLF),** Universität Ulm; Albert-Einstein-Allee 47; 89.081 Ulm
Ansprechpartnerin	Prof. Dr. Tina Seufert; tina.seufert@uni-ulm.de

(Fortsetzung)

Tab. 19.1 (Fortsetzung)

Firma/Institut	Firmen-/Institutsdarstellung
Verwertung der Ergebnisse	Ziel der Abteilung LLF war die Analyse der Kompetenzen von Mitarbeiter*innen, die im Rahmen der Digitalisierung von Arbeitsprozessen benötigt werden. Dabei wurden die Analyseprozesse der Projektpartner aus wissenschaftlicher v. a. lernpsychologischer Perspektive unterstützt. Die Analyse der vorhandenen Kompetenzen diente dann als Ausgangsbasis für die Entwicklung innovativer Lehr-Lernmethoden. Diese entsprachen zum einen den inhaltlichen Anforderungen der ermittelten Kompetenzen und wurden zum anderen an die individuellen Voraussetzungen der Nutzer*innen angepasst. Auch die betrieblichen Rahmenbedingungen wurden berücksichtigt, um eine nachhaltige und praktikable Konzeption der Lernmethode zu entwickeln. LLF hat sich in LidA schwerpunktmäßig mit der Förderung der in LidA identifizierten Digitalisierungs-Kompetenzen auseinandergesetzt. Dabei wurde zum einen die Rolle der Selbstlernkompetenz insbesondere im informellen Lernen als übergeordnete Digitalisierungskompetenz analysiert und Fördermöglichkeiten erprobt. Zum anderen hat die Abteilung für Lehr-Lernforschung didaktisch unterschiedlich gestaltete Lernangebote konzipiert und das Instruktionsdesign in Interaktion mit den Lernenden-Eigenschaften erforscht. LLF hat schwerpunktmäßig die Selbstlernkompetenz und ihre Förderung beim informellen Lernen am Arbeitsplatz sowie die Rolle der kontextuellen Einflussfaktoren untersucht. Des Weiteren wurde im Rahmen der erstellten Lernangebote mithilfe empirischer Studien die Frage untersucht, inwieweit die Effekte verschiedener instruktionaler Designs von den Eigenschaften der Lernenden abhängig sind.

19.2.1.2 Entwicklungspartner

Tab. 19.2 Entwicklungspartner

Firma/Institut	Firmen-/Institutsdarstellung
Institution/Anschrift	**leifos GmbH;** Ebertplatz 14–16; 50.668 Köln
Ansprechpartnerin	Alexandra Tödt, toedt@leifos.com
Verwertung der Ergebnisse	Im Verbundprojekt LidA evaluierte die leifos GmbH die Umsetzung der kompetenzbasierten Weiterbildung aufgrund individuell vorgeschlagener Lernpfade. In die Evaluation wurden die Projektmitglieder partizipativ einbezogen, um verlaufsgerecht intervenieren zu können. Ein wichtiges Ziel war die Erarbeitung theoretisch fundierter und empirisch validierter Kompetenzprofile, welche sich von der Automotive Branche auf andere Unternehmen übertragen lassen. Eine gute user experience und attraktive Darstellung sind Voraussetzungen für den erfolgreichen Transfer an andere Bedarfsträger. Projektergebnisse im Kompetenzmanagement, welche sich als in den ILIAS Standardlieferumfang integrierbar erwiesen, konnten nach Abstimmung mit dem ILIAS open source e. V. in zukünftige Releases aufgenommen werden.

(Fortsetzung)

Tab. 19.2 (Fortsetzung)

Firma/Institut	Firmen-/Institutsdarstellung
Institution/Anschrift	**Databay AG;** Jens-Otto-Krag-Straße 11; 52.146 Würselen
Ansprechpartnerin	Oliver Samoila; osamoila@databay.de
Verwertung der Ergebnisse	Im ILIAS-Standard können kompetenzorientierte individuelle Lernpfade erfasst und erstellt werden. Ein Matching zwischen gewünschten SOLL-Kompetenzen zu den individuellen Lernpfaden wurde für ein effizientes Weiterbildungsmanagement mit ILIAS eingefügt. Es wurde ein Datenbankmodell mit korrespondierender GUI entwickelt, das die Komplexität großer Mengen individueller Lernpfade handhabbar gestaltet.

19.2.1.3 Umsetzungspartner

Tab. 19.3 Umsetzungspartner

Firma/Institut	Firmen-/Institutsdarstellung
Institution/Anschrift	**TRUMPF GmbH & Co KG;** Johann-Maus-Straße 2; 71.254 Ditzingen
Kontakt	Dr.-Ing. Joachim Hutfless; joachim.hutfless@trumpf.com
Verwertung der Ergebnisse	TRUMPF war in LidA eines der Großunternehmen, welches eine individualisierte, kontextbezogene Kompetenzentwicklung mittels innovativer Lernmodule entwickelte. Diese wurde auf der Open-Source Plattform zur Verfügung gestellt. So konnten die Mitarbeiter*innen der verschiedenen Bereiche on demand selbst gesteuert on-the-job lernen. Ihnen wurden durch adäquate Lehr- und Lernmethoden die benötigten Informationen zielgerichtet zur Verfügung gestellt. Darüber hinaus konnten die Mitarbeitenden ihre konkreten Probleme und dazugehörigen Lösungen auf der Plattform ablegen. Dies führte zu einer Steigerung der technischen Kompetenzen der Mitarbeitenden, schuf eine höhere Transparenz und verbesserte insgesamt den Wissens- und Erfahrungsaustausch sowie den Informations- und Kommunikationsfluss über Unternehmensgrenzen hinweg. Der Multiplikatorenkurs wurde durch das Re- und Upskilling erweitert, um schnell auf Veränderungen reagieren zu können. Den neuen Anforderungen konnte daraufhin durch Fort- sowie Weiterbildungen begegnet werden.
Institution/Anschrift	**VOLKSWAGEN Aktiengesellschaft;** Brieffach 011/1519; 38.436 Wolfsburg
Kontakt	Martin Haselhuhn; martin.haselhuhn@volkswagen.de

(Fortsetzung)

Tab. 19.3 (Fortsetzung)

Firma/Institut	Firmen-/Institutsdarstellung
Verwertung der Ergebnisse	VW setzte als Automobilunternehmen das Konzept von LidA um. Zukunftsorientierte und bedarfsgerechte Kompetenzen entwickelten die Beschäftigten, die für die Planung und Gestaltung von Arbeitssystemen verantwortlich sind, indem eine Lehr- und Lernplattform zur ergonomischen Arbeitsgestaltung aufgebaut wurde. Die Schulungen im Bereich der methodischen Zeit- & Ergonomieermittlung sowie digitale Werkzeuge für die Arbeitssystemgestaltung wurden zusammen mit neu entwickelten Lernformaten in die Lernplattform integriert. Fokussiert wurde dabei eine humanorientierte und belastungsoptimale Arbeitssystemgestaltung in einer digitalisierten Produktion. Subjektive Bedarfe wurden dazu analysiert und durch Re- und Upskillingprozesse gefördert. Das Vorgehen wurde evaluiert und ein subjektorientierter Ansatz abgeleitet, der sich ebenfalls für andere kleinere Unternehmen oder Zuliefernde eignet. Im internationalen Kontext wurde das Projekt verbreitet und Lerninhalte international eingesetzt.
Institution/Anschrift	**Mauser + Co. GmbH;** Zeißstraße 5–7; 71.254 Ditzingen
Kontakt	Korhan Zeyrek; korhan.zeyrek@mauser-blechtechnik.de
Verwertung der Ergebnisse	Bei Mauser wurde das LidA-Konzept umgesetzt, evaluiert und verbessert. Im Laufe des Projekts wurden verschiedene Abteilungen der Maschinenbedienung digital an die Lernplattform angebunden. Die Ergebnisse dieser Testphase flossen in die Optimierung der Plattformentwicklung ein.

19.2.2 Einbindung der assoziierten Partner und Unteraufträge

Zunächst werden die drei assoziierten Partner des Verbundprojekts vorgestellt und anschließend die zwei Unterauftragnehmer DMTMV und GOM dargestellt.

Kundendienst- Verband Deutschland e. V.: Das interdisziplinäre Vorhaben LidA erforderte im Rahmen des Transfers der Projektergebnisse Zugang zu einem großen Kreis von Expert*innen einzelner Branchen und Unternehmen, um eine homogene Integration der Forschungsergebnisse sicherzustellen. Gerade im Bereich der Dienstleistungen konnte der KVD den Zugang zu diesen Expert*innen bieten.

Industriegewerkschaft Metall: Die IG Metall stand als Ansprechpartner beratend zur Verfügung und konnte aktiv zu der Verbreitung der Ergebnisse beitragen. Ebenfalls wurde in der Rolle eines Multiplikators die Diskussion angetrieben.

Forum Vision Instandhaltung e. V.: Das FVI brachte Wissen über die Bedeutung von Instandhaltung in das Projekt ein und identifizierte Zukunftstrends. Sie nahm an Diskussionen, Workshops sowie Seminaren teil und förderte darüber hinaus die Kommunikation und den Austausch der Mitglieder mit den Beteiligten des Forschungsvorhabens.

Unterauftrag: Deutsche MTM-Vereinigung e. V. (DMTMV): Die DMTMV bot im Rahmen des Verbundprojekts die Expertise für die Entwicklung der Lehr- und Lernangebote für Industrial Engineers im Themenfeld ergonomischer Arbeitsgestaltung. Außerdem adaptierte die DMTMV die digitalen Ergonomiebewertungsverfahren EAWS, um die Lehr- und Lernangebote didaktisch-methodisch anzuwenden und zugänglich zu machen.

Unterauftrag: Gesellschaft für Organisationsentwicklung und Mediengestaltung mbH (GOM): Die GOM unterstützte im LidA-Projekt mit ihrer Expertise bezüglich der Gestaltung zielgruppenspezifischer Erhebungsinstrumente zur Identifikation der Kompetenzbedarfe der Anspruchsgruppen. Sie erhob und bewertete die derzeitigen Kompetenzanforderungen, die vorhandenen Kompetenzen sowie die (prognostizierten) zukünftigen Kompetenzanforderungen hinsichtlich relevanter Veränderungen durch Industrie 4.0. Diese Erkenntnisse bündelte die GOM in ganzheitlichen Kompetenzmodellen bezüglich veränderter und neuer Anforderungen durch Arbeit 4.0.

19.3 Der Arbeitsplan

Das Projektvorhaben ist in 9 Arbeitspakete mit konkreten Handlungszielen aufgeteilt gewesen. Im Folgenden wird dargestellt, was in diesen Arbeitspaketen erreicht wurde, es wird gegenübergestellt welche Entwicklungen des Projektes eine Abweichung des Ursprungsplanes veranlassten und welche Meilensteine im Laufe des Projektvorhabens erreicht wurden.

19.3.1 Ursprungsplan

Das Gesamtvorhaben des vorliegenden Verbundprojektes LidA erfordert eine Aufteilung in mehrere Arbeitspakete. Diese orientieren sich an den zuvor definierten Teilzielen. Zur Gewährleistung ihrer Praxistauglichkeit wurden die Arbeitspaketinhalte im Rahmen von zwei Anwendungsfällen bei TRUMPF und VOLKSWAGEN getestet (siehe Abb. 19.2) und anschließend verallgemeinert, sodass auch Unternehmen außerhalb des Konsortiums die Forschungsergebnisse nutzen können.
Nachfolgend werden die Arbeitspakete genauer beschrieben.
Arbeitspaket 1 Schätzung von Kompetenzbedarfen im digitalen Wandel mittels Delphi-Studie: In den fünf Teilarbeitspaketen des ersten Arbeitspaketes wurde eine konsensbasierte Schätzung der für die Zielmärkte zu erwartenden Kompetenzbedarfe durchgeführt. Drei verschiedene Anwendungsfälle wurden für die Plattform ausgearbeitet, indem unter anderem die Berufsrollen „Industrial Engineer der Zukunft", „Service Techniker" und „Abkanter" entwickelt wurden. Darüber hinaus wurden Rollenszenarien für diese Rollen beschrieben. In einem weiteren Schritt wurden mittels einer Stakeholder-Analyse die Anspruchsgruppen

	TRUMPF	VW
Zielgruppen	Mitarbeiter der Produktion und Montage sowie Servicetechniker	Mitarbeiter im Industrial Engineering
Problemstellung	Digitalisierung der verschiedenen Bereiche, dadurch sind die Mitarbeiter direkt von einer veränderten Arbeitsumgebung betroffen.	
Maßnahmen	**1. Inhalt:** Lehr- und Lerninhalte für Industrie 4.0 Reifegrade entwickeln (Texte, Links, Dateien, Video, …) **2. Methoden:** Selbstgesteuertes Lernen (Upload (eigener) Dateien; adaptive Fragebögen) individuelle und multimodale Interaktion (Personalisierung der Lernumgebung; individueller Lernfortschrittsreport, usergenerierter Content) Verschiedene Kommunikationsfunktionen (Chats, Foren, virtuelle Klassenräume, …) **3. Gestaltung/Vermittlung:** Adaptive Lernsysteme (orientiert am Lernfortschritt) Hoher Unterhaltungswert (game-bases learning, interaktive Videos, …) Zugewiesene Rollen (unterschiedliche Rechte: Teilnehmer/Mentor)	
Zusatzmaßnahmen	- Aktive Bewerbung der Open-Source Plattform innerhalb der Supply Chain - Zusätzliche Fallstudie: Entwicklung von Schulungsinhalten sowie deren Evaluation durch Mauser **Mauser** Präzision und Effizienz in Blech	- Aktive Bewerbung der Open-Source Plattform innerhalb der Supply Chain - Internationalisierung der Lernplattform
Ziel	Steigerung technischer Kompetenzen; höhere Transparenz; Verbesserung des Wissens- und Erfahrungsaustauschs sowie des Informations- und Kommunikationsflusses über Unternehmensgrenzen hinweg	Zukunftsorientierte und bedarfsgerechte Kompetenzentwicklung der Beschäftigten; Humanorientiere und belastungsoptimale Arbeitssystemgestaltung in einer digitalisierten Produktion; Verbesserung des Wissens- und Erfahrungsaustausches sowie des Informations- und Kommunikationsflusses über Unternehmensgrenzen hinweg

Abb. 19.2 Anwendungsfälle des Forschungsprojekts LidA

identifiziert, welche nachfolgend im Austausch mit Unternehmen konkretisiert und bezüglich ihrer Beziehung zum Teilszenario angeordnet wurden. Im dritten Schritt wurden diese identifizierten Anspruchsgruppen zu ihren Kompetenzbedarfen befragt. Dabei fanden auch die im ersten Schritt entwickelten Berufsrollen Anwendung und es wurden Zukunftsbilder für diese entwickelt. Außerdem konnten die nötigen Prozessschritte zu Aufgaben aggregiert und den benötigten Kompetenzen zugeordnet werden. Die erreichten Ergebnisse wurden im Rahmen des LidA-Konsortiums mehrfach validiert und angepasst. Anschließend wurden diese Kompetenzbedarfe in Kompetenzprofile und zugehörige Teilszenarien überführt, weiter systematisiert und in einen Kompetenzkatalog eingepflegt. Zeitgleich wurde ein Modell zur Formulierung einzelner Kompetenzausprägungen entwickelt, um die Komponenten und deren Ausdifferenzierung besser erfassen zu können und die systematische Einordnung zu vereinfachen. Darüber hinaus wurde eine ILIAS Testplattform aufgesetzt, um die Möglichkeiten und Ergebnisse der erarbeiteten Kompetenzen zu testen. Die erzielten Ergebnisse wurden im abschließenden Schritt von Arbeitspaket 1 den Stakeholdern präsentiert. Dabei wurde ein gemeinsamer Konsens für die endgültigen Kompetenzprofile erarbeitet.

Arbeitspaket 2 Entwicklung eines Kompetenznavigators: Im Arbeitspaket 2 wurde die Entwicklung eines geeigneten Instrumentariums zur Definition von Kompetenzentwicklungsbedarfen und individuellen Lernpfaden forciert. Die Ergänzung eines Leitfadens hat sich im Laufe des Projektes insbesondere zur Unterstützung der nicht digitalen Prozesse als unabdingbar erwiesen und wurde daher entgegen der ursprünglichen Planung ergänzt. Dabei wurde parallel zu AP 1 eine Erfassung bestehender Kompetenzmodelle durchgeführt, dessen Fokus auf der Anwendbarkeit bezüglich der bereits erfassten Zukunftskompetenzen der Lehr- und Lernplattform lag. Anschließend wurde ein grobes Konzept für ein prognosefähiges Kompetenzmodell für Unternehmen erstellt. Vier Kompetenzausprägungen wurden je Kompetenz ausgewählt und lauteten: Handlung, Kontext, Zeithorizont und Aktionsniveau. Die Abstufungen der Kompetenz ‚Handlung' sind beispielsweise erkennen, analysieren, reflektieren und regulieren. Im dritten Schritt im AP 2 wurde der Kompetenznavigator weiter konzeptioniert und umgesetzt. Im Kompetenznavigator wurde der Lernprozess aufgegliedert in die Aufmerksamkeit auf den bevorstehenden Lerngegenstand („Awareness"), die Entscheidung zum Lernen („Decision") und das tatsächliche Lernen („Learning"). Entgegen der ursprünglichen Planung wurde statt der finalen Umsetzung eines Softwaretools eine erste praktische Anwendung der Funktionalitäten getestet und weiterentwickelt und auch die Lehr- und Lernplattform ILIAS erstmals in Kombination mit dem ersten Anwendungsfall „Abkanter" angewendet. Durch das erhaltene Feedback und die Mitarbeit konnte der Kompetenznavigator optimiert werden. Es wurden in einem weiteren Schritt die bestehenden Kompetenzen sowie aktuelle und zukünftige Kompetenzanforderungen für bestimmte Abteilungen festgelegt. Im fünften Unterarbeitspaket wurde der erstellte Kompetenznavigator bei den beteiligten Anwendungspartnern implementiert und dabei erste Lernpfade der Mitarbeitenden aufgezeigt, evaluiert und die Erkenntnisse in das Tool eingefügt. Eine barrierefreie und anschlussfähige Nutzung wurde sichergestellt. Schließlich wurden die erzielten Ergebnisse der breiten Öffentlichkeit vorgestellt. Eine barrierefreie Version des Kompetenznavigators wurde in ILIAS umgesetzt und bereitgestellt. Durch verschiedene Workshops und Projekttreffen wurden Handlungsempfehlungen zur Implementierung einer Lehr- und Lernplattform erarbeitet. Dies beinhaltete unter anderem einen Flyer für die Personalverantwortlichen, eine Beschreibung des Kompetenzmodells und einen LidA-Kompetenzkatalog, in welchem die Kompetenzen, die in die Plattform eingespielt werden können, aufgeführt wurden. Außerdem wurde in ILIAS eine detaillierte Anleitung zur Arbeit mit Kompetenzen veröffentlicht.

Arbeitspaket 3 Entwicklung von Lehr- und Lernkonzepten zur Kompetenzentwicklung: Das dritte Arbeitspaket zielte auf die Entwicklung mitarbeitenden orientierter Lehr- und Lernkonzepte. Aufbauend auf den Kompetenzbedarfen und dem Kompetenznavigator wurden Kompetenzbündel definiert und in den Lehr- und Lerninhalten des jeweiligen Teilszenarios abgebildet. Anschließend wurden Lehr- und Lernkonzepte sowie didaktisch sinnvolle Module entwickelt und deren Kompetenzen für die verschiedenen Anforderungsstufen erarbeitet. Dabei wurden auch betriebliche und technische Rahmenbedingungen der verschiedenen Lehrszenarien berücksichtigt. Als Schwerpunkt wurde ein neues Instrument zur Erfassung der Lernfähigkeiten entwickelt, um diese innerhalb der betrieblichen Anforderungen kosten- und zeiteffizient analysieren zu können Der dabei erstellte Fragebogen wurde darüber hinaus bei den Anwendungspartnern mit 170 Arbeitnehmenden getestet und evaluiert. Zudem wurde die Selbstlernkompetenz weiter analysiert, wobei sich ein indirekter Effekt zeigte: die Job-Eigenschaften und die Lernkultur beeinflussen die Motivation, welche wiederum mit mehr Einsatz von Strategien beim informellen Lernen einhergeht. Ausgehend von den Ergebnissen der Erprobung wurden zwei verschiedene Möglichkeiten zur Förderung der Selbstlernkompetenz beim informellen Lernen von Beschäftigten entwickelt und wissenschaftlich analysiert. Es konnte dabei jeweils gezeigt werden, dass sowohl das Wissen über die Selbstlernkompetenz als auch die Strategienutzung sowie die Zielerreichung signifikant gesteigert werden konnte. Abschließend wurde ein Entscheidungsbaum für die individuellen Lernpfade entwickelt und entsprechende Module zugeordnet. Es wurden inhaltliche Lehr- und Lernkonzepte aufbereitet und Maßnahmen zur Förderung der allgemeinen Lernfähigkeiten ergänzt.

Arbeitspaket 4 Inhaltliche Entwicklung der Lehr- und Lernmodule: Im vierten Arbeitspaket wurden die Lehr- und Lernmodule entwickelt. Zunächst wurden in mehreren Workshops die Leuchtturmkompetenzen ermittelt und die betrieblichen Rahmenbedingungen analysiert. Zusätzlich wurden Fallbeispiele angepasst und deren Zuordnung zur Zielgruppe belegt, wodurch erfasst wurde, wie typische Rollenbilder lernen und wie dieses Lernen in betriebliche Abläufe integriert werden kann. Anschließend wurde branchenübergreifendes Wissen forciert, durch die Erfassung inhaltlicher, betrieblicher und branchenbedingter Rahmenbedingungen, um diese bei der Gestaltung der Lehrkonzepte berücksichtigen zu können. Diese Erkenntnisse wurden in Lernmodule überführt. Es wurden beispielsweise Lernmodule zu den Kompetenzen „Verständlich

Kommunizieren", „Eigenverantwortlichem Lernen" und „Mit Belastung umgehen" entwickelt und auch tätigkeitsbezogene Inhalte für einzelne Unternehmen eingeführt. Diese Inhalte wurden auf einer Lehr- und Lernplattform bereitgestellt und an eine Open-Source Lernplattform angebunden, wodurch die Erprobung ermöglicht wurde. Dieses Arbeitspaket wurde mit der Erprobung dieser Module, der verwendeten Instrumente und der Maßnahmen zur Förderung der Lernfähigkeiten durch Verwendung von Lerntests abgeschlossen.

Arbeitspaket 5 Gestaltung und technische Umsetzung der Open-Source Plattform: Das Ziel des fünften Arbeitspakets war in erster Linie die Gestaltung und technische Umsetzung einer einsatzfähigen Open-Source Lernplattform, ausgestaltet in Webinaren auf Basis von ILIAS. Zunächst wurden die notwendigen Funktionalitäten in Zusammenarbeit mit den Anwendungspartnern erarbeitet, wobei die Inhalte mittels individueller Lernpfade für die Anwender*innen bereitgestellt (z. B. der Anwendungsfall „Abkanter") wurden. Die Funktionen, Mechanismen und die Ausgestaltung der Plattform wurde in enger Abstimmung mit den Projektpartnern erarbeitet, um deren Effektivität, Effizienz, Übertragbarkeit sowie die GUI- und Usability der Konzepte zu gewährleisten. Die Lernenden wurden dabei bezüglich ihrer Selbstlernkompetenz in die drei Gruppen „niedrige, mittlere und hohe Selbstlernkompetenz" eingeteilt. Die Lehr- und Lernplattform, aufbauend auf der ILIAS Open-Source Software, wurde konzipiert, indem Funktionalitäten sowohl direkt in der Software integriert als auch Add-Ons bereitgestellt wurden. Es wurden neben den Anpassungen auf Basis der Lerninhalte auch Konzepte zur Entwicklung des adaptiven Lehrpfades entwickelt und dokumentiert. Abgeschlossen wurde dieses Arbeitspaket mit der technischen Umsetzung dieser Lehr- und Lernplattform. Dies erfolgte durch die Integration der Zusatzfunktionalitäten. Durch integrierte Feedbackmöglichkeiten konnten Nutzende den Entwicklungsprozess fortlaufend evaluieren.

Arbeitspaket 6 Praxisbasierte Evaluation des entwickelten Bildungsangebots: In Arbeitspaket 6 wurden die Ergebnisse und Vorgehensweisen, die in den vorherigen Arbeitspaketen entwickelt wurden, überprüft und zu einem einsatzfähigen Gesamtkonzept zusammengefügt. Daraus wurde ein Geschäftsmodell für die Anwendungsfälle entwickelt, welches auch über das Projekt hinaus einsatzfähig ist. Dazu wurde zunächst die Tauglichkeit und Passgenauigkeit der Bildungsinhalte geprüft, indem Maßnahmen zur summativen Evaluation der Bildungsinhalte anhand von empirisch belegten Studien evaluiert wurden. Anschließend wurden durch weitreichende Tests, die über die Unternehmensgrenzen des Konsortiums hinaus gingen, an der Weiterbildungs- und Lernumgebung durchgeführt, um die Anwendbarkeit auch bei anderen Unternehmen sicherzustellen. Zudem wurde diese sowohl formativ als auch summativ evaluiert, um Wirkungseffekte wie Prozessoptimierung oder Usability zu analysieren. Anschließend wurden diese Ergebnisse in ein Gesamtkonzept zur Einführung einer plattformbasierten Weiterbildungslösung in Unternehmen überführt. Der Entscheidungsbaum wurde auf die individuellen Lernpfade angepasst.

Arbeitspaket 7 Verbreitung und breitenwirksamer Ergebnistransfer: Die Projektergebnisse wurden im weiteren Verlauf bei verschiedenen Veranstaltungen präsentiert und in anwendungsorientierten Arbeitskreistreffen zum Themenfeld vorgestellt und diskutiert. Darunter zählen die Teilnahme an und Präsentation auf der E-Mas Konferenz zum Thema „Der Weg zur Industrie 4.0 – Kompetenzentwicklung für den Wandel im mexikanischen Automotive Sektor" und der elearn. nrw Konferenz in Essen sowie die Präsentationen auf dem Symposium AK4.0 „Wertgenerierung im digitalen Zeitalter" (04.07.2019) und der VHB Tagung in Rostock (14.06.2019). Die Ergebnisse wurden zudem auf verschiedenen Anwender*innen- und Expert*innentreffen präsentiert und in der DIN-Roadmap „Innovative Arbeitswelt" und anderen Veröffentlichungen thematisiert. Das FIR hat zusätzlich eine Projektwebseite erstellt, die regelmäßig Updates zu Projekttreffen und Veranstaltungen aufführt.

Arbeitspaket 8 Projektmanagement und Koordination: Die Projektkoordination lag beim IPRI. Zu den Aufgaben zählten: Planung, Abstimmung, Sicherstellung des Informations- und Erfahrungsaustausches der Projektpartner, Berichtsvorbereitung und -integration sowie Öffentlichkeitsarbeit.

19.3.2 Abweichungen vom Projektplan

Aufgrund Projekterfordernissen wurde ein Teilpaket des Arbeitspakets 2 vorgezogen, weil die Ergebnisse erforderten, dass bestehende Kompetenzmodelle parallel zu Arbeitspaket 1 analysiert wurden. Das Arbeitspaket 5 wurde außerplanmäßig bereits im ersten Projektjahr begonnen, da sich dies im Rahmen eines agilen Vorgehens und aufgrund von inhaltlichen Überschneidungen mit AP 2 ergab. Der Ausbruch der Corona-Pandemie beeinflusste die Projektplanung. Die Konsortialtreffen mussten zum Teil online durchgeführt werden Eine iterative Durchführung und Entwicklung eines solchen Projekts ergeben teilweise erforderliche weitere Schritte. Bereits während der Projektlaufzeit wurden Bedarfe festgestellt, die über den Ursprungsplan hinaus gingen. Das Konsortium hat eine Verlängerung des Projektvorhabens beantragt, welche genehmigt wurde. Die erzielten Ergebnisse erforderten ein neuntes Arbeitspaket, in dem die Ergebnisse der verschiedenen Forschungsschwerpunkte integriert wurden, um die Praxistauglichkeit der Erkenntnisse in den Fällen sicher zu stellen.

Arbeitspaket 9 Verändertes Lernen in der digitalisierten Arbeitswelt: In Arbeitspaket 9 wurden die mitarbeiterorientierten Re- und Upskillinginstrumente integriert. Ergänzend zum Multiplikatoren-Modell wurde eine praxistaugliche Methode zur Ermittlung des zielgruppenspezifischen Bedarfs an Re- und Upskilling entwickelt. Als Basis diente hierzu der bereits entwickelte Kompetenzkatalog. Der Multiplikator wurde in die Lage versetzt, den Bedarf von Re- und

Upskilling zu ermitteln und dadurch Einfluss auf die strategische Personalplanung zu nehmen. In Verbindung mit dem entwickelten Kompetenznavigator wurden angemessene Lehrinhalte für den Multiplikator erstellt und im Anschluss validiert.

In einem Feldexperiment wurde untersucht, ob relative Performance-Informationen auch in der betrieblichen Lernumgebung leistungssteigernd wirken und ob dieser Effekt mit spezifischen Vergleichsgruppen gesteigert werden kann. Das Experiment wurde auf der evasys -Plattform umgesetzt. Die zusätzlichen Informationen (relative Leistung in einer Verteilung im Vergleich zu anderen Lernenden) dienten dem Lernenden für eine bessere Einschätzung der eigenen Fähigkeiten und sollten motivierend und leistungssteigernd wirken.

In einer Interviewstudie wurden anhand des erarbeiteten Kompetenzkatalogs subjektive Sichtweisen bezüglich der digitalisierungsbedingten Veränderungen des Qualifizierungsbedarfs erhoben. Diese subjektiven Anforderungen an berufliche Veränderungen in Form von Re- und Upskilling wurden als Handlungsleitfaden für das Multiplikatoren-Konzept aufbereitet, um eine zielgerichtete (Perspektive Betrieb) und bedarfsorientierte (Perspektive Subjekt) Subjektförderung zu ermöglichen. In weiteren Evaluationsstudien wurde untersucht, wie tiefe Lernprozesse, die Lernmotivation sowie der Transfer des Gelernten in die berufliche Praxis transferiert werden können. Es zeigte sich beispielsweise, dass der Einsatz von Prompts bei Lernpfaden nur bei einer als unterstützend wahrgenommenen organisationalen Lernkultur ein tiefgreifendes Verständnis ermöglicht. Es ist folglich eine Handlungsempfehlung, Lernangebote an die Lernenden-Eigenschaften individuell anzupassen.

Aus den Ergebnissen wurden Handlungsempfehlungen für die lernförderliche Gestaltung von Lernmodulen abgeleitet.

Bei der Erarbeitung des Multiplikators wurde stets auf die Übertragbarkeit der Ergebnisse auf andere Unternehmen geachtet. Die Ergebnisse wurden durch hybride Formate, wie einer virtuellen Roadshow, bei der die KMU direkt mit der ILIAS-Plattform interagieren, oder über Veröffentlichungen in Wissenschaft und Praxis publiziert. Darüber hinaus wurden die Ergebnisse mithilfe der IPRI-Podcasts breitenwirksam veröffentlicht. Die Verbreitung erfolgte durch Zuhilfenahme verschiedener Verbände, Arbeitskreise sowie dem Metaprojekt BeDien. Die Ergebnisse wurden außerdem in die universitäre Weiterbildung bspw. School of Advanced Professional Studies an der Universität Ulm integriert.

19.3.3 Erläuterung der Meilensteine

Die erreichten Meilensteine im Rahmen des Verbundprojektvorhabens werden in Tab. 19.4 dargestellt.

Tab. 19.4 Meilensteine im Rahmen des Projekts

	Beschreibung	Ergebnisse
1	Zukünftige Kompetenzbedarfe festgelegt	Schätzung der für die Zielmärkte und -tätigkeiten kurz-, mittel- und langfristig zu erwartenden, relevanten Kompetenzbedarfe in Form eines Kompetenznavigators in Hinblick auf Industrie 4.0 Reifegrade, (drei) Teilszenarien für jede Reifegradstufe, relevante Anspruchsgruppen sowie abgestimmte, aggregierte Kompetenzprofile
2	Kompetenznavigator entwickelt und einsatzfähig	Die LidA Kompetenzdatenbank und der Navigator ermöglichen eine effektive Transformation in die digitale Arbeitswelt • Der Wert und die Werteentwicklung des Wissens im Unternehmen zur digitalen Arbeitswelt wurden transparent, effektiv und individuell begleitet • Die Unternehmensentwicklung wurde durch die Transparenz und die Simulationsmöglichkeiten, vor allem im Hinblick auf die erforderlichen Schritte zur Digitalisierung, planbar und sozialverträglich umsetzbar
3	Lerninhalte definiert	Die erforderlichen Lerninhalte für die fokussierten Mitarbeitendengruppen und Lernszenarien wurden inhaltlich definiert und aufbereitet
4	Lehr- und Lernformen auf didaktischer Ebene definiert	Didaktisch dem Teilszenario und Kompetenzbedarf angepasste, Mitarbeiter*innen-orientierte Lehr- und Lernkonzepte sowie Instrumente zur Selbsttestung von Lern-fähigkeiten liegen vor Kompetenzen sind durch Inhalte der Lehr- und Lernmodule abgebildet Lehr- und Lernkonzepte sind für die verschiedenen Module entwickelt • inklusive Instrumente zur Selbsttestung von Lernfähigkeiten liegen vor • Maßnahmen zur Förderung von Lernfähigkeiten liegen vor • Entscheidungsbaum für die individuellen Lernpfade liegt vor
5	Technische Umsetzung abgeschlossen	Die inhaltlichen Vorgaben konnten erfolgreich bei der Lernplattform umgesetzt werden • Anforderungskatalog der benötigten Funktionalitäten der ILIAS Plattform • Konzept zur Integration der benötigten Funktionalitäten in die ILIAS-Software • Integration der erarbeiteten Lerninhalte in das ILIAS-System
6	Erprobung abgeschlossen	Die Erprobung bei den Anwendungspartnern ist abgeschlossen • auf technischer Ebene bzgl. des Einsatzes der ILIAS Lernplattform • auf inhaltlicher Ebene
7	Evaluierung des plattformbasierten Lehr- und Lernangebotes	Einsatzfähiges Gesamtkonzept und tragfähiges Geschäftsmodell für die Anwendung über Projektverlauf hinaus • Evaluationsergebnisse des Bildungsangebots liegen vor • Gesamtkonzept zur Einführung einer Wissenstransferplattform
8	Re- und Upskillingmethode	• Modular skalierbare Re- und Upskillingmethode • Lehrinhalte für den Multiplikator • Bereitstellung der Ergebnisse für KMU

(Fortsetzung)

Tab. 19.4 (Fortsetzung)

	Beschreibung	Ergebnisse
9	Nachweis über die Wirkung von RPI im Lernumfeld	• Erkenntnisse über RPI im Lernumfeld • Übertragung der Ergebnisse in die Lernmodulgestaltung sowie ins Plattformdesign
10	Subjektförderung	• die Identifikation subjektiver Bedarfe • Integration der Subjektförderung in Re- und Upskillingprozesse • Ableitung eines subjektorientierten Ansatzes
11	Definition von Lernprozessen und der Lernmotivation in der digitalen Arbeitswelt	Abgeleitete Handlungsempfehlungen für die Gestaltung von Lernmodulen, dabei wird die Frage beantwortet, wie Lernangebote gestaltet sein müssen, damit Lernende motiviert sind und das Gelernte anwenden können

19.4 Rahmenbedingungen für eine nachhaltige Umsetzung

LidA hat bereits in der Projektbeantragung die Weichen für eine nachhaltige Umsetzung gestellt. Die Unternehmen VW sowie TRUMPF und Mauser haben ein über die Laufzeit hinausgehendes Interesse an den LidA-Lösungen und lassen sich in den Unternehmensstrategien wiederfinden. Die gemeinsame Arbeit an der Bewältigung der Digitalen Transformation nicht nur aus Unternehmenssicht, sondern auch aus der Mitarbeitersicht hat gezeigt, dass Mitarbeiter frühzeitig in eine Re- und Upskillingstrategie eingebunden aber auch bei dieser mitwirken sollen. Aufgrund der doch individuellen Anforderungen (Industrieunternehmen und KMU) wurden entsprechende Lösungen, auch auf Basis unterschiedlicher Rahmenbedingungen wie bspw. Betriebsrat getroffen. LidA hat bereits früh die vielschichtigen Interessensvertreter der Unternehmen in die Entwicklung involviert, sodass diese auch in den Lösungsweg miteinbezogen wurden. Die Ergebnisse sowie die Öffentlichkeitswahrnehmung (bspw. durch den Gewinn des Deutschen Demographie Preises 2021 durch Mauser) haben dazu geführt, ein breites Kommittent seitens der Unternehmen für die Lösungen zu generieren. Seitens der Entwickler standen während der Laufzeit zwei starke Partner (Databay und leifos) mit Rat und Tat zur Seite, sodass ILIAS, als open source Software, stetig weiterverbessert werden konnte. Diese Plattform ermöglicht es Unternehmen, die entwickelten Lösungen wie z. B. den Kompetenznavigator einfach in die eigene Personalentwicklung zu übernehmen und damit mitarbeiterspezifische Lernpfade aufzuzeigen und zu ermöglichen. Durch die Verbesserung des Lerneffekts gegenüber herkömmlichen Methoden soll sichergestellt werden, dass die Mitarbeiter der verschiedenen Bereiche und Standorte trotz des schnellen technologischen Wandels immer auf dem aktuellen Stand sind. Als zentraler Einflussfaktor für betriebliches Wachstum wird die Kompetenzentwicklung der Beschäftigten identifiziert. Betriebsinterne Entwicklungsprozesse sind mehr denn je von Re- und Upskillingprozessen der Beschäftigten abhängig. Die Wertschätzung individueller Lernpfade resultiert in einer Kompetenzvielfalt, die der betrieblichen Organisationsentwicklung zugunsten kommt. Individualität und Vielfältigkeit tragen zu einer ganzheitlichen Anpassungsstrategie an sich wandelnde Bedingungen bei. Der Zugriff auf Vielfältigkeit und damit der Nutzen subjektgebundener Kompetenzen ist entscheidend für eine erfolgreiche Gestaltung des Wandels und der Sicherung der Wettbewerbsfähigkeit.

19.5 Fazit und Empfehlung

Zusammengefasst wurden im Projekt LidA neue Berufsrollen und Kompetenzveränderungen durch den digitalen Wandel analysiert und darauf aufbauend neue Wege der Wissensvermittlung erarbeitet. Dabei hat sich insbesondere die Relevanz überfachlicher Kompetenzen, wie der Selbstlernkompetenz, gezeigt. Um den fundamentalen Veränderungen durch den digitalen Wandel zu begegnen, ist es nicht hinreichend, Beschäftigten isoliert Fachwissen zu vermitteln, sondern es ist notwendig übergreifende Kompetenzen zu entwickeln. Für die Entwicklung der identifizierten Digitalisierungskompetenzen sind mitarbeiterindividuelle Lernpfade für eine passgenaue Weiterbildung zentral, im Gegensatz zu klassischen Lernformaten, die das kurzfristige Erlernen von Fachwissen anstreben und bei überfachlichen Kompetenzen an ihre Grenzen stoßen, setzt LidA somit auf eine langfristige mitarbeiterindividuelle Förderung, um situatives Anwenden zu ermöglichen. Alles in allem resultieren die Ergebnisse von LidA in einem besseren Verständnis der für die Digitalisierung notwendigen Kompetenzen sowie der Entwicklung und Evaluation innovativer Kompetenzentwicklungskonzepte. Somit tragen die Ergebnisse von LidA dazu bei, den Herausforderungen durch den digitalen Wandel erfolgreich zu begegnen.

19.6 Förderhinweise

Das diesem Beitrag zugrunde liegende Projekt „LidA" wurde mit Mitteln des Bundesministeriums für Bildung und Forschung unter den Förderkennzeichen 02K17A040 – 02K17A048 gefördert. Die Verantwortung für den Inhalt dieser Veröffentlichung liegt bei den Autoren.

Literatur

acatech (2016) Kompetenzentwicklungsstudie Industrie 4.0: Erste Ergebnisse und Schlussfolgerungen. Hg. v. acatech

Arnold D, Arntz M, Gregory T, Steffes S, Zierahn U (2016) Herausforderungen der Digitalisierung für die Zukunft der Arbeitswelt (ZEW policy brief, Nr. 2016, 8 (November 2016)). ZEW Zentrum für Europäische Wirtschaftsforschung GmbH, Mannheim

Bauer W, Dworschak B, Zaiser H (2017) Weiterbildung und Kompetenzentwicklung für die Industrie 4.0. In: Vogel-Heuser B, Bauernhansl T, ten Hompel M (Hrsg) Handbuch Industrie 4.0. Bd. 1: Produktion. 2. Aufl. Springer Vieweg (Springer Reference Technik), Berlin, S. 125–138

Bogedan C, Hoffmann R (2015) Arbeit der Zukunft. Möglichkeiten nutzen – Grenzen setzen. Campus, Frankfurt

Brandt A, Polom L, Danneberg M (2016) Gute digitale Arbeit. Auswirkungen der Digitalisierung im Dienstleistungsbereich. Friedrich-Ebert-Stiftung (WISO Diskurs, 2016/16), Bonn. http://library.fes.de/pdf-files/wiso/12786.pdf

Frey CB, Osborne MA (2013) The future of employment. How susceptible are jobs to computerisation? Oxford Martin School University of Oxford, Oxford

Hoffmann FJ (2017) iBin. Anthropomatik schafft revolutionäre Logistiklösungen. In: Vogel-Heuser B, Bauernhansl T, ten Hompel M (Hrsg) Handbuch Industrie 4.0. Bd. 1: Produktion. 2., erweiterte und bearbeitete Aufl. Springer Vieweg (Springer Reference Technik), Berlin, S. 47–59

Kauffeld S (2016) Nachhaltige Personalentwicklung und Weiterbildung. Betriebliche Seminare und Trainings entwickeln, Erfolge messen, Transfer sichern. 2., überarbeitete Aufl. Springer, Berlin, Heidelberg.

Kauffeld S, Frerichs F (2018) Kompetenzmanagement in kleinen und mittelständischen Unternehmen. Eine Frage der Betriebskultur? Springer Berlin Heidelberg (Kompetenzmanagement in Organisationen), Berlin, Heidelberg. https://doi.org/10.1007/978-3-662-54830-1

Koch V, Kuge S, Geissbauer R, Schrauf S (2014) Industrie 4.0: Chancen und Herausforderungen der vierten industriellen Revolution 2014, 2014. https://www.strategyand.pwc.com/reports/industrie-4-0. Zugegriffen: 03. Nov. 2017

Porter ME, Heppelmann JE (2014) How smart, connected products are transforming competition. *Harvard business review: HBR* 92(11): 64–88

Soder J (2017) Use case production. Von CIM über Lean Production zu Industrie 4.0. In: Vogel-Heuser B, Bauernhansl T, ten Hompel M (Hrsg) Handbuch Industrie 4.0. Bd. 1: Produktion. 2., erweiterte und bearbeitete Aufl. Springer Vieweg (Springer Reference Technik), Berlin, S. 3–25

Statista (2017) Maschinenbau in Deutschland. Online verfügbar unter http://de.statista.com/statistik/daten/studie/235929/umf. Zugegriffen: 09. Febr. 2017

Vogel-Heuser B, Bauernhansl T, Hompel MT (2017) Handbuch Industrie 4.0. Bd. 1: Produktion. 2., erweiterte und bearbeitete Aufl. Springer Vieweg (Springer Reference Technik), Berlin. https://doi.org/10.1007/978-3-662-45279-0

Wild E, Möller J (2015) Pädagogische Psychologie. 2., vollständig überarbeitete und aktualisierte Aufl. Springer (Springer-Lehrbuch), Berlin

Mischa Seiter ist Professor für Wertschöpfungs- und Netzwerkmanagement am Institut für Business Analytics der Universität Ulm und wissenschaftlicher Leiter des IPRI – International Performance Research Institute in Stuttgart.

Sebastian Kasselmann ist wissenschaftlicher Mitarbeiter am IPRI – International Performance Research Institute in Stuttgart.

Volker Stich ist seit Januar 1997 Geschäftsführer des Forschungsinstituts für Rationalisierung (FIR) der RWTH Aachen.

Roman Senderek ist Projektmanager am FIR e. V. an der RWTH Aachen und verantwortet dort die neu gegründete Business Development Group Smart Work.

Tina Seufert ist Professorin für Lehr-Lernforschung an der Universität Ulm.

Anne Kittel ist Psychologin und seit 2018 wissenschaftliche Mitarbeiterin zur Promotion an der Universität Ulm.

Anita Radi-Pentz ist seit 2019 als wissenschaftliche Mitarbeiterin bei der Universität Ulm.

Alexandra Tödt ist Geschäftsführerin der leifos GmbH.

Oliver Samoila ist Projektmanager und Berater beim ILIAS Service-Provider Databay AG.

Enrico Zenzen arbeitet seit 2018 bei der leifos GmbH, einem ILIAS Service Provider aus Köln. Dort ist er hauptsächlich für die Projektleitung und Konzeption der Lernplattform zuständig.

Korhan Zeyrek ist seit 2017 bei der Mauser + Co. GmbH. Seit 2019 ist er in der kaufmännischen Geschäftsleitung und verantwortet den Bereich des Vertriebs sowie des Personals.

Joachim Hutfless ist Diplom-Physiker und hat im Fach Fertigungstechnologie promoviert. Seit 1996 hatte er verschiedene leitende Funktionen beim Maschinenbau-Unternehmen TRUMPF.

Christian Schupik verantwortet bei der Volkswagen AG im Rahmen eines Strategieprojektes der Berufsfamilie Industrial Engineering das Qualifizierungs- und Changemanagement.

Lena Piel ist Doktorandin bei der Volkswagen AG und beschäftigt sich mit der Rollentransformation der Beschäftigten in Change-Prozessen.

Stichwortverzeichnis

3D-Druck, 117, 120, 121, 123, 129–132, 276, 277, 279–282, 287, 291, 292
3D-Scans, 75, 240

A
Algorithmus, 5, 8, 10, 13, 18
Alltagshilfen, 117, 121, 122, 131, 278, 280–282, 289
ANIMUS, 203, 205, 206, 209, 216
Anreizsetzung, 8
Arbeitsgestaltung, menschengerechte, 145
Augmented Reality, 70, 73, 237
Auswertemodule, 22, 33

B
BeDien, 151, 153, 155, 158–162

C
Chatbots, 72
Commerce, 290

D
Design, partizipatives, 87, 88, 102, 110
Dienstleistungen, 4–7, 9, 10, 18, 202, 203, 205–207, 209, 211, 213, 214, 269, 321
  personennahe, 21, 22, 55–57, 150, 153, 220, 221, 224, 225, 313, 320, 321
Dienstleistungskatalog, 184
Digitalisierung, 22, 24, 34, 151–155, 161, 162, 312–314
Do-it-yourself, 84, 85, 251

E
E-Commerce, 117, 119, 120, 131, 278–282, 288, 289
E-Learning, 172, 173, 175
e-Textiles, 89, 92, 251
Evaluation, 3, 13, 14, 17, 18, 240

F
Forschungsprojekt, 220, 222, 223, 225, 228
Forschungsverbundmanagement, 312

G
Geschäftsmodell, 307

H
Handwerk, 136, 137, 139–141, 143, 144, 146, 147, 296–298, 300–302, 305, 307, 308
Hilfe zur Selbsthilfe, 116, 117, 129, 132, 276, 292

J
Johanniter-Unfall-Hilfe e. V. (JUH), 203

K
KMU, 228, 230–233
Kompetenzen, 136–138, 140, 142, 143, 147
Konfiguratoren, 118–120, 281, 282

L
Lernen, 169
  informelles, 169, 178

selbstreguliertes, 169, 178
Lernpfad, 167, 168, 175, 176
LivingSmart, 22, 25, 31, 33, 34
LivingSmart-Plattform (LSP), 202, 205

M
Matchingalgorithmus, 188, 193, 196
Montagehilfen, 117, 121, 125, 130, 132, 277, 278, 281, 283, 284, 287, 290, 291
Motivation, 5–7, 17, 18, 169

N
Nachbarschafts-App, 187, 191, 193, 195, 198
Nachbarschaftshilfe, 184–188, 193, 197
New Learning, 343
Nutzerintegration, 40–42, 48
Nutzungshürden, 64

O
Onlinedienstleistungen, 70, 73, 78, 106, 235, 238, 239, 242
Onlinedienstleistungsanbieter, 54, 62, 64
Onlinehilfevermittlung, 195
Onlineplattform, 220, 228
Organisationale Lernkultur, 174
Organisationsform, 41, 42, 48, 50, 51

P
Platform, 333
Plattformgestaltung, 55, 59
Programmierung, visuelle, 91, 101, 251, 253, 256
Prosumenten, 4, 6, 7, 10, 12, 14, 184, 187–189, 191–193, 195, 197, 198

Q
Quartiere, 203, 204, 206, 211, 214, 217

R
Re- & Upskilling, 331, 334, 335
Ressourcen, 188–190, 194, 196
Ressourcen und Fähigkeiten, 192

S
Service Canvas, 151, 153, 155, 157, 158, 160–162, 314–316, 319, 322, 323
Service-dominierte Logik, 151
Service-Logik, 312, 317
Serviceplattform, digitale, 37
Services, 202, 203, 206, 211, 214, 216
Smart Textiles, 251
Softwareentwicklung, 306

T
Training, 171–174, 177, 178
Transformation, 331, 348, 349
    digitale, 136, 137, 298

U
Umfrage, 59–61

V
Vertrauen, 38–42, 44, 45, 48–51, 221, 225, 228, 229, 231

W
Wearables, 84–88, 90–93, 95, 97, 98, 100–102, 105–108, 110, 251–258, 263–266, 268, 269, 271, 272

Z
Zuordnung, 5, 9, 11

MIX
Papier aus verantwortungsvollen Quellen
Paper from responsible sources
FSC® C105338

If you have any concerns about our products,
you can contact us on
ProductSafety@springernature.com

In case Publisher is established outside the EU,
the EU authorized representative is:
**Springer Nature Customer Service Center GmbH
Europaplatz 3, 69115 Heidelberg, Germany**

Printed by Libri Plureos GmbH
in Hamburg, Germany